Stéphane Hessel
Tanz mit dem Jahrhundert

SERIE PIPER

Zu diesem Buch

Stéphane Hessel ist Sohn prominenter Eltern: des Schriftstellers Franz Hessel und der Modejournalistin Helen Grund, deren offene Dreiecksbeziehung mit dem französischen Literaten Henri-Pierre Roché dem Regisseur François Truffaut als Vorbild seines berühmten Films »Jules und Jim« diente. 1941 floh Stéphane Hessel von Paris nach London, war Mitarbeiter der französischen Résistance und wurde 1944 in Paris verhaftet. Kurz vor Kriegsende verschleppte man ihn nach Buchenwald, wo er dem sicheren Tod wie durch ein Wunder entging, weil ihm sein Freund Eugen Kogon zu einer neuen Identität verhalf. Nach dem Krieg begann er eine glänzende Karriere als französischer Diplomat bei der UNO in New York und Genf, Algier und Saigon. Er engagierte sich vor allem für die Menschenrechte und die Entwicklungspolitik und wurde mit dem Ehrentitel »Ambassadeur de France« ausgezeichnet.

Stéphane Hessel, geboren 1917 in Berlin, studierte Philosophie, floh 1941 nach London und wurde 1944 in Paris von der Gestapo verhaftet. Überlebender des Konzentrationslagers Buchenwald. 1945 Beginn seiner diplomatischen Karriere. Hessel lebt heute in Paris und Südfrankreich.

Stéphane Hessel
Tanz mit dem Jahrhundert

Erinnerungen

Aus dem Französischen von
Roseli und Saskia Bontjes van Beek

Piper München Zürich

In Absprache mit dem Autor wurde die deutsche Ausgabe an einigen Stellen leicht verändert.

Ungekürzte Taschenbuchausgabe
Piper Verlag GmbH, München
Februar 2000

Titel der französischen Originalausgabe:
»Danse avec le siècle«

Umschlag: Büro Hamburg
Stefanie Oberbeck, Katrin Hoffmann
Umschlagfoto: Paolo Nozolino, Paris 1997
Satz: KCS GmbH, Buchholz/Hamburg
Druck und Bindung: Clausen & Bosse, Leck
Printed in Germany ISBN 3-492-22852-6

INHALT

EINLEITUNG

Auch wenn ich aus einer Familie von Schriftstellern stamme, hatte ich doch nie die Absicht, selbst zur Feder zu greifen. Schon immer habe ich das Handeln dem Schreiben, die Zukunft der Nostalgie und Rückbesinnung vorgezogen.

Aber in meinem Alter ist man Zeitzeuge. Mein Dasein endet mit dem Jahrhundert. Daher rührt vermutlich das freundschaftliche Drängen, wie dies zum Beispiel immer wieder und nachdrücklich von Régis Debray geschah, weshalb ich mich zu dem gefährlichen Unterfangen durchgerungen habe, ohne auf Notizen oder Archive zurückzugreifen, über ein persönliches Schicksal zu sprechen, das mit den Ereignissen seiner Epoche verknüpft ist.

Allein auf meine Erinnerung gestützt, klammere ich mich an einige Anhaltspunkte, bloße Koinzidenzen, um einen zwangsläufig subjektiven Bericht, wie durch die Jahre geklärt, vor meinem inneren Auge abrollen zu lassen.

Während ich nach den wichtigsten Berührungspunkten zwischen dem Lauf der Welt und dem Lauf meines Lebens suche, entdecke ich manche, die auf der Hand liegen, aber auch andere, die subtiler sind. So bedeutet 1917, das Jahr meiner Geburt in Berlin, auch den Untergang des Wilhelminischen Reichs, wobei durch das Scheitern der proletarischen Revolution diejenige, der Lenin in Petrograd wenige Tage, nachdem ich geboren wurde, zum Sieg verhilft, eingedämmt werden sollte.

Im Jahr 1937 erhalte ich die französische Staatsbürgerschaft. Mit dem *Anschluß** wird das schreckliche Abenteuer eingeläutet,

* In der französischen Originalausgabe auf deutsch. Daher werden diese Begriffe hier und im folgenden jeweils durch die kursive Schreibweise gekennzeichnet.

das aus den Bürgern meines Geburtslandes die Schergen meines Adoptivlandes machen und die Zivilisation, auf die diese sich berufen, mit Schande bedecken sollte.

Im Jahr 1944, in dem ich meinen Namen gegen mein Leben eintausche, entwerfen die Alliierten die Charta der UNO, der ambitioniertesten aller je von der Menschheit ersonnenen Organisationen. Zur Rechtfertigung meines Überlebens sollte ich eben dieser Organisation dienen.

Das Jahr 1985, in dem ich offiziell aus dem Amt ausscheide, ist das Jahr von *Perestroika* und *Glasnost*, Vorboten des Zusammenbruchs der Sowjetunion, die sich weniger lange am Leben halten sollte als ich. Gleichzeitig ist es der Beginn einer unberechenbaren Phase für die Welt, die, ungesteuert, allen nur erdenklichen Formen der Gewalt ausgesetzt, aber zugleich von einer möglichen Konfrontation befreit ist, einer Bedrohung, die uns 40 Jahre lang in Angst und Schrecken versetzt hat.

Ich denke an weitere für mich unerwartete Koinzidenzen: Im Jahr der Wiedervereinigung Deutschlands entdecke ich in den nachgelassenen Schriften meines Vaters eine persönliche Botschaft. Als ich von einer Mission als Mittler aus Burundi zurückkehre, bricht noch im selben Monat im benachbarten Ruanda der Völkermord aus.

An jedem dieser Schnittpunkte wird mein Urteil über mich selbst und über die Geschichte klarer. Trotz eines gehörigen Maßes an enttäuschter Zuversicht und verlorenen Illusionen, erlebtem Schrecken und bitteren Schlüssen, bleibt mir die Gewißheit: Alles, was wert ist, gewünscht zu werden, wird wahr. Zur Gunst, die mir das Schicksal so großzügig erwiesen hat, gehört nicht zuletzt das Privileg, die Welt und ihren Werdegang zeitlebens mit einem zuversichtlichen Blick zu betrachten. Und je größer die Zeitspanne ist, die der Blick erfaßt, desto mehr bestärkt er diesen Optimismus.

Kapitel 1

VON BERLIN NACH PARIS

Ich habe lange Zeit ein Heft aufbewahrt, in das ich die Episoden meines Lebens, angefangen mit meiner Geburt bis hin zu meiner Ankunft in Frankreich im Alter von sieben Jahren, gemalt habe. Jedes Aquarell hatte seine eigene Bildunterschrift. Ich erinnere mich an das erste: Es stellte ein Bett dar, in dem eine weibliche Figur und eine zweite, kleinere, lagen. Am Fußende des Bettes zwei Paar Pantoffeln, das eine doppelt so groß wie das andere. Gegenüber saß ein Mann in weißem Kittel an einem Tisch, vor sich einen Teller mit einem roten Fleck. Die Bildunterschrift hieß: »Nach meiner Geburt ißt der Doktor eine Scheibe Schinken.« Ich hatte den Bericht meiner Mutter wiedergegeben, die sich über die ungebührliche Geste ihres Geburtshelfers im Berlin des Oktober 1917, wo es an allem fehlte, amüsierte.

Meine Eltern lebten in einer großen Wohnung in einem schönen Haus der Jahrhundertwende, ausgestattet mit einer breiten, gewundenen Treppe, deren roten Teppich ich mit Wonne betrat. Es stand Ecke Friedrich-Wilhelm-Straße und Von-der-Heydt-Straße, hundert Meter vom Tiergarten entfernt, dem großen Park der Hauptstadt, wohin mein Bruder und ich zum Reifenspielen gingen. Dieses Botschaftsviertel, das ich so lebhaft in Erinnerung behalten habe, daß ich noch heute einen Plan davon zeichnen könnte, ist durch Bomben gänzlich dem Erdboden gleichgemacht worden. Von meinem Geburtshaus existiert nichts mehr.

In meiner Erinnerung gibt es ein Bild, das ich der Zeit kurz nach Ende des Krieges zuordne. Ich muß damals etwas über zwei Jahre alt gewesen sein. Es ist Weihnachten, und ich tanze in dem großen, für das Fest leergeräumten Salon. Ich trage an meinen Handgelenken und Knöcheln blaue und rote Bastbänder. Mein Bruder sieht mir zu. Die Eltern applaudieren. Ich drehe, drehe und drehe mich.

Wer sind diese Eltern?

Die Familie meines Vaters war durch den Handel mit Getreide zu beträchtlichem Wohlstand gekommen. Sie hatte Polen, wo sie der jüdischen Gemeinschaft angehörte, verlassen, um sich dort niederzulassen, wo sich damals der große deutsche pommersche Hafen befand: Stettin, das 1945 wieder das polnische Szczecin geworden ist. Ihr dritter Sohn Franz wurde dort im Jahre 1880 geboren. Um die Jahrhundertwende brachen Heinrich Hessel und seine Frau Fanny mit der jüdischen Tradition, wurden in Berlin ansässig und ließen ihre Kinder im lutherischen Glauben taufen.

Zwei von ihnen, der älteste Sohn Alfred und der jüngste Hans, entsprechen dem Bild der assimilierten jüdischen Bourgeoisie, die im ersten Drittel des 20. Jahrhunderts eine breite Skala gesellschaftlicher Positionen ersten Ranges in Banken, Universitäten, Theater, Presse, Intelligenz im allgemeinen innehatte, wodurch sie zur Zielscheibe zunächst der nationalistischen Rechten und dann der Nazis wurde.

Die beiden anderen Kinder schienen nicht aus demselben Holz geschnitzt zu sein: ein Mädchen, Anna, zweifellos sehr schön, sehr zart, das im Alter von 25 Jahren von der Tuberkulose hinweggerafft wurde, und ein Sohn, Franz, mein Vater, 15 Jahre jünger als sie, den dieser Tod bis ins Innerste erschütterte. Daher rührten vielleicht jene Melancholie und Gleichgültigkeit materiellen Dingen gegenüber, wie es sich für Dichter ziemt. Was für Paul Briske, seinen Schwager, der das Vermögen der Familie durchbringen sollte, die Geschäfte sind, ist für Hans die Bank und für Alfred, der, von seinen Studenten beweint, 1939 in Göttingen starb, die Universität. Was Franz betrifft, so widmet er sich seit frühester Jugend der Literatur, den Sprachen und dem Studium der griechischen Antike.

Meine Mutter, Helen Grund, kam 1886 in Berlin zur Welt. Sie war die jüngste Tochter eines musikbegeisterten Bankiers, dessen protestantische, aus Schlesien stammende Familie Preußen hervorragende Architekten und bedeutende Staatsbeamte geschenkt hatte. Ich habe erst kürzlich erfahren, daß mein Urgroßvater zum *Commandeur de la Légion d'honneur** ernannt worden war, weil er in den fünfziger Jahren des 19. Jahrhunderts in Zusammenarbeit mit den kaiserlichen französischen Behörden bei der Gestaltung des Flußbeckens der Saar mitgewirkt hatte. Meine Großmutter wurde in Zürich in einer deutschen Familie geboren, die nach der Revolution von 1848 in die Schweiz ausgewandert war. Sie hatte eine französische und eine englische Schwägerin. Die Erzählungen meiner Mutter über ihre Kindheit, ihre vier Brüder und Schwestern, die die jüngste herumkutschierten, lassen eine Welt voll unbändiger Freude, ausgelassenem Leichtsinn, mütterlicher Ängste und väterlicher Nachgiebigkeit erahnen, die meine Großmutter in eine Nervenheilanstalt bringen sollten, wo sie vor meiner Geburt starb.

Franz ist zunächst angezogen von der Künstlerbohème in Schwabing, dem Montparnasse von München, wo er drei Jahre lang zu Füßen der Gräfin Franziska zu Reventlow in dem elitären Kreis um den Dichter Stefan George und seinen Schüler Karl Wolfskehl lebt, was ihn stark beeindruckt, auch wenn er sich in Satiren darüber lustig macht. 1906 geht er nach Paris, wo er sich mit Henri-Pierre Roché, Guillaume Apollinaire und Marie Laurencin anfreundet.**

Helen möchte Malerin werden, und ihr Lehrer Mosson, der

* Vgl. zu den wichtigen politischen Begriffen und zu Personen, vorwiegend aus der französischen Politik, außer den jeweiligen Fußnoten auch das dem Buch beigelegte *Kleine Brevier von A–Z*.

** Er veröffentlicht Novellen in Berliner Zeitungen, u. a. in *Das Tagebuch*, hg. von Stefan Grossmann, verkehrt mit Brecht, Ringelnatz, Tucholsky, Hofmannsthal, Rilke.

auch ihr erster Liebhaber ist, rät ihr, an der Grande Chaumière in Paris bei Maurice Denis zu studieren.

Franz und Helen, beide Deutsche, beide Kosmopoliten, lernen einander 1912 in Montparnasse im Café du Dôme kennen.

Dieses Paris der Vorkriegsjahre ist der kulturelle und moralische Schmelztiegel, aus dem mein Bruder und ich hervorgingen, ein Ort der Träume und der Revolten. Dort haben unsere Eltern beschlossen zu heiraten, nicht etwa um sich Ketten zu schmieden, sondern um ihre kühn in Anspruch genommene Ungebundenheit noch zu steigern. Ungebundenheit ihren Familien gegenüber: Helens Brüder fanden, unter den Hochzeitsgästen seien zu viele Juden; die von Franz, die toleranter waren, fragten sich, ob er nicht seines Vermögens wegen geheiratet worden sei. Wer von ihnen hätte die so besonderen Bande verstehen können, die sie vereinten und zugleich unabhängig voneinander machten?

Die Hochzeit findet in Berlin statt, ein Jahr vor der Kriegserklärung. Helen erwartet ein Kind. Sie beschließt, es in Genf zur Welt zu bringen.

Ihr erstes Kind, Ulrich, wird am 27. Juli 1914 unter gefährlichen Umständen geboren, während Franz sie verläßt, um sich seinem Regiment anzuschließen. Der am Schädel verletzte Säugling wird dank der Hartnäckigkeit seiner Mutter gerettet. Ulrich behielt davon ein Gebrechen zurück, das aus ihm gleichzeitig meinen großen wie meinen kleinen Bruder werden ließ. Drei Jahre später bin ich, während man sich in Verdun massakriert, in Berlin das Ergebnis eines Urlaubs, der Franz von der Zensurdienststelle, wohin er sich hatte versetzen lassen, zugestanden worden war. Die Absurdität, die dieser Krieg für ihn bedeutete, kommt in seinem besten Buch, *Pariser Romanze*, zum Ausdruck, einem Briefwechsel mit seinem französischen Freund Henri-Pierre Roché. Er schildert darin seine Begegnung mit Helen in Paris, zu deren ambivalentem, liebevollem Beschützer er sich macht, und beschreibt sie so, wie er sie gern geliebt hätte.

Während der gesamten kriegerischen Phase französisch-deutscher Beziehungen kommen die Kinder, mein Bruder und ich, kaum in den Genuß väterlicher Anwesenheit. Unser physisches und mentales Universum, das aus Lachen und Zärtlichkeit, aus Spiel und Verkleiden besteht, bilden Helen und ihre Schwester Bobann: zwei Berliner Teufelsweiber.

Helen trug für mich mit ihren blauen Augen und ihrem langen blonden Haar, ihrer ungestümen Zärtlichkeit und ihrem Drang zu verführen die Züge Aphrodites. Ihr ganzes Verhältnis zu mir beruhte auf Bewunderung: mich zur Geltung zu bringen, beinahe ohne mich je zu kritisieren oder zu schelten. Die Auswirkungen einer solchen Erziehung hätten verheerend sein können. Sie wollte mir jedoch ebenso Bescheidenheit eintrichtern, eine in ihren Augen fundamentale Tugend. Sie hat sie in einem ihrer liebsten Aphorismen charakterisiert: »Bescheidenheit ziert nur den Erfolgreichen.« Viel später fand ich in ihrem Tagebuch den Beweis für diese Widersinnigkeit: Sie war wütend, wenn man sich ihrer Verführung entzog, stand sich selbst jedoch erbarmungslos kritisch gegenüber.

Und was war mit unserem Vater? Helen vermittelte uns von ihm ein ziemlich blasses Bild, das eines subtilen Geistes in einem von der Natur stiefmütterlich behandelten Körper. Franz war nahezu kahl, von kleiner Statur und ziemlich korpulent. Sein Gesicht und seine Gesten wirkten sanft, er war in unseren Augen ein etwas zerstreuter Weiser, der für sich lebte und sich kaum mit uns befaßte. Nicht eben redselig, achtete er sehr auf seine Ausdrucksweise und fand spielerisches Vergnügen in der Anordnung von Wörtern. Ich sehe noch sein Arbeitszimmer ganz am Ende des Flures vor mir, wo es immer stark nach Tabak roch. Er kam heraus, um uns Passagen aus seiner Übersetzung der *Odyssee* vorzulesen. Die Stelle, wo Odysseus das Auge des Polyphem durchbohrt, ließ den kleinen Jungen, der ich war, bis zur Übelkeit erschauern. Weit mehr als Grimms Märchen oder die Bücher von Wilhelm Busch, die wir, auf dem Teppich im Wohnzimmer meiner Großmutter Fanny liegend, lasen, waren die griechische Mythologie und Homers Heldenepen meine erste geistige Nahrung. Franz hat in mir die Vorliebe für den Polytheismus geweckt, der das Göttliche nicht auf die einzigartige und ein wenig furchteinflößende Wesenheit des Ewigen Vaters reduziert, sondern uns der erschütternden Willkür der Athene, der Aphrodite, des Apollon und des Hermes ausliefert. 40 Jahre nach seinem Tode ist er für mich zu einer Initiationsfigur geworden. Sein Werk, das ich wenig kannte und von dem ich nichts weiter als Zerstreuung erwartete, wird wieder lebendig und wirft, im Einklang mit Bertolt Brecht und Walter Benjamin, ein prophetisches und melancholisches Licht auf das erste Viertel dieses Jahrhunderts.

Erst kürzlich habe ich von einem deutschen Verleger einen fünfseitigen Text erhalten, den er in der Sammlung eines Literaturarchivs entdeckt hatte und in dem mein Vater uns, seinen beiden Söhnen, die Lektüre von Auszügen aus seinem Werk empfiehlt, von denen wir, wie er annahm, profitieren könnten. Die Mischung aus Bescheidenheit, Zärtlichkeit und Verantwortungsgefühl, die daraus spricht, machte einen tiefen Eindruck auf mich. Als erreiche mich ein Signal aus weiter Ferne und rufe in mir weniger ein Erbe als vielmehr eine Verpflichtung wach, die ich nicht eingelöst hatte. Bei einem so ungewöhnlichen Paar, wie es meine Eltern waren, hatte ich so sehr unter dem Einfluß von Helens Persönlichkeit gestanden, daß ich die von Franz verdrängt hatte.

Helen hatte ein großes Bedürfnis nach Ungebundenheit, das sich mit einem Leben ohne Arbeit schlecht vertrug. Außerdem hatte das Vermögen der Hessels die galoppierende Inflation der Nachkriegszeit in Berlin nicht überdauert. Ihre Leidenschaft galt der Malerei, und sie war immer von Malern umgeben gewesen. Sie selbst malte jedoch nicht mehr, da sie diese Tätigkeit zu schmutzig fand. Sie hat immer weiter – mit der Feder – gezeichnet und talentierte Porträts ihrer Angehörigen geschaffen. Aber während des Krieges beschloß sie, ihren Lebensunterhalt als Landarbeiterin bei einem Gutsbesitzer zu verdienen. Später wollte sie Tänzerin oder vielleicht auch Schauspielerin werden. Schließlich hatte jedoch das Schreiben das letzte Wort.

Sie war 34 Jahre alt und ich drei, als die Familie sich in einer alles in allem ziemlich banalen Dreieckssituation befand, deren romanhafte und spätere filmische Umsetzung jedoch zu einem Mythos werden sollte.

Der Autor des Romans *Jules und Jim*, Henri-Pierre Roché, war vor dem Krieg ein sehr enger Freund von Franz gewesen. Er teilte mit Marcel Duchamp, mit dem er ebenfalls sehr befreundet war und von dem er ein höchst liebevolles Porträt entwarf, eine bewußt radikal neue, freie Auffassung von einer Beziehung zwischen Männern und Frauen ohne Zugeständnisse. Franz und Henri-Pierre interessierten sich für dieselben Frauen und teilten ihre Eroberungen und Freuden miteinander. Der Krieg hatte sie getrennt, der Frieden führte sie ganz selbstverständlich wieder zusammen.

Wie sollte der elegante und verführerische Franzose nicht der Geliebte der Frau seines alten Freundes werden? Doch das Dreiecksverhältnis trug eher tragische denn frivole Züge, indem es die Ecken und Kanten von denen, die sich darin verfangen hatten, zutage förderte. Mein Vater begriff, daß das, was mit seiner Frau und seinem Freund geschah, eine ernste und schöne Erfahrung war, die beide womöglich verändern würde. Er wollte nicht nur kein Hindernis, sondern vielmehr der literarische Mittler dieser Leidenschaft sein. Er ermutigte die beiden, sie minutiös in einem intimen Tagebuch zu schildern, woraus ein zu zweit oder sogar zu dritt geschriebenes Buch entstehen könne.

Mein damals siebenjähriger Bruder und ich mit meinen vier Jahren nahmen an diesem seltsamen Abenteuer teil, das uns unsere Mutter hätte rauben können, wenn ihr Vorhaben, ein neues Leben zu beginnen und ein Kind mit Roché zu haben, Wirklichkeit geworden wäre. Mir ist von den Szenen, die Truffaut an die Öffentlichkeit gebracht hat, so gut wie nichts in Erinnerung geblieben, und ich ärgere mich, wenn ein neuer Gesprächspartner, der den Film gesehen hat, zu mir sagt: »Ach, Sie sind das kleine Mädchen aus *Jules et Jim*!« Ich war ein kleiner Narr, der meinte, dieser große, hagere, hochaufgeschossene, sympathische Franzose mit den so natürlichen Bewegungen sei ein großartiger Spielkamerad auf den bayerischen Wiesen und am Ufer des Sees, wo er uns beibrachte, Steine auf dem Wasser hüpfen zu lassen. Ich überließ es meinem Bruder Ulrich, Franz beizustehen, wie er es sein ganzes Leben lang getan hat. Mir scheint, wir haben seit frühester Kindheit die Welt zweigeteilt: in die meines Bruders und in die meine. Sein Teil bestand aus Franz, aus Strenge, Rechtschaffenheit und Musik; meiner aus Helen, aus Respektlosigkeit, Einfallsreichtum und Poesie. Eine willkürliche, anfechtbare Teilung, die zu leugnen mir jedoch noch heute schwerfällt.

Im Zentrum dieses ganzen Treibens hielt ein Mensch das Gleichgewicht: Emmy Toepffer. Diese aus einer protestantischen Familie in Mecklenburg stammende Säuglings- und Kinderschwester litt unter einer Verformung der Hüfte, was ihr einen seltsam tänzelnden Gang verlieh. Emmy war von meiner Tante eingestellt worden, die ein Kinderheim 20 Kilometer östlich von Berlin führte, wo mein Bruder und ich mit unseren Cousins spielten. Emmy hatte eine hervorragende pädagogische Ausbildung erhalten und kannte viele Spiele, Gedichte und Lieder; ihr Zugang zu jungen Menschen war ungewöhnlich liebevoll und feinfühlig. Meine Mutter setzte bei ihrer älteren Schwester durch, daß sie ihr Emmy überließ, damit diese sich um ihre Kinder kümmert.

Wir hatten also eine Gouvernante – Sinnbild und nicht selten zweideutige Gestalt der Bourgeoisie des letzten Jahrhunderts. Ich habe nur deren harmonische Seite kennengelernt: eine beschützende Gegenwart, die nicht zur Verwandtschaft, aber dennoch zur Familie gehörte, ein zwar weibliches, aber nicht eigentlich sexuelles Wesen, das getreueste irdische Abbild eines Schutzengels. Es hat 20 Jahre später in meinem Leben ein zweites derartiges Wesen gegeben, Valya Spirga aus Riga, die Gouvernante von Vitia, meiner ersten Frau, und später unserer drei Kinder. Im Jahr 1920 wurde Emmy Toepffer aus Ratzeburg das Zentrum unserer Kindheit, und ich verdanke ihr meinen ersten Zweifel an mir selbst.

In meinen ersten Lebensjahren war ich ein Wildfang, häufig jähzornig, streitsüchtig und rauflustig. Ich lehnte meinen Vornamen Stefan ab und behauptete mit solch kühner Überzeugung, »Kadi« zu heißen, daß diese Wahl, die sich aus nichts anderem als aus einer erbitterten Selbstbehauptung erklärt, noch heute für meinen Bruder und meine Verwandten gilt. Den Erzählungen meiner Mutter nach trampelte ich mit den Füßen und schrie, sobald man mein Zimmer, meine höchst eigene Domäne, betrat. Emmy machte mir, dank welcher Zauberei auch immer, verständlich, daß Jähzorn unproduktiv sei. Infolgedessen beschloß ich im Alter von sechs Jahren, ihm nie mehr zu verfallen, woran ich mich bis zum heutigen Tage gehalten habe.

Ich habe den Jähzorn zugunsten der Sucht zu gefallen aufgegeben, was ebenso die Seele aufzuwühlen vermag. An erster Stelle wollte ich meiner Mutter gefallen und den Ambitionen schmeicheln, die sie für ihren jüngeren Sohn hegte. Es galt, lesen, rechnen, Gedichte aufsagen zu können, Bonmots zu erfinden, Rätsel früher und schneller zu lösen als die anderen. Wie man sieht, lauter intellektuelle Ambitionen. Für Kraft und Gewandtheit war da kein Raum.

Und außerdem hat mich das Verhältnis zwischen Emmy und Helen die Kunst des Bewunderns gelehrt, diesen so kostbaren Aspekt der Kunst zu gefallen: Helen zu bewundern, wie Emmy sie bewunderte; das zu bewundern, was Helen aus vollstem Herzen bewunderte – das Schöne, das Unverhoffte, das Geschenkte.

Mit dieser neu erworbenen Persönlichkeit kam ich im Alter von sieben Jahren nach Paris.

Warum hatten meine Eltern beschlossen, sich in Paris niederzulassen? Ich habe mir die Frage niemals wirklich gestellt. Noch heute würde meine Analyse lediglich eine künstliche Rekonstruktion sein: Die fundamentalen Entscheidungen im Leben sind häufig am schwierigsten zu begründen. Mein Vater schwärmte für Paris und verdiente, nachdem er sein Vermögen verloren hatte, seinen Lebensunterhalt als Übersetzer. Meine Mutter liebte Henri-Pierre Roché und hatte den Wunsch, in seiner Nähe zu leben. War das ein Grund, ihre Kinder mitten im Schuljahr in ein anderes Land zu verpflanzen? Die Deutschen waren 1925 in Frankreich nicht sehr beliebt; wir galten unvermeidlich als *Boches*. Emmy, die mit uns zusammenlebte, sprach nur wenig Französisch.

Wenn ich mir diese Übersiedlung von Berlin nach Paris ins Gedächtnis zurückrufe, wird mir heute erstmals bewußt, wie unkonventionell sie gewesen ist. In meiner Erinnerung war sie die natürlichste Sache der Welt. Und vor allem die hinreißendste. Alles begeisterte mich, angefangen bei der langen Reise mit dem Zug, dem Defilee der Bahnhöfe bei Tag und bei Nacht, deren Namen ich, ungeachtet der Flugasche aus dem Fenster gelehnt, entzifferte, bis hin zur Ankunft unter dem riesigen Gewölbe der Gare du Nord. Der erste Kontakt mit der Métro, dann mit dem Löwen von Belfort, die ersten Nächte im Hôtel du Midi in der Avenue du Parc Montsouris. Es war Sommer, Ferienbeginn. Im Herbst hatte ich bereits Geschmack an diesem neuen Leben, an dieser neuen Stadt gefunden.

Wir hatten eine nach dem verlorenen Krieg vom Sittenverfall heimgesuchte Kulturhauptstadt verlassen, in der unsere Eltern an den Wirren einer verbitterten, revoltierenden und bisweilen zynischen, von Rilkes reiner Lyrik beflügelten und gleichzeitig durch die düsteren Prophezeiungen des Expressionismus verunsicherten Intelligenz beteiligt waren. Wir gelangten in das

Paris von 1925, das stolz darauf war, wieder Zentrum einer neuen künstlerischen Richtung geworden zu sein, das radikal mit der Vergangenheit gebrochen hatte und bereit war, gemäß Apollinaires Formel, »die Güte, das unermeßliche Gefilde, wo alles schweigt« zu ergründen.

Mit sieben Jahren erfaßt man mühelos den Reiz einer neuen Umgebung, ihren Nonkonformismus und Hochmut. Meinem eigenen kindischen Hang zu Spiel und Risiko kommt die Infragestellung der Formen, Sitten, Traditionen entgegen, charakteristisch für das Milieu, in dem meine Eltern lebten und zu dem Roché ihnen Zugang verschaffte. Je krasser der Bruch, desto mehr Aufmerksamkeit verdient er. Dada erscheint mir ganz natürlich. Marcel Duchamp entwirft mit der größten Einfachheit die erforderlichen Umkehrungen, die Purzelbäume, die den Kindern Spaß machen. Ich glaube bereitwillig daran, daß etwas um so tiefsinniger ist, je spielerischer es ist. Die Botschaft des *Ready-made* lautet, daß der Akt, durch den ein x-beliebiger Gegenstand zum Kunstwerk erhoben wird, ein Akt des Glaubens an das stets verfügbare Imaginäre ist.

Ich nahm wie selbstverständlich an diesem rituellen Fest teil, dessen Prophet Apollinaire gewesen war: diesem Tanz der Worte, der Klänge und Farben, bei dem das Wortspiel die Rhetorik enttrohnte; diesem von den revolutionären Entdeckungen Freuds und der schwindelerregenden Askese Nietzsches inspirierten glühenden Freiheitsanspruch, der die Wirklichkeit in Kuben zerlegte, zu Phantasiegebilden neu zusammensetzte und im Surrealismus zur vollen Entfaltung kommen sollte.

Wenn mein Bruder und ich in das Atelier von Alexander Calder gingen, der für einen Kreis von Kindern und Erwachsenen seinen aus beweglichen Drahtfiguren bestehenden Zirkus in Gang setzte, wenn wir hellauf lachten über den Gaul, der ein paar Pferdeäpfel fallen ließ, und wenn der Page sie mit der Schaufel aufsammelte, wußten wir, daß es sich um mehr als ein bloßes Vergnügen handelte. Dieser mächtige, rosige, über eine ausgeklügelte Mechanik gebeugte Kopf war für uns der des Herolds einer Freiheit, die es zu verkünden galt und die Paris wie Berlin, die alte wie die neue Welt, betraf.

Eine Gewißheit hat mich nie verlassen: Das Leben hat nur dann einen Sinn, wenn es die Wege öffnet, die zu diesem Mehr an schöpferischer Freiheit führen, wenn es, über das Reale hinaus, den Zugang zu dem, was darüber waltet, anstrebt. Diese Gewißheit habe ich meiner Kindheit im Berlin und Paris der zwanziger Jahre zu verdanken.

Kapitel 2

EIN DEUTSCHER JÜNGLING IN FRANKREICH

Als Berliner, der zum Pariser geworden ist, spielt sich mein Leben zwischen meinem vielsprachigen, künstlerischen Familienkokon und dem neuen schulischen und städtischen Umfeld ab, in das ich mich mit aller Kraft integrieren will. Ich erlebe Paris zunächst von Fontenay-aux-Roses aus, jenem Vorort mit dem poetischen Namen. Er ist durch zwei Straßenbahnen mit der Hauptstadt verbunden, deren Sandbremsen ich, auf der hinteren Plattform stehend, für mein Leben gern in Gang gesetzt hätte.

Dort besuchen mein Bruder und ich ein Jahr lang die Grundschule. Die Schüler begegnen uns freundschaftlich, die Lehrer mit Achtung. Meiner heißt Pépin und schließt mich in sein Herz. Ich gewinne sowohl den Ehren- als auch den Kameradschaftspreis: *Ivanhoe* von Walter Scott in einer prächtigen Ausgabe mit rotem Einband und goldener Schrift. Mein Bruder hätte ihn eher verdient als ich.

Schneller mit der Umgangssprache vertraut als unsere Eltern, ernennen wir uns in diesem Land, das wir uns zu eigen gemacht haben, zu ihren Mentoren. Als ich mich später mit den Problemen der Immigration befassen sollte, stellte ich dasselbe Phänomen fest: Besonders in maghrebinischen Kreisen sind vor allem die Schulkinder die besten Akteure bei der Integration ihrer Eltern.

Zu Hause sprachen wir Französisch, nur selten ein paar Brocken Deutsch. Franz beherrschte zwar das geschriebene Französisch perfekt, behielt aber zeitlebens einen leichten Akzent. Emmy machte manchmal Fehler, die wir mit Vorliebe korrigierten. Kinder sind erbarmungslos: Wenn unsere Großmutter zu Besuch kam, amüsierten wir uns über ihre Aussprache. Ich distanzierte mich also rasch von der deutschen Sprache. Mich zog das Englische mehr an, das Helen so liebte. Schon bald war ich nahezu dreisprachig. Obgleich ich nach wie vor einen Hang zur deutschen Poesie habe, deren Rhythmik mich gewiß deshalb so berührt, weil sie die meiner Muttersprache ist, fiele es mir heutzutage schwer, einen Text in gutem Deutsch zu verfassen. Helen hingegen hat bis zum Ende ihres Lebens, dessen letzte Jahre sie mit Anne-Marie Uhde* verbrachte, weiterhin Deutsch gesprochen. Sie hat mehrere Werke aus dem Französischen oder Englischen ins Deutsche übersetzt. Im Alter von 75 Jahren übersetzte sie Nabokovs *Lolita*, worauf sie sehr stolz war.

Am 20. Oktober 1925, meinem achten Geburtstag, mache ich die Erfahrung eines ersten Todes und einer ersten Auferstehung. An der Haltestelle Val-de-Grâce springe ich von einer Straßenbahn auf den Boulevard Saint-Michel und werde von einem riesigen Auto erfaßt. Ich rolle auf die Fahrbahn zwischen die vier Räder. Mein Gebrüll übertönt den Aufschrei meiner Mutter: Ich war fest davon überzeugt, dies sei mein Ende. Aber ich erscheine auf der anderen Seite des Gefährts wieder, lediglich mit ein paar Kratzern vom Auspuff auf der Stirn. Ich stehe unversehrt und triumphierend wie ein Sieger auf. Das Schlüsselwort heißt »unversehrt«. Ich habe bei Helen große Aufregung ausgelöst und ihr mein Glück bewiesen. Mein *Geburtstag* schenkt mir eine Wieder-Geburt: ein Augenzwinkern des Schicksals, ein geheimes Einverständnis, das aus Kindertagen herrührt und nie in Abrede gestellt werden sollte. Kurz gesagt, ich habe einen Vertrag mit dem Pariser Pflaster geschlossen. Ich kann das Berliner Pflaster getrost vergessen.

* Schwester des Sammlers und Mäzens Wilhelm Uhde, der vor allem Séraphine und den Zöllner Rousseau bekanntmachte.

Im Jahr darauf werden mein Bruder und ich in die École Alsacienne eingeschult. Ulrich in die *quatrième*, ich, viel zu früh für mein Alter, zwei Klassen unter ihm in die *sixième*. Meine Lehrer sind sich darüber im klaren, fördern meinen Wissensdurst, meinen sehnsüchtigen Wunsch, in jene besondere Welt, die die französische Kultur, ihr intellektuelles Selbstverständnis, ihre Toleranz ausmacht, einzutreten. Ich erinnere mich nicht an irgendeine Art von Ablehnung. Vielleicht habe ich aber auch alle Anzeichen von Fremdenfeindlichkeit verdrängt. Ulrich erinnert sich sehr wohl an einige. Er, der drei Jahre älter war als ich, fühlte sich ein wenig wie ein Verbannter (Später sollte er sagen: »Ich habe genug von diesem Frankreich, ich will zurück nach Deutschland.«) und erinnert sich daran, in seiner Umgebung fremdenfeindliche Beschimpfungen gehört zu haben. Damals war das Wort *boche*, ob in der Schule oder auf der Straße, alltäglich, und ich muß es unweigerlich im Zusammenhang mit mir gehört haben, ohne daß ich mich entsinnen kann, dadurch verletzt worden zu sein.

Sieben Jahre lang bildete die École Alsacienne für mich den intellektuellen, moralischen, sportlichen wie spielerischen Rahmen. Ich verdanke ihr einen Großteil dessen, was aus mir geworden ist. Im Zentrum des VI. Arrondissement, im Herzen von Paris, dem Herzen der Welt, gelegen, war sie wegen ihres patriotischen und protestantischen Ursprungs elitär, ehrgeizig, arrogant, stolz auf ihre so untadeligen Erziehungsmethoden, worüber ich mich, auch noch 60 Jahre später als ihr Vorstandsmitglied, immer wieder kritisch geäußert habe. Dabei bot sie mir ein Umfeld, das meine Integration in besonderem Maße förderte.

Ich erinnere mich an die zahlreichen ausländischen Schüler, an unseren Wettstreit um die in den ersten Bänken nur spärlich gesäten Mädchen, an eine schöne Amerikanerin, die ich in der fünften Klasse nicht aus den Augen ließ. Ein Jahr lang ersann ich für meine französischen Kameraden ein imaginäres Königreich, in dem sie die Prinzen waren und ich als Jüngster der ergebenste Untertan. Diese Geschichten mußten geheim bleiben. Es war einerseits das Bedürfnis, ein Spiel im verborgenen zu spielen, und andererseits die Angst, entdeckt zu werden: Ich war nicht der, für den die anderen mich hielten, sondern ein Fremder, eingeschleust in ein Milieu, in dem er unerkannt bleiben mußte. Solche Kindereien verloren sich ab der *quatrième*, aber etwas davon ist mir geblieben, was häufig in meinen Träumen wiederkehrt. Ein gewisser Hang zur Lüge, der sowohl die anderen als auch mich selbst schützt. Erst am Tage meiner zweiten Heirat, mit 70 Jahren, habe ich mich – endgültig? – davon befreit. Es war höchste Zeit.

In der École Alsacienne waren wir nicht so sehr die »Ausländer« als vielmehr die »Internationalen«: diejenigen, die jenem uns allen gemeinsamen französischen Wesen die Farben und Klänge anderer Regionen hinzufügten.

Da waren zwei Russen – ein Prinz, Jean Wiazemski, und Georges Kagan, ein Verwandter von Ilja Ehrenburg –, zwei Polen – Alexandre Minkowski und Gordowski –, ein Armenier – Alec Prochian – und Hetherwick, ein Engländer mit feuerrotem Haar. Mit jedem einzelnen, aber auch mit dem Sextett insgesamt hatte ich Verbindungen des gegenseitigen Schutzes hergestellt, wovon sich so manche unser Leben lang erhalten haben.

Georges Kagan war ein schmächtiger Junge mit feinen Zügen und begabt mit einem phänomenalen Gedächtnis, von dem wir beide glaubten, es rühre von einer Typhuserkrankung im Alter von acht Jahren her, die alles Vorangegangene aus seinem Gedächtnis gelöscht habe. Er besitze also ein jungfräuliches Hirn, in das sich die Daten der Geschichte, der Geographie und Literatur einprägten. Die Krankheit hatte bei ihm darüber hinaus ein Zittern am ganzen Körper hinterlassen, das mir vertraut war. Durch den täglichen Umgang mit meinem Bruder, der häufig unter epileptischen Anfällen litt, war ich es gewohnt, die magnetische Kraft überwundener Traumata zu erkennen. Die Gedächtnisspiele mit Kagan, bei denen er mich mühelos in den Schatten stellte, waren Übungen, die nachhaltig auf mich gewirkt haben: die Fähigkeit, sich alles vermeintlich Belanglose zu merken, wie die Namen der Länder und ihrer Hauptstädte, der Flüsse und ihrer Nebenarme, der Geburts- und Todesdaten der Dichter, bis hin zu den verschiedenen Ausgängen der Métrostationen. Kagan stammte wie so viele Menschen, die mein Leben geprägt haben, aus Rußland. Sein Leben, das schwer zu ertragen war, weil er sich in eine Gesellschaft einfügen mußte, die ihn nicht verstand, war das eines heimatlosen Nomaden, dem ich unbeholfen und allzuwenig kontinuierlich Solidarität entgegenzubringen versuchte. War die Nachricht seines Todes für mich eine Erleichterung, oder empfand ich Gewissensbisse?... Sein Schicksal war das genaue Gegenteil von meinem, das Exempel einer gescheiterten Integration.

Jean Wiazemski nimmt einen ganz anderen Platz innerhalb eines Trios ein, dessen dritter im Bunde, Joseph Berkowitz, bis zum Krieg ein sehr naher Freund geblieben ist. Wiazemski, der spätere Schwiegersohn von François Mauriac, dessen Tochter Anne Romanautorin und Schauspielerin ist, stellte, ohne es zu wissen, ein Bindeglied zwischen meiner zweiten Frau und mir dar. Er lernte sie in den fünfziger Jahren kennen, während ich in den dreißigern mit ihm den Ebro hinunterfuhr. Groß und gutaussehend, ein echter Prinz, war er mit seinem deutlichen Streben nach höheren Werten das Pendant zu Joseph Berkowitz, der unser Kanu gewandt manövrierte und als gleichermaßen skeptischer wie genußfreudiger, realistischer Gegenpol diese Gruppe von Heranwachsenden zusammenhielt. Ich war der Jüngste und sah in meinen Freunden lauter Don Juans, deren Techniken ich zu ergründen suchte. Mein erster Versuch, bei Blanche, die in Gentilly wohnte und die ich allmorgendlich am Bahnhof von Sceaux abholte, schlug jedoch fehl: Meine unbeholfen zu ihrer Bank geschobene Liebeserklärung geriet in die Hände meiner Kameraden. Ihr Spott setzte meinen Verführungsversuchen ein jähes Ende.

Die dauerhafte Freundschaft zwischen Alexandre Minkowski und mir ist ganz anders geartet. Für uns war er zunächst der Sohn eines berühmten Psychiaters, von dem wir, ohne dessen Werke gelesen zu haben, wußten, daß er eine ganz neue Sicht der Funktion des menschlichen Geistes aus Polen mitgebracht hatte. Er war nicht in meiner Klasse, sondern in der meines Bruders. Die Pfadfinderlager im Wald von Rambouillet oder unter den Pinien von Les Landes haben uns einander nähergebracht. Zeit unseres Lebens haben wir uns im Zusammenhang mit großen Themen oder Anliegen wiedergesehen: ob Menschenrecht, Kampf der Linken oder Solidarität mit dem Süden. Jedesmal gedenkt »Minko« als erstes der École Alsacienne. In seinen Augen wurde dort unser Sinn für wahre Kameradschaft, für Toleranz und demokratische Ethik, unser Bekenntnis zu den höchsten menschlichen Werten geprägt. Aus jenem Erziehungsmodell, als dessen Verfechterin sich unsere Schule versteht, hätten sein Leben und sein Werk ihre Kraft geschöpft. Deshalb tritt er auch mit größerer Vehemenz und Begeisterung als ich für unsere gemeinsamen Anliegen ein. Ich habe hin und wieder versucht, ihm größere Zurückhaltung anzuraten, doch vergebens: Er war immerhin bei den Pfadfindern mein *chef*, ich schulde ihm also Respekt!

Während der Engländer Hetherwick mit dem feuerroten Haar in meiner Erinnerung der unbestreitbare Klassenprimus bleibt und Gordowski, der lustige Pole, eher zu den schlechten Schülern gehört, taucht der Armenier Alec Prochian plötzlich 30 Jahre später als Doktor und Bibliophiler in einer Wohnung nicht weit von der Oper wieder auf.

Das Abenteuer, das unsere Eltern erlebten, war nur deswegen ungewöhnlich, weil sie es nicht zu verheimlichen suchten. Während Ulrich schockiert war und es nicht leiden konnte, wenn Roché sich als Ersatzvater aufspielte, erschien es mir als selbstverständlich und legitim. So stellte es uns auch Emmy dar: Franz sei ein Weiser, Helen ein Naturereignis, frei und unbezähmbar, Roché ein verfeinerter Franzose, der sie glücklich mache. Und außerdem war ich davon überzeugt, daß Helen von Franz, Pierre und mir am meisten mich liebte.

Wie vereinbarte Emmy diese Situation mit ihrer lutherischen Erziehung? Woraus schöpfte sie diese Güte, diese Großzügigkeit, die Ulrich und mir zugute kam? Ich war vierzehn, als sich unsere Wege trennten. Ulrich hatte beschlossen, weiter in Deutschland die Schule zu besuchen, dann zu Franz nach Berlin zu gehen und beim Rowohlt Verlag eine Lehre zu machen. Emmy gesellte sich zu ihnen. Zehn Jahre nach Kriegsende konnte ich ihr berichten, wie ich es geschafft hatte, die selbstverständliche Pflicht zu erfüllen, die sie mir mit auf den Weg gegeben hatte: andere an meinem unerschütterlichen Glauben an das Leben teilhaben zu lassen. Ich habe sie in Hamburg aufgesucht, wo sie sich bis zu ihrem Tode um psychisch geschädigte Kinder kümmerte. Es schien mir, als kenne mich niemand besser als sie. Alles, was sie nicht über mich wußte, konnte nur flüchtig gewesen sein. Ich habe bei ihrer Beerdigung sehr geweint.

Im Jahre 1929 hatte die Familie Fontenay-aux-Roses verlassen und war in die Rue Ernest-Cresson im XIV. Arrondissement gezogen, nur wenige Schritte von der Villa Adrienne entfernt, wo Helen 1984 starb, nachdem sie dort ihre letzten 40 Lebensjahre verbracht hatte. In unserer ganz im Bauhaus-Stil gehaltenen Wohnung mit den geometrischen Möbeln und den in kräftigen, kontrastierenden Farben bemalten Wänden, an denen ein paar kubistische Gemälde hingen, empfingen wir Rochés Freunde, die schon bald auch die von Helen wurden. Da waren Marcel Duchamp und dessen Begleiterin, Mary Reynolds, Man Ray, der von Helen eine schöne Nacktaufnahme am Strand machte, Le Corbusier und Philippe Soupault, Jules Pascin und Alexander Calder, Constantin Brancusi und Max Ernst, André Breton und Pablo Picasso. Besonders gefiel mir Man Ray mit seinem kleinen Katzenkopf und seiner Vorliebe für Überraschungen. Man langweilte sich nie mit ihm. Er spielte gern. Wie ich.

Franz, der damals zusammen mit Walter Benjamin an der Übersetzung von *Auf der Suche nach der verlorenen Zeit* arbeitete, ging wieder nach Berlin. Er läßt Helen mit den beiden Söhnen in Paris zurück. Vielleicht fand damals die Scheidung meiner Eltern statt. Ich erinnere mich nicht mehr daran. Helen verdient ihren Lebensunterhalt als Modekorrespondentin für die *Frankfurter Zeitung*. Diese Zeitung gibt eine wöchentliche Beilage, *Für die Frau*, heraus, deren Inhalt hauptsächlich aus ihren Beiträgen aus Paris besteht. Eine anstrengende, gut bezahlte Arbeit, für die wir sie bewundern. Sie nimmt uns manchmal mit, wenn die großen Couturiers der damaligen Zeit ihre Kollektionen vorführen. Poiret und Paquin sind passé, Patou und Jeanne Lanvin, Chanel und Schiaparelli stehen im Zenit ihres Ruhms. Rodier und Bianchini-Férier produzieren die herrlichsten Stoffe. Wir ahnen, daß Helen lieber literarische Beiträge schreiben würde, stellen aber auch fest, daß sie aus dem, was zunächst nur ein Broterwerb war, eine Kunst gemacht hat. Sie nimmt ihren Beruf ernst, hält in München einen Vortrag über das »Wesen der Mode«, eine poetische wie philosophische Abhandlung. Wenn wir aus der Schule kommen, finden wir sie hinter ihrer Underwood-Schreibmaschine, wo sie gerade, wie immer im letzten Moment und unter Zeitdruck, den allwöchentlichen Artikel abschließt.

Roché lebte bei uns, hatte aber seine Wohnung, Boulevard Arago 99, nur einen Katzensprung von der Rue Ernest-Cresson entfernt, behalten. Ich hatte zu ihr und der Bibliothek des Sammlers und Schriftstellers Roché Zutritt. Dort entdeckte ich Jean Cocteau und André Gide, die indischen Tempel und die Kubisten. Dort fand ich auch eines Tages einen schönen, dicken Parker-Füllfederhalter und konnte nicht anders, als ihn mir anzueignen. Er bemerkte es und verlangte von mir, ihn zurückzugeben. Von dem Brief, den ich an ihn richtete, um mich zu rechtfertigen, hat er das mit Anmerkungen versehene Original aufbewahrt. Dank des Konservators der Universität von Austin,

Texas, der sämtliche Henri-Pierre Roché betreffende Dokumente sammelt, habe ich ihn zurückerhalten, und ich kann dem Vergnügen nicht widerstehen, ihn an dieser Stelle wiederzugeben:

»Lieber Pierre,

Maman hat mir gestern abend erzählt, daß Du zwischen meinem Füller und einem Füller, den Du momentan vermißt, eine seltsame Ähnlichkeit festgestellt hast. Du wirst Dir sicher vorstellen können, daß dieser Zufall für mich genauso unangenehm ist wie für Dich. Ich werde ebensowenig versuchen, Dich davon zu überzeugen, daß dieser Füller nicht Dir gehört, wie Du mir beweisen kannst, daß ich ihn Dir weggenommen habe. Es ist zwecklos. Ich hoffe, Du hast für die Peinlichkeit meiner Lage Verständnis. Am schlimmsten ist, daß ich Dir nicht einmal Genaueres über die Herkunft dieses Füllers sagen kann, zumal ich ihn einem Schulkameraden abgekauft habe, als ich unbedingt einen Füller brauchte.

Ich möchte Dich daher, um jegliches Mißverständnis zu vermeiden, bitten, den Füller zu behalten, denn wahrscheinlich stammt er ja doch von Dir, wo er Dir so bekannt vorkommt. Ich lege Dir daher die Kappe dazu, die Du vergessen hast mitzunehmen. In der Hoffnung, daß diese ärgerliche Geschichte keine mißlicheren Konsequenzen haben wird als Mamans Aufgebrachtsein, bleibe ich Dein aufrichtiger Freund,

Kadi.

PS: Ich vertraue darauf, daß diese Angelegenheit eine so fundierte Freundschaft wie die unsere nicht zerstören wird.«

Roché hat unter den Brief die Anmerkung gesetzt: »Brief überbracht – ein paar Stunden danach durch ein Telefonat dementiert, bei dem der Diebstahl zugegeben wird.«

Von allen Freunden Rochés beeindruckte uns Marcel Duchamp am meisten. Ihre sehr enge Freundschaft reichte bis zum Ersten Weltkrieg zurück. Beide waren mit der Mission in die Vereinigten Staaten geschickt worden, dort für das amerikanische Eingreifen in den Konflikt einzutreten. Für mich vereinte Duchamp in sich alle Züge einer heroischen Figur, einschließlich der höflichen Bescheidenheit. Alles, was von ihm ausging, war von einem Glorienschein umgeben, dem des Apostels einer radikal neuen, wunderbar ironischen und zugleich höchst strukturierten Herangehensweise an die Realität und Kreativität. Ich war vierzehn, als er mich in die mathematischen Grundlagen des Schachspiels einführte, das er, wie ich wußte, meisterhaft beherrschte und bei dem ich mich als sein Schüler empfand. Später ließ er mich seine »grüne Schachtel« in Augenschein nehmen, in der in Form von Zeichnungen, Zetteln, Objekten und rätselhaften Texten die Bestandteile der *Mariée mise à nu par ses célibataires, même* vereint sind.

Januar 1933: Hindenburg ernennt Hitler zum Reichskanzler. Der von meinem Vater gehegte Traum eines durch das Erbe Karls des Großen und das der Aufklärung bereicherten Europa schwindet dahin. Wir empfinden spontan uneingeschränkte Ablehnung. In unseren Augen wird dieser in einer schrecklich vulgären Sprache brüllende, größenwahnsinnige Clown schon bald untergehen. Die Deutschen sind doch nicht so dumm…

Müssen wir unsere Lebensweise ändern? Nicht sofort. Helen bleibt Modekorrespondentin, die *Frankfurter Zeitung* braucht sie nach wie vor. Protegiert von seinem Chef und Freund, dem Verleger Ernst Rowohlt, behält Franz seinen Posten als Lektor und Übersetzer, obgleich sein »Status« als Jude es ihm verwehrt, unter seinem Namen zu schreiben. Erst 1938, ein paar Wochen vor der Reichskristallnacht (am 9. November), reist Helen zu ihm nach Berlin und setzt ihn in den Zug nach Paris.

Ich wußte kaum etwas über diese »Rettung«. Helen muß

Franz noch einmal geheiratet haben, um für ihn eine Ausreisegenehmigung zu erhalten, die es ihm ermöglichte, die Einladung von Alix de Rothschild, nach Paris überzusiedeln, anzunehmen. Wir haben ihn dort, zutiefst erleichtert, empfangen. Helen war in Berlin geblieben, wo sie den Pogrom der Kristallnacht miterlebt hat, über den sie für den *New Yorker* in englischer Sprache einen ihrer besten Artikel geschrieben hat. 45 Jahre später stoße ich in einem Text von Franz, der im Nachlaß seines 1941 nach Amerika emigrierten Freundes Wilhelm Speyer gefunden wurde, auf Passagen, in denen mein Vater auf sein Verhältnis zu seinem jüngeren Sohn eingeht. Ich will die Stellen zitieren, die mich am tiefsten bewegt haben. Franz ist am Vortag in Paris angekommen und trifft im Café des Deux Magots seinen Freund und seine Söhne, meinen Bruder und mich. Aber die beiden chinesischen Figuren stehen nicht mehr an ihrem angestammten Platz. Als er seine Verwunderung darüber äußert, amüsiert sich Speyer, den er Lothar nennt, über sein Interesse an so unwichtigen Dingen in dem Augenblick, wo er seine Freiheit und seine Kinder wiedergefunden hat.

Er schreibt:

»Der Vorwurf aber meines Freundes traf mich nicht so sehr, wie es scheinen mochte. Mein Hinweis auf die Veränderung der Umgebung war eigentlich ein kaum bewußter Versuch gewesen, die Aufmerksamkeit der andern abzulenken von mir und von dem, was mich in Bann hielt. Das war, von der Seite bald im verlorenen, bald im vollen Profil angesehen, das Gesicht meines jüngeren Sohnes. In diesem Gesicht tauchten, ob miteinander, durch- oder nacheinander, das kann ich nicht sagen, lauter frühere Gesichter dieses nun zwanzigjährigen Gaspard* auf aus Zeiten, als er ein winziger, dann ein noch kleiner, aber schnell größer werdender Kaspar war. Da lag das Kindergesicht zur Seite

* Gemeint ist Stéphane, dessen dritter Vorname Kaspar ist.

geneigt auf dem Bademantel, und die Hände hielten noch im Schlaf Eimer, Sandformer und Schippe fest wie die eines betrunkenen eingenickten Fuhrmanns die Zügel. Vom Strande des Ostseebades wurde das torkelnd zweijährige Männlein im quiekenden Wackelkarren heimgefahren. Aber schon war das kleine Gesicht etwas magerer und gestreckter. Die Oberlippe sprang munter vor. Die Nase wurzelte willenskräftig in der Stirn, über die des Umhangs Kapuze fiel: ein Wichtelmännchen ging auf der Dorfstraße im Isartal fürbaß. Saß es nicht eben noch mit freier Stirn und abstehendem Haarschopf als kleinster Gesellschafter mit baumelnden Beinen am Frühstücktisch und schaute tiefsaufend mit Zuckwimpern über den Tassenrand?

Da, mit einem Mal aber steht ein ganz neues Wesen, nicht fremd, aber doch neu, den Arm, der dem aus dem Schiff steigenden Vater zuwinkt, ephebenhaft erhoben, als trüge er den Palmwedel des Läufers von Marathon. Ein seliger Schreck (beschwor ich ihn nur oder überkam er mich jetzt aufs neue?) hatte mich damals (damals? – sechs Jahre war es her) erschüttert.

Vor diesem Wiedersehen waren drei Jahre vergangen, in denen ich ihn gar nicht gesehen hatte. Und in den Jahren vorher auch immer nur ein paar Wochen. In den in Berlin gebliebenen Bücherkisten lagen, zärtlich geordnet, die Briefe des Knaben und Jünglings, muntere Worte, manchmal auch etwas schwermütige, in denen Abschied von der noch ununterbrochenen, ein- und ausatmenden Kindheit trauerte, aber meist doch muntere und ermunternde, deutsch und französisch mit erläuternden Zeichnungen und eingelegten (ach, allzu oft zu gierigen Augen gezognen) Photographien. So gut, wie Kaspar und Gaspard mir schrieben, hatte ich nicht antworten können. Aber gut leben konnte ich Einsiedler und Einsammler mit dieser Schicht von Lebenszeichen. Werde ich nun dem Leben, dessen Zeichen ich so treu sammeln konnte, gewachsen sein? So fragte es in mir jetzt im Cafédämmer. So hatte es schon gefragt, als der Fünfzehnjährige mir entgegenwinkte, ein Knabe Lenker, eines Götterboten Erscheinung, die sich leichtumrandet abhebt von der schimmernden Bergstadt überm Hafen. Und da war doch eben noch das winzige Wesen, das mit Spielzeug und Zimmer verschwimmt. Und wird sie jetzt nicht schon wieder zum Knaben und kommt mir vom Gartentor den ansteigenden Pfad entgegengelaufen? Mit Kinderknien über dem heruntergerutschten Strumpf, läuft beim Laubsammeln von mir fort einen kleinen Sonderweg, schaut, ehe sie hinter den Bäumen verschwindet, zurück und ruft: Auf Wiedersehn!«*

Die Ferien an der nordöstlichen Spitze Mallorcas, auf die der Text anspielt, liegen kurz vor dem Ende meiner Schulzeit. 1933 bestehe ich mit 15 Jahren das *baccalauréat de philosophie*. Ich habe keine oder so gut wie keine Vorstellung davon, welche Laufbahn ich einschlagen soll. Mich reizt die Architektur, auch die Diplomatie. Alles wird von der Entwicklung der internationalen Spannungen abhängen. Erst einmal gilt es, meinen deutschen Paß gegen einen französischen einzutauschen. Solange Hitler an der Macht ist, flößt mir die Vorstellung, nach Deutschland zurückzukehren, Angst ein. In der Zwischenzeit will ich meinen schulischen Erfolg durch Ferien mit meinen Freunden feiern.

Berkowitz und Wiazemski nehmen mich, nicht etwa wie in den vorangegangenen Jahren auf dem Tarne oder der Vézère, sondern in Spanien, auf dem Ebro, an Bord. Dieser Ausflug ist mir in schillernder Erinnerung geblieben: die letzten Bilder eines Spanien, das zwei Jahre später zum Schauplatz eines Konfliktes werden sollte, bei dem es um das Gleichgewicht zwischen den demokratischen und den faschistischen Systemen ging, eines heroischen und gemarterten Spanien, das ich durch die Fahrt auf dem Ebro durch Navarra, Aragon und Katalonien

* Zit. aus: *Letzte Heimkehr nach Paris. Franz Hessel und die Seinen im Exil.* Hg. von Manfred Flügge. Berlin: Das Arsenal 1989, S. 18ff.

so nachhaltig, dessen Geschmack, Düfte und Klänge ich so tief in mich aufnahm.

Auf halber Strecke zwischen Miranda und Tortosa schlitzen wir den Rumpf unseres Kanus am Sammelbecken eines Staudamms auf. In den drei im Hause des Wächters verbrachten Tage, wo wir brüderlich aufgenommen werden, ernähren wir uns von Früchten und Kichererbsen und lernen, aus der Flasche zu trinken. Als unser Boot am dritten Tag repariert ist, fahren wir weiter. Wir lassen schnell die unwirtlichen Landstriche Aragons hinter uns und erreichen unversehens die mediterranen Gefilde Kataloniens, wo Pinien und Olivenbäume ein freieres Licht reflektieren. Dann umfahren wir das Kap zwischen Port-Bou und Port-Cerbère, und nur wenige Kilometer von dem Ort entfernt, wo Walter Benjamin sich acht Jahre später des Leben nehmen sollte, verladen wir unser Kanu auf den Zug.

Bei meiner Rückkehr fand ich Helen aufgelöst und mit verweinten Augen vor. Anfang der dreißiger Jahre hatte in ihrer Beziehung zu Roché eine stürmische Phase begonnen, Jahre der Hoffnungen und Enttäuschungen, Zurückweisungen und Neuanfänge, die in einer relativ morbiden Trennung gipfeln sollten. An jenem Tag im Juli 1933 hatte Helen erfahren, daß Roché nicht nur heimlich Germaine geheiratet, sondern auch einen Sohn hatte. Dieser langjährige Betrug war für sie unerträglich, und es kam zu einer ausgesprochen brutalen Szene. Sie hatte ihn mit einem Revolver bedroht und Roché, von Panik ergriffen, sich boxend von ihr freigemacht. Am Ende dieser Auseinandersetzung beschloß sie, ihn nie wiederzusehen. Daran hat sie sich auch strikt gehalten.

In dieser Zeit hatte ich die kindische Idee, etwas in der Art unserer Schulbücher in Geschichte und Geographie zu verfassen. Das Werk, ein dickes grünes Heft voll Illustrationen, Landkarten und Einlagen, schildert den Archipel Hesselland, eine Gruppe von Inseln, jede einzelne nach einem Mitglied der Familie oder einem Schulfreund benannt. Der letzte Eintrag behandelt die Episode, in deren Verlauf Pedroland, die Insel Henri-Pierre Rochés, von einer Springflut überrollt, im Meer versinkt. So beende ich die große Leidenschaft meiner Mutter.

Kapitel 3

INITIATIONEN

Ich treffe im Oktober 1933 in London ein, um ein Land zu erkunden, das meine Mutter von jeher geliebt hat. Sie verbringt dort einige Tage mit mir und quartiert mich dann bei ihrem Vetter Frank ein, dem Vater von Basil und Jonathan, zwei typischen rosigen, sportlichen kleinen Engländern. Im Garten seines Hauses, nahe Croydon, lerne ich Kricket spielen.

Ich habe das Gefühl, dem »Kontinent« entkommen zu sein, wo die Atmosphäre bedrückend ist, wo Helen zwischen Wut und Schmerz schwankt, wo die jüdischen Flüchtlinge, die aus Deutschland herbeiströmen, Nachrichten verbreiten, bei denen es einem kalt den Rücken hinunterläuft, wo die ersten Berichte über jene Orte zirkulieren, die man bereits »Konzentrationslager« nennt, von deren tatsächlicher Tragweite man sich jedoch noch keine richtige Vorstellung macht. Hulchinski, ein Freund von Helen, der einige Wochen in Buchenwald zugebracht hatte und sich freikaufen konnte, spricht, als wir ihn auf seiner Durchreise in die Vereinigten Staaten in Paris wiedersehen, nur mit gedämpfter Stimme darüber: »Diese Schläge«, sagt er, »immer auf den Kopf.«

Ich lasse all das hinter mir. Hier auf dieser Insel bin ich frei, bin ich allein. Heute weiß ich, was ich diesem Jahr in England zu verdanken habe: das Erlernen einer dritten lebenden Sprache, die mir bald ebenso vertraut sein sollte wie Deutsch und Französisch; das Eintauchen in das britische Universum im Jünglingsalter, wenn alle Sinne erwacht sind. Ich habe London sogleich in mein Herz geschlossen, diese königliche Hauptstadt, die ich das Glück hatte, so, wie Charles Dickens und Henry James sie beschreiben, zu durchwandern, in mich aufzunehmen und zu entdecken, bevor der Krieg sie entstellte. Dort habe ich einige

Gewohnheiten, die mich mein Leben lang begleiten sollten, kultiviert: die langen Spaziergänge durch die Stadt bei Tag und bei Nacht; das systematische Erkunden der öffentlichen Transportmittel, wie Doppeldecker, U-Bahn, unterirdisches Verkehrsnetz; das Auswendiglernen englischer, deutscher und französischer Gedichte, die ich mir halblaut aufsagte, wenn ich an der Themse entlangging.

Mit einem Poeten als Vater und einer Mutter, die eine begeisterte »Vermittlerin« poetischer Empfindsamkeit war (sie hinterließ bei ihrem Tod Dutzende von Heften, in die sie die Verse ihrer bevorzugten Dichter geschrieben hatte), ist die Dichtkunst für mich eine verehrungswürdige geistige Dimension, wie es in einer gläubigen Familie die Religion hätte sein können. Franz las uns Passagen seiner Homerübersetzung vor, Helen ließ uns Verse von Rilke und Hölderlin lernen. Schon bald nach unserer Ankunft in Frankreich hatten Ulrich und ich Fabeln von La Fontaine oder Szenen von Molière, Corneille und Racine aufgeführt. In *Der Misanthrop* war ich Philinte, der Anpassungsfähige, und er Alceste, der Unnachsichtige. Ich hatte *Der Rabe* von Edgar Allan Poe auswendig gelernt und sage es mir noch heute bei der drittletzten Strophe, wo der schwarze Vogel dem Dichter jegliche Hoffnung nimmt, seine Geliebte im Jenseits wiederzusehen, mit schluchzender Stimme auf.

Im Laufe der Jahre haben sich in meinem Gedächtnis Hunderte von Gedichten angehäuft, deren Verse beim geringsten Anlaß auftauchen, ohne daß es mich Mühe kostet, sie aneinanderzureihen. Ich suche sie nicht in den Untiefen meines Gehirns, sie drängen sich mir einer nach dem anderen wie von selbst auf. Das gilt für meine drei Sprachen und läßt mich, dessen bin ich mir bewußt, ein wenig lächerlich erscheinen, nicht nur, weil ich dazu neige, mir für meine Rezitationen, die kurz zu halten mir schwerfällt, ein Publikum zu verschaffen, sondern auch wegen der Rührung, die mich dabei befällt und die ich nicht gut verbergen kann, sobald ein Vers einen gewissen Grad an poetischer Intensität erreicht – wie ein Wein einen gewissen Alkoholgehalt. Gelegentlich habe ich auch Gedichte geschrieben und sie an schöne Damen gerichtet, doch ohne damit die erhoffte Gunst zu erreichen.

In diesem Londoner Jahr beschränkte ich mich nicht allein darauf, die Stadt zu durchstreifen und mir Shakespeare-Sonette aufzusagen. Ich war in der London School of Economics eingeschrieben, deren Kurse ich ziemlich unregelmäßig besuchte. Ich verbrachte mehr Zeit in Kinovorstellungen am Vormittag, die billiger waren als die am Nachmittag und nur 10 Pence kosteten. Die von mir bevorzugten Lehrer unterrichteten die Geschichte der Diplomatie, eine Kunst, die, von den Engländern ausgeübt, subtil und effizient zu sein schien. Aber ich begegnete dort auch Harold Laski und Arthur Koestler: der erste kühn und überzeugt, es gelte, die Wirtschaft aufzubauen, der zweite düster und den Untergang der Menschheit vorausahnend. Ich spürte sehr wohl, daß beide recht hatten, doch Laskis Analyse reizte mich mehr. Ich glaubte, eine genauere Kenntnis der Wirtschaft müsse der menschlichen Gesellschaft zu mehr Gerechtigkeit und Freiheit verhelfen.

Offen gestanden war mein Verhältnis zur Politik damals eher oberflächlich. Mit der griechischen Mythologie verband mich wesentlich mehr. Ich verbrachte ganze Vormittage hinter den gotischen Glasfenstern der Guildhall Library im Herzen der Stadt, um zu dieser Thematik die wichtigsten Texte nachzuschlagen, und stellte eine minutiöse Genealogie der Götter, Helden und Könige des antiken Griechenlands aus den Epen Hesiods und Homers und den »Bibliotheken« des Apollodorus von Athen und des Diodorus von Sizilien zusammen.

So fern mein siebzehntes Lebensjahr auch sein mag, meine Erinnerung schmückt es mit allen Reizen des Ortswechsels und des ungebundenen Alleinseins aus, das nur von den Ferien in Paris unterbrochen wurde, wo ich Helen wiedersehe. Sie hat eine sehr ungewöhnliche Person bei sich aufgenommen, Charlotte Wolff, Doktorin der Medizin, Jüdin, aus dem Hitler-Deutschland geflohen, Freundin von Franz und von Walter Benjamin, mit dem sie bei der Übersetzung der Gedichte Baudelaires ins Deutsche wetteiferte. Charlotte hat aus der Deutung der Handlinien, der Chiromantie, eine echte Wissenschaft gemacht, die zu ihrem Broterwerb wurde. Als überzeugte Lesbierin hat sie eine platonische Leidenschaft zu Helen gefaßt. Sie teilen sich auf halber Höhe der Rue de la Montagne Sainte-Geneviève eine Wohnung, die ihnen eine der letzten Musen Rilkes, Baladine Klossowska, die Mutter des Malers Balthus und des Philosophen und Romanciers Pierre Klossowski, überlassen hat. Nach und nach hat Helen ihren Zorn und ihre Rachsucht gegenüber Roché verwunden und ihre Energie auf die Arbeit, das Schreiben und die Begegnung mit schöpferischen Menschen, zu denen sie Charlotte Wolff zählt, verwendet. Während meiner kurzen Aufenthalte in Paris zwischen zwei Trimestern lerne ich diese leidenschaftliche und starke Persönlichkeit kennen, diese schlanke, wegen ihrer Stimme und des dunklen Flaums, der ihr energisches Kinn ziert, sehr männlich wirkende, von ihrer Wissenschaft überzeugte Frau, die ihr Gegenüber durch ihren leuchtenden Blick fasziniert. Ich lasse mich nur allzu gern fesseln und in die Gedankenwelt von Freud, Marx und Claude Bernard einführen. Gerade weil sie die Deutung der Handlinien wie eine Wissenschaft betreibt, verkörpert sie für mich den sicheren Sieg des Verstandes.

Ich habe in ihrer Autobiographie das folgende Porträt über Helen gefunden, dessen Ton mir gefällt:

»Ein perfektes Beispiel einer befreiten Avantgardistin war Helen Hessel. Sie konnte sich allem zuwenden und war überall erfolgreich – als Landarbeiterin im Ersten Weltkrieg, als Modejournalistin in den 20er und 30er Jahren, als Geliebte von vielen und als Ehefrau. Sie bezauberte Männer und Frauen gleichermaßen. Ihre blauen Augen, klar und kalt wie ein frostiger Frühlingstag, ihre Eleganz und Selbstsicherheit, machten sie zum Inbegriff verführerischer Weiblichkeit. (...) Sie konnte ebensogut einen Essay schreiben wie ein Pferd zureiten oder Auto fahren. Eine Draufgängerin, die leidenschaftlich liebte und haßte, arbeitete oder faulenzte. (...) Ich war von ihr fasziniert und nahm erfreut eine Einladung an, mit ihr im Auto von Berlin in die Normandie zu fahren. Sie hatte gemeinsam mit ihrem Freund Pierre Roché ein Bauernhaus in dem kleinen Dorf Sotteville gemietet. Man schrieb das Jahr 1926 oder 1927. (...) Ich wußte nicht, worauf ich mich da eingelassen hatte. Helen und Pierre teilten sich ein Zimmer. (...) In der dritten Woche unseres Urlaubs tauchte Franz Hessel (...) auf. Man hätte erwarten können, daß er auf seine Frau und ihren Liebhaber eifersüchtig war. Doch es stellte sich heraus, daß Roché sein bester Freund war. (...) Die Dreieckssituation schien eine glückliche Konstellation zu sein, unter der Liebe und Freundschaft nicht zu leiden hatten.«*

Zurück in London, mache ich eine weitere faszinierende Bekanntschaft: Mein Herz sollte zum erstenmal sehr heftig für eine österreichische Dichterin schlagen, eine Studentin und Freundin von Franz, der ihr meine Adresse gegeben hatte.

Für mich war bis dahin die Sinnlichkeit von dem Gefühl überlagert gewesen, das die Gegenwart meiner Mutter in mir hervorrief. Sie verhehlte mir nicht, daß sie sich durchaus vorstellen konnte, mich zunächst die Erfahrung einer homosexuellen Verbindung machen zu sehen und so in den Genuß der Zärtlichkeit und Besonnenheit eines sokratischen Partners zu kommen. Die Lektüre von André Gides *Corydon* in Rochés Wohnung im Alter von etwa zwölf Jahren hatte mich auf diese Möglichkeit vorbereitet. Bis zu meinem siebzehnten Lebensjahr war ich jedoch keusch geblieben.

* Zit. aus: Charlotte Wolff, *Augenblicke verändern uns mehr als die Zeit.* Übers. v. Michaela Huber. © 1938 by Beltz Verlag, Weinheim und Basel

Maria Kreitner besaß alle Attribute der Verführung. Aschblondes Haar, dem ich nie widerstehen konnte, die rührende Gestalt und Schüchternheit eines Mädchens, das vom Kontinent kommt, zum erstenmal den Fuß auf englischen Boden setzt und einen Führer sucht. Wir beide waren auf ein schönes Anwesen in Wiltshire eingeladen worden, dessen Besitzer, die Guiness, »Deutschland sehr gern hatten«, was bedeutete, daß sie Hitlers Aufstieg mit einem gewissen Wohlwollen verfolgt hatten. Es gab dort wunderschöne Hunde, viele Pferde und junge Frauen aus guter Familie, die von ihrem letzten Besuch in Berlin berichteten. Maria und ich fühlten uns nicht sehr wohl, und obgleich wir die großzügige Gastlichkeit und den Charme der Landschaft genossen, wunderten wir uns über soviel Arglosigkeit. Während unserer langen Spaziergänge durch die Felder atmete ich ihr Parfum mit der süßen Bangigkeit dessen ein, der weiß, daß er es nicht wagen wird, seine Liebe zu gestehen. Sie weihte mich bereitwillig in die Intimität ihrer Gefühle ein, wobei sie mir die ihres Körpers versagte. Kein Wunder, daß diese Episode in meinem Gedächtnis sehr lebendig geblieben ist.

Im darauffolgenden Jahr beschließe ich, zurück in Paris, an der École libre des sciences politiques weiterzustudieren. Ich bin dort nicht eifriger als an der London School of Economics und spiele lieber in den Bistros des Quartier Latin mit Berkowitz und seinen Freunden, Medizinstudenten, Bridge. Ich halte mich von den Schlägereien zwischen *Action française*, *Croix-de-Feu* und militanten Kommunisten fern. Ich weiß sehr wohl, daß ich meine Zeit vergeude. Helen ergreift damals zweierlei Initiativen, die aus dem etwas desorientierten, in seinen Beziehungen zu Frauen sehr ungeschickten Jüngling einen selbstbewußten und zielstrebigen jungen Mann machen sollten.

Die erste besteht darin, mich mit einer ihrer Freundinnen, einer Redakteurin beim *Jardin des modes* und Mutter einer zwölfjährigen Tochter, bekannt zu machen. Jeanne ist gebürtige Belgierin, ihre ältere Schwester Aldous Huxleys Frau, ihr früherer Mann ein recht angesehener belgischer Dramaturg. Sie hatte nach ihrer Scheidung ein nicht etwa anrüchiges, doch nervenaufreibendes Liebesabenteuer erlebt und sich einer Psychoanalyse unterzogen, um der Versuchung, sich das Leben zu nehmen, zu entrinnen. Helen findet, ihre Tochter habe sehr viel Charme, und glaubt, Jeanne werde eines Tages meine Schwiegermutter sein. Aber unser Zusammentreffen nimmt einen gänzlich anderen Verlauf, denn ich verliebe mich Hals über Kopf in die Mutter, die doppelt so alt ist wie ich.

Manchmal – zu selten – führt das Schicksal zwei Menschen in einem für beide entscheidenden Augenblick zusammen. Jeanne wollte leidenschaftlich geliebt und ich in die Geheimnisse der Weiblichkeit eingeweiht werden. Das tat sie mit sehr viel Takt, Intelligenz und Zärtlichkeit. Ich verdanke ihr mehr, als ich sagen kann. Diese Liaison, von der wir beide wußten, daß sie nur eine gewisse Zeit dauern würde, weckte in mir die Freude am freien Spiel der Körper fernab jeglichen Zwangs zur Treue.

Von den zahlreichen Initiationsreisen, bei denen ich sie begleitete, berührt mich die Erinnerung an unseren Ausflug nach Dalmatien am meisten. Ich hatte meinen Atlas befragt und entschieden, daß sich die Adriaküste zwischen Split und Cetinje für eine Tour mit dem Fahrrad, dem von uns beiden so geliebten Fortbewegungsmittel, eignen würde. Da sind wir also mit unseren beiden Fahrrädern im Zug nach Venedig. Dort müssen sie vom Bahnhof Santa Lucia bis zum Zoll und weiter zum Passagierschiff in Richtung Jugoslawien transportiert werden. Ich höre noch heute die amüsierten Ausrufe der Gondoliere beim Anblick unserer auf den venetianischen Kanälen ziemlich lächerlich wirkenden Maschinen. Noch lächerlicher wirkt bei unserer Ankunft in Split unser Vorhaben, mitten im Sommer eine für Radfahrer viel zu steile Küste entlangfahren zu wollen. Nichts entmutigt uns, nichts trübt unsere Heiterkeit. Wird der

Weg zu mühsam, werden wir eben den Bus nehmen. Wir erreichen Dubrovnik an einem herrlichen Juliabend und sind fasziniert von der Strenge seiner Architektur und den auf seinen engen Plätzen mit den barocken Palästen dichtgedrängten monumentalen Statuen. Auf der Weiterfahrt entlang der Bucht von Cattaro, dem einzigen für das Fahrrad geeigneten Küstenabschnitt, bestaunen wir die sich aneinanderreihenden venetianischen Fassaden. Eine letzte Überraschung: Am Tag unserer Ankunft bereiten die Montenegriner dem Herzog von Wales und seiner Freundin Mrs. Simpson einen festlichen Empfang. Ihnen zu Ehren werden alle Gipfel im Umkreis der Bucht von einem funkelnden Feuerkollier erleuchtet, während vom Hafen her Gesänge in die Nacht aufsteigen.

Die zweite Initiative meiner Mutter bestand darin, dem Rat ihrer französischen Freunde zu folgen: Indem sie Helen in den Ambitionen, die sie für ihren jüngeren Sohn hegte, bestärkten, hatten sie ihr vor Augen geführt, man müsse, um in Frankreich an die Spitze zu gelangen, die École normale supérieure durchlaufen. Sie meldete mich daher zum *hypokhâgne** im Lycée Louis-le-Grand an. Ich hatte zum erstenmal das Gefühl, denken zu lernen. Gleich zu Beginn des Jahres ließ uns Albert Bayet den ersten der *Briefe an einen Provinzial* von Pascal lesen, den er auswendig konnte, und demonstrierte uns die Stichhaltigkeit dieser unerbittlichen Demontage der jesuitischen Gnadenlehre. Nach der ersten Stunde ließ er uns in die Pause gehen und verwandte dann die zweite Stunde darauf, uns ebenso mühelos die unbestreitbare Überlegenheit der von den Jesuiten vorgebrachten Argumente zu demonstrieren. Eine großartige Übung zur Entwicklung eines kritischen Geistes!

Der intellektuelle Wettstreit, den diese typisch französischen Institutionen hervorrufen und zu dem sie ermutigen, lag mir sehr.

* Vorbereitungskurs für die École normale supérieure

Das anspruchsvolle Studium, das zu meinem intensiven Liebesleben noch hinzukam, entfernte mich unmerklich von Helen, die damals nicht ohne Schwierigkeiten ihren Status einer Deutschen, die in Frankreich lebte, aber für ein deutsches Unternehmen arbeitete, aufrechterhielt.

Diese Distanz wird noch größer, als ich gegen Ende der *khâgne* Vitia begegne, ein ziemlich wildes, russisches junges Mädchen, *hypokhâgneuse*, treibende Kraft einer Gruppe noch ausgelassenerer Kameradinnen als sie, deren Finesse und sarkastischer Humor mich auf Anhieb faszinieren. Ich bemühe mich, sie näher kennenzulernen. Sie wurde in St. Petersburg in einer kultivierten jüdischen Familie geboren. Ihre Eltern, die zunächst die Oktoberrevolution begeistert begrüßt hatten, entschlossen sich 1919, Rußland zu verlassen, um über Odessa, Konstantinopel und Neapel nach Paris zu gelangen, in das »Land der Menschenrechte«. Ihr Vater, Boris Mirkine Guetzévitch, ist Professor für Verfassungsrecht. Je vertrauter ich mit Vitia werde, um so einzigartiger erscheint sie mir. Es ist das Gegenteil einer Liebe auf den ersten Blick: Es ist eine langsame Entwicklung zur Intimität.

Mein Liebesverhältnis mit Jeanne, von dem ich überzeugt bin, daß es ihr dasselbe Glück und dieselbe Erfüllung schenkt wie mir, hat mich ein wenig überheblich werden lassen. Hinzu kommt, daß Helen mir eine hochmütige Geringschätzung konventioneller Moral vermittelt hat, vor allem in sexuellen Beziehungen. Ich bilde mir daher ein, daß es mir ein leichtes sein wird, die wilde Vitia zu erobern. Sie in die Lust der Sinne einzuweihen, glaube ich, ihr schuldig zu sein. Um sie davon zu überzeugen, halte ich ihr die typischen Vorträge eines *khâgneux* und schreibe ihr von Choderlos de Laclos inspirierte Briefe. Doch wie Valmont werde ich in meinen eigenen Schlingen gefangen; mit jedem Monat wird mir bewußter, daß es mir immer schwerer fällt, auf Vitia zu verzichten. Ihr mehrdeutiger Vorname (es handelt sich um den russischen Diminutiv von »Victor« und nicht etwa von ihrem eigentlichen Vornamen »Victoria«, den sie haßt) sollte für mich im Laufe der 49 Jahre unseres gemeinsamen Lebens die wichtigste, am stärksten mit immer neuen Emotionen und Resonanzen befrachtete Vokabel werden.

Einige Tage vor der mündlichen Aufnahmeprüfung in die École normale im Juni 1937 machen Vitia und ich eine lange Fahrradtour die Seine entlang, von Caudebec bis Duclair. Dieser schöne Frühlingstag klingt noch heute in meiner Erinnerung als wesentliche Etappe auf dem behutsam beschrittenen Weg unserer wachsenden Vertrautheit nach. Um ein Haar wäre es mir an jenem Abend gelungen, ihren Widerstand zu besiegen.

Die Stunde der Resultate ist gekommen: Ich wurde beim ersten Versuch auf der École normale angenommen. Ein Augenblick intensiver Freude für Helen, freudiger Überraschung für mich. Aber es ist Juni, und meine seit langem beantragte Einbürgerung kann mir erst nach Vollendung meines zwanzigsten Lebensjahres, also im Oktober, zuerkannt werden. Ich werde als Überzähliger angenommen und als ausländischer Student, nicht als Interner. Im Oktober bin ich kein ausländischer Student mehr, denn nun bin ich Franzose, aber noch kein französischer Student, da als Ausländer angenommen!

Diese offenbar noch nie dagewesene Situation bringt die Schule in Verlegenheit. Ihr Generalsekretär, Jean Baillou, sieht nur eine Lösung: das Examen zu wiederholen. Ich beschließe, bis dahin mein Philosophiestudium an der Sorbonne zu Ende zu bringen, und mache 1939, ausstaffiert mit meinem neuen Paß und einem von Léon Blum unterzeichneten Einbürgerungsdekret, den zweiten Anlauf, in der Rue d'Ulm aufgenommen zu werden.

Diese fünf Jahre seit meiner Rückkehr aus London im Juni 1934 bis zu meinem »Einzug« in die École normale im Juni 1939, waren entscheidend: In dieser Zeit hat der Mensch, der ich heute bin, sich gesucht und dann gefunden. Und dennoch werden sie in meinem Gedächtnis von den sechs Jahren, die ihnen gefolgt sind, überlagert: denen des Krieges. Es kostet mich Mühe, 60 Jahre später die hervorstechendsten Merkmale der ersteren wiederzufinden. Ich sehe zunächst meine eindeutige Entscheidung für Frankreich, seine Sprache, seine Kultur, seine Geschichte und sein Land, die ich mir zu eigen machen will. Das Warten auf die offizielle Urkunde, das Einbürgerungsdekret, ist an sich schon eine Prüfung, deren Bestehen ein bedeutendes Datum darstellt. Und was für ein Datum! Mein zwanzigster Geburtstag! Ich fühle mich schon seit langem als Franzose. Nun hat das *Journal officiel* es mir bestätigt.

Ich übernehme von diesem Frankreich, zu dem ich mich bekenne, die Institutionen und vielfachen Aspekte des kulturellen und historischen Erbes – nicht nur die Revolution von 1789 und die Erklärung der Menschenrechte, sondern auch die stets erneuerte Wertschätzung der Intelligenz und Toleranz, der Vernunft und der Achtung vor dem Nächsten: Montaigne, Pascal, Voltaire, George Sand; die Errungenschaft moderner Freiheiten: Hugo, Baudelaire, Rimbaud, Apollinaire; die profunde Klarheit einer analytischen, artikulierten, präzisen Sprache.

Daraus resultiert ein geringeres Interesse für fremde Ideologien. Ich habe nicht, wie meine Kameraden der *hypokhâgne*, der *khâgne* und der École normale, diese Faszination für den Marxismus empfunden, die durch die Erfahrung der Brüderlichkeit innerhalb der Résistance nur noch verstärkt werden sollte. Ich habe daher die inneren Kämpfe, die viele unter ihnen haben durchmachen müssen, um sich davon zu lösen, nicht kennengelernt. Ohne je den Kommunismus dem Nazismus gleichzusetzen, habe ich in ihm weder ein leuchtendes Ideal noch irgendeine gewinnbringende Strategie gesehen, die den Menschen mehr Gerechtigkeit hätte bringen können. Er ist mir als eine allzu offensichtliche Verirrung des kritischen Geistes und der Demokratie vorgekommen, als daß er in den Augen eines freiheitsliebenden Bürgers nicht hätte suspekt erscheinen müssen.

Es bedurfte weder der Moskauer Prozesse noch der Berichte über die internen Konflikte der internationalen Brigaden, um mich davon abzuhalten, unter dem Zeichen von Hammer und Sichel zu marschieren.

Nachdem ich von Anfang an die marxistische Vulgata zu den maßlosen Vereinfachungen politischer Vorstellungskraft gezählt hatte, konnte ich weiterhin meine naive Überzeugung bewahren, daß die Suche nach größerer sozialer Gerechtigkeit das normale Ziel der Demokratie sei und daß sie von dem zuversichtlichen Engagement verantwortungsbewußter Bürger lebe. Das hieß natürlich, die Frage der Macht allzu schnell aus dem Weg zu räumen. Sie beschäftigte mich jedoch wenig. Ich fühlte mich wohl bei den Zusammenkünften antifaschistischer Intellektueller, die Internationalismus, Sozialismus und die Verteidigung demokratischer Werte miteinander verquickten. Ich hatte die Errungenschaften des *Front populaire* begrüßt, den Mut Léon Blums bewundert, die Rückschläge bedauert, die eine den Bedürfnissen der Arbeiterklasse angemessene Politik und ihre Fortschritte erlitten hatten, die kommunistische Partei verdächtigt, das große Unternehmen zum Scheitern gebracht zu haben, indem sie alles an sich riß, doch ohne mir jemals über das Wesen des Staates Fragen zu stellen.

Ich für mein Teil ging von einer Betrachtung der Conditio humana aus, die an der Schnittstelle von Philosophie und Literatur angesiedelt war. Ich entdeckte dort neue Zusammenhänge, die den Horizont weit jenseits der von der Schulphilosophie vorgezeichneten Wege ergründeten. Die Lektüre von *Der Ekel* und *Die Mauer* von Sartre, *Licht im August* von Faulkner, *Aarons Rod* von D. H. Lawrence, *Manhattan Transfer* von Dos Passos, *Der Prozeß* und *Das Schloß* von Kafka und des *Ulysses* von Joyce, um nur die bewegendsten Texte zu nennen, stellte für mich die Maßstäbe unserer Gesellschaft viel stärker in Frage als die von Hegel, Kierkegaard und Husserl. Noch mehr befreite uns der große Wegbereiter der Phänomenologie, der Maurice Merleau-

Ponty für mich in den Gärten der Rue d'Ulm gewesen ist, sowohl von Abstraktion als auch von Dogmen. Seine Lehre beruhte auf der Erforschung der konkretesten Erfahrung, der des Körpers und seiner Beziehungen zu *dem* einen Sinn, dem großen Singular gegenüber dem Plural der Sinne. Wir lauschten ihm eher wie einem älteren Bruder, der uns seine noch auf schwankenden Füßen stehenden Erkenntnisse mitteilt, als einem Professor, der uns Wissen vermittelt: das Gegenteil von Léon Brunschwicg, dessen Ansehen auf ermutigenden Gewißheiten beruhte.

Weder meine Lehrer noch meine Familie noch das Milieu, in dem ich mich bewegte, ließen mich ahnen, ich könnte eines Tages diese so literarische Gemeinschaft verlassen, die sich an ihren quälenden Fragen delektierte, eine Gemeinschaft von Erforschern des Humanen und nicht etwa von Baumeistern des Sozialen.

Während jener Zeit veränderte sich die historische Lage rapide, ohne daß ich die Bedrohungen wahrnahm. Ich hatte dank Vitias Vater spanische Republikaner im Exil kennengelernt, die den westlichen Demokratien Schwäche vorwarfen. So sehr ich auch das Nichteingreifen des *Front populaire* mißbilligte, war ich der Ansicht, daß die wirtschaftliche Krise, die für uns die Ursache des Faschismus darstellte, überwunden werden konnte. Franklin Roosevelt hatte sie einzudämmen gewußt. Es galt, es ihm gleichzutun. Frankreich, England und die UdSSR müßten lediglich ihre Stärke demonstrieren, und die autoritären Regime würden zusammenbrechen.

Ich erinnere mich an eines meiner letzten Gespräche mit Jeanne, die einige Wochen später zu ihrer Schwester nach Kalifornien abreisen sollte. Ich erwartete sie wie schon so oft am Ausgang ihres Büros in der Rue Saint-Florentin zu einem kurzen Spaziergang im Jardin des Tuileries und einer Pause auf der Terrasse eines Cafés in der Rue Royale. Da berichten die Abendzeitungen vom Münchener Abkommen. Ich teile ihr meine Freude mit: Der Krieg, diese absurdeste aller Arten, eine Meinungsverschiedenheit zu bereinigen, war soeben abgewendet worden. Weniger naiv als ich, befürchtet sie, daß der feige Verzicht auf Prag Hitler dazu ermutigen könne, seine Dreistigkeit noch weiter zu treiben. Mir fällt es keineswegs schwer, ihr vor Augen zu führen, daß wir ihn zur Vernunft bringen würden, indem wir ihm den Geldhahn zudrehen und ihn vor seinem eigenen Volk in Mißkredit bringen. Wir würden gewinnen, weil wir die Stärkeren sind.

Kapitel 4

DRÔLE DE GUERRE

Die Mobilmachung im Jahr 1939 überrascht mich bei der Rückkehr von einer Art vorgezogener Hochzeitsreise nach Griechenland, der Krönung eines zweifachen Erfolges: Ich bin zum zweitenmal zur École normale zugelassen worden und habe Vitias Vorbehalte besiegt, die mich als Reisegefährten und Wegbereiter nach Hellas akzeptiert. Wir gehen Mitte Juli in Marseille an Bord eines Schiffes mit lauter Studenten, wo wir an Deck kampieren, den nächtlichen Himmel betrachten und mit dem ganzen Pathos und der Ironie unseres Alters Verse von Heredia rezitieren, und treffen in der sengenden Julihitze in Athen ein. Ich habe noch immer die Genealogien der Götter und Helden im Kopf, die ich fünf Jahre zuvor in den kühlen Hallen der Londoner Guildhall Library zusammengestellt hatte, und zwinge meiner Begleiterin vor jedem Tempel, jeder Statue den entsprechenden Kommentar zu deren Vorfahren und Nachkommenschaft auf.

Zu zweit entdecken wir die Akropolis. In meiner Erinnerung sind es riesige weiße Massen, die sich hoch über der Stadt vor einem blauen Himmel abzeichnen: das Parthenon, ernst und vollkommen, das Erechteion, ausgefeilter, leichter, jenem rätselhaften Sohn zu Ehren erbaut, den Athene, ohne ihre Jungfräulichkeit zu verlieren, gebar, nachdem Poseidon, der sie verliebt verfolgte, ihre göttlichen Lenden mit seinem Samen überschwemmt hatte.

Die Luft, die heute zu den am stärksten verschmutzten Europas gehört, war damals noch sauber. Bei meinem zweiten Besuch, im Jahr 1961, auf der Rückreise von einer von der UNESCO in Tananarive organisierten Konferenz afrikanischer Erziehungsminister, war sie es schon weniger. Ich reiste im selben Flugzeug wie die Minister aus Madagaskar und aus Dahomey, die über Paris fliegen wollten, bevor sie auf ihren Posten zurückkehrten. Da der Aufenthalt in Athen vier Stunden dauerte, schlug ich meinen beiden Reisebegleitern vor, zur Akropolis hinaufzusteigen, zu jenem mythischen Ort, den ihre Geschichtsbücher als Wiege der Demokratie bezeichneten. Der Madagasse war groß, beleibt und gutmütig, der Dahomeer schmächtig und zurückhaltend. Wie ich zwischen den beiden auf den Stufen der Propyläen stand, empfand ich ihre Bewunderung gleichsam physisch als Huldigung an meine griechischen Götter.

Vitia und ich gingen damals, 1939, von Säule zu Säule und befühlten mit Augen und Fingern den kühlen Marmor. Tags darauf beschlossen wir, zum Kap Sunion zu wandern.

Diese Episode ist mir lebhaft im Gedächtnis geblieben: Ich sehe uns eine Straße entlanggehen, vorbei an den Silberminen von Laurion, und abends unser Zelt errichten, nur wenige Kilometer vom Kap entfernt, das in aller Frühe am nächsten Morgen in seiner ganzen Pracht vor uns liegt. Da ist Poseidon, zwischen den weißen Säulen seines Tempels, und wirft einen gebieterischen Blick auf die Fluten, deren Herrscher er ist.

Ich bin mehrmals nach Griechenland zurückgekehrt, habe das von Touristenbussen überschwemmte Kap Sunion wiedergesehen, die Entfernung nach Athen überprüft, festgestellt, daß meine Erinnerung nicht stimmen konnte, und daraus gefolgert, daß wir auf anderem Wege dorthin gelangt sein mußten: mit dem Bus? Dem Zug? Aber das in meinem Gedächtnis Gespeicherte ist stichhaltiger, es besitzt dieselben zwanghaften Eigenschaften wie manche Träume. Hütet euch vor zuverlässigen Zeugen!

Es war einer der intensivsten Momente unserer Ferien in Griechenland. Ein anderer war die Nacht, die wir im Zelt in den Ruinen des Heraion von Olympia verbrachten. Lag es an dieser Göttin, der Hüterin der Ehe, daß in uns der bis dahin als vorschnell oder gar kindisch verworfene Gedanke heranreifte zu heiraten? Oder bekam er plötzliche Relevanz bei der Lektüre der spärlichen Nachrichten in den wenigen Zeitungen, wonach der Konflikt sich zuspitzte?

Auf einmal begann die Zeit davonzugaloppieren: überstürzte Einschiffung, Durchquerung eines von Militärkonvois bereits überfluteten Frankreichs, Mobilmachung und Aufbruch, kaum Zeit, Helen zu umarmen, Einberufung zu einer Einheit von Offiziersanwärtern in Saint-Maixent, im Département Deux-Sèvres. Drei Jahrgänge *normaliens* sollten dort ihre militärischen Kenntnisse vervollständigen. Und fünf Wochen darauf, am 2. November, Heirat im Rathaus dieser Unterpräfektur mit zwei der denkbar sympathischsten *normaliens* als Trauzeugen: André Monteil, den ich 15 Jahre später als Minister unter Pierre Mendès France wiedersehen sollte, und Pierre Grappin, der 30 Jahre darauf als Dekan der Universität von Nanterre mit den Mai-Unruhen im Jahr 1968 konfrontiert wurde.

Weder meine Mutter noch meine zukünftigen Schwiegereltern waren auf diese Heirat vorbereitet. Ich war so unvorsichtig gewesen, Vitia zu bitten, Helen darüber zu informieren, als ich bereits in Saint-Maixent war. Die Begegnung verlief unterkühlt, und ich brauchte danach fast 30 Jahre, um diese Ungeschicklichkeit wiedergutzumachen, 30 Jahre, damit zwischen diesen beiden Menschen, die für mich gleichermaßen unverzichtbar waren, echtes Vertrauen und wahre Sympathie entstanden. Helens unverblümte Ablehnung mußte unweigerlich den – allerdings versteckteren – Groll der Mirkine Guetzévitch hervorrufen. So wurde unsere Hochzeit die unauffälligste, die ich je erlebt habe. Der Bürgermeister hatte einige Mühe, unsere Namen zu buchstabieren und unsere Geburtsorte – Berlin und Petrograd – auszusprechen, beide in Ländern gelegen, deren gemeinsam unterzeichneter Pakt neun Wochen zuvor die politische Lage auf den Kopf gestellt hatte. Dank eines finanziellen

Zuschusses, den Valya Spirga, Vitias Gouvernante, *in extremis* hatte auftreiben können, war es uns möglich, den Trauzeugen ein paar bescheidene Leckereien anzubieten. Unsere Hochzeitsreise fand in Form einer Nacht in einem Hotel in Poitiers, nicht weit von der Infanterieschule, statt, so daß ich tags darauf am Manöver teilnehmen konnte.

In Saint-Maixent habe ich mich während der ersten Kriegsmonate zum ersten- und womöglich letztenmal als echter *normalien* gefühlt. Jedenfalls hat uns die Kaserne Canclaux, wo es nur meinesgleichen gab, ebenso wie die Flure der Rue d'Ulm in jenem Geist aus Dünkel, Humor, Lust an Streichen, Pedanterie und wahrer Wißbegierde geprägt, den eine gemeinsame Bildung und gemeinsame Ambitionen in uns hatten heranreifen lassen. Der Status der École normale verlieh ihren Studenten aufgrund eines besonderen Privilegs, das den angehenden Offizieren in den übrigen Kasernen der Stadt verwehrt war, automatisch den Grad eines Offiziersanwärters, was aus uns jedoch noch lange keine furchterregenden Krieger machte. Das Militär, im Jargon der École *bonvoust* genannt, genoß alles andere als großes Ansehen. Lieber verspottete man es, als daß man es respektierte.

Wie betrachteten wir, abgesehen davon, diesen Krieg? Ich habe den Eindruck – aber was bedeutet schon eine solche Behauptung 57 Jahre danach? –, als hätten wir ihn als notwendige Prüfung empfunden, auf die wir schlecht vorbereitet waren. Unsere Regierung war mit dem Hampelmann jenseits des Rheins zu nachsichtig gewesen. Anstatt ihre Macht zu demonstrieren, die der seinen deutlich überlegen war, hatten sie ihn zu besänftigen versucht. Eine Rechnung, die, wie uns all jene versicherten, die *Mein Kampf* gelesen hatten, von geradezu fahrlässiger Naivität zeugte. Es war an der Zeit, damit Schluß zu machen. Selbstverständlich müßte dieser Krieg ganz anders als der vorherige sein. Man würde um keinen Preis zulassen, daß sich das grauenhafte Gemetzel von Chemin-des-Dames und Verdun wiederholte. Hitler würde nicht mehr lange zögern, mit der Offensive zu beginnen, die zwangsläufig an der Maginotlinie aufgehalten würde. Denn wenn er zu lange wartete, würde er Gefahr laufen, sein vom Embargo ausgehöhltes »Tausendjähriges Reich« zusammenbrechen zu sehen.

Während wir über den Ausgang des Konflikts keinerlei Zweifel hatten, fragten wir uns, wie lange er wohl dauern würde: ein kurzer oder ein langer Krieg? Dabei schienen uns weder Hitlers Verbündete, Mussolini und Franco, noch die durch den Nichtangriffspakt ausgeschiedene Sowjetunion imstande zu sein, die Koalition der drei großen Demokratien, Großbritannien, Frankreich und die Vereinigten Staaten, die sich zusammen mit ihren Territorien auf den anderen Kontinenten über beide Hemisphären erstreckten, ernsthaft zu bedrohen. Solchen Mächten gegenüber würden die leicht hysterischen Kapriolen einer überstürzt rekrutierten Wehrmacht ohne nachhaltige Wirkung sein.

Außerdem waren dergleichen *Kriegsspiele* von Stammtischstrategen alles andere als unser bevorzugter Zeitvertreib. Viel lieber spielten wir im Speisesaal Schach oder sprachen über unsere jüngste Lektüre, weil wir es kaum erwarten konnten, unsere intellektuellen Recherchen wiederaufzunehmen und anderen die Sorge zu überlassen, so schnell wie möglich diesen unvermeidlich gewordenen Krieg zu gewinnen.

In Saint-Maixent genossen die verheirateten Männer (wir waren damals zwei) das Privileg, mit ihren Frauen zusammenleben zu dürfen. In Ancenis, wohin ich im Januar versetzt wurde, erlaubten es mir meine militärischen Pflichten, Vitia zweimal wöchentlich zu sehen. Sie hatte im Jahr zuvor ihren Abschluß in Geschichte und Geographie gemacht und sich im Lycée David-d'Angers als Lehrerin einstellen lassen. Als ich mich Anfang März von ihr trennen mußte, um meinen Trupp über die Saar zu führen, war unser Abschied auf dem Bahnsteig alles andere als herzzerreißend. Mein hellblaues Käppi amüsierte sie sehr. Wir würden auf den ersten Urlaub warten.

Am Ende einer Fahrt, bei der wir Frankreich von Westen nach Osten durchqueren, machen wir in einem kleinen lothringischen Dorf, am Rande des Forêt de la Warndt, Quartier. Erst jetzt habe ich den Eindruck, in den Krieg zu ziehen und wirklich Teil des von mir befehligten Zuges zu sein. Er gehört zu einer »Radfahreinheit«, die Oberst Pierre Fourcaud befehligt. In unmittelbarer »Reichweite des Feindes«, noch vor der Maginotlinie stationiert, sollen wir als Vorhut jeder örtlichen Offensive zuvorkommen, bei der wir den Rückzug anzutreten haben, kämpfenderweise zwar, jedoch ohne den Versuch, das Vorrücken der Deutschen zu verhindern, da unsere kämpfende Einheit hinter uns steht. Von einer Offensive ist in unserem Fall keine Rede; der Ausspruch, dem zufolge »wir unsere Wäsche an der Siegfried-Linie* aufhängen werden«, entspricht keinerlei strategischer Zielsetzung.

Eines Tages habe ich jedoch die Idee, einige Kameraden meines Zuges zu überreden, gemeinsam mit mir so weit wie möglich bis zu den feindlichen Linien vorzudringen, dem Klischee des jungen Leutnants entsprechend, der gleich bei seinem ersten »Einsatz« ein halbes Dutzend Gefangene macht. Nachdem wir nur einen menschenleeren Wald vorfinden, kehren wir schon bald zu unserem Stützpunkt zurück, wo ich von Oberst Fourcaud heftig gerügt werde.

Diese kleine jugendliche Unbesonnenheit, die ihm gewiß weniger mißfiel, als er zeigen wollte, war der Beginn einer Freundschaft, die erst mit unserem Tod enden wird. Auf den ersten Blick verkörperte Pierre Fourcaud für mich die Tugenden eines wahren militärischen »Vorgesetzten«, dessen Mut bei-

* Von den Engländern in Anlehnung an eine Befestigungslinie im Ersten Weltkrieg verwendete Bezeichnung für den Westwall (1936–39). Das englische *line* hat wie das französische *ligne* u. a. die Bedeutung »Wäscheleine«. (Anm. d. Übers.)

spielhaft ist und dessen Umsicht Vertrauen erweckt. Das wenige, das ich nicht etwa über den Umgang mit Waffen, sondern über den Kampfgeist gelernt habe, verdanke ich ihm. Im Dezember 1940 begegnete ich ihm ganz zufällig in Marseille, ohne zu wissen, was er tat, jedoch überzeugt, daß es nicht in Pétains Sinne war. Zwei Jahre später haben wir uns in London wiedergesehen. Nachdem er unter dem Pseudonym Barbès mit Gaston Defferre das Netz »Brutus« aufgebaut hatte, war er nach einer besonders halsbrecherischen Kontaktaufnahme mit den höchsten Offizieren der Armee, die den Waffenstillstand unterzeichnet hatte, zum BCRA* gestoßen. Ich sah in ihm einen echten Fachmann für Geheimaktionen. Nach dem Krieg trennten sich unsere Wege; ich schlug die diplomatische Laufbahn ein, er wurde stellvertretender Leiter des SDECE**, einer der größten Kenner der ausländischen Geheimdienste. Aber jedesmal, wenn der Zufall uns wieder zusammenführte, war ich von dem, was er tat und sagte, aufs neue fasziniert. Erst kürzlich hatte ich die Gelegenheit, die leidenschaftliche Verve und das unerschöpfliche Gedächtnis dieses in St. Petersburg als Sohn einer russischen Mutter geborenen, heute über neunzigjährigen, stets ausgesucht höflichen, großen Offiziers zu bewundern.

In den letzten drei Monaten des *drôle de guerre* stand ich wieder mit Helen in Kontakt, die in der Rue de Grenelle 22 ein komfortables Appartement bewohnte. Während meines Urlaubs stellte sie mich ihren Freundinnen vor – Hélène Hoppenot, Adrienne Monnier, Sylvia Beach. In ihrem Buchladen in der Rue de l'Odéon empfing Adrienne Monnier berühmte Autoren und solche, die es verdient hätten, als solche zu gelten, Gide und Joyce, aber auch, neben vielen anderen, Sartre, Michaux und

* *Bureau central de renseignement et d'action*, 1940 von General de Gaulle ins Leben gerufen.

** *Service de documentation extérieure et de contre-espionnage*, 1946 von Oberst Passy gegründet.

Claude Roy. Die kriegsbedingten Einschränkungen waren zwar nicht allzu hart, aber man konnte sich glücklich schätzen, wenn man Verwandte in der Normandie hatte. Adrienne brachte von dort köstliche Milchprodukte mit und Berichte über die Verwirrung der Dorfbewohner, die die Art und Weise, wie Paul Reynaud das Land regierte, nicht verstanden. Sie bat mich, einen Beitrag für ihre *Gazette des amis des livres* in der Rubrik *Courrier* zu schreiben, wo man mit »Einer aus der Armee« zu signieren pflegte.

Ich habe die Ausgabe Nr. 10 vom Mai 1940 aufbewahrt, in der zwei Auszüge von Briefen von mir veröffentlicht sind, der eine im Februar, der andere im März geschrieben.

Der erste beginnt folgendermaßen:

»Ich habe hier keine Zeit, allein, geschweige denn mit anderen zusammen zu sein. Ich gehöre, wie es im Militärjargon heißt, zu meiner Einheit und mache mich nur an manchen unverhofft freien Abenden dank ein paar schöner Bücher davon los, oder auch dank ein paar auswendig gelernter Gedichte, die ich im Rhythmus meiner von den Kommißstiefeln schweren Schritte aufsage, wenn ich neben ›meinen‹ Männern auf einer geraden, überschwemmten Straße marschiere.«

Der zweite endet so:

»Der Franzose wünscht sich, wie mir scheint, nichts so sehr, als unwiderstehlich, ja geradezu vollkommen zu sein. Diese hervorragende Qualität provoziert jedoch bei dem, der danach trachtet, ein unaufhörliches, ironisches Lächeln denen gegenüber, die ihm diese zuerkennen – und sich selbst gegenüber. Eben darin besteht der Witz, nämlich in einer Art Schamgefühl darüber, was einem am meisten bedeutet. Das ist, glaube ich, die Quelle des französischen Esprit: ehrfurchtsvolle Respektlosigkeit.«

Der Durchbruch der Deutschen am 10. Mai brachte für unsere Einheit einen zunächst noch geordneten, dann immer chaotischeren Rückzug mit sich, den ich, außer einer spaßigen, für meine kriegerische Unerfahrenheit nur allzu typischen Episode, wie einen Alptraum in Erinnerung habe. Ich führte in jenen Wochen eine Art »Feldtagebuch« mit Gedichten und Betrachtungen, das in etwa meinem Bild von einem soldatischen *normalien* entsprach und aus dem ich, wenn erst einmal wieder Frieden eingekehrt wäre, den Stoff meines künftigen »Werkes« zu schöpfen gedachte. Als ich mich eines Abends daran machen wollte, mein Schreibpensum zu erfüllen, stellte ich fest, daß ich das Heft, einen eher rudimentären Notizblock, in meiner Stube im vorherigen Quartier, aus dem wir am selben Morgen überstürzt aufgebrochen waren, vergessen hatte. Tags darauf schnappte ich mir, ohne dies meinem Vorgesetzten zu melden, mein Fahrrad und fuhr die 25 Kilometer der letzten Etappe zurück. Da ich wußte, daß uns weitere Einheiten folgten, nahm ich an, daß der Feind diesen Frontabschnitt noch nicht eingenommen hatte. Tatsächlich gelangte ich ungehindert in das am Vortag verlassene Dorf, nahm das kostbare Heft an mich und schwang mich in den Sattel, um wieder zu meiner Einheit zurückzukehren. Dabei geriet ich in etwas, was ich als Artilleriefeuer identifizierte: Einschläge und Explosionen auf beiden Seiten der Straße, auf der ich fuhr. Das war meine »Feuertaufe«. Mir fiel zuallererst deren seltsame Unregelmäßigkeit auf. So dichtgesät die einzelnen Salven auch sein mochten, immer blieb zwischen den Einschlägen mehr Raum, als ich vermutet hatte. Man konnte also leichter durch ein Artilleriefeuer gelangen als durch einen Regenschauer.

Diese unvorsichtige und höchst regelwidrige Eskapade blieb unentdeckt, und unser langer Rückzug schleppte sich weiter durch Lothringen und die Vogesen. An die Stelle der Radfahreinheit war jetzt, ich weiß nicht mehr warum, eine Einheit mit von Pferden gezogenen Panzerabwehrgeschützen getreten. Mit vor Erschöpfung vornüber geneigtem Kopf und gebeugten

Schultern, angewidert von der Sinnlosigkeit unseres Rückzugs und der Offensichtlichkeit der Niederlage, marschierte ich neben diesen nutzlosen Objekten her, die niemand einzusetzen gedachte. Als der Waffenstillstand bereits unterzeichnet war, irrten wir noch immer zwischen Saint-Dié, wo wir unsere Waffen in der Kaserne hatten abliefern müssen, und Bourbonne-les-Bains hin und her. Dort wurden wir, von einer deutschen Kolonne eingeholt, an einem eilig als Kriegsgefangenenlager hergerichteten Ort festgehalten. Die höheren Dienstgrade wurden unter Aufsicht eines deutschen Offiziers und einiger Posten, die am Stacheldrahtzaun entlangpatrouillierten, von den gemeinen Soldaten getrennt.

Während ich gleich bei meiner ersten Begegnung mit Oberst Fourcaud gespürt hatte, wie sich zwischen uns jene Bande knüpften, die das ganze Leben zweier so unterschiedlicher wie komplementärer Menschen durchziehen sollten, machte ich bei meiner Ankunft im Lager die bewegende, doch auf damals beschränkte, gegensätzliche Erfahrung, als ich Oberst Segonne kennenlernte. Dieser fünfunddreißigjährige robuste Bretone, der zwei oder drei Tage zuvor den von einem gewissen General de Gaulle aus London verbreiteten Aufruf zum Widerstand gehört hatte, war der erste, der mir von dem späteren Chef des *France libre*, des Freien Frankreich, erzählte. Wir beschlossen, uns von den übrigen französischen Offizieren, deren Erleichterung bei der Verkündung des von Pétain ausgehandelten Waffenstillstands uns nichts Gutes verhieß, zu trennen. Einem alten Colonel, der von jeglichen Ausbruchsversuchen abriet, weil sie seiner Meinung nach zum Scheitern verurteilt waren, hatte Segonne erwidert, das Essen im Lager sei erbärmlich und unser Motiv überwiegend gastronomischer Natur. Als er am darauffolgenden Abend eine von Büschen verdeckte Ecke des Zauns ausfindig gemacht hatte, krochen wir unter dem Stacheldraht hindurch und standen am Ufer eines Rinnsals, das wir für einen Nebenarm der Meuse hielten.

So sehr mich Fourcaud fasziniert, ja, sogar ein wenig in Schrecken versetzt hatte, so sehr war Segonne für mich ein Abgesandter des Schicksals, dessen einfachen, mutigen Schritten es zu folgen galt. Am Abend unserer Flucht sollte sich seine Intuition bewahrheiten, als wir bei einem Bauern ein gewaltiges Omelette, eine große Schale Milch und Käsebrote verschlangen. »Der Milchmann kommt ja doch nicht mehr vorbei!« sagte er zu uns, wie um seine Freigebigkeit zu rechtfertigen.

Kapitel 5

DER WEG ZU DE GAULLE

Warum erzähle ich diese alte, sehr alte und sehr banale »Geschichte meines Krieges« überhaupt?

Es fällt nicht schwer, hieraus gewisse Charakterzüge abzuleiten: Unbesonnenheit, die allzu leicht als Mut hingestellt wird, Lust an Eskapaden, noch immer ein vorherrschender Zug in meinem Leben, die Bewunderung verschiedener bedeutender Persönlichkeiten, denen ich begegnet bin und die in meiner Erinnerung als Gedenkmünzen bewahrt werden, wie Segonne, den ich in Orléans verlassen mußte, um nach Angers zu gelangen. Ich war sicher, diesen Hoffnungsträger, diese Vaterfigur, den Herold de Gaulles, den flüchtigen Engel, niemals wiederzusehen.

Was noch nach 50 Jahren unauslöschlich in meinem Gedächtnis eingraviert bleibt, sind die Episoden, bei denen ich gut dastehe und mit einem blauen Auge davongekommen bin, da die Tatsache, daß ich nicht gekämpft, nichts unternommen habe, den deutschen Vormarsch aufzuhalten, passiv an der allgemeinen Auflösung beteiligt war, mit Stillschweigen übergangen wird: Das einzige, was ich gerettet haben sollte, war mein Notizblock, der inzwischen längst abhanden gekommen ist.

Diese ersten zehn Monate des Zweiten Weltkriegs zu schildern bedeutet aber auch, ein Phänomen hervorzuheben, auf das ich seit langem jedesmal zurückkomme, wenn ich über mein Leben nachdenke, ein Moment, auf das ich unweigerlich hinweise, sobald man mich über meinen Werdegang befragt: das Glück. Wenn ich Zwiesprache mit mir selbst halte, meldet sich das Glück lautstark zu Wort. Ich sehe darin eine Gunst, deren Spuren ich in jedem einzelnen Abschnitt meiner Existenz von frühester Kindheit an bis zum heutigen Tag erkenne. »Alles geben die Götter, die unendlichen, / Ihren Lieblingen ganz, / Alle Freuden, die unendlichen, / Alle Schmerzen, die unendlichen, ganz.« Goethes Distichon ist zeit meines Lebens für mich eine Art Aufforderung gewesen, das Schicksal dankbar anzunehmen. Und selbst wenn das Geschick, nachdem es mich bis zum Überdruß die Vorsehung hat preisen hören, eines Tages auf den Gedanken kommen sollte, mich zu überwältigen, werde ich die Antwort darauf finden, die mich wieder mit ihr versöhnt.

Ich werde also von meinem Glück sprechen, nicht etwa, um den Leser zu beeindrucken, sondern um den Ernst der Gefahren hervorzuheben, denen ich entkommen bin und unter denen zweifellos die schlimmste gewesen wäre, nicht Segonne, sondern dem alten Colonel zu folgen und fünf Jahre in einem *Oflag** zu verbringen. Wie viele redliche Franzosen haben diese Wüste durchquert! Manch einer hat dort seine Jugend eingebüßt. Andere, tiefsinniger veranlagte Naturen haben dort bedeutende Beiträge zur Forschung erdacht. Manche davon habe ich kennengelernt. Ich bin jedoch fest davon überzeugt, daß es bei mir nicht der Fall gewesen wäre.

Da bin ich also frei und fühle mich durch Segonne von dem Auftrag beseelt, mich de Gaulle anzuschließen, um weiterzukämpfen, oder richtiger, mit dem Kämpfen überhaupt erst zu beginnen. Ich hatte weder die Massenflucht erlebt noch jene feige Erleichterung, die ganze Horden nach Süden eilender Franzosen bei Bekanntgabe des von Pétain ausgehandelten Waffenstillstands bekundet hatten. Die Reaktion der Offiziere des Lagers Bourbonne-les-Bains hatte mir bestätigt, daß die französische Armee nichts taugte, daß sie von patriotischem Elan weder geleitet noch beflügelt wurde. Ihre Kader hatten der Weltanschauung, die Pétain in seinem Inneren mit Hitler teilte, nichts Wesentliches entgegenzusetzen.

Ich habe nie daran geglaubt, daß der alte Marschall dem Füh-

* Offizierslager

rer gegenüber eine List anwende und auf diese Weise Kräfte spare, um sie im gegebenen Augenblick erneut für einen Kampf zu mobilisieren, dessen Wiederaufnahme er herbeisehne. Ich sah bei ihm keinerlei Bereitschaft, der faschistischen Ideologie zu widerstehen; er hatte deren Vorteile für seine eigene Klasse während seiner Gesandtschaft bei Franco nur allzugut ermessen können. Es ist mir daher nicht im geringsten als Verdienst anzurechnen, daß ich den Verlockungen des Marschallismus nicht erlag, es geschah ebenso selbstverständlich, wie ich mich in den dreißiger Jahren denen des Marxismus entzog.

In Angers angekommen, machte ich mich auf die Suche nach Vitia. Die Direktion des Lyzeums, wo der Unterricht wegen des Vormarsches der Wehrmacht unterbrochen worden war, teilte mir mit, meine Frau habe ihre Eltern zunächst nach Bordeaux und dann nach Toulouse gebracht. Ich solle mich nur an die Universität wenden, die meinen Schwiegervater aufgenommen habe. Ich nahm den Zug gen Süden. Es galt jedoch, die Demarkationslinie zu überqueren, die zwischen Bordeaux und La Réole verlief, und ich war ein Gefangener auf der Flucht: Ich schloß mich in die Toilette des Zuges ein und blieb zum Glück unbemerkt von den Kontrolleuren. In Toulouse traf ich auf eine Familie, die, von der Massenflucht traumatisiert, über den Waffenstillstand erbittert war und Pétain erbarmungslos verurteilte.

20 Jahre zuvor hatte Vitias Vater bei seiner Ankunft in Paris dank seines Schwiegervaters, Vladimir Poliakoff, dem Chefredakteur des *Journal de l'émigration*, an der Universität seine juristische Ausbildung und seine unschlagbaren Kenntnisse in der Geschichte der Französischen Revolution, die er bei Professor Aulard noch vervollkommnet hatte, geltend machen können. Er besaß eine mitreißende intellektuelle Energie, weshalb seine Studenten ihn achteten und seine Kollegen ihn gelegentlich fürchteten. Seine Schriften über Konstitutionelles Recht galten in den aus dem Versailler Vertrag hervorgegangenen Republiken – Polen und Ungarn – ebenso wie in Spanien und Griechenland

als Standardwerke. Es war ein leichtes für ihn, mich von seinem Glauben an die in der Erklärung der Bürger- und Menschenrechte proklamierten Werte und von seiner Vorliebe für Danton gegenüber Robespierre zu überzeugen. Darüber hinaus hatte er das Institut für Vergleichendes Recht geleitet und verfügte über zahlreiche nützliche Kontakte zu den politischen Kräften der III. Republik.

Unsere Beziehung war äußerst herzlich. Hinzu kam eine wohlwollende Ironie, die mir aus dem kompromißlosen Blick seiner Frau und seiner Tochter für den unermüdlichen Verfechter der Republik entgegenkam. Diese beiden verband eine alle anderen ausschließende Vertrautheit, und ihre Weltklugheit, dieses Gefühl für das richtige Maß, das beiden eigen war, ließ sie Boris' aufbrausende Art schonungslos verurteilen. Wir beide hegten den Wunsch, dieses kapitulierende Frankreich zu verlassen, er, um weiterhin seine Ideen an den Universitäten der freien Welt zu verfechten, ich, um einen so jämmerlich unterbrochenen Kampf fortzusetzen.

Weiterzukämpfen bedeutete im Sommer 1940 in diesem Teil Frankreichs, den die Wehrmacht noch nicht besetzt und dessen Verwaltung Hitler Marschall Pétain überlassen hatte, das Land zu verlassen und sich den Alliierten, das heißt den Engländern und allen Armeen, die nicht kapituliert hatten, darunter den wenigen von General de Gaulle kommandierten *Forces françaises libres*, anzuschließen.

Die andere Möglichkeit für Patrioten war, in Frankreich zu bleiben und den spärlichen Reihen der *Résistance intérieure* beizutreten. Aber diese Vorstellung, die innerhalb der besetzten Zone, wo es darum ging, die deutschen Truppen zu bekämpfen, sinnvoll sein mochte, machte hier, wo der Staat französisch war, keinen Sinn. Den Waffenstillstand anzuprangern, gegen Vichy wetternde Flugblätter zu verteilen, Widerstandsnetze zu organisieren, die im entscheidenden Augenblick die Strategie der Briten unterstützen könnten, waren schwierige und prekäre Unterfangen, die den jungen kampfbereiten Offizier, der ich mit 23 Jahren war, kaum reizten.

Zunächst galt es jedoch, London zu erreichen. Indem Boris Mirkine seinen ganzen Charme bei seiner Freundin Suzy Borel, der künftigen Frau von Georges Bidault, die damals im Außenministerium von Vichy tätig war, spielen läßt und sich auf seine Berufung an die New School for Social Research in New York bezieht, erhält er Pässe für sich, seine Frau, seine Tochter und... seinen Schwiegersohn! Auf Bitten von Varian Fry, der in Frankreich für das Internationale Flüchtlingskomittee verantwortlich ist, erteilt das amerikanische Konsulat Visa, die den drei nichtmilitärischen Mitgliedern der Familie erlauben, über Spanien von Portugal aus in die Vereinigten Staaten zu gelangen. Der Schwiegersohn würde einen anderen Weg finden müssen.

In der Zwischenzeit sollte er seinen Beitrag zu dem Unternehmen leisten: Im Garten des Häuschens, das Vitia 1938 in Milon-la-Chapelle im Tal der Chevreuse erworben und ihrer Gouvernante Valya, die während der Massenflucht in Paris geblieben war, überlassen hat, haben die Mirkines das wenige Gold, das sie besaßen, vergraben. Von meinen Talenten als Schmuggler überzeugt, schlage ich vor, die Demarkationslinie zu überqueren, um den bescheidenen, für den Neuanfang in den Vereinigten Staaten nützlichen Schatz zu bergen. Von dieser kleinen Expedition habe ich den Hin- und Rückweg über Felder an den äußersten Grenzen der Touraine und des Berry in Erinnerung. Einige Kilometer von dort entfernt, sollte mich drei Jahre später auf einem von der Résistance markierten Terrain ein Lysander in meiner Eigenschaft als Chef der Mission Greco, die von London beauftragt war, die Funkverbindung zwischen unseren Nachrichtennetzen und dem alliierten Generalstab zu reorganisieren, absetzen. So etwas nennt man geographische Zufälle.

Von dieser Episode habe ich die Gegenwart jener rührenden

und aufopfernden Frau, Valya Spirga, »La Vava« genannt, im Gedächtnis behalten, die fünf Jahre, nachdem Emmy sich aus meinem Leben zurückgezogen hatte, in dieses eingetreten und bis zu ihrem Tod, 40 Jahre später, darin geblieben ist. Die robuste Lettin war in der Petersburger Familie der Mirkine in etwa so aufgenommen worden wie Emmy in der meinen. Diese bemerkenswerte Köchin, die Boris bewunderte und Genia zärtlich liebte, obwohl diese in ihr lediglich die Dienstbotin sah – wogegen Vitia nie aufhörte zu protestieren, was Valya selbst aber als ganz natürlich empfand –, hatte dem an Appetitlosigkeit leidenden Einzelkind Vitia physische und moralische Sicherheit gegeben. Wie Emmy für meinen Bruder und mich ist Valya in den Augen Vitias und unserer drei Kinder ein stets liebevolles, makelloses Wesen mit unendlich beruhigender Ausstrahlung gewesen.

Sie empfängt mich im September 1940 in ihrem Haus mitten im Wald, nimmt eine Schaufel und macht sich daran, die Erde aufzugraben. Zutage kommen vier mit glänzenden, schweren Goldstücken gefüllte kleine Stoffsäcke. Ich verstaue sie in meinem Rucksack, umarme sie, mache, daß ich wegkomme, und finde mich in Aix-en-Provence wieder, wo die Mirkines von der juristischen Fakultät beherbergt werden und wo wir gemeinsam den Erfolg der Operation feiern.

Eine weitere rührende Begegnung im Herbst 1940 war die Begegnung mit Varian Fry, dem Autor des exzellenten Buches *Surrender on Demand*, in dem der junge Amerikaner die ihm vom Internationalen Flüchtlingskomittee anvertraute Mission beschreibt: den von den Nazis bedrohten oder nach Frankreich geflüchteten Franzosen oder Ausländern – Künstlern, Intellektuellen, politischen Persönlichkeiten – zu helfen, der Falle zu entkommen, die das Vichy-Regime für sie bedeutete, und in die Vereinigten Staaten zu gelangen. Unsere Begegnung in Marseille war wie Liebe auf den ersten Blick, und wir blieben zwei Monate lang unzertrennlich. Ich machte mich zu seinem Führer durch Südfrankreich, das er mit der Begeisterung eines kultivierten Amerikaners entdeckte, für den Nîmes und Uzès, Arles und Saint-Gilles, Tarascon und Saint-Rémy-de-Provence überaus geschichtsträchtig waren, wo Griechenland und Rom, das Mittelalter und die Religionskriege einander ablösten. Zusammen mit ihm suchte ich seine Schützlinge auf: André Breton, Max Ernst, Victor Serge und ihre Gefährten vom »Château«, einer Villa in der Umgebung von Marseille, wo sie unter dem Schutz von Jacqueline Breton, in die alle, an erster Stelle Varian, leidenschaftlich verliebt waren, auf die Ausreise nach Amerika warteten. Mit typisch amerikanischer Großzügigkeit überhäufte Fry mich mit Wohltaten, die ich damit beantwortete, daß ich all seinen Wissensdurst stillte. Es lag etwas Melancholisches in seiner Rolle eines Hermes, der anderen das Tor zum Meer öffnet und sie davonziehen sieht, während er selbst auf diesem unwirtlichen Terrain zurückblieb, dessen Behörden den Deutschen Flüchtlinge auslieferten, die er zu retten versucht hatte. Sein schönes düsteres Gesicht erregte damals mein Mitleid, und ich versuchte, es durch Lieder oder Gedichte aufzuheitern.

Zur gleichen Zeit fand mein letztes Gespräch mit Walter Benjamin in einem kleinen Hotel in Marseille statt, wo er sich auf seine letzte und tragische Überquerung der spanischen Grenze vorbereitete. Benjamin warf einen verzweifelten Blick auf die Epoche. Sein Deutschland – denn er empfand sich unverbrüchlich als deutsch – war zu einem Monstrum geworden, das um so grauenerregender war, je mehr es ein fleißiges und diszipliniertes Volk mobilisierte. Amerika flößte ihm kein Vertrauen ein, obwohl ich ihm vor Augen zu führen versuchte, daß es in naher Zukunft auf der Bühne erscheinen und den Sieg davontragen werde. Der Sinneswandel der Sowjetunion hatte ihn verletzt, ohne ihn wirklich zu überraschen. Was sollte er jenseits des Atlantiks tun, wenn er tatsächlich dorthin gelangte? Seine Mutlosigkeit irritierte mich mehr, als daß ich Mitleid empfand. Ich tat ihm unrecht.

Unrecht hatte ich auch in den komplexen Auseinandersetzungen zwischen meiner Familie und der von Vitia. Unsere überstürzte Heirat hatte zwischen ihnen einen Graben gegenseitigen Unverständnisses gezogen, den aus der Welt zu schaffen mir nicht gelang und der mich von meiner Mutter entfernte. Mein Vater war in Sanary-sur-Mer zu ihr gestoßen, wo sie zusammen mit meinem Bruder, der von zarter Gesundheit war, in einer von den Huxleys zur Verfügung gestellten Villa lebten.

Vitia und ich wohnten zunächst in Montpellier, wo ich mich in die Philologische Fakultät eingeschrieben hatte und wo wir uns ein Haus mit einem Kameraden von der École Alsacienne und seiner chinesischen Frau teilten. Von dort waren wir über Aix-en-Provence, wo Vitias Eltern Zuflucht gefunden hatten, nach Marseille gekommen und hatten uns in einem sehr bescheidenen, kleinen Hotel ein Zimmer gemietet, das ich durch den Verkauf von Zeitungen rund um den Bahnhof Saint-Charles zu bezahlen versuchte.

Die Nachricht vom Tod meines Vaters, der erst 60 Jahre alt war, trifft mich wie ein Ruf zur Ordnung von seiten der Familie. Franz war, von Helen gezwungenermaßen aus Berlin geholt, im Oktober 1938 in Frankreich angekommen und wurde von Alix de Rothschild aufgenommen, während das von ihm so geliebte Paris sich auf den Krieg vorbereitete. Als dieser ausbricht, wird er, wie alle in Paris lebenden Deutschen, ob Nazi oder nicht, im Stade de Colombes interniert. Auf Drängen von Henri Hoppenot hin wird er wieder freigelassen und stößt zu Helen in Sanary. Eine ganze Galaxie deutscher Schriftsteller und Künstler lebt in diesem Seebad im Exil, wo sie auf einen Sieg warten, der sie wieder in ihr Vaterland zurückkehren ließe. Die Niederlage erlegt der Vichy-Regierung neue Zwangsmaßnahmen auf: Alle Ausländer sollen interniert und einige von ihnen den Siegern ausgeliefert werden. Franz und Ulrich werden in das Lager Les Milles nahe Aix-en-Provence gebracht. Auch Helen wird aufgefordert, sich auf dem Kommissariat zu melden. Entrüstet beruft sie sich darauf, die Mutter eines französischen Offiziers zu sein, und bietet dem unglücklichen Polizisten, der sie aus der Huxley-Villa abholen soll, nackt unter ihren Laken liegend, die Stirn. »Nehmen Sie mich mit, wenn Sie den Mut dazu haben.« Er hat ihn nicht. Wieder einmal intervenieren Freunde. Man läßt den Bruder und den Vater des Offiziersanwärters Stéphane Hessel frei. Franz ist jedoch von seinem Aufenthalt im Lager geschwächt.

Wieder in Sanary, verbringt er, zurückgezogen in dem von einem Bäcker gemieteten Zimmer, die letzten Wochen seines Lebens damit, ein kleines Heft mit seiner feinen, schwer zu entziffernden Handschrift vollzukritzeln. Ein Schriftsteller, hatte er zu mir gesagt, sollte, was immer auch geschehen mag, täglich mindestens eine Seite schreiben. Sein Manuskript, aus dem ich bereits die mich betreffenden Passagen zitiert habe, ist von seinem Freund Speyer nach Amerika mitgenommen und Jahre nach seinem Tod unter dem Titel *Letzte Heimkehr nach Paris* veröffentlicht worden. Denn Paris war in der Tat seine Bleibe, sein Zuhause, nur nicht sein Vaterland. Sein Vaterland war die Dichtkunst.

Ein Dichter, Hans Siemsen, hielt die Grabrede auf dem Friedhof von Sanary in der Januarkälte. Helen hat diese Stunde in einem Text, den sie aus Anlaß des zehnten Todestages von Franz schrieb, noch einmal wachgerufen:

»Ja, viele kamen; ein *défilee* unterschiedlichster Menschen, die von ihm Abschied nahmen. Niemand, auch wir nicht, hatten geahnt, daß er dem Sterben so nahe wäre. So leise hatte er sich dem Tod genähert, daß wir es erst merkten, als er schon nicht mehr erreichbar war.

Nur der zerlumpte Alte, der mit seiner ewigen Rotweinflasche und einem räudigen Hund im Schuppen am Gartentor hauste, war nicht überrascht.

Hessel hatte im Vorübergehen oft mit ihm gesprochen und,

wenn ich mich darüber wunderte, gesagt: Die Trunkenbolde haben es gut. Wenn sie so dahintaumeln, spüren sie in den Fußsohlen die selige Drehung der Erde.

Da kam der nun auch die Ziegelstufen heraufgetappt und schleppte den feuchten Schnee an seinen Pantoffeln herein. ›*C'était un brave!*‹ sagte er. Das ist in der Sprache der einfachen Leute Ausdruck höchster Anerkennung. – Und dann bat er um die Schuhe. Hessel hatte sie ihm versprochen, sobald er sie nicht mehr selber brauchen würde, und dazu gesetzt: ›Das kann gar nicht mehr lange dauern.‹ – Es kamen noch mehr Arme und Ärmste, und das Wenige, was der Bedürfnislose noch besessen hatte, war verteilt, ehe man ihn in den Sarg legte.«

Und dann die Passage, in der Helen sich an ihrer beider Beziehung erinnert:

»Wenn ich heute über meine Ehe mit diesem wunderlichen Mann nachdenke, kommt es mir vor, als sei ich – trotz der standesamtlichen Beglaubigungen – nie mit ihm verheiratet gewesen. Etwas anderes verband uns miteinander, freiwillig und doch zwingend.«

Und weiter:

»Wir pflanzten Rosen auf sein Grab, und als sie anfingen zu blühen, war es anzusehen wie in einem Lied von Brentano:

Die weiße zu Häupten, die rosarote zu Füßen
und die blutrote in der Mitten.«*

Vitia war mit mir gekommen, aber die Befangenheit zwischen Helen und ihr blieb bestehen. Einige Wochen später verließen wir Frankreich, sie und ihre Eltern im Zug nach Madrid, ich per Schiff nach Oran.

Von den sechs Jahren, die »mein« Krieg dauerte, sind jene acht Monate zwischen Juni 1940 und Februar 1941 in meiner Er-

* Zit. aus: *Letzte Heimkehr nach Paris. Franz Hessel und die Seinen.* Hg. von Manfred Flügge, a. a. O., S.70f.; 93; 94

innerung die verschwommensten, wie eine Schleusenkammer in bewegten Zeiten, ein Augenblick im Dämmerlicht. Von meiner angeheirateten Familie vereinnahmt, hatte ich meiner eigenen Familie, Helen gegenüber, die ich ihrem Schicksal überließ, ein schlechtes Gewissen. Es war die Stunde der Mißerfolge: Mers-el-Kébir, Dakar, die Höhepunkte und Rückschläge der Schlacht um England, der Durchbruch der Nazistreitkräfte in Osteuropa, die Schmach von Vichy: nichts Erfreuliches, bis auf den Mut der Engländer. Und trotzdem hatte ich keinerlei Zweifel an der letztendlichen Niederlage der Nazis. Sie erschien mir ebenso folgerichtig wie die Napoleons oder die Wilhelms II.

Es gibt auch in dieser über lange Zeit verdrängten Phase meines Lebens weiße Flecken, die ich mir schlecht erklären kann: Was wußte ich, was wußte man von den Juden und den Verfolgungen, denen sie ausgesetzt waren? Was war aus dem Rest meiner Familie, den in Deutschland lebenden Vettern und Onkeln, geworden? Was wurde aus der École normale, meinen Kommilitonen, meinen Lehrern? Diese eigenartige Gedächtnislücke, diese Ungewißheit hinsichtlich meiner Identität sollten bis zu meiner Ankunft in Lissabon, Mitte März 1941, andauern. Wie habe ich das Mittelmeer überquert, von Oran aus Casablanca erreicht, ohne einen Führer, auf gut Glück ein Schiff nach Portugal gesucht? Ich weiß es nicht mehr. Ich erinnere mich nur an eine wunderschöne Mauretanierin, die in Casablanca im selben Hotel wohnte und meine Träume beherrschte. Das Gedächtnis gewinnt seine gewohnte Kraft erst mit Vitias Gegenwart in Lissabon wieder, deren Eltern sich eine Woche zuvor nach New York eingeschifft haben. Sie erwartet mich, um mit mir zu besprechen, wie es weitergehen soll. Sie hat einen Platz auf der *Serpa Pinto*, einem Dampfer, der in wenigen Tagen Lissabon in Richtung Amerika verlassen wird, aber sie hat sich noch für nichts entschieden. Soll auch ich nach New York gehen? Soll sie mit mir nach London kommen? Das würde sie vorziehen, doch ich rate ihr davon ab. Englands Schicksal sei unsicher. Ihre Eltern brauchten sie in Amerika. Ich würde zunächst allein nach London gehen. Wenn die Umstände es zuließen, wenn der Krieg noch ein Jahr oder länger dauerte, würde sie zu mir stoßen. Wie vernünftig wir waren!

Von meinen acht in Lissabon verbrachten Tagen habe ich nur zwei Dinge im Gedächtnis behalten: die Schönheit der Monumente, die die Mündung des Tejo überragen, und den wunderbaren Gewinn von ein paar Escudos im Casino von Estoril. Bei meiner Ankunft in Bristol im März 1941 ereignet sich jedoch ein unglaublicher Zwischenfall. Die Beamten, die die Passagiere des Flugzeugs kontrollieren, in das mich der Repräsentant von *France libre* in Portugal verfrachtet hat, finden in meinem Koffer einen zweiten Paß, der in einem Punkt von dem abweicht, den ich der Polizei vorgelegt habe: Mein Geburtsort lautet dort Berlin und nicht Paris. Warum habe ich nur diesen alten Paß aufgehoben, wo man mir doch in Vichy ein neues Dokument ausgestellt hat, auf dem der Name meiner Geburtsstadt sinnvollerweise geändert worden war? Absurd und englischen Inspektoren auf der Jagd nach jeglicher Infiltration feindlicher Spione schwer verständlich zu machen. Ich werde also in die Royal Victoria Patriotic School gebracht, wo die Neuankömmlinge auf die Genehmigung warten, englisches Territorium zu betreten, und trotz meiner Proteste stark verdächtigt. Dort erfahre ich beides, Unerbittlichkeit und Höflichkeit. Die sehr ernsthaft geführte Ermittlung dauert sechs Wochen, die ich in diesem nüchternen, aber komfortablen Gebäude mit meinen Kameraden aller Nationalitäten, Ping-Pong und Bridge spielend, verbringe, unter ihnen ein großartiger estnischer Matrose, der von der schönsten Stadt der Welt, New York, schwärmt, weil man dort um drei Uhr morgens eine Kamera kaufen könne.

Die Ermittlung, zu der mein Vetter, der mich sieben Jahre zuvor in London bei sich aufgenommen hatte, als ich Kurse an der London School of Economics besuchte, eine wichtige Zeugenaussage liefert, macht Fortschritte. Meine Befrager sehen ihre Verdachtsmomente nach und nach schwinden. Die mit großer Nüchternheit und sehr britischer Freimütigkeit veröffentlichten Kriegsberichte klingen nicht gut. Eine *Blitz**-Nacht folgt der anderen, deren Auswirkungen wir von unseren Fenstern aus beobachten: ganze Wolken von Asche nach dem Aufflammen der Brandbomben. Und darüber hinaus natürlich keinerlei Nachricht, weder aus New York noch aus Sanary. Ich bin zum erstenmal von den Meinen isoliert, ganz so, wie man sich einen »Kämpfer« vorstellt. Und genau da setzt eine Form kriegerischer Begeisterung ein, die einen pazifistischen und eher zu geistigen Genüssen neigenden jungen Mann dazu bringt, sich als Patriot zu fühlen, der sich mit dem Feind schlagen will. Und dieses Vorhaben sollte auf die simpelste und wirkungsvollste Weise meine Vitalität in den kommenden vier Jahren restlos in Anspruch nehmen.

* So nennen die Engländer den deutschen Versuch, auf dem Luftwege den britischen Widerstand zu brechen.

Kapitel 6

LONDON WÄHREND DES KRIEGES

*La France libre**, das Freie Frankreich. Als ich Anfang Mai 1941 dazustoße, gibt es zwischen seinem ausgeprägten symbolischen Anspruch und seiner recht dürftigen faktischen Wirklichkeit eine große Diskrepanz. Alle, die sich ihm in dem Glauben anschließen, es sei die Keimzelle des künftigen Frankreich, ahnen nicht, wie gering die Zahl seiner Mitglieder ist. Die meisten Kriegsteilnehmer, die sich zum Zeitpunkt des Waffenstillstands in England aufhielten – vor allem Angehörige der Infanterie und Marine, weniger der Luftwaffe –, haben sich für eine Rückkehr nach Frankreich entschieden. Die in Großbritannien oder den Vereinigten Staaten im Exil lebenden Politiker und Intellektuellen, die sich frei entscheiden konnten, haben sich größtenteils von der Mission, mit der Charles de Gaulle all jene betraut hat, die die Niederlage nicht hinnehmen wollten, distanziert.

Im Mai 1941 sind wir so wenige, daß für jeden Neuen, ungeachtet seines militärischen Ranges, die Aussicht besteht, unserem *chef* persönlich vorgestellt zu werden. Ich werde also – kurz nach meiner Einberufung in eine südwestlich von London in Camberley stationierte Infanterieeinheit – zusammen mit Louis Closon, der ebenfalls gerade erst in England eingetroffen ist, zum Essen ins Hotel Connaught eingeladen, wo General de Gaulle mit seiner Frau wohnt. Ich bin von der Ehre, die mir zuteil wird, tief bewegt. Ich überwinde meine Schüchternheit und

* Ich habe soeben die Lektüre des hervorragenden Buches von Jean-Louis Crémieux-Brilhac, *La France Libre* (Paris: Gallimard 1997) beendet. So viele Verknüpfungen, von denen ich damals nichts ahnte, werden darin aufschlußreich dargelegt!

übermittle ihm die Bewunderung, die die Studenten, namentlich die *normaliens*, für sein Engagement an der Seite der Alliierten empfinden, sowie deren überwiegende Ablehnung gegenüber der konträren Haltung des Marschalls. Ich übertreibe bewußt. Vor allem aber beobachte ich und höre zu. Ich möchte herausfinden, warum man diesen aufrührerischen General, der unsere Ehre gerettet hat, bezichtigt, nach Macht zu streben, sich von der III. Republik loszusagen, ja, von einem monarchischen, autoritären Frankreich zu träumen. Nichts in seinem Verhalten rechtfertigt dergleichen, weder seine Höflichkeit noch seine Sprache noch seine Fragen. Ich spüre, welchen Druck sein Bestreben, Frankreich zu verkörpern, auf seine Beziehungen zu den britischen Behörden ausübt. Er spricht jedoch ohne Bitterkeit darüber, wie über eine vorhersehbare Tatsache, die sich umgehen läßt.

Dieser große, unbeholfene Körper, dieses Gesicht, das keinerlei Emotion verrät, die ganze Grobschlächtigkeit werden durch seine – eher literarische als militärische – Ausdrucksweise aufgehoben, die den Kontakt erleichtert. Mme de Gaulle hingegen bewahrt eine Distanz, die nicht dazu ermutigt, über strikte Konventionen hinauszugehen.

Es war während jener Kriegsjahre meine einzige private Begegnung mit dem General. Mir ist das Bild dieses stolzen, jungen Anführers im Gedächtnis geblieben. Es taucht hinter den majestätischeren oder gerisseneren Porträts auf, die die letzten Etappen seiner langen Karriere kennzeichnen und von denen manch eines mich eher irritiert denn bestochen hat.

Ich blieb nur ein paar Wochen in Camberley. Dort waren ausschließlich Franzosen, die auf ihre Einberufung zu einer Kampfeinheit warteten. Sie waren Patrioten, stolz, aus einem Land geflohen zu sein, das sich auf schändliche Weise aus dem Krieg zurückgezogen hatte, der Gefahren bewußt, die sie eingingen, indem sie französischen Boden verließen und den desjenigen Landes betraten, das ganz allein der gefürchteten Übermacht eines an allen Fronten siegreichen Deutschlands gegenüberstand. Da sie sich im Namen der Ehre dazu entschieden hatten, konnten sie es kaum erwarten, sich ihrer würdig zu erweisen. So herrschte in dem Lager, dessen im übrigen eher magerer Bestand sich mit den Neuankömmlingen aus der Bretagne oder aus Spanien auffüllte, eine Mischung aus Überheblichkeit und Humor, die mit meiner Erinnerung an die so demoralisierte, kleinlaute französische Armee in den Vogesen deutlich kontrastierte.

Im Speisesaal von Camberley lernte ich zwei Kameraden kennen, deren Freundschaft mir im weiteren Verlauf meines Lebens sehr viel bedeutet hat: Tony Mella und Daniel Cordier. Mit dem ersten verband mich eine Art Brüderlichkeit, die auf Scherzen, Wortspielereien und der Distanzierung von den Ereignissen beruhte, wobei wir gleichzeitig beide Sprachen, die französische und die englische, benutzten, was unsere Unterhaltungen immer wieder mit Gelächter durchsetzte. Wir hatten schon bald entschieden, daß er ein großer Maler und ich ein großer Dichter war und daß wir beide eine neue Ära des künstlerischen Ausdrucks einläuten würden. Der Krieg, den es so schnell wie möglich zu gewinnen galt, war nur ein lästiges Intermezzo, aus dem wir jedoch Nutzen ziehen würden, um nicht wieder in alte Abgeschmacktheiten zu verfallen und die Menschheit endlich aus ihrem unerträglichen Konformismus zu befreien. »Der Wolf wird aus dem Wald kommen«, war der etwas rätselhafte Ausspruch von Tony Mella, und wir verliehen ihm mit einem verschworenen Augenzwinkern prophetische Bedeutung.

Tiefer und sehr viel nachhaltiger war meine Begegnung mit Daniel Cordier. Dieser neunzehnjährige Patriot hatte auf einem Boot, das wenige Tage nach dem Waffenstillstand in Bayonne in See gestochen war, ein halbes Dutzend Kameraden mitgebracht, die über jenes Eingeständnis der Ohnmacht und Feigheit außer sich waren. Sie teilten dieselbe Verachtung für die Regierung der III. Republik, die Frankreich ins Verderben gestürzt hatte. Mich bestach auf Anhieb Cordiers jugendliche

Verve. Uns verbindet das gemeinsame mitreißende Erlebnis des kämpfenden Frankreich, und als wir uns im Sommer 1945 wiederbegegneten, hatten wir sehr ähnliche Erfahrungen gemacht. Nachdem der Frieden eingekehrt war, trennten oder kreuzten sich unsere Wege, wodurch eine unverbrüchliche Freundschaft sich nur festigen konnte.

In Camberley bin ich auch einem ehemaligen Mitschüler aus der École Alsacienne wiederbegegnet, Christian Fouchet (er sollte 20 Jahre später mein Erziehungsminister sein). Er überredete mich, seinem Beispiel zu folgen und mich freiwillig zur Luftwaffe zu melden. Die *Forces françaises libres* würden am dringendsten Piloten benötigen. Sie trügen am ehesten dazu bei, daß wir uns an den künftigen Kämpfen beteiligen könnten.

Nach meiner Aufnahme in die *Forces aériennes françaises libres* (FAFL) gelang es mir im Juni 1941, in der Royal Air Force nicht etwa zum Piloten, was mir natürlich lieber gewesen wäre, sondern zum Navigator ausgebildet zu werden, da in dem Bereich größerer Bedarf herrschte. Ein neunmonatiger intensiver Lehrgang in der warmherzigen, gastfreundlichen Atmosphäre der RAF-Basen, in einer Gruppe von 15 jungen Franzosen des Freien Frankreich und einem Veteran, führte dazu, daß ich den Rang eines *air observer* erlangte und auf dem Revers meiner Uniform einen grauen Flügel auf blauem Grund tragen durfte. Zwischen Juni 1940 und Juni 1941 hatten die Alliierten die Arroganz der Wehrmacht kaum erschüttert. Immerhin hatte die RAF die Invasion Großbritanniens vereiteln und die Luftschlacht um England gewinnen können. Etwas von ihrem Prestige strahlte auch auf uns ab, die wir keinen Anteil daran hatten. Die Spitfires hatten die Luftwaffe mit ihren Messerschmitts abgewehrt. Unsere späteren Blenheims würden, wenn wir erst einmal unsere Ausbildung abgeschlossen hätten, damit beauftragt sein, militärische Ziele auf dem Kontinent, vor allem in Frankreich, zu bombadieren, was natürlich zu Gewissenskonflikten führen würde.

Der Veteran in unserer Gruppe, Major Livry-Level, ein kampflustiger Geist, der sein Alter verschwiegen hatte, um Pilot sein zu können, erzählte von seinem Anwesen in der Normandie, das zu überfliegen er kaum erwarten konnte, von den Vorsichtsmaßnahmen, die es zu treffen galt, um die Zivilbevölkerung zu verschonen, von seiner Teilnahme am Ersten Weltkrieg. Wir belächelten und liebten ihn zugleich. Ein anderer Oberleutnant und *normalien*, Antoine Goldet, dem ich 13 Jahre später im Kreis um Pierre Mendès France wiederbegegnen sollte, war das genaue Gegenteil von soviel Überschwang. Bei allem und jedem zeigte er dieselbe souveräne Gelassenheit: »Ob ich nun diese oder irgendeine andere sinnlose Arbeit mache«, war seine ständige Redensart, was ihn nicht davon abhielt, so schnell wie möglich an den Ort des Geschehens zu eilen.

Wir hatten unsere Ausbildung in einer Basis nahe der schottischen Grenze, in Millom, Northumberland, begonnen. In Wales, nicht weit von Cardiff, haben wir sie beendet. Die Theorie fiel mir ziemlich leicht, ich interessierte mich für Kartenlesen, eine wesentliche Aufgabe des Navigators. Kopfzerbrechen bereitete mir eher der Umgang mit den Apparaturen, da ich schon immer Angst vor mechanischen Dingen hatte.

In Kriegszeiten neun Monate in den Camps der Royal Air Force zu verbringen, prägt einen fürs Leben. Das dort herrschende Klima war eine Mischung aus Professionalität und Bescheidenheit – es hatte nichts zu tun mit den Karikaturen eines Danny Kaye in dem Film *Das Doppelleben des Herrn Mitty*, die sich über Hochmut und affektierten Heroismus lustig machen. Die natürliche Gelassenheit, mit der unsere englischen Kameraden angesichts der drohenden Gefahr lebten und dabei die Augenblicke der Entspannung genießen konnten, erschien uns beispielhaft. Nicht zu vergessen die WAAF *(Women Auxiliary Air Force)*, blonde Engländerinnen, von denen die administrativen Arbeiten verrichtet wurden. Sie ließen sich soreizend hofieren, daß man hätte meinen können, sie schwärmten für uns.

Nur einmal hatte ich wirklich Angst, als das Flugzeug, mit dem wir fliegen lernten, sich über einem Wald verirrte und der noch unerfahrene junge Pilot uns darauf vorbereitete, er müsse die Maschine irgendwo zwischen den Ästen notlanden. In einem solchen Moment merkt man, was für ein sperriges Ding so ein Flugzeug ist und wie unsagbar wenige Lichtungen es in manchen Wäldern gibt! Uff! Die Landung war ein Drahtseilakt, aber sie gelang.

Im März 1942 machte ich meine Prüfung als Navigator. Danach hätte ich in ein Geschwader der *Forces aériennes françaises libres* – sie wurden ein paar Monate später in *Forces aériennes françaises combattantes* umbenannt – eintreten können, wahrscheinlich in die Gruppe Lorraine, wo ich an der Seite von Pierre Mendès France gewesen wäre. Genau in dem Augenblick schaltet sich jedoch mein Freund aus Camberley, Tony Mella, ein.

Ihm war im Juni 1941 klar geworden, welcher Nutzen sich aus seiner Zweisprachigkeit ziehen ließ, und hatte sich einer Art militärischem Geheimdienst innerhalb des Generalstabs des Freien Frankreich zur Verfügung gestellt, der sämtliche von den verbündeten Landsleuten eingeholte Informationen an den britischen Generalstab weiterleitete. Bereits im Sommer 1940 hatte General de Gaulle einen jungen Major und *polytechnicien*, André Dewavrin, nach seiner Rückkehr aus Norwegen mit der Einrichtung einer solchen Dienststelle beauftragt. Noch im selben Herbst begann Dewavrin, der sich das Pseudonym Passy zugelegt und André Manuel, einen älteren Offizier mit zahlreichen Kontakten zu französischen Unternehmerkreisen, zum Mitarbeiter genommen hatte, damit, Kundschafter nach Frankreich zu schicken. Tony Mella hatte sich 1941 dieser damals zwar noch verschwindend kleinen, aber mit einer der wichtigsten Aufgaben für die Zusammenarbeit zwischen Briten und Freien Franzosen betrauten Gruppe angeschlossen.

Die Rolle dieser im Mai 1941 in *Bureau de contre-espionnage, de renseignement et d'action* (BCRA) umbenannten Dienststelle ist von allen Historikern des Zweiten Weltkriegs mit mehr oder weniger großer Parteilichkeit analysiert worden. Sie war für die komplexen Beziehungen zwischen dem britischen Generalstab, der die für den Einsatz in Frankreich erforderlichen materiellen Mittel zur Verfügung stellte, und General de Gaulle, der die Kontrolle über diesen Einsatz nicht verlieren wollte, sowie für die vielen, oft weit verstreuten Verantwortlichen der Résistance zuständig. Man hat immer wieder auf die unvermeidlichen Reibereien zwischen dem BCRA und den Anführern der nationalen Befreiungsbewegungen hingewiesen, die in puncto Waffen, Geld, Kommunikationsmittel – und Instruktionen von London abhängig waren: von den ersteren immer zuwenig und von den letzteren zuviel.

Das BCRA hatte die Aufgabe, die Anfragen zu begutachten, den alliierten Generalstab von deren Berechtigung zu überzeugen sowie Unabhängigkeitsbestrebungen der einen wie der anderen zu bremsen. Die häufig so dramatischen Höhepunkte in diesem Kapitel des Krieges sind von Daniel Cordier in dessen Werk über Jean Moulin* mit großer Klarheit dargelegt worden. Auf Veranlassung des BCRA hatte sich Cordier zum Fallschirmspringer und Funker ausbilden lassen und sich Jean Moulin angeschlossen, der inzwischen General de Gaulles »Bevollmächtigter« in Frankreich war. Er blieb bis zu dessen Verhaftung in Caluire einer seiner engsten Mitstreiter, bevor er 30 Jahre später zu dessen unermüdlichem, minutiösem Biographen wurde.

Der Arbeit eines anderen Zweiges des BCRA, der für den britischen Generalstab die von unseren Nachrichtennetzen aufgefangenen Informationen sammelte, haben die Historiker viel weniger Beachtung geschenkt. Das war die Aufgabe der André Manuel unterstehenden Abteilung R, der beizutreten mir Tony

* Daniel Cordier, *Jean Moulin. L'inconnu du Panthéon*. Paris: Éditions Jean-Claude Lattèsse 1989

Mella, inzwischen ihr wichtigster Zuträger, im März 1942 vorschlug.

Dort, vertraute er mir an, bereite sich unter adäquater Geheimhaltung die Aktion vor, durch die wir unser Land würden zurückerobern können. Die Spionage sei bei dieser Art Konflikt die wirkungsvollste Waffe. Man müsse nicht etwa Mut beweisen, wozu, wie Mella beteuerte, jeder hergelaufene Idiot imstande sei, sondern Fingerspitzengefühl. Er umgab seine Erläuterungen mit einem geheimnisvollen Schleier: Solange ich mich noch nicht entschieden habe, könne er mir nicht alles verraten. Würde ich in das besetzte Frankreich geschickt werden? Er konnte es mir nicht versprechen, ließ jedoch durchblicken, das hänge allein von mir ab.

Ich stehe also in einem Büro am Saint James' Square, werde Passy und Manuel vorgestellt, die in den nächsten zwei Jahren die zentralen Figuren meines beruflichen Umfeldes sein sollten. Ihre Freundschaft, die kurz nach der Befreiung auf dramatische Weise zerbrach, schien uns Gutes zu verheißen. Es waren zwei komplementäre Charaktere. Der eine eiskalt, was wir als Beweis für seinen Scharfblick und seine Rigorosität nahmen, der andere der personifizierte Charme. Er konnte Paul Valérys *Le cimetière marin* auswendig, was zwischen uns zu einem poetischen Wettstreit führte.

Ein neuer Mitarbeiter macht sich Schritt für Schritt mit den Aktivitäten eines »Sonderdienstes« wie dem BCRA vertraut. Zunächst werde ich über die laufenden Operationen informiert und vertiefe mich in die Unterlagen der Informationsnetze, mit denen sich die Abteilung R befaßt.

Im Unterschied zur militärischen Aktion – Sabotage, Gründung bewaffneter Gruppen, später der Maquis – und zur politischen Aktion – heimlich gedruckte Zeitungen, patriotische Propaganda, Gründung von Widerstandsgruppen – arbeitete der Nachrichtendienst gänzlich unauffällig. Unsere Agenten gingen erst dann in den Untergrund, wenn ihre Aktivitäten aufgedeckt worden waren. Sie bewegten sich innerhalb der französischen Bevölkerung wie die viel zitierten Fische im Wasser. Unsere englischen Partner, an die die eingeholten Informationen gerichtet waren, konnten sich nur schwer an unsere Methoden gewöhnen. Ihre Dienststellen, vor allem die unter Oberst Buckmaster, bedienten sich professioneller Spione, nicht selten ehemaliger Mitarbeiter des *Intelligence Service*, die im Untergrund ausgebildet worden waren. Die unsrigen nahmen als selbstverständlich an, daß ihre Landsleute sie nicht verraten würden. Es galt also, nicht von den Deutschen, der Abwehr, der Gestapo, dem *Sicherheitsdienst*, aufgespürt zu werden. Innerhalb der Vichy unterstehenden französischen Dienststellen – der Polizei, den Eisenbahnern – müßte es hingegen möglich sein, Verbündete, Patrioten zu finden. Unsere Resultate bestätigten häufig die Stichhaltigkeit unserer Methoden, weshalb wir bei den wichtigen Köpfen des britischen militärischen Geheimdienstes merklich im Ansehen stiegen. Während der Generalstab der Alliierten die militärische Rolle, die diese geheime Armee, versorgt von den einzelnen Widerstandsbewegungen, im entscheidenden Augenblick spielen würde, seit jeher angezweifelt hatte, war er sich schon bald sehr wohl darüber im klaren, welche Vorteile daraus erwüchsen, die Agenten des BCRA zuverlässige Informationen über das feindliche Aufgebot auf französischem Boden einholen zu lassen: Streitkräfte, Truppenbewegungen, Marinestützpunkte, strategische Vorhaben, Bewaffnung, Munitionsreserven, Material jeglicher Art.

Mein erster »Klient« im Frühjahr 1942 war Christian Pineau, der bald nach meinem Eintritt in den Dienst nach England gelangt war. Da er kurz darauf wieder aufbrechen sollte, mußte ich ihn in aller Eile mit den Grundregeln, nach denen ein Nachrichtennetz funktioniert, vertraut machen. Als Grundlage hierfür dienten uns die Erfahrungen, die wir mit dem ersten vom BCRA erstellten Netz, genannt *Confrérerie Notre-Dame*, das Werk von Gilbert Roulier, *alias* Rémy, gemacht hatten. Die »Instruktionen«, mit denen Pineau sich wieder nach Frankreich aufmachte, umfaßten verschiedene Codes, Nachrichten an die BBC, Kriterien für die Ortung der für Operationen aus der Luft vorgesehenen Gebiete, vornehmlich Ziele zur Einholung militärisch bedeutsamer Informationen, Sicherheitsvorschriften. Wir hielten uns, ein wenig überheblich, für professionelle Spione.

Aber unsere Verluste waren hoch, viel zu hoch. Unsere Agenten begingen zu viele Unvorsichtigkeiten, unsere Nachrichtennetze waren nicht dicht genug. Sie wurden von der Gestapo infiltriert. Die französischen Geheimdienste, mit deren Patriotismus unsere Agenten fest rechneten, spielten allzu häufig das Spiel der Kollaboration.

Und an manchen Stellen stand unser Apparat auf schwachen Füßen. Um die dringend eingeholten Informationen nach London weiterzuleiten, bedienten sich unsere Nachrichtennetze in England ausgebildeter Funker, die mit ihren Geräten und Quarzen nach Frankreich geschickt wurden. Jede ein wenig lang geratene Übertragung drohte, von der deutschen Goniometrie erfaßt zu werden. Unter diesen Funkern gab es die meisten und folgenschwersten Verhaftungen. Um die Nachrichten der einzelnen Netze entgegenzunehmen, ihnen Instruktionen, Material, Geld zukommen zu lassen, mußten Operationen über den Luftweg, Fallschirmabsprünge oder Landungen, organisiert werden. Es galt also, geeignete Terrains zu finden, sie zu markieren, den günstigen Augenblick innerhalb des Mondzyklus abzuwarten. Die Gestapo konnte sich einschleusen, die Operation zu Fall gebracht, der Lysander von der Flak abgeschossen werden. Wie konnten wir all diese widrigen Umstände in unseren Büros am Saint James' Square, dann in der Duke Street, in einer Hauptstadt in England, die von den Bombardierungen zwischen dem Ende des Blitzkrieges im Frühjahr 1941 bis zu den ersten V-1- und V-2-Raketen im Frühjahr 1944 weitgehend verschont blieb, so einfach hinnehmen? Es fällt mir schwer, eine

Antwort auf diese Frage zu finden, die ich mir rückblickend stelle. Zweifellos akzeptierten wir diese Diskrepanz zwischen unserer Sicherheit und den von unseren Kameraden in Frankreich eingegangenen Risiken, weil wir damit rechneten, sie eines Tages abzulösen. Bis dahin übten wir uns in makabrem Humor. Tony Mella hatte sich für unsere Arbeit den Spruch »*Teste et Colombe, mise en bière à la pression*«* ausgedacht. Teste war ich, da ich, wenn wir mittags unser Sandwich aßen, Valéry rezitierte; Colombe war der Maler, der Picasso nacheiferte.

In den letzten Oktobertagen tauchte in der Junggesellenwohnung am Courtland Square, die ich mit Tony Mella und Guy Dubois teilte, ein junger amerikanischer Offizier auf, der sich als New Yorker Freund von Vitia vorstellte und mir ihr baldiges Eintreffen in London ankündigte. Sie sei an Bord eines Handelsschiffes, inmitten eines Konvois, der in Kürze in Liverpool anlegen werde. Einen ganzen Abend lang schilderte mir Patrick Waldberg, der zwar seiner Uniform nach Amerikaner war, seinen Erzählungen nach jedoch sehr pariserisch wirkte, ein lebhaftes, buntes Bild von dem Leben, das Vitia und ihre Eltern seit ihrer Ankunft in New York vor 18 Monaten führten. Dann verschwand er wieder genauso geheimnisvoll, wie er gekommen war. Kurz darauf erfuhr ich, daß er nach Nordafrika gegangen war, um an der Landung der Alliierten teilzunehmen.

Seit einem Jahr arbeitete Vitia als Journalistin bei der Zeitung *La Marseillaise*, wo Geneviève Tabouis sie unter ihre Fittiche genommen hatte, und verkehrte unter den emigrierten Schriftstellern, Künstlern und Akademikern. Die sehr gemischte französische Kolonie in New York war politisch in zwei Lager

* Wortspiel: *bière*, »Bier«, aber auch »Sarg«; *mise en bière à la pression*, »zwangsweise eingesargt«, aber auch »Umwandlung zu Faßbier«. *Monsieur Teste*, Prosazyklus von Paul Valéry, dessen Protagonist mit Hilfe eines strengen Trainings danach strebt, seine Intellektualisierung auf die Spitze zu treiben. (Anm. d. Übers.)

gespalten. Einerseits waren da die leidenschaftlichen de Gaulle-Anhänger der Vereinigung *France Forever* unter der Leitung Henri Laugiers, der Claude Lévi-Strauss, Geneviève Tabouis, François Quilici und Boris Mirkine angehörten. Diese hatten ungeduldig auf den Kriegseintritt der Vereinigten Staaten gewartet, in der Hoffnung, daß dies dem Anführer des Freien Frankreich zugute kommen würde. Auf der anderen Seite scharte sich das Gros der Persönlichkeiten der III. Republik um Alexis Léger, den ehemaligen Generalsekretär am Quai d'Orsay, der unter dem Pseudonym Saint-John Perse schrieb, und um Camille Chautemps. Sie warnten Präsident Roosevelt vor Charles de Gaulles Unberechenbarkeit. Patrick Waldberg, der, wie sich herausstellte, ein enger Freund von André Breton und Marcel Duchamp war, erzählte mir nicht ohne Ironie von den Intrigen, die das *Office of War Information* angezettelt hatte, um die großen Wortführer des Surrealismus zu phrasenhaften Beiträgen zu bewegen.

Ich wartete voller Ungeduld auf Vitias Ankunft, weil ich wußte, welchen Gefahren solche Konvois durch die deutschen U-Boote ausgesetzt waren. Endlich, am 9. November, informierten mich die Engländer von ihrem Eintreffen in der Royal Victoria Patriotic School, und ich lief los, um sie von dem Ort abzuholen, an dem ich sechs Wochen verbracht hatte und sie drei Stunden zubringen sollte. Von den ursprünglich 24 Schiffen ihres Konvois waren neun verlorengegangen. Sie hatte den Wechsel von der friedlichen New Yorker Atmosphäre zu der einer dem Krieg trotzenden britischen Handelsmarine gelassen und professionell bewältigt. »Was für eine Lektion!« sagte sie.

Wieder mit Vitia zusammen zu sein, mit ihr die erregende Atmosphäre Londons während des Krieges, die englische Gastfreundschaft und unvergleichliche Kameradschaft des kämpfenden Frankreich zu erleben, war eine besondere Form von Glück. Es ist mir in strahlender Erinnerung geblieben. Wir hatten seit unserer Heirat mehr Monate getrennt voneinander als gemeinsam verbracht. In London lernten wir, wirklich miteinander zu leben. Sie stellte die Verbindung zwischen dem BCRA und dem *Commissariat à l'intérieur* her, deren ständige Verantwortliche Georges Boris und Jean-Louis Crémieux-Brilhac waren, während die Minister wechselten: zunächst Diethelm, dann André Philip, dann Emmanuel d'Astier de La Vigerie. Georges Boris wurde einer ihrer engsten Freunde. Diese Freundschaft brachte uns Pierre Mendès France näher, der zum Abendessen in unsere neu bezogene Einzimmerwohnung in die Kinnerton Street kam. Er berichtete uns höchst amüsant über seinen Ausbruch aus dem Gefängnis von Clermont-Ferrand und die Höhepunkte seiner Flucht nach London.

Mendès war beeindruckt von der sowohl rigorosen wie ausgewogenen Verwaltung eines England im Kriegszustand, die bemerkenswerte Leistung des Ernährungsministers Lord Woolton, den wir beinahe ebensosehr bewunderten wie Winston Churchill. Zu einem Zeitpunkt, da im Frankreich Vichys, neben größter Knappheit, der Schwarzmarkt florierte, erfanden die Engländer das *spam*, jenen eigenartigen Schinkenersatz, über den Pierre Dac lustige Verse machte.

Meine Arbeit innerhalb der Abteilung R des BCRA betraf ausschließlich den Nachrichtendienst. Es gab eine Abteilung für Gegenspionage, die dem besonderen Mißtrauen des britischen Geheimdienstes ausgesetzt war und Roger Wybot und Stanislas Mangin unterstand, eine Abteilung für militärische Aktion und Sabotage, zunächst unter der Leitung von Scamaroni, dann von Lagier, sowie eine Abteilung für politische Aktion, die Passy Louis Vallon anvertraut hatte und die den diversen nationalen Befreiungsbewegungen Direktiven erteilte. Da Vitia für die Verbindung zwischen dem BCRA und dem *Commissariat à l'intérieur* verantwortlich zeichnete, war ich über die Probleme auf diesem Gebiet auf dem laufenden. Wir amüsierten uns über die Rivalitäten und Ambitionen der Verantwortlichen dieser Bewegungen und betrachteten ihre Konflikte mit jenem allzu leichtfertig ironischen Blick der »Büros« auf die Akteure vor Ort.

Pierre Brossolettes Eintreffen in London brachte eine tiefgreifende Neuorganisation des BCRA mit sich, als zwischen Passy und die Abteilung R dieser ungestüme, unwiderstehliche *normalien* trat, der den Leiter des BCRA für sich eingenommen und den zweifellos gemäßigteren Einfluß eines André Manuel in den Schatten gestellt hatte. Die Rolle, die Brossolette bei der Mobilisierung und Vereinigung der Résistance-Bewegungen gespielt hat, ist von den Historikern des Zweiten Weltkriegs untersucht worden. Sie haben auf die Diskrepanz zwischen seinen und Jean Moulins Visionen hingewiesen. Für uns in der Duke Street war seine Präsenz ausgesprochen wohltuend, seine Überzeugung ansteckend, sein Lächeln, das er einem beim Verlassen des Büros zuwarf, unvergeßlich.

Wir bangten mit seiner Frau Gilberte jedesmal, wenn er nach Frankreich aufbrach. Die zweite der beiden wichtigen Missionen, bei denen er Passy begleitete, endete mit seiner Verhaftung. Als er sich aufgrund einer hellen Haarsträhne, die sich nicht hatte färben lassen, erkannt und entlarvt fühlte, stürzte er sich aus einem Fenster. Seine fesselnde und so vielschichtige Persönlichkeit, sein glühender Patriotismus werden mir ewig im Gedächtnis bleiben.

Was jedoch die geeignete Strategie betraf, um General de Gaulle die entscheidende Unterstützung der Résistance zu sichern, so war Manuels Voraussage richtig gewesen, und es galt nun, Jean Moulin zur Seite zu stehen.

Ende 1943 wurde unsere Dienststelle größtenteils nach Algier verlegt, wo von nun an der Sitz des *Comité français de libération nationale* war. Tony Mella gehörte dazu. Beim Abschied beschwor er mich, nur ja nicht den Helden spielen zu wollen und bis zur Landung der Alliierten, die in unseren Augen nicht mehr lange auf sich warten lassen würde, in London zu bleiben. Dabei unterschätzte er meine Entschlossenheit, die ich nie verloren hatte.

Bei seinem Nachfolger Fleury, dem neuen Leiter der Abteilung R mit dem Decknamen Panier, setzte ich durch, in einer Mission zu den Verantwortlichen des Nachrichtennetzes geschickt zu werden, um mit ihnen einen Plan zur Neuorganisation unserer Funkverbindungen zu erörtern. Tatsächlich war bei der unmittelbar bevorstehenden Landung mit Unterbrechungen in den Nachrichtenachsen zwischen Paris, Lyon, Marseille und den übrigen Regionen Frankreichs zu rechnen. Die dringenden Mitteilungen, die wir im Zuge des Vormarschs der Alliierten an den Generalstab würden richten müssen, könnten nicht ohne gefährlichen Verzug über diese drei Städte, wo die meisten Sender installiert waren, weitergeleitet werden. Es galt daher, sie mit Zustimmung der Verantwortlichen der Nachrichtennetze, zu denen sie gehörten, über das gesamte Gebiet zu verteilen.

Vitia verstand nur zu gut mein Bedürfnis, an Ort und Stelle zu sein. Sie durfte mich ausnahmsweise in das ultra-geheime Landhaus begleiten, wo Major Bertram und dessen rothaarige Frau die Agenten vor ihrem Aufbruch nach Frankreich beherbergten. Wir verbrachten drei Tage dort und warteten auf eine günstige Mondphase. Ich will erst gar nicht in Worte zu fassen versuchen, was diese Parenthese außerhalb der meßbaren Zeit, außerhalb der Macbethschen *recorded time*, für unser gemeinsames Leben bedeutete.

Schließlich, eines Nachts Ende März 1944, nahm ich in einem wendigen, leichtgebauten Lysander Platz, der mich ohne Zwischenfälle auf einem gut markierten Gelände ein paar Kilometer von Saint-Amand-Montrond im Département Cher absetzte. Zehn Minuten später startete das Flugzeug wieder, mit Louis Marin an Bord, der sich erstmals dem kämpfenden Frankreich anschloß. Durch einen jener Zufälle, die ich immer wieder gern erwähne, wurde zu Ehren dieses konservativen Politikers nach seinem Tod eine Plakette an der Fassade des Gebäudes Boulevard Saint-Michel 95 angebracht, wo wir von 1955 bis 1983 wohnten und in dem heute zwei unserer Kinder leben.

Kapitel 7

IN PARIS IM UNTERGRUND

Bevor ich auf die hundert Tage, die meine Greco-Mission dauerte, zu sprechen komme, wende ich meinen Blick zurück auf die drei in London verbrachten Jahre, die ihrem Ende entgegengehen. Sie gleichen einem Traum. Zweifellos liegt der Grund in der bewundernswerten Gelassenheit des britischen Volkes, von der Londons Luft erfüllt zu sein schien. Die Welt brach überall zusammen, Niederlagen und Siege wechselten einander ab, die Fronten rückten vor und wichen zurück, aber nachmittags um fünf Uhr tranken wir in einem Pub nahe des Berkeley Square Tee und mokierten uns über die Amerikaner, die spät und bestens ausgerüstet in den Kampf eingegriffen hatten. Die schönste – und gemeinste – Geschichte handelte von dem GI, der von einem britischen Kameraden gefragt wird, wofür er seine drei Medaillen erhalten habe. »Die erste«, antwortet der Amerikaner, »dafür, daß ich den Atlantik überquert habe. Die zweite für meine Anwesenheit auf einem Kriegsschauplatz.« – »Und die dritte?« – »Ich habe eine Frau vor der Vergewaltigung gerettet.« – »Ah! Wie das?« – »Ich habe mich anders besonnen.«

Wir machten Scherze, hörten BBC, waren stolz auf unseren großen Mann. Der General war für uns um so unangreifbarer, je umstrittener er war: bei den Amerikanern, die ihm Pétain vorzogen, den Briten, denen die Unnachgiebigkeit dieses bedingungslosen Patrioten zu schaffen machte, und auch bei den Franzosen – den Herausgebern der Zeitung *France* und denen der Zeitschrift *La France libre*, Labarthe und Raymond Aron. Letzterer hatte Vitia und mich schockiert, die wir ihn aus der Zeit vor dem Krieg kannten, sie über ihren Vater, ich aus der Rue d'Ulm. Als wir ihm an dem Tag, als Darlan in Algier eintraf, auf der Straße begegneten, hörten wir ihn die Haltung der Amerikaner verteidigen, die bereit seien, mit ihm zu verhandeln: »Man muß realistisch sein«, sagte er. »Er bringt den Alliierten zumindest die Flotte von Toulon ein.«

Wir waren keine Realisten. Wir huldigten unseren Helden, dem düsteren Ruhm unserer Toten: Estienne d'Orves, Jean Moulin, Pierre Brossolette, Jean Cavaillès, Jacques Bingen und vielen anderen. Ihr Opfer war jedoch ein Appell. Es verlangte nach Rache. Es war an uns Jüngeren, sie auszuüben. Und gleich darauf nahmen wir uns an den Engländern ein Beispiel: vor allem sich selbst niemals wichtig zu nehmen.

Diese Parenthese, *»infusé d'astres et lactescente«**, schloß sich in Saint-Amand-Montrond. Ein neuer, in meiner Erinnerung vielleicht noch abgeschlossenerer Zeitraum beginnt an jenem Tag im März 1944 und endet am 8. Mai 1945.

Die Mission Greco – ein von mir gewähltes Pseudonym – bestand aus drei Verbindungsagenten: Godefroy, der vor mir aus London gekommen war und mir von seinem Netz zur Verfügung gestellt wurde, und zwei von ihm rekrutierten jungen Leuten: Der eine, Jean-Pierre Couture, war Maler, ein Spaßvogel und schnell auf seinem Fahrrad, der andere, maßvollere, organisiertere, Jacques Brun, ist heute Generalsekretär der *Amicale des anciens déportés du camp de Dora*.

Ich hatte die verrückte Idee, meinen Bruder und meine Mutter in diese Mission einzubeziehen. Ich war seit März 1941 ohne Nachricht von ihnen. Wie ich an ihre Adresse gekommen bin? Ich kann mich nicht mehr daran erinnern. Ich fand die beiden schließlich in Thonon-les-Bains, im Département Haute-Savoie, wo sie sich nach einem gescheiterten Versuch, in die

* »belebt von Gestirnen und milchig«. Zit. aus: Arthur Rimbaud, *Trunkenes Schiff*. In: *Sämtliche Dichtungen*. Aus dem Franz. von Walther Küchler. Heidelberg: Lambert Schneider 1955 (Anm. d. Übers.)

Schweiz zu gelangen, niedergelassen hatten. Sie besaßen noch immer die deutsche Staatsangehörigkeit. Helen war von einer Freundin, der Besitzerin eines Schlosses in Le Chablais, aufgenommen worden. Der Gesundheitszustand von Ulrich, der bei einem alten Ehepaar in der Stadt zur Untermiete wohnte, erschien mir zu schlecht, als daß ich das Risiko hätte auf mich nehmen können, ihn nach Paris mitzunehmen, und so machte ich mich allein mit Helen auf den Weg. Sie konnte es kaum erwarten, für die Résistance zu arbeiten.

Es handelte sich bei der Mission Greco zunächst darum, Kontakt mit den Verantwortlichen der verschiedenen Netze, wie Confrérie Notre-Dame, Brutus, Andromède, Nestlé, Gallia, Phalanx, Phratrie und Cohors, aufzunehmen. Alle verfügten über mehrere Funker, für die es neue Sendeorte zu finden galt. Aber zu diesen Aufgaben kamen noch andere hinzu: Kuriere auf den Weg zu bringen, Geld zu verteilen, neue Quarze mit neuen Codes auszustatten. Jeden Morgen teilten wir beim Frühstück, das wir in der Rue Delambre in Coutures Wohnung einnahmen, die Kontakte, die es zu knüpfen, und die »Postkästen«, die geleert werden mußten, untereinander auf.

Ich hatte die Führungskräfte des Nachrichtennetzes Phratrie zu meinem wichtigsten Stützpunkt gemacht, indem ich mit ihnen das seltsame Leben der Verantwortlichen der Résistance teilte. Ein Leben, das eine Mischung aus Nonchalance und Rigorosität war, in dem arbeitsreiche Tage mit frivolen Abenden in den Restaurants des Schwarzmarktes abwechselten. Die telegraphischen Berichte, die ich nach London schickte, wurden dort mit Ironie entgegengenommen. Ich, der ich mich so oft geärgert hatte, wenn eine Botschaft nicht zu dechiffrieren war, machte nun selbst Fehler beim Kodieren. Ich hatte als zugrundeliegenden Text eine Strophe aus *Le Lac* von Lamartine gewählt, dessen allzu lange Wörter sich schlecht zum Chiffrieren eigneten. All das vor dem Hintergrund der Ausgelassenheit und Gewißheit über einen unmittelbar bevorstehenden Sieg der

Alliierten und der Roten Armee, die die deutsche Front überall durchbrach.

Das Fahrrad war das allgemeine Transportmittel. Die Pariser Avenuen, auf denen so gut wie kein Auto fuhr, waren gesäumt von blühenden Jakaranda-Bäumen. Zuletzt achtete man gar nicht mehr auf deutsche Uniformen. Ich traf einen Mitstudenten aus der *khâgne* wieder, Jacques Havet, der mir erlaubte, seine Adresse als »Briefkasten« zu benutzen. Eine Woche später verhaftete die Gestapo seinen Vater, der nie zurückkehrte. Durch welchen Verrat? Ich habe es niemals erfahren. Diese Tragödie war leider kein Einzelfall. Viele Nachrichtennetze wurden dezimiert. Jedesmal galt es, sich gegen die Realität abzuhärten.

Ich sollte kurz darauf an der Reihe sein. Drei Wochen nach der Landung in der Normandie, die unsere ganze Equipe wie ein Sturm der Begeisterung erfaßt hatte, legte London mir nahe, nach England zurückzukehren, indem ich mir eine für die ersten Julitage vorgesehene Operation aus der Luft zunutze machen sollte. Jetzt fortgehen, während die Alliierten auf Caen zumarschierten? Das kam nicht in Frage. Einige Tage später wurde ein Funker mit dem Pseudonym Bambou, der mich aus London kannte, wo er ausgebildet worden war, von der Gestapo gefaßt. Nachdem er verhaftet und gefoltert worden war, redete er und willigte ein, sich am 10. Juli Ecke Boulevard Raspail und Boulevard Edgar-Quinet mit mir zu verabreden. Ich hoffe, daß er, indem er mich auslieferte, wenigstens seine eigene Freilassung bewirkte. Ich habe es niemals erfahren. Man verfolgt keinen, der unter der Folter geredet hat.

Wie die eigene Verhaftung schildern? *Les Temps modernes* haben mir einige Monate nach meiner Rückkehr aus den Lagern vorgeschlagen, einen Artikel über meine Erfahrungen zu veröffentlichen. Ich schrieb also *Entre leurs mains* (»In ihren Händen«), einen Text von 14 Seiten, den ich seit langem nicht mehr gelesen habe. Er beginnt folgendermaßen:

»Der 10. Juli 1944 ist ein Montag. Ich bin mit zwölf Leuten an zwölf verschiedenen Ecken von Paris verabredet: Métrostationen, Cafés, Straßenecken, Häuserkomplexen, nach deren jeweiliger Taktik. Ich selbst, der Neuhinzugekommene, der London erst im März verlassen hat, akzeptiere die Taktik der anderen widerspruchslos: machiavellistisch mit den Machiavellisten, kühn mit den Unvorsichtigen. Ich mache mir Vorwürfe deswegen. Irgend etwas muß man sich doch schließlich vorwerfen. Das zehnte von den zwölf Rendezvous findet Ecke Raspail und Edgar-Quinet statt. Er sitzt auf der Terrasse. Als er mich sieht, steht er auf; ein anderer, den ich nicht kenne, steht ebenfalls auf, und beide betreten das Hinterzimmer. Ich folge ihnen.

›Greco, helfen Sie mir, ich bin ihnen in die Hände gefallen, es ist schrecklich, ich ertrage es kein zweites Mal, die Badewanne... entsetzlich. Es ist mir gelungen, sie an der Gare de Lyon abzuhängen. Ich habe keine Papiere, keinen Pfennig, kein Hemd mehr. Dies hier ist ein alter Freund von mir, ein Kamerad von vor dem Krieg, der mich aufgenommen, ausstaffiert hat...‹

Ein kleiner kugelrunder Mann, Augen, die lächeln, warum? Ich sehe ihn an, ich mag ihn nicht, auch den nicht, der spricht, ein Exzessiver, ein Impulsiver, all das, was man bei dieser besonderen Lebensform fürchtet. Ich spreche. Man muß ja sprechen, argumentieren, erklären und sagen: Das und das müssen Sie tun.

Ein weißer Fleck im Gedächtnis, aber kaum ein Moment der Unterbrechung. Ich fühle den Lauf der Pistole an meinen Rippen; ich sehe den aufgeregten, angespannten, zitternden jungen Mann; ich höre ihn brüllen: ›Hände hoch, wird's bald, los, los!‹ Was nun kommt, vollzieht sich kampflos: Eine Ebene schiebt sich über die andere; ich bin in ihren Händen.

...Unmögliche Situation für den, der geschnappt wird. Ich glaube nicht daran, nicht an die Konsequenzen; das kann nur eine Warnung sein; morgen um diese Zeit werde ich irgendwo frei herumlaufen und zittern bei der Vorstellung, ich hätte womöglich... Das Gestapo-Auto, das durch Paris rast. Handschellen, der Geruch von Angst. Unsere Angst und die ihre drücken sich beinahe auf dieselbe Art aus, über diese Schroffheit, diese Weigerung zu kommunizieren. Avenue Foch. Nach und nach macht sich Hoffnungslosigkeit breit, jeder Ausweg wird zum Traum, zur Chimäre. Schwindelerregender Wertanstieg der einfachen Dinge: der Straße, der Bewegung, der Métro. Ich bin verhaftet. Und doch hat der Ausdruck ›Sich damit abfinden‹ noch keine Bedeutung. Eins steht fest: Es kann nicht sein.

Der Körper spielt seine Rolle, der Geist die seine. Übelkeit in den Regionen des Sonnengeflechts, Schweiß an den Schläfen, verrücktes Kreisen der Empfindungen... Und dann gewinnt der Körper sein Gleichgewicht zurück, atmet anders, sucht den Rhythmus, der das Weichwerden der Beine verhindert, die Region des Gehirns freimacht. Der Körper paßt sich an, der Geist bleibt erstaunt, ungläubig; seine Anpassungsfähigkeit ist herabgesetzt.«

Es folgt der Bericht über meine Verhöre, mit dem der Erzähler vom März 1946 das Interesse der Leser einer literarischen Revue zu wecken versucht, indem er das Unwahrscheinliche, oder besser gesagt, die Heldentat betont. Er endet mit den beiden folgenden Absätzen:

»Sind diese Geschichten nachträglich erfundene Lügen? Keineswegs, nichts könnte exakter sein. Aber sie wollen nichts über den Augenblick sagen. Ihr ganzer Sinn liegt in jenem Ereignis – eindeutig entgegen der Sicht der Dinge, die jene Gegenwart beherrscht: Ich habe überlebt.

Diese Gegenwart wurde verdunkelt durch die Idee des Todes, erhellt durch das unmittelbare Bevorstehen des Todes. Ein allzu simples Problem, das die viel komplexeren Probleme des Verhaltens verdrängt; in meinem Falle ein angenehmes Problem, denn ich wäre gestorben vor dem Alter der schlimmsten Wiederholungen, der verabscheuungswürdigsten Feigheiten, gestorben für eine äußerst angemessene Sache, bewundert gestorben, das heißt, mit dem Segen des anspruchsvollsten Teils meiner selbst, der kein größeres Vergnügen kennt, als sich selbst ein Denkmal zu setzen.«

50 Jahre später stört mich so manches in diesem Bericht. Ich komme darin zu gut weg: Die Gestapo hat sich von diesem intellektuellen Sartrianer hereinlegen lassen; ich habe nicht nur nichts Wesentliches preisgegeben, sondern es sind von der Folter auch keinerlei Spuren zurückgeblieben, und ich habe Paris unversehrt verlassen. Kaum zu glauben.

Es handelt sich um die 29 Tage zwischen dem 10. Juli und dem 8. August 1944, die ich in einem Gebäude in der Avenue Foch verbrachte, wo die Gestapo die »Terroristen« gefangenhielt, bevor sie sie in Fresnes einsperrte, sie exekutierte oder deportierte. Meine Verhaftung erfolgte um 6 Uhr abends im sogenannten Café des Quatre-Sergents nahe der Nordwestecke des Friedhofs Montparnasse. Jean-Pierre Couture, der weiß, daß ich mich dort mit dem Funker von Dijon, *alias* Bambou, treffen werde, ist auf den Gedanken gekommen, dort zu uns zu stoßen und einen Ersatzquarz mitzubringen, den Bambou brauchen wird, um seine Arbeit wiederaufzunehmen. Eine Initiative, von der ich nichts ahne, die ihm seine Tüchtigkeit eingegeben hat und ihn seine Freiheit kosten sollte. Als er kurz nach meiner Verhaftung auf seinem Fahrrad an Ort und Stelle eintrifft, wird er von den Gestapo-Agenten bemerkt. Er versucht, zu fliehen und den Quarz über die Friedhofsmauer zu werfen, wird eingeholt und verhaftet. Ich sollte davon erst tags darauf erfahren, als ich ihn, sehr mitgenommen aus seinem ersten Verhör kommend, in der Avenue Foch erkannte.

Ich selbst werde in Handschellen in einer Dienstbotenkammer in der obersten Etage des Gebäudes eingesperrt, dann einem ersten Vernehmer vorgeführt. Ich mache meine Rechte geltend, meine Identität, meine guten Beziehungen nach Lyon, wo ich bei den deutschen Behörden gemeldet bin. Ich leugne jegliche Bekanntschaft mit dem sogenannten Greco und erkläre mich bereit, die mir gestellten Fragen zu beantworten. Ich fange an, Deutsch zu sprechen, was den, der mich verhört, aus dem Konzept bringt.

Es ist spät. Ich gewinne eine Nacht. Am nächsten Tag wird das Verhör präziser. Ich kann nicht leugnen, daß ich bei meiner Verhaftung mit Greco identifiziert worden bin. Ich gebe zu, ihm als Verbindungsagent gedient, eine patriotische Tat geplant zu haben.

Der Ton ändert sich. Wenn ich nicht Greco bin, muß ich sagen, wo ich ihn treffe. Diesmal weigere ich mich. Verrat kam nicht in Frage. »Muß man Sie mit Gewalt zum Sprechen bringen?« – »Sie können es ja versuchen.« – »Ersparen Sie sich die Badewanne.« – »Sie halten mich für einen Feigling, der ich nicht bin…«

Man bringt mich ins Kellergeschoß und unterwirft mich jener Folter, deren Wirksamkeit wir viele Male haben rühmen hören. Beim vierten Untertauchen erkläre ich mich bereit zu sprechen. Ich habe mir ein subtiles Szenario ausgedacht: Anstatt die Adresse von Jean-Pierre Couture in der Rue Delambre, wo wir uns jeden Morgen zum Frühstück trafen, preiszugeben, werde ich eine Adresse zehn Hausnummern weiter angeben. Wenn die Gestapo dort erscheint, wird die ganze Straße es wissen, und meine Freunde wären gewarnt. Meine List ist vergeblich. Unsere Vernehmer haben bereits die Adresse von Couture ausfindig gemacht und brauchen mein Geständnis nicht, das sie trotz der unterschiedlichen Hausnummern auf Anhieb als Bestätigung auffassen. So wird Jacques Brun seinerseits verhaftet.

Ich leugne weiterhin, Greco zu sein. Aber meine Überzeugungskraft läßt nach. Um einem Verhör ein Ende zu setzen, in dem mir ein junger Rohling Ohrfeigen verabreicht, nachdem er mich an einen Stuhl mit den Händen auf dem Rücken gefesselt hat, gestehe ich schließlich. Es geht jetzt um die Details: den Gegenstand meiner Mission, meine Kontakte in Paris, das, was ich über den Untergrund weiß. Andere deutsche Geheimdienste interessieren sich für mich. Indem ich mich nach wie vor der deutschen Sprache bediene, erkläre ich mich bereit zu antworten und dichte bei sämtlichen Themen der Geheimhaltung – Abschirmung, Alarm, Sicherheit, Funktionieren des Funknetzes – etliches hinzu.

Die Tage vergingen. Der Rhythmus der Verhöre verlangsamte sich. Ich erinnere mich nur an eine Konfrontation. In einem Büro, das ich zum erstenmal betrat, stand ich eines Tages Antoine Masurel gegenüber. Ich wußte, daß dieser große, intelligente und mutige junge Mann, der die Phratrie, eines unserer effektivsten Nachrichtensysteme, leitete, 14 Tage vor mir verhaftet worden war. Würde er mich erkennen? Würde ich ihn identifizieren? Wir sahen uns an, als wären wir uns nie begegnet. »Der da«, sagte ich verächtlich, »das glauben Sie doch selbst nicht! Allerhöchstens ein kleiner Verbindungsagent. Bestimmt kein Chef eines Nachrichtennetzes. Das sieht man doch auf einen Blick.« Alles auf deutsch natürlich. »Ich kenne diesen Monsieur nicht«, bestätigte Masurel. Die Sitzung ging zu Ende und hinterließ in mir das zutiefst befriedigende Gefühl, nichts preisgegeben zu haben.

Zu sprechen, statt sich entschieden dem Dialog zu verweigern. Meine ganze Bewunderung gilt heute denen, die beschlossen haben, unter den Schlägen zu schweigen, die Brutalität der Peiniger durch stummes Ertragen des Leidens zu zermürben. Auch denen, die, weil sie glaubten, nicht widerstehen zu können, den Tod wählten – Jacques Bingen, Pierre Brossolette. Ich dagegen habe viel gesprochen. Ich habe sogar geschrieben: Ein neuer Vernehmer verlangte Details über die geheime Organisation der

Radioverbindungen zwischen London und der Résistance. Ich schlug ihm vor, einen Bericht über dieses Thema zu verfassen. Eine gute Übung für die Phantasie, die ihm vielleicht bei seinen Vorgesetzten Anerkennung eingebracht hat.

Wäre ich wohl, wenn ich bei Kriegsende mein Dossier mit den Protokollen meiner Verhöre bei der Gestapo hätte einsehen können, bestürzt gewesen über die Enthüllungen, die meine Kameraden in Gefahr hätten bringen können? Wäre ich ob der Harmlosigkeit meiner Aussagen oder der Spitzfindigkeit meiner Tricks erleichtert gewesen?

Ich hätte vielleicht festgestellt, daß sich um den 20. Juli herum, dem Datum des fehlgeschlagenen Attentats auf Hitler, in der Unerbittlichkeit meiner Quäler irgend etwas verändert hatte. Waren die deutschen Behörden von Paris über das Attentat auf dem laufenden gewesen? Waren sie über dessen Scheitern erschüttert? Hat es zwischen den verschiedenen Dienststellen, die meinen Fall behandelten, einen Konflikt gegeben? Kam ich deswegen in den Genuß einer Atempause?

Während der ersten Augusttage begann ich, an ein mögliches Überleben, eine wiedererlangte Freiheit zu glauben. Aber nichtsdestoweniger schob ich in meine Jackentasche ein Blatt Papier, auf das ich den ersten Vers eines Shakespeare-Sonetts geschrieben hatte: »*No longer mourn for me when I am dead*«*, so sehr blieb der Tod das wahrscheinlichste Ende, so sehr wünschte ich mir, man möge wissen, ich hätte ihn hingenommen, ohne zu wanken. *Vanitas vanitatis.*

Ist das alles, was ein halbes Jahrhundert nach den Geschehnissen an »Fakten« in meinem Gedächtnis übriggeblieben ist? In dieser Dienstbotenkammer habe ich geschlafen, gegessen, gewartet, gehorcht, gelesen. Ich erinnere mich an meine Lektüre:

* »Nicht länger klag um mich, wenn ich dahin«, Sonett 71. Zit. aus: William Shakespeare, *Sämtliche Werke.* Bd. 10. Übers. v. August Schlegel u. Wilhelm Tieck. München 1929

ein Roman,dem der Buchdeckel, daher der Name des Autors, fehlte. Dieses Rätsel ließ ihn für mich noch fesselnder werden. Da ich so geringe Überlebenschancen hatte, würde ich meine ungestillte Neugier für den anonymen Romancier mit in den Tod nehmen. Später erfuhr ich, daß es sich um Elsa Triolets *Le Cheval blanc* handelte.

Ich habe immer wieder in Gedanken lange Gedichte, die ich auswendig wußte, rezitiert. Ich habe Fluchtpläne entworfen, Szenarien, bei denen der Vormarsch der Alliierten die Gitter des Gebäudes in der Avenue Foch in die Luft sprengte. Mir graute davor, mit Kameraden konfrontiert zu werden, deren Verhaftung ich womöglich verursacht hatte. Dieser Dolchstoß ist mir erspart geblieben.

Kapitel 8

BUCHENWALD UND ROTTLEBERODE

Am 8. August 1944 saßen 37 aus der Pariser Gestapohaft entlassene Résistance-Kämpfer in einem gewöhnlichen Eisenbahnwaggon, der die Gare de l'Est verließ. Bestimmungsort: Verdun. In unserem Abteil wachten deutsche Militärs darüber, daß wir, in Handschellen, auf unseren Bänken sitzen blieben. Wohin fuhren wir? »In ein Kriegsgefangenenlager in Deutschland. Dort wartet ihr den deutschen Sieg und den Frieden ab.« Also gut.

Lange, durch Luftangriffe verursachte Unterbrechungen der Fahrt. Vielleicht würden die vorrückenden Alliierten uns ja einholen, uns befreien. Eine Nacht in Verdun, noch immer in Handschellen, bewacht in einer Scheune. Tags darauf ein erster Schock. In Saarbrücken wurden wir in ein Lager geführt. Nachts alle 37 in einem drei mal drei Meter großen Verschlag eingesperrt. Man bekam keine Luft. Ich kannte nur ein Mitglied der Gruppe: Forest Yeo-Thomas, der in den Beziehungen zwischen dem kämpfenden Frankreich und dem britischen Premierminister eine entscheidende Rolle gespielt hatte. Als Pilot und Vertrauter Winston Churchills hatte er diesen davon überzeugt, daß er bei der Organisation der Widerstandsarmee den gaullistischen Dienststellen vertrauen könne. Ich wußte nicht, daß er verhaftet worden war. Wir fühlten uns spontan für die übrigen 35 verantwortlich. Sollten wir nicht beim Lagerleiter vorstellig werden und um mehr Raum bitten? Vergeblicher Versuch. »Wir sind immerhin Offiziere.« – »Scheiße seid ihr.« Das verhieß nichts Gutes. Auf dem zentralen Platz des Lagers drehten sich Häftlinge mit hinter dem Kopf verschränkten Armen, von SS-Männern lauthals verhöhnt, im Kreis. Wir fielen aus allen Wolken.

Wo waren wir hingeraten? Am nächsten Morgen fuhr uns ein anderer Zug in Richtung Thüringen. Thüringen. Weimar. Buchenwald. Das ließ mich an das Lager denken, dessen Namen 1938 aus Deutschland entkommene Freunde meiner Mutter gegenüber voller Entsetzen erwähnt und über das sie nur mit gedämpfter Stimme gesprochen hatten. Gab es diesen Ort noch immer?...

Fliehen. Vom Zug springen. Ein junger Franzose aus der Gruppe flüsterte uns zu, er könne mit einer Uhrfeder die Handschellen öffnen. Eine Möglichkeit, aber gewagt. Wie viele Tote kamen auf ein paar Entflohene? Am 12. August 1944 schien uns die Lage Deutschlands aussichtslos. Hitler würde sich nur noch ein paar Wochen halten können. Es war also besser abzuwarten.

Der Zug hält an. Man scheucht uns bis ans Tor mit seiner Inschrift: »Jedem das Seine.« Man treibt uns in einen langen Flur, der in einen Duschraum mündet. Nächtliches Warten. Am Morgen werden wir ausgezogen, desinfiziert, in gestreifte Kleidung gesteckt, zum Block 17 geführt, einem *Kapo* übergeben. Ich bin der Dolmetscher: sich reinhalten, morgens Gymnastik, mittags Suppe, den Block nach 20 Uhr nicht mehr verlassen. Direkt, aber keineswegs brutal erteilt er uns seine Anweisungen. Verständigung. Wer wir sind? Allesamt wegen verantwortlicher Aktivitäten verhaftete Agenten.

Unter den Franzosen der Rennfahrer Benoît, Henri Frager, Leiter eines britischen Nachrichtennetzes in Frankreich, Rambaud, Avallard, Cuglioli, Chaignaud, Séguier; unter den aus anderen Ländern mehrere Belgier, drei Engländer, Southgate, Peulevé und Yeo-Thomas, ein Amerikaner und ein Kanadier; ich habe, Gott weiß, aus welchem Aberglauben, nie versucht, die genaue Liste zu erstellen.

Wir werden keinem Arbeitskommando zugeteilt. Die Tage vergehen mit Nichtstun. Am 25. August wird das Lagerleben von einem alliierten Bombenangriff erschüttert, der die Gustloff-Werke, die dem Lager angeschlossene Waffenfabrik, trifft, wo zahlreiche Deportierte arbeiten. Es gibt Tote. Vor allem aber große Aufregung: Verheißt dieser von unseren Piloten versetzte Schlag gegen Deutschland nicht eine baldige Befreiung?

Mit jedem Tag dringen wir tiefer in das Leben und die Routine von Buchenwald ein. Unerwartete Begegnungen. Mit Christian Pineau, meinem »Klienten« in der Abteilung R des BCRA. Er steckt mir ein Manuskript zu: *Déjanire* (»Deïaneira«). Ein Theaterstück über jene Heldin, deren Eifersucht, die unversöhnlichste aller Leidenschaften, den unbesiegbaren Herakles bezwingt. Da ist auch Hewitt, der sich von der SS die Genehmigung eingeholt hat, ein Streichquartett ins Leben zu rufen, das in einem der Blocks abends Mozart spielt. Seltsames Lager, wo man Musik machen und Tragödien verfassen kann.

Da sind auch die langen Reihen ausgemergelter Wesen, die sich die Wege zwischen den Blocks entlangschleppen. Man hatte ihnen den Namen »Die Muselmänner« gegeben, womit auf den seinerzeit dem Islam zugeschriebenen Fatalismus angespielt wurde: Sie haben sich mit dem Tod abgefunden. Die anderen, gesunden, brechen morgens zu Außenkommandos auf, kehren abends erschöpft zurück, werden auf dem riesigen Appellplatz versammelt, gezählt und wieder gezählt.

In unserem Durchgangsblock spielen wir trotz des Verbots Karten. Helen hat mir beigebracht, sie zu legen. Ich amüsiere meine Kameraden damit, ihnen die Zukunft vorherzusagen: ihre Befreiung. Da liegt sie neben dem Treffbuben, der »schon bald« bedeutet.

Ich verfolge die deutschen Radionachrichten, die aus einem Lautsprecher kommen. Am Tag vor der Bombadierung der Gustloff ist Paris von den Alliierten befreit worden. Allgemeine Aufregung. Alfred Balachowski besucht uns und bringt uns ein typhuskrankes Kaninchen. Es schmeckt gut. Wer ist dieser Franzose mit dem vollen Haar? Er sollte einer unserer Retter werden. Erst sehr viel später erfuhr ich, daß er im Januar 1944 deportiert und als einfacher Arbeiter von Buchenwald nach Dora geschickt worden ist, daß Dr. Ding-Schuler, der in Buchenwald das Hygiene-Institut leitete, ihn zu sich kommen läßt, als er hört, daß Balachowski Forscher am Institut Pasteur sei. Nicht nur, daß er deswegen seine Haare behalten durfte, was einem ungeheuren Privileg gleichkommt, er genießt im Lager außergewöhnliche Autorität: Er ist für die Impfstoffe zuständig und züchtet die Läuse, die jene Krankheit übertragen, die unter Deportierten wie unter SS-Leuten Schrecken verbreitet: Fleckfieber. Auf jeder Baracke steht geschrieben: »EINE LAUS, DEIN TOD.«

Am 8. September werden 16 von uns zum Wachturm zitiert. Balachowski bestätigt uns drei Tage später, sie seien exekutiert worden. Er verheimlicht uns, was er an Entsetzlichem über ihren Tod durch den Strang erfahren hat. Diese und viele weitere Schrecken sollte ich drei Jahre später aus dem Buch *Der SS-Staat* von Eugen Kogon, unserem zweiten Retter, erfahren. Kogon arbeitet ebenfalls in Block 50 mit Ding-Schuler, dessen Vertrauen er gewonnen hat. Er ist über die Experimente *in vivo* auf dem laufenden, die Ding an »Kriminellen« durchführt.

Yeo-Thomas hat verstanden, daß uns alle die Exekution erwartet. Er wendet sich zunächst an die geheime kommunistische Leitung des Lagers, die glaubt, ihre Interventionen den Parteigenossen vorbehalten zu müssen. Balachowski berät sich mit Kogon, der es übernehmen will, bei Ding vorzufühlen. Er weiß, daß letzterer nicht mehr an einen deutschen Sieg glaubt. Wird er sich darauf einlassen, einen Identitätstausch zwischen alliierten Offizieren und Typhustoten zu organisieren? Er gibt sein Einverständnis gegen das Versprechen, von angesehenen Häftlingen unterzeichnete, für ihn sprechende Leumundszeugnisse zu besorgen, die er bei den Allierten ins Spiel bringen kann. Zunächst muß allerdings die riskante Komplizenschaft des Kapos von Block 46, wo die an Typhus erkrankten Deportierten leben und sterben, erreicht werden.

Arthur Dietzsch ist ebenfalls eine »Autorität« in Buchenwald, wo er schon seit elf Jahren ist, nachdem er sechs in den Gefängnissen der Weimarer Republik verbracht hat. 18 Jahre hinter Gittern oder Stacheldraht haben aus ihm eine Art Bestie werden lassen, die von den anderen Kapos gefürchtet wird. Er setzt seinen Ruf bewußt ein, um Macht auszuüben. Er mag den katholischen, hochintellektuellen Kogon nicht, läßt sich jedoch von dem Sozialdemokraten Heinz Baumeister beeinflussen, den Kogon damit betraut, ihn in das Komplott einzuweihen.

Von all meinen Rettern habe ich Dietzsch am ungerechtesten behandelt. In meinem Artikel in *Les Temps modernes* zeichne ich von ihm ein abscheuliches Porträt, wenn ich »das Angst einflößende Gesicht des brutalen, autoritären, sadistischen und hinterhältigen Kapo Dietzsch« schildere. Eine schonungslose, ungerechte, durch den Manichäismus der Lager deformierte Beurteilung. Was hätten wir ohne seinen Mut und seine Loyalität getan?

Ende September ist die Verschwörung reif. Yeo-Thomas soll bestimmen, wer zu den Begünstigten gehört. Ein einziger? Zwei? Höchstens drei. Er entscheidet sich für einen Engländer, Harry Peulevé, und einen Franzosen, mich. Warum mich? Damit ein französischer Offizier dabei ist? Weil ich Deutsch spreche? Wer weiß. Vielleicht aus Freundschaft.

Wir sind im ersten Stock von Block 46 untergebracht. Im Erdgeschoß liegen etwa 15 schwerkranke junge Franzosen. Nach dem Ausbruch einer Typhusepidemie in einem Zwangsarbeitslager in der Nähe von Köln sind sie Ding in Buchenwald übergeben worden. Es wird beschlossen, daß wir die Identität der ersten drei annehmen, die sterben werden. Ihre Leichname sollen mit unseren Namen und Kennummern ins Krematorium geschickt werden. Wenn der Wachturm uns zum Tod durch den Strang zitiert, werden wir »an Typhus gestorben« sein.

Banges Warten, von dem wir uns auf unserer Stube durch

Spiele abzulenken versuchen, mit einem Blick auf die mehr oder weniger mürrische Miene von Dietzsch, der als einziger über das Komplott auf dem laufenden ist und sich nicht aus der Ruhe bringen läßt. Zum Glück für Peulevé. Als der dritte Schub aufgerufen wird, steht sein Name auf der Liste. Man muß ihn als sterbenden Typhuskranken verkleiden, die Wache am Turm täuschen. Wird Marcel Seigneur, dessen Identität er annehmen soll, rechtzeitig sterben? Ja. Peulevé wird im letzten Augenblick gerettet.

Meine Aufgabe war es, so viele Informationen wie nur irgend möglich über die jungen Kameraden, in deren Identität wir schlüpfen sollten, einzuholen. Ihre Berufe, die Eintragungen auf ihren Karteikarten zu kennen, um nur ja keine dummen Fehler zu machen. Es oblag mir also, mit ihnen zu sprechen, schlimmer noch zu hoffen, daß ihr Tod so bald wie möglich eintreten würde. Eine seltsame Art, einander kennenzulernen!

Als Chouquet starb und unter dem Namen Yeo-Thomas verbrannt wurde, blieb nur noch ich übrig. Michel Boitel, der junge Franzose, dessen Identität ich übernehmen sollte, ging es ein wenig besser. Hatte Ding nicht vielleicht den Eindruck, genug getan zu haben? Ich schlug Kogon, zu dem wir heimlich Kontakt hatten, vor, daß ich lieber einen Fluchtversuch unternehmen würde, als das Leben eines anderen zu gefährden. Denn von Anfang an befürchteten wir, daß Dietzsch das Ableben der jungen Franzosen beschleunigte, um dem so riskanten Abenteuer ein Ende zu setzen.

In Kogons Buch stieß ich auf den Text unserer strenggeheimen Korrespondenz. Am 13. Oktober schrieb ich ihm:

»D.* starb also heute, was uns allen eine große Erleichterung ist. Ich werde am nächsten Montag darankommen, wenn alles gut

* Anfangsbuchstabe des Namens »Dodkin«, unter dem Forrest Yeo-Thomas in Buchenwald bekannt war.

geht. Falls jedoch die Exekutionsorder vorher käme (die Dinge wickeln sich mit einer derartigen Geschwindigkeit ab, daß wir jeden Tag darauf gefaßt sein müssen), dann frage ich mich, ob es nicht vernünftig wäre, eine Flucht für mich in die Wege zu leiten, die in dem Moment stattfinden müßte, wo der Hinrichtungsbefehl eintrifft? Eine solche Lösung, die natürlich viel weniger leicht ist, wäre immerhin für uns alle sicherer, da dann nicht gleich zwei gleiche Fälle eines plötzlichen Todes vor der Hinrichtung, noch dazu unter so verdächtigen Umständen, vorlägen. Ich überlasse die Entscheidung natürlich ganz Euch. Bitte, gib mir Anweisung, was ich tun soll. Ich gebe mich mit vollstem Vertrauen in Euere sichere Hand.

Stéphane.«

Am 18. Oktober ein erneutes Schreiben an Kogon:

»Mein Austausch-Mann scheint ja nun, Gott sei Dank für ihn, durchzukommen. Ein anderer sterbender Franzose ist nicht mehr vorhanden. Ich meine daher, daß wir keine Zeit verlieren dürfen: ich muß die nächstmögliche Gelegenheit zu einer Flucht benutzen, auch wenn das nicht so sicher und brauchbar erscheint wie die von Euch neuerdings in Aussicht genommene Lösung, die sicherlich prachtvoll klingt. Heute ist Mittwoch und die Wahrscheinlichkeit groß, daß die Exekutionsorder morgen eintrifft (wenn wir nicht das ›Glück‹ haben, daß sie schon heute kommt!). Bitte, arrangiert alles, daß ich einem Transport zugeteilt werde, der morgen das Lager verläßt. Und gebt mir eine gute Adresse außerhalb! Alles, was Ihr darüber hinaus für mich tun könnt, wäre natürlich von höchstem Wert, aber auch so fürchte ich, daß ich einfach meine Chance wahrnehmen muß. Es wäre Narretei, noch länger zuzuwarten.

Herzlichst Euch verbunden und voll Vertrauen zu Euch: S. H.«

Kogons Antwort war kategorisch: Flucht unmöglich, es galt zu warten. Boitels Leben bedeutete meinen Tod. Sein Tod, der an meinem siebenundzwanzigsten Geburtstag eintrat, bedeutete mein Leben.

Am 21. Oktober schrieb ich an Kogon:

»Dein gutes Gefühl hat Dich nicht betrogen. Dank all Euerer Sorge ist nun alles zum Besten geregelt. Meine Gefühle sind die eines Menschen, der im allerletzten Augenblick gerettet worden ist. Welch eine Erleichterung!«

Weiter heißt es:

»Wir erwarten noch immer weitere Einzelheiten über Maurice Chouquet und Michel Boitel. Gott, wie froh war ich, als ich erfuhr, daß er nicht verheiratet war!«

Und schließlich:

»Wir sind jetzt alle drei in großartiger Form und sehr optimistisch – nach *diesen* Frontnachrichten und den deutschen Reden, die für unseren *baldigen* Sieg höchst symptomatisch sind!

Für immer Euer S. H.«*

Seit langem hatte ich diese ausgetauschten Notizen nicht gelesen. Über jene dunklen und lichten Momente habe ich in einem 1993 von Berlinern gedrehten Film** an den Originalschauplätzen vor einer Kamera erzählt. Was man berichtet, ist nie dasselbe.

Während ich heute diese Zeilen niederschreibe, erwacht plötzlich in mir die lebhafte Erinnerung an die Gelassenheit meiner beiden britischen Kameraden, ihren verhaltenen Mut und ihre unbeirrbare gute Laune.

* Zit. aus: Eugen Kogon, *Der SS-Staat.* © 1974 by Kindler Verlag GmbH, München 1974

** *Der Diplomat. Stéphane Hessel.* Ein Film von Antje Starost, Hans-Helmut Grotjahn und Manfred Flügge (80 Min.)

Dazu verspüre ich große Schuldgefühle denen gegenüber, die an meiner Statt hätten gerettet werden können, wie beispielsweise Henri Frager, der, bevor er starb, bei der Lagerleitung erwirkte, daß er und seine Kameraden nicht erhängt, sondern erschossen wurden.

Am 2. November werde ich unter dem Namen Michel Boitel in das Lager Rottleberode geschickt. Michel Boitel war Fräser und sprach kein Deutsch. Auf mich trifft das genaue Gegenteil zu. In der Fabrik, wo die Fahrgestelle für die Junkers 52 hergestellt werden und die Deportierten von Rottleberode arbeiten, läßt sich der zivile Ingenieur mit Leichtigkeit überreden, mich in der Buchhaltung einzusetzen. Ich wäre außerstande, eine Fräse zu bedienen. Ich bin also *Buchführer.* Die Tage sind nicht anstrengend. Die Nächte sind kurz: Wecken um 5 Uhr, ein dreiviertelstündiger Fußmarsch durch den Wald zur Fabrik, ein Minimum an Ernährung, schmale Bettstellen, auf denen wir zu dritt schlafen.

Im Dezember zeigt mein Körper erste Anzeichen von Schwäche. Ich schleppe mich dahin. Alarm. Die beiden »Prominenten« des kleinen Lagers, der Kapo Walter und der Schreiber Ulbricht, kümmern sich um mich. Sie lassen mich krankschreiben und bei ihnen arbeiten. Ich komme in den Genuß der Privilegien, die diese erfahrenen Deportierten für sich und ihre Schützlinge errungen haben: bessere Ernährung, etwas mehr Platz auf den Bettgestellen. Ich verdanke diese Gunst meinen Deutschkenntnissen. Die deutsche Sprache wird mir wieder vertraut, und ich amüsiere die beiden, indem ich ihnen Geschichten erzähle. Und durch sie erfahre ich, wie der Apparat des Lagers funktioniert. Die – übrigens nicht unerheblichen – Verwaltungsaufgaben hat die SS den Häftlingen übertragen. Das menschliche Klima eines Lagers hängt davon ab, wie diese »amtierenden Häftlinge«, diese »Prominenten«, ihrer Arbeit nachkommen. Stammen sie aus den Reihen der Politischen, vermeiden sie tunlichst Konflikte. Stammen sie aus denen der Kriminellen, leben sie mit Vorliebe ihren Sadismus aus, der dem der SS-Leute in seiner Grausamkeit häufig in nichts nachsteht.

Walter und Ulbricht sind Politische. Sie erklären mir die Regeln, nach denen ein kleines Lager wie Rottleberode von Mibau aus, dem regionalen Zentrum, mit Lebensmitteln und Direktiven versorgt wird. Was bedeutet dieses Mibau? Zu dieser Frage schweigen sie, als ginge es um irgendein Ungeheuer. Wie ich später erfahre, ist Mibau der Deckname für Dora, die riesige unterirdische Fabrik, wo Hitlers Geheimwaffen V-1 und V-2, die Früchte des Genies eines Wernher von Braun, hergestellt werden, die angeblich Deutschlands Sieg garantieren sollen.

Durch Walter und Ulbricht komme ich mit der langjährigen Erfahrung der deutschen KZler in Berührung, dem Nährboden, auf dem dieses grausame, einzigartige, von Menschen erdachte Unternehmen sich entwickeln konnte. Sie haben es in seiner ganzen Morbidität, aber auch in seiner bisweilen komischen Alltäglichkeit erlebt. Die Geschichten, die sie mir erzählen, machen mich mit dem makabren Humor der Lager vertraut. Beispielsweise die von dem alten Oberst, den man, um ihn zu schonen, »zu den Socken« abkommandiert hat und der, weil er sich dort langweilt, alles unternimmt, um »zu den Rosenstöcken« versetzt zu werden, ohne zu ahnen, daß es sich hierbei um das schlimmste Kommando handelt, wo unter dem Gespött der Kapos und SS-Männer die Exkremente aus den Latrinen geholt und auf die Beete geschüttet werden müssen. Walter und Ulbricht lachen schallend los, und ich lerne daraus.

Sie hören mir gern zu, wenn ich Gedichte von Goethe oder Hölderlin rezitiere. Die Magie des Wortes und des Erzählens. Als ich Jahre später die *Récits de la Kolyma* von Chalamov las, die packendste Schilderung des Gulags, die ich je gelesen habe, mußte ich wieder an jene Abende in Rottleberode denken. Wer sich in einem Lager aufs Erzählen versteht, kommt in den Genuß allergrößter Protektion.

Als ich im Januar wieder in die Fabrik zurückkehrte, wurde ich vom zivilen Ingenieur, der mich mochte, willkommen geheißen. In den Ardennen fand Rundstedts Offensive statt. »Sie werden sehen«, sagte er zu mir, »bald werden wir diesen Krieg gewinnen, und dann können Sie nach Hause fahren.« Meine eigene Schlußfolgerung lautete gegenteilig. Es war an der Zeit, sich aus dem Staub zu machen. Ein Kamerad, ein angehender Ingenieur, Robert Lemoine, mit dem ich mich angefreundet hatte, erklärte sich zum Fluchtversuch bereit. Es war ein leichtes, sich auf dem morgendlichen Gang vom Lager zur Fabrik davonzumachen. Robert hatte sich einen Kompaß gebaut und blauen Drillich angeeignet. An einem der ersten Februartage stahlen wir uns gegen halb sechs Uhr morgens ins Unterholz. Bei Sonnenaufgang saßen wir, ein wenig fröstelnd, doch glückstrahlend, am Waldrand und blickten auf die niedersächsische Landschaft, die sich zu unseren Füßen ausbreitete. Wir waren frei. Ein Wort, das wie eine Bombe detoniert.

Zu sehr auf mich, mein Glück, meinen Orientierungssinn vertrauend, behaupte ich, in dem Landstrich gebe es gewiß keinerlei gesunde, kräftige Männer, man müsse ihn nur entschlossenen Schrittes durchschreiten, als ginge man zur Arbeit, ohne den Eindruck zu erwecken, man wolle sich verstecken. Irrtum. Gleich im nächsten Dorf nehmen uns uniformierte ältere Männer der Landwehr fest, enttarnen uns, sperren uns auf der Polizeistation ein, benachrichtigen die Leitung des Lagers, wo man uns mit dem Knüppel in der Hand erwartet. Walter und Ulbricht sind erschüttert. Sie teilen mir mit, was uns bevorsteht: Tod durch den Strang oder 25 Stockschläge. Beim Appell hält der Kommandant eine wenig beruhigende Ansprache. Tags darauf werden wir in Richtung Dora verladen.

Kapitel 9

DORA

Wir wußten nichts von Dora, als wir auf dem Hügel ankamen, der die Stadt Nordhausen im Harz überragt. Das Geheimnis dieses systematischen Vernichtungslagers wird ängstlich gehütet. Wir werden zunächst in eine Zelle des *Bunkers* gesperrt, des Verlieses, aus dem man nur herauskommt, um gehängt zu werden. Eine aufrecht stehend, ans Gitter gepreßt verbrachte Nacht mit Hunden, die uns, von den SS-Leuten aufgestachelt, in die Waden beißen. Einer jener finsteren Momente, die mein Gedächtnis lange Zeit verdrängen sollte und von denen die Narben an meinen Beinen noch heute Zeugnis ablegen. Wir sind umgeben von »Grünen«, die auf Kosten anderer »Grüner« versuchen, die Lagerleitung an sich zu reißen. Denn Dora wird von den »Kriminellen« geleitet, die das grüne Dreieck tragen. Und wir sollten schon bald den feinen Unterschied spüren.

Der uns beide, Robert Lemoine und mich, vernehmende SS-Offizier läßt sich davon überzeugen (erneut ein Vorteil, wenn man sich in Deutsch ausdrücken kann!), daß wir nichts gestohlen und demnach die Kriegsanstrengungen des Dritten Reiches nicht beeinträchtigt haben. Er beschließt, uns ins *Strafkommando* zu stecken, mit einem großen roten Fleck auf unserer gestreiften Jacke: dem *Fluchtpunkt*, dem Kennzeichen der Ausbrecher.

Sehr schnell erkennen wir, was für ein Glück wir haben. Wir sind nicht nur dem Erhängen entronnen, wir werden auch nicht im Tunnel arbeiten, wo die V-1 und V-2 gebaut werden. Unsere Kameraden erzählen schreckliche Dinge darüber. All diejenigen, die nach der Bombardierung von Peenemünde durch die Engländer 1943 die unterirdische Fabrik gebaut haben, sind durch Erschöpfung, Stockschläge oder, wenn man sie der Sabotage verdächtigte, durch Erhängen umgekommen. Und dann gibt es all jene, die zur Fabrikation jener massiven Zerstörungsmaschinen eingesetzt sind, womit Hitler England in die Knie zwingen will. Auch sie haben kaum Überlebenschancen. Die SS wird es gewiß vorziehen, daß keine Zeugen übrigbleiben, die die Geheimnisse dieser durch Wernher von Braun entwickelten Technologie verraten können.

Ich habe später erfahren, daß er selbst zur Inspektion gekommen sei und die Behandlung derer, die dort zugrunde gingen, als ganz normal empfand. Das sollte die Russen und die Amerikaner nach Kriegsende nicht davon abhalten, sich darum zu reißen, ihn in ihren Forschungslabors zu empfangen. Die im Tunnel arbeitenden Kameraden sehen wir nur abends auf dem Appellplatz, wenn sie nach der Arbeit das tägliche Quantum an Toten herankarren, die das Krematorium füllen sollten. Unser Block ist dem zur Instandhaltung des Lagers eingesetzten *Strafkommando* unter der strengen Aufsicht eines aggressiven grünen Kapos zugeteilt, den jedes Lächeln auf den Lippen eines seiner Opfer reizt. Ich bekomme mehrmals die Auswirkungen zu spüren, denn er liebt es, seine Schlagkraft als Boxer unter Beweis zu stellen. Wir heben Gräben aus, arbeiten im Straßenbau. Robert Lemoine wird krank. Ich sehe im *Revier* nach ihm, der elenden Krankenstation ohne Medikamente, wo er Wassersuppe zu essen bekommt. Er gibt mir ein paar Löffel davon ab. Sein Überleben ist weit rätselhafter als das meine.

In dem Kommando gibt es fünf schon bald unzertrennliche Franzosen. Was ist im Gedächtnis geblieben? Stille Zeiten an gewissen Tagen, Atempausen, in denen man sicher vor den Schlägen der *Vorarbeiter*, diesem durchtriebenen und brutalen Kader, mit den Kameraden plaudert. Wir tauschen die aufgeschnappten Rundfunkmeldungen aus. Wir berechnen, wie viele Kilometer die alliierten Armeen noch zurücklegen müssen, bis sie bei uns ankommen. Wir reden über die Städte, in denen wir gelebt haben, über die Pariser Stadtviertel, die Métrostationen. Und über die Gerichte, die wir bei unserer Heimkehr gemeinsam essen wollen. Seltsame Phantasiegebilde. Ich erinnere mich an meines: eine Schicht Nudeln, eine Schicht Konfitüre, eine Schicht Nudeln...

Es gibt schwere, schreckliche, unvergeßliche Zeiten. Der Durchbruch der Roten Armee hatte die Deutschen gezwungen, die Deportierten der Lager im Osten zu verlegen. Diejenigen von Groß-Rosen waren im März nach Dora evakuiert worden. Die Lebenden wie die Toten. Da unser Krematorium überlastet war, wurden Scheiterhaufen errichtet, um die Leichen dort aufzuschichten. Aber zunächst mußten ihnen die Kleider ausgezogen werden. Ein *Kapo* verspricht denen, die sich freiwillig für eine Aufgabe melden, von der er nicht sagt, woraus diese besteht, zwei Scheiben Wurst. Zwei Scheiben, so etwas läßt man sich nicht entgehen. Ich erklärte mich zusammen mit einem anderen jungen Burschen dazu bereit. Wir haben den Tag damit verbracht, an mit Blut und Exkrementen verschmierten Kleidern zu zerren, kaltes Fleisch zu berühren. Das reine, absolute Entsetzen.

Ich bewahre in einem hermetisch verschlossenen Winkel meines Gedächtnisses auch die Erinnerung an die Ankunft eines Transports aus Auschwitz evakuierter Juden in Dora. Später habe ich erfahren, daß die kleine Simone Veil darunter war. Alles unterschied diese Menschen von uns, die wir, weiß Gott, zerlumpt und elend aussahen. Das aber waren durch ihren Verfall erblindete Phantome, die den Raum durchschritten, ohne eine Spur zu hinterlassen. Gespenster.

Ende März wurde dieser Ort des Todes von Panik ergriffen. Die SS hatte während der zurückliegenden 18 Monate alles getan, damit die Tunnelarbeiter zugrunde gingen, damit keine Zeugen der Fabrikation jener Geheimwaffe übrigblieben. Würde man uns, die Privilegierten, die über Tage arbeiteten, bei allem, was wir haben beobachten können, am Leben lassen? Äußerst wahrscheinlich klingende Gerüchte kursierten im Lager. Vergiftetes Brot. In Brand gesteckte Baracken. Massenerschießungen. Während der Fliegeralarme, die unsere Arbeit unterbrachen, sprachen wir offener über diese Hypothesen.

Ich erinnere mich an den Tag, an dem die Alliierten die Nachbarstadt Nordhausen bombardierten. Wir beobachteten alle fünf von einem Hügel aus die von den Granaten ausgelöste Feuersbrunst. Was kündigten uns diese Flammen am Horizont an? Unser Ende oder unsere Freiheit? Für mich bestand kein Zweifel: Ich war es gewohnt, ein Geretteter zu sein.

Am 4. April große Aufregung: »Holt euch aus der *Effektenkammer* (eine geräumige, streng bewachte Halle, wo Mäntel und Hosen sich stapelten) Kleider und dann schnell in den Zug! Das Lager wird evakuiert!« Wohin? Ich habe mir eine braune Jacke und eine graue Decke herausgezogen. Meine vier Kameraden sind komisch ausstaffiert. Absprache. Nicht im Zug bleiben, der nach Norden fährt. Nicht die Elbe überqueren. Zwei Latten im Boden lösen. Bei der ersten Gelegenheit abspringen. Im Waggon sind viele russische Deportierte, wenige deutsche *Kapos*.

Bei Einbruch der Dunkelheit hält der Zug, nachdem er den Bahnhof von Lüneburg hinter sich gelassen hatte. Kindheitserinnerung: *Lüneburger Heide*, das klingt vertraut, eine norddeutsche Landschaft auf der Strecke nach Lübeck. Es ist an der Zeit, springen wir. Das mit den Latten klappt gut. Die Russen haben nichts gesehen, die Deutschen auch nicht. Ich schlüpfe als erster unter den Zug. Schüsse. Die vier anderen, die glauben, man schieße auf mich, geben auf. Ich bleibe allein am Rand des Schotters liegen. Die Nacht nimmt mich freundlich auf. Wieder einmal bin ich frei.

Hier läßt mich mein Gedächtnis im Stich. Wie habe ich nur die 150 Kilometer zwischen Lüneburg und Hannover zurückgelegt, nachts marschierend und tags im Schutz einer verlassenen

Scheune schlafend? Wie die mitfühlenden Polen, die Franzosen des STO* gefunden, die mir Kleider und Geld gaben? Am 12. April bin ich vor den Toren der Stadt. Hannover ist von der Armee geräumt worden. Ratlose Zivilisten irren durch die Straßen. Was erwartet uns? Ich knüpfe ein Gespräch an. Ob man wisse, wo die amerikanischen Truppen stehen? »Sie haben die Kaserne bombardiert. Der Beschuß kam von dort…« Mein Schutzengel hat mich nicht verlassen: An der Biegung einer Straße erkenne ich Panzer mit dem US-Stern.

Welche Freude, Englisch zu sprechen, das mir so leicht von der Zunge geht, die Erinnerung an London, das kämpfende Frankreich, das befreite Paris wachzurufen. Ich will nur eines: kämpfen, solange der Krieg nicht beendet ist. Man gibt mir einen Platz in einer motorisierten Einheit, die auf Magdeburg vordringt, eine GI-Uniform und einen hübschen Helm. Es ist berauschend. Wir machen Gefangene. Am dritten Abend biwakieren wir in einem Dorf. Die Gefangenen werden im Keller eingesperrt. Wir richten uns für die Nacht ein. Wann soll der *French Captain* geweckt werden? Um 6 Uhr früh. So wird er schlafen können. Um 8 Uhr wache ich auf. Keine Amerikaner mehr da. Das Dorf ist von einer kleinen SS-Einheit zurückerobert worden.

Man bringt mich zum *Sturmbannführer*. Er weiß nicht, was er mit mir anfangen soll. Mich erschießen? Zu spät. Er vertraut mich fünf seiner Untergebenen an. »Nehmt ihn mit!« Wir diskutieren. »Ich kann euch zu den amerikanischen Linien führen. Sie haben Zigaretten und Whisky.« Ich schneide ein bißchen auf. In Wahrheit weiß ich nicht, wo die Amerikaner sind. Aber meine SS-Gefährten lassen sich überzeugen und überzeugen noch andere. Gegen elf Uhr entdecken wir die amerikanischen Panzer. Wir sind 14 und werden von dem texanischen *Captain*,

* *Service du travail obligatoire*. Seit November 1942 verordnete Zwangsarbeit junger Franzosen in Deutschland. (Anm. d. Übers.)

der noch tags zuvor über meinen *limey**-Akzent überrascht gewesen war, herzlich empfangen. Diesmal ist er beeindruckt und stellt mir ein blendendes Zeugnis aus: »*He has brought back, singlehanded, fourteen German prisoners.*« (»Er hat eigenhändig 14 deutsche Gefangene gemacht.«)

Diese Aktion setzt meinem kriegerischen Feuereifer ein Ende. Ich äußere den Wunsch, nach Frankreich zurückgeschickt zu werden. Vier Tage gilt es, in Hildesheim zu warten, bis ein Transportflugzeug mich an Bord nehmen kann. Wir überfliegen die furchtbar zugerichteten Städte Westdeutschlands. Landung in Poix in der Picardie. Ein Auto bringt mich nach Amiens, wo ich mir ein Zimmer für die Nacht suche. Am nächsten Morgen werde ich auf der Präfektur ausgefragt. Ob mich jemand in Paris identifizieren kann? Ich kenne General de Gaulle. Man lacht höflich. Mir fällt der Name einer Londoner Freundin ein, die zum Kabinett von Henri Frenay, dem Minister für die Heimkehrer, gehören muß. Sie heißt Mme Mamy. Sie ist am Apparat. Hessel, natürlich! Man besorgt mir einen Platz im nächsten Zug nach Paris. Am 8. Mai fährt mein Zug nachmittags um 3 Uhr in die Gare du Nord ein. Dort, wo ich 20 Jahre zuvor als kleiner Junge zum erstenmal meinen Fuß in die Hauptstadt setzte. Es ist der Augenblick, in dem Churchill den Sieg in Europa verkündet. *V. E. Day.*

Auf dem Bahnsteig steht Vitia, begleitet von Tony Mella. Man betastet mich, mustert mich. Ich bin heil und ausgeruht. Ein seltsamer Deportierter!

* Australische oder amerikanische Slangbezeichnung für einen Briten. (Anm. d. Übers.)

Kapitel 10

LAUFBAHN EINES DIPLOMATEN

Ein ehemaliger Deportierter kann sich Fragen nicht entziehen. Die ergreifendsten stellen 40 Jahre später Schüler der Oberstufe, die an dem alljährlich vom Bildungsministerium organisierten Wettbewerb der Résistance teilnehmen. Die Geschichtslehrer dieser Klassen werden aufgefordert, authentische Augenzeugen einzuladen – solange es sie noch gibt! Ich gehöre zu diesen Zeugen, die von den Jugendlichen nach dem Wie und Warum der Lager gefragt werden.

Ich versuche, mich von dem durch das Kino verbreitete Klischee freizumachen, das das Phänomen auf seinem Höhepunkt, kurz vor der Landung der Alliierten, zeigt, als das »System« der Konzentrationslager bereits in sich zusammengebrochen war und die Leichenberge das Antlitz des Deportierten zu einem negativen Absoluten werden lassen, das man nicht zu befragen wagt. Ich lege den Akzent auf den nicht enden wollenden Alltag der Lager, jene zunehmende, heimtückische, nahezu unumkehrbare Erniedrigung des KZ-Häftlings, der, um zu überleben, zum Wolf, und um gesund zu bleiben, zum Phantasten wird. Kein leichtes Unterfangen.

Jorge Semprún hat mir geholfen, die Schwierigkeit zu erkennen, zu beschreiben, ohne zu entstellen, zu erläutern, ohne sich zu verzetteln. Sein erstes Buch, *Die große Reise*, hatte mich aufgewühlt. Dann kam *Was für ein schöner Sonntag!*, worin mein Name auftaucht, was mir einen leisen Schock versetzte. Und jetzt, mit *Schreiben oder Leben*, schließt sich der Zyklus, in dessen Verlauf ich ihm gebannt, Seite für Seite, irritiert oder begeistert, begegnet bin, mich von ihm entfernt oder mich ihm angenähert habe. Denn er spricht von »meinen« Lagern, wohingegen David Rousset sich in *Les Jours de notre mort* woanders aufhält und der, zumindest in meinen Augen, bewegendste von allen, Primo Levi, eine Realität beschreibt, die so unvergleichlich viel zerstörerischer ist, daß sie den Keim für ihre eigene Vernichtung in sich birgt.

Was uns Opfern am schwersten fällt, wenn wir uns unsere Peiniger genau ansehen, ist, das System in seiner ganzen, von menschlichen Hirnen und Herzen hervorgebrachten Logik zu verarbeiten. Wie ich schon sagte, hat mir ein einziges Buch diesen Zugang verschafft: *Der SS-Staat* von Eugen Kogon. Da ich ihm mein Leben verdanke, mußte ich es lesen und meine Abneigung gegen dieses immer wiederkehrende Aufwärmen alter Geschichten überwinden. Er demontiert darin minutiös wie ein Gelehrter die Maschinerie der Konzentrationslager. Er liefert zudem in der Einleitung einen der zutreffendsten Schlüssel zum Aufkommen der Nazi-Ideologie in Deutschland zur Zeit der Weimarer Republik. Er analysiert die Entstehung des so schrecklichen »Ideals« der SS, jener Mischung aus Dünkel, Verachtung und einer Brutalität, die sich bis hin zur Raserei steigerte.

Meine Deportation war vollkommen atypisch. Ich bin nicht inmitten von 200 in einem Viehwaggon eingepferchten Kameraden transportiert worden. In Buchenwald habe ich nicht die Schrecken des »kleinen Lagers« kennengelernt. Ich bin nicht nach Ellrich oder Hartzungen geschickt worden. Vor allem habe ich weder die Machtübernahme in Buchenwald durch seine Häftlinge noch die Todesmärsche im April 1945 erlebt, und auch nicht, wie die letzte Woge Tausender todgeweihter Evakuierter aus den Zentrallagern und den Lagern des Ostens nach Bergen-Belsen strömte. Als ich mir Alain Resnais' *Nacht und Nebel* ansah, war ich über die Berge von Leichen mit den weit aufgerissenen Augen fast ebenso entsetzt wie ein Zuschauer, der nie den Fuß in ein Konzentrationslager gesetzt hat.

Was verbindet diese Männer und Frauen, die die Deportation auf so unterschiedliche Weise erlebten? Zunächst einmal vielleicht, daß wir immer weniger werden. Wenn wir uns begegnen – was mir sehr häufig und unerwartet geschieht –, leuchtet eine Art Signal auf: weniger der Stolz, überlebt, als vielmehr die Scham, zugelassen zu haben, daß der Schrecken hier und da in einer Welt wieder auftaucht, von der wir glaubten, daß in ihr so etwas nie wieder vorkommen würde. Und dasselbe Signal läßt uns alle ein Gefühl der Verantwortung für die Welt von morgen verspüren, das sich nicht verbergen läßt. Abgesehen von dem, was uns miteinander verbindet, ja, selbst von der einzigartigen Geschichte, die jeder den anderen berichtet, wirft man notgedrungen einen zwiespältigen Blick auf sich selbst.

Ich bin nicht mehr so sicher, ob ich diesen jungen Mann der Jahre 1940 bis 1945 verstehe: Wahlfranzose, umständehalber Patriot, kraft seiner Jugend unbesonnen, vom Glück immer wieder begünstigt, ein vielfach Überlebender, mehrsprachig, narzißtisch, egoistisch.

Egoistisch, weil ich Vitia, selbst nach meiner Flucht und Kontaktaufnahme mit der amerikanischen Armee, ohne Nachricht gelassen und lieber mit den Amerikanern »gekämpft« habe, anstatt so schnell wie möglich zu ihr zu eilen. Ich wußte, seitdem ich England verlassen hatte, nichts von ihr. Sie wußte nicht viel von mir. Vielmehr, sie wußte zuviel. Freunde, denen im April die Archive in Buchenwald geöffnet worden waren, hatten eine Akte mit meinem Namen gefunden: *»Hessel, Stéphane, F., abgesetzt, den 20. X. 1944.«* Kurz gesagt, meinen Totenschein. André Manuel hatte es auf sich genommen, sie so behutsam wie nur irgend möglich auf diese Nachricht vorzubereiten. Tags darauf sei Jean Baillou, 1939 Generalsekretär der École normale, »wie ein kleiner gerupfter Vogel« aus Buchenwald zurückgekehrt, erzählte mir Vitia. Er habe ihr von einem Komplott berichtet, von dem er nur wußte, daß es möglicherweise erfolgreich gewesen sei. Vitia kannte mich gut genug, um daran zu glauben, daß ich nicht tot war. Das hätte nicht zu mir gepaßt. Drei Tage später rief Mme Mamy sie an: »Dein Hessel ist in Amiens.«

Dieses neu geschenkte Leben galt es sinnvoll zu nutzen. Mich reizte die Philosophie. Würde ich aber meine *agrégation* bestehen? Seit meiner letzten ernsthaften Lektüre waren fünf Jahre vergangen. Meine Lehrer und Kommilitonen hatten die Entwicklung des phänomenologischen Denkens, des Existentialismus studiert. Würde ich den Stoff aufholen können, ohne daß mir der Atem ausginge? Sollte ich diesen Atem, den ich meinem Überleben verdankte, nicht lieber in Taten umsetzen? Der Kosmopolitismus der Konzentrationslager brachte mich zur Diplomatie, von der ich bereits 1934 in London geträumt hatte. Würde ich aber Zugang zu ihr bekommen? Als Franzose jüngeren Datums ohne juristische Ausbildung waren das einzige, was ich vorweisen konnte, die so angesehene École normale und die Deportation, um mich für die Sonderprüfungen in der unmittelbaren Nachkriegszeit zu bewerben.

Einige Tage nach meiner Ankunft in Paris habe ich eine entscheidende wie auch glückliche Begegnung. Jean Sauvagnargues, ein Kamerad aus Saint-Maixent, läuft mir beim Verlassen der Rue Saint-Dominique, wo er im Kabinett von General de Gaulle arbeitet, über den Weg. Er hatte 1942 die große Aufnahmeprüfung zum Quai d'Orsay bestanden und der kleinen Gruppe von Widerstandskämpfern angehört, die mit Chauvel insgeheim die Befreiung des Landes vorbereiteten. Er macht mir Mut: »In der diplomatischen Laufbahn werden junge Leute gebraucht, die nicht mit Vichy paktiert haben.«

Ich beschließe also, mich zur großen Sonderprüfung für ehemalige Kriegsteilnehmer, Widerstandskämpfer, Kriegsgefangene oder Deportierte zu melden, der letzten Möglichkeit, Zutritt zum Quai d'Orsay zu erhalten, bevor die École nationale d'administration gegründet wird, aus der seither die meisten unserer Diplomaten hervorgegangen sind.

Nach meiner Rückkehr aus Deutschland am 8. Mai bleiben mir zur Vorbereitung der Prüfungen, die am 15. Oktober beginnen sollen, nur noch fünf Monate. Fünf Monate, die überwältigend sein sollten. Helen und Uli sind aus Savoyen zurückgekehrt, und ich bemühe mich intensiv um ihre Einbürgerung, die ihnen schließlich zwei Jahre später erteilt wird. Vitia, die kurz nach der Befreiung aus London zurückgekehrt war, hat den Rausch und die Trostlosigkeit dieser ein wenig verrückten Phase der Geschichte von Paris erlebt: die Säuberungsaktion, die Jagd nach Wohnungen, die Auseinandersetzungen zwischen Franzosen aus London und französischen Widerstandskämpfern, aber auch jene schönen, fieberhaften Freundschaften, die im Umkreis von Jean-Paul Sartre, Juliette Gréco, Sidney Bechet, Boris Vian entstehen. Ich stoße voller Euphorie dazu, bereit, mich von den Orten und Menschen hinreißen zu lassen, und entschlossen, die Tage und Nächte zu nutzen, um zu leben... und zu arbeiten.

Die DGER *(Direction générale des études et de la recherche)*, Nachfolgerin unserer Londoner Geheimdienste, hat Vitia und Daniel Cordier mit der Redaktion eines Weißbuchs über den BCRA beauftragt, an der auch ich gleich nach meiner Rückkehr beteiligt werde, was sich aber als verfrüht erweist, solange die Archive noch überall verstreut sind. Statt dessen stellt man uns einen alten Mercury Ford der amerikanischen Armee zur Verfügung, mit dem wir in die Haute-Savoie fahren, wo wir einen Monat in einem Hotel in Menthon-Saint-Bernard, das Deportierten vorbehalten ist, verbringen, um wieder zu Kräften zu kommen. Wir teilen dieses Privileg mit André Boulloche und dessen beiden Schwestern, die Vitia vom Lycée Molière her kennt. André ist allein aus dem Lager zurückgekehrt, wo sein Bruder Gilbert und seine Eltern umgekommen sind. Dinge, über die wir nicht sprechen. Wir sprechen über die Zukunft, den Wiederaufbau, das konstitutionelle Referendum. Vor allem genießen wir jeden schönen Tag, um in den Bergen zu wandern, den Col des Aravis zu erklimmen, auf den Höhen Enzian zu pflücken, den Mercury über die ausgefahrenen Wege zu kutschieren. Wir sind ausgelassen, redselig, verliebt und wißbegierig.

Mir blieben fünf Monate, um zwei Dinge zu bewältigen: eine Examensarbeit für den Abschluß in Philosophie und die Vorbereitung auf die Prüfung des Quai d'Orsay. Professor Le Senne, der während der *khâgne* mein Lehrer gewesen war, hatte mir davon abgeraten, die Laufbahn eines Lehrers einzuschlagen, allerdings darauf hingewiesen, daß eine Abhandlung über ein Thema meiner Wahl als Diplom anerkannt würde und ich diese, sollte mein Leben eines Tages eine solche Richtung nehmen, ohne weiteres bei der *agrégation* vorlegen könne.

Da ich mich noch an seine Vorlesungen über den Streit zwischen Hegel und Kierkegaard erinnerte, schlug ich ihm vor, über »Das allein ertragene und das geteilte Leid« zu schreiben und dabei das Werk Kierkegaards mit meinen eigenen Erfahrungen in den Konzentrationslagern zu verbinden. Ich bin nicht stolz auf diese eilig hingeworfenen Seiten, die meine oberflächliche Kenntnis des dänischen Philosophen nur allzu deutlich werden lassen, von Le Senne jedoch freundlicherweise akzeptiert wurden. Immerhin brachte mich diese Arbeit dazu, meine Erinnerungen an Buchenwald und Dora einer distanzierteren Betrachtung zu unterziehen.

Zur Vorbereitung auf den *Concours des Affaires étrangères* gehörte Internationales Recht, ein Themenbereich, in den mich einst mein Schwiegervater eingeführt hatte. Vor allem aber galt es, Abhandlungen über die Geschichte der Diplomatie zu lesen. Was ich zehn Jahre zuvor in London gelernt hatte, konnte ich so gut wie nicht gebrauchen, so unterschiedlich sind die Standpunkte diesseits und jenseits des Ärmelkanals zu diesem delikaten Thema.

Ich erinnere mich nur noch schwach an den schriftlichen Teil der Prüfung, eher an das mündliche Examen, das aus Gesprächen mit den Mitgliedern einem äußerst nachsichtigen Gremium bestand: Die Herren wagten nicht, die »Krieger, die die Ehre des Landes gerettet haben«, in Verlegenheit zu bringen. Ich bestehe daher mit Leichtigkeit neben 13 weiteren Kandidaten, denen eine Reihe von Posten angeboten wird. Ich bin an vierter Stelle. Nachdem die ersten drei Washington, London und Moskau gewählt haben, entscheide ich mich für Tschungking, wo die Regierung Tschiang Kai-scheks ihren Sitz hat. Sie ist als fünftes ständiges Mitglied im Sicherheitsrat der Vereinten Nationen vertreten. Unser Botschafter in China, der sich damals in Paris aufhält, empfängt mich mit äußerster Höflichkeit und macht mich auf die Bücher aufmerksam, die es zu lesen, und die Anstrengungen, die es zu unternehmen gilt, um sich mit der Sprache und Zivilisation dieses bedeutenden Teils der Weltbevölkerung vertraut zu machen.

Vitia war über die Wahl Tschungkings, dieser als schwierig geltenden Hauptstadt, alles andere als erfreut, hatte aber ein für allemal beschlossen, sich aus meinen beruflichen Entscheidungen herauszuhalten, und so vertieften wir uns beide in chinesische Lehrbücher und das Werk von Granet*. Bei unserer Abreise nach China hatte Vitia nur eine Bedingung gestellt, die sich als schicksalhaft erweisen sollte: Wir würden nicht über Indien, sondern über die Vereinigten Staaten fahren, wo sie ihre Eltern umarmen wollte, die sie seit ihrer Abreise aus New York im Oktober 1942 nicht wiedergesehen hatte. Es war keineswegs die schlechteste Route. Das Ministerium hatte nichts dagegen einzuwenden.

Am 2. Februar 1946 gingen wir in Bordeaux an Bord eines *liberty ship***, das die Transporte über den Seeweg während des Krieges wohlbehalten überstanden hatte und für die Überquerung des Atlantiks 21 Tage brauchen sollte. Bei der Überfahrt ist die See bewegt, unser Kapitän will sich nicht festlegen, wenn wir

* Marcel Granet (1884–1940), französischer Sinologe, wandte erstmals moderne soziologische und ethnologische Methoden zur Deutung der ältesten chinesischen Gesellschaft an, u. a. in: *La pensée chinoise*, 1934. (Anm. d. Übers.)

** Standardfrachtschiff, das im Zweiten Weltkrieg in den USA zum Ausgleich der Tonnageverluste in Schnellbauweise konstruiert wurde. (Anm. d. Übers.)

ihn nach dem voraussichtlichen Datum unserer Ankunft fragen, aber die Stimmung an Bord ist ausgelassen, und unsere 25 Reisegefährten genießen wie wir die Trunkenheit eines Meeres, das sich schier unendlich zwischen einem zerstörten Europa und der Neuen, nunmehr einzig wahren, modernen, siegreichen Welt erstreckt. Ich erinnere mich noch sehr lebhaft an zwei Paare unter den Passagieren: an Jean-Mathieu Boris, ein Neffe unseres Freundes Georges Boris, und seine Frau sowie an die Kosciusko-Morizets, denen ich 25 Jahre später in New York wiederbegegnen sollte, wo Jacques der ständige Vertreter Frankreichs bei den Vereinten Nationen war.

Wir gingen ganz im Norden von New York, in Portland, im Bundesstaat Maine, an Land, von wo aus unser Zug zehn Stunden brauchte, um Manhattan zu erreichen.

Kapitel 11

DIE VEREINTEN NATIONEN

Der Durst, mit dem ich aus dem Krieg heimkehrte, ist nie gestillt worden. Ich habe diese 50 Jahre nach meinem Überleben intensiv von einem Tag zum anderen gelebt, als würde sich die Zeit über mich ergießen, noch bevor ich auf sie hätte zugehen können. Dieses Bedürfnis, aus meiner neuerlichen Geburt, meinem Sieg über die endgültige Nacht Gewinn zu ziehen, hat Anlagen, die ich von Kindheit an in mir trage, nur noch verstärkt. Am Anfang war das Helen gegebene Versprechen, glücklich zu sein: Darin sah sie den wichtigsten Beitrag eines jeden zum Glück aller. Und dann war da die Offenheit für die drei Sprachen, die drei Poesien, die drei Kulturen, deren Zusammenwirken mich nie hat mittellos dastehen, wirklich einsam sein lassen.

Mit diesem Gepäck und von diesem Bedürfnis beseelt, habe ich die verschiedenen, aufeinanderfolgenden Lehrjahre absolviert, die Grundlage des heute Achtzigjährigen, über die ich zu meinen Lesern sprechen möchte.

1995: Fünfzigster Jahrestag der Vereinten Nationen. Der Bericht über diese Institution nach ihrem fünfzigjährigen Bestehen, an dessen Redaktion ich beteiligt war, liegt während der Vollversammlung auf dem Tisch der Delegierten. Sie würdigen ihn kaum eines Blickes, dasselbe gilt für den ausführlichen Bericht über das *global government*, an dem unter anderen Jacques Delors mitgearbeitet hat. Die Stunde der Reform hat noch nicht geschlagen. Die Organisation steht am Rande ihres Zusammenbruchs. Ihre jüngsten Interventionen zur Erhaltung des Friedens sind gescheitert oder vielmehr von den Medien als gescheitert dargestellt worden: Somalia, Ruanda und vor allem Bosnien. Die

Schande von Srebrenica! Wo sind die Reportagen über den mutigen und aufopfernden Einsatz der Blauhelme in sämtlichen Provinzen des ehemaligen Jugoslawien, in Angola und Mosambik, der Vertreter des Hochkommissariats für Flüchtlingsfragen zugunsten der 15 Millionen Überläufer in allen Teilen der Erde? Wer würdigt den Erfolg des Kinderhilfswerks, des weltweiten Ernährungsprogramms, des Internationalen Fonds für Agrarentwicklung, ohne die Millionen von Menschen umgekommen wären? In den beiden ausführlichen Texten, die Boutros-Ghali den Mitgliedsstaaten unterbreitet hat – die *Agenda für den Frieden* und die *Agenda für die Entwicklungshilfe* –, steht alles, was die Nationen tun müßten, um Gewalt und Ungerechtigkeit zu verhindern. Aber die Nationen tun nichts. Sie haben kein Vertrauen.

Diese Nationen sind nicht mehr die gleichen – schon seit langem nicht mehr –, die im Juli 1945 die Charta von San Francisco abgefaßt und ratifiziert hatten. Sie war damals noch taufrisch, als ich im Februar 1946 meinen ersten Posten im Sekretariat annahm. Wir machten auf dem Weg nach Tschungking in New York nur kurz halt, um die Mirkines zu umarmen. Mein Schwiegervater stellte mich Henri Laugier vor, einem Assistenten des Generalsekretärs der Vereinten Nationen. Er war gerade dabei, seine Mannschaft zusammenzustellen, und erwirkte beim Ministerium, daß ich zu seiner Disposition freigestellt wurde. Meinen Posten in der Französischen Botschaft in China übernahm Jean de Lipkowski.

Ich kenne die Weltorganisation also seit ihren Anfängen. Sie hat sich meiner bemächtigt und mich nicht mehr losgelassen, sie wird mich bis zu meinem Tode nicht mehr loslassen. Warum? Sie entsprach zweifellos genau dem Bild, das mir am Ende des Krieges von meinem künftigen Engagement vorschwebte: beim Aufbau einer Welt, in der es keine Atombomben und Konzentrationslager, kein Imperialismus und keine Verletzung der Menschenrechte geben sollte, am strategisch wichtigsten und zentralsten Ort mitzuwirken. Ein ganz einfaches, naives Anliegen, das bei einem achtundzwanzigjährigen Überlebenden wohl kaum verwundert. Mein besonderes Glück besteht darin, für mein dortiges Debüt genau den richtigen Augenblick gewählt zu haben und dem bestmöglichen Lehrmeister begegnet zu sein.

1946 zählten die Vereinten Nationen nur 50 Mitglieder. Ihre Organisation umfaßte lediglich eine Generalversammlung, drei Räte, einen Internationalen Gerichtshof und einen Generalsekretär. Das Ganze fand in einer unterirdischen Fabrik statt, die sich von der in Rottleberode im Harz, wo ich mit meinen Mitgefangenen Fahrgestelle für die Junkers 52 baute, kaum unterschied. In Sperry Plant, in Lake Success auf Long Island, 30 Kilometer von Manhattan entfernt, wurden während des Krieges Navigationsgeräte für die Luftfahrt hergestellt.

Der erste Generalsekretär der Vereinten Nationen, der ehemalige norwegische Außenminister Trygve Lie, wurde von Henri Laugier, dem bei weitem kultiviertesten und dynamischsten der acht stellvertretenden Generalsekretäre, aus denen der Generalstab der neuen Institution bestand, nicht gerade bewundert. Die Entscheidung, den Sitz der Organisation nach New York zu verlegen, war von immenser Bedeutung. Man erinnerte sich an Wilson und die Weigerung des Kongresses, dem Beitritt der Vereinigten Staaten in den Völkerbund zuzustimmen. Man kannte die mächtigen Versuchungen des Isolationismus. Gleichzeitig sollte die UNO die lästigen Folgen der administrativen Sitten Amerikas kennenlernen: Organigramme und ausufernder Bürokratismus. Unser sympathisches Sperry Plant würde nicht ausreichen, um all diese Generaldirektoren, Direktoren, stellvertretenden Direktoren, Berater, Assistenten und Sekretäre aufzunehmen. Nachdem die Familie Rockefeller ein Grundstück im Herzen Manhattans gestiftet hatte, wurde dort ein schönes Parallelepiped aus Glas, Marmor und Metall errichtet, das, erst 1952 fertiggestellt, zum meistbesuchten Monument New Yorks geworden ist. Weder Laugier, dessen Mandat 1951 zu Ende ging, noch ich, der ich einige Monate vor ihm nach Paris zurückgekehrt war, haben dort je unsere Büros gehabt.

Wenn man nach 50 Jahren die Anfänge der UNO heraufbeschwört, muß man unweigerlich an all jene denken, die für ihr Funktionieren sorgten, und vor allem an die wahren Urheber ihrer Eingliederung in das internationale Leben, die sich diese Organisation weniger anfällig als den Völkerbund wünschten, sondern fähig, für den Frieden, für Gerechtigkeit, Recht und Wohlergehen der Völker sowie für deren Freiheit einzutreten.

Zu ihnen gehörte Laugier. Es war für ihn die Krönung seiner Karriere als Internationalist und Demokrat. Das Eintreten für seine Überzeugungen und Werte wurde in diesem neuen Kontext durch keinerlei persönliche Ambitionen beeinträchtigt. Sein persönlicher Referent gewesen zu sein, war für mich eine Chance, deren Tragweite ich heute mehr noch als damals ermessen kann. Daß ich an der Seite eines derart freien, kampflustigen Geistes meinen Weg fand, ließ aus mir unweigerlich einen überzeugten Verfechter der Ziele werden, für die einzutreten er von mir erwartete. Ihm ist es zweifellos zu verdanken, daß ich mich der internationalen Aufgabe und schließlich der multilateralen Diplomatie verschrieben habe, ohne die Grenzen zu bedauern, die sie innerhalb der französischen Verwaltung einer Karriere am Quai d'Orsay auferlegt.

Beim Schreiben wird so manche Erinnerung an diese ersten fünf Nachkriegsjahre am Ufer des Hudson in mir wieder wach: unsere Wohnung über dem Central Park; das erste Lächeln meiner während unserer Überfahrt über den Atlantik entstandenen und im französischen Krankenhaus von New York geborenen Tochter Anne; das Pendeln mit Kollegen im *car pool** zwischen Manhattan und Lake Success über die grandiosen Brücken, die New

* Wir bildeten für die lange Strecke Fahrgemeinschaften.

York mit Long Island verbinden; das intensive intellektuelle Leben des damaligen eigentlichen Zentrums der Welt, wohin die Pariser Freunde in Scharen reisten, die wir zum Tanzen in Harlem bei den Schwarzen oder zum Trinken in Greenwich Village bei den Italienern ausführten.

Ich will jedoch nicht von der Organisation der Vereinten Nationen abschweifen. Ihre Arbeit wurde durch die beschränkte Anzahl der Mitgliedsstaaten erleichtert. Der Sicherheitsrat umfaßte elf, davon fünf permanente Mitglieder* und wurde von einem Sekretariat unter der Leitung eines Sowjetrussen betreut. Der Treuhandrat hatte sich lediglich um die wenigen vom Völkerbund übernommenen Mandatsgebiete zu kümmern, die zu »Treuhandgebieten« ernannt worden waren und innerhalb der nächsten 15 Jahre zur Unabhängigkeit gelangen sollten. Das Sekretariat unterstand einem Chinesen. Der Wirtschafts- und Sozialrat bestand aus 18 Mitgliedern** und zwei Ressorts: Dasjenige von Laugier war mit sozialen Fragen und Menschenrechten und das des Briten David Owen mit wirtschaftlichen Fragen betraut. Es gab ein Informationsressort, das einem Argentinier unterstand, ein Ressort für Konferenzen und allgemeine Angelegenheiten und ein Ressort für Verwaltung und Finanzen, beide unter der Leitung eines Amerikaners.

Alles in allem waren es ein paar hundert Leute, die auf unterschiedliche Weise miteinander bekannt und vertraut waren. Ihre Arbeit bestand darin, die Versammlungen der Mitgliedsstaaten mit einer wohldosierten Mischung aus Bescheidenheit – nicht wir entschieden, sondern sie – und Selbstbewußtsein – unsere Expertise war der ihren weit überlegen – vorzubereiten. Von uns wurden Einfallsreichtum und Neuerungsvorschläge gefordert. Sie wahrten tunlichst ihre nationalen Interessen. So ging man Schritt für Schritt Verpflichtungen ein, auf deren Grundla-

* Heute sind es 15.
** Heute sind es 54.

ge die internationale Zusammenarbeit immer enger, und der Weg, auf dem die Regierungen mehr Sicherheit und Wohlergehen für die Völker erlangen würden, immer deutlicher wurde. Denn die Mitglieder der Organisation waren zwar Regierungen, doch die Charta berief sich auf die Völker, und die internationalen Funktionäre fühlten sich als deren Treuhänder, als müßten sie die Völker gegen die Staaten verteidigen.

Diese Ansicht vertraten vor allem meine Kameraden aus dem Ressort für soziale Fragen, die auf dem Gebiet der Menschenrechte tätig waren. Wir befanden uns an der Nahtstelle zweier Artikel der Charta, die es miteinander zu vereinbaren galt: Der eine forderte die Verteidigung und Förderung der Menschenrechte und Grundfreiheiten ohne jegliche Diskriminierung, der andere erklärte die Souveränität der Staaten zum obersten Gebot und untersagte der Organisation, sich in Belange einzumischen, die vor allem in deren nationale Zuständigkeit fielen. Wenn wir die Vollversammlung dazu bringen könnten, juristisch zwingende Texte zu verabschieden, die diese zur Wahrung gewisser Rechte verpflichten würden, könnten wir eine ausreichend große Bresche in den Schutzwall ihrer Souveränität schlagen, um überall die Demokratie zu sichern, den Totalitarismus zu verbannen, die Grundrechte zu garantieren und die Ressourcen gerecht auf alle Bevölkerungsschichten zu verteilen. Weiter nichts – wozu sollten wir denn sonst dasein?

Wir waren nicht so naiv zu glauben, daß dieses Ziel erreicht werden könnte. Aber wir versuchten, aus der Lektion der jüngsten Schrecken soviel wie möglich zu lernen. Der Ursprung dieser Schrecken lag darin, daß die demokratischen Nationen allzu leichtfertig die von den Achsenmächten begangenen brutalen Übergriffe auf die Menschenrechte toleriert hatten.

Die Verfasser der Charta von San Francisco hatten in ihrer Betroffenheit das Risiko auf sich genommen, darin die Aufgabe der Organisation, eine Charta der Menschenrechte zu verfassen, zu fixieren und eine mit dem Wirtschafts- und Sozialrat in Verbindung stehende Kommission, die Menschenrechtskommission, damit beauftragt. Ich spürte, daß es sich dabei um die wichtigste Erneuerung handelte, durch die sich die Vereinten Nationen nicht nur vom Völkerbund, sondern auch von allen früheren Formen internationaler Zusammenarbeit unterscheiden würden. Ich spürte auch, daß Eile geboten war und man unbedingt Nutzen aus dem ziehen mußte, was an dem Bekenntnis der Siegerstaaten zu diesen Werten scheinheilig sein mochte, die einzuhalten sich vermutlich nicht alle verpflichten würden.

Zu den Siegerstaaten gehörte auch die UdSSR. War es absurd, mit ihren Vertretern über diese Texte zu debattieren? Noch ohne etwas über den Gulag zu wissen, hatten wir kaum Zweifel an der Brutalität und Härte der sowjetischen Institutionen und an der wahren Bedeutung des von ihren Vasallenstaaten verwendeten Begriffs »Volksdemokratie«. Wir sprachen jedoch noch nicht von Totalitarismus. In unseren Unterhaltungen mit Russen, Polen, Rumänen – einige von ihnen ausgesprochen kultiviert und eloquent – ließen wir uns davon überzeugen, daß wir, indem ihre vom Krieg zerstörte Wirtschaft wiederaufgebaut und der Austausch von Waren, Personen und Ideen beschleunigt würde, zu einer doppelten Befruchtung beitrügen: die des Ostens durch das Bestreben seiner Völker, die bürgerlichen und politischen Rechte einzuhalten; die des Westens durch den Stellenwert, der den wirtschaftlichen und sozialen Rechten zukäme. Sträfliche Naivität? Gewiß, wenn man nur die zweite Hälfte des 20. Jahrhunderts betrachtet. Vielleicht aber auch nicht, wenn man ein paar Jahrzehnte vorausblickt.

Ich hatte das Privileg, an der Redaktion des ersten Teils dieser Menschenrechtscharta beteiligt zu sein, die eine Erklärung, einen Vertrag (es wurden zwei benötigt) und Maßnahmen zu deren Umsetzung enthielt (die noch immer sehr unvollkommen sind). Die Menschenrechtskommission zählte 12 Mitglieder.*

* Heute sind es 53.

Ihre Vorsitzende war die Witwe Franklin Roosevelts, Eleanor Roosevelt, Frankreich wurde durch René Cassin vertreten. Laugier hatte die Leitung John Humphrey, einem ausgesprochen sympathischen kanadischen Juristen anvertraut, der im Krieg schwer verwundet worden war und einen Arm verloren hatte. Die Sitzungen der Kommission fanden abwechselnd in New York und Genf statt, wo die Vereinten Nationen in das 1936 im Stil Mussolinis für den Völkerbund errichtete Palais eingezogen waren. Die von der Kommission entworfenen Texte wurden anschließend vom Wirtschafts- und Sozialrat begutachtet, in dem Frankreich durch Pierre Mendès France vertreten war. Dann wurden sie von der dritten Kommission der Generalversammlung geprüft, in der die Repräsentanten der 51 Mitgliedsstaaten saßen und als deren Sekretär ich fungierte. Es war nicht leicht, eine Übereinkunft zwischen Europäern, Asiaten und Lateinamerikanern herzustellen, selbst als die Afrikaner, Japan, Deutschland, Italien und etliche andere in diesen Instanzen noch nicht vertreten waren. Heute umfaßt die Generalversammlung 189 Delegationen. Am erstaunlichsten ist nicht etwa, daß die Erklärung der Menschenrechte auf René Cassins Antrag hin universal genannt werden konnte, sondern daß sie von sämtlichen Staaten, die im Verlauf der fünf Jahrzehnte nach ihrer Verabschiedung Mitglieder der Organisation geworden sind, zwar nicht als zwingend, so doch als weltweite Norm anerkannt worden ist.

Am 10. Dezember 1948 wurde die Erklärung der Menschenrechte verabschiedet. Es geschah in den eilig hergerichteten Sälen des Palais de Chaillot, wo Frankreich die dritte Vollversammlung abhielt. Wir saßen als Mitglieder des Sekretariats auf den hinteren Rängen. Als der Präsident die Abstimmung eröffnete, überkam uns ein beklemmendes Gefühl. Würde die UdSSR dagegen stimmen? Würde sie sich der Stimme enthalten? Was würde Saudi-Arabien tun? Der Präsident verkündete 43 Stimmen dafür, 0 dagegen, 8 Enthaltungen. Vielleicht einer der bewegendsten Augenblicke meines Lebens. Gewiß einer der letzten Momente des Konsenses innerhalb der internationalen Gemeinschaft. Stalin distanzierte sich bereits, und Vischinski benutzte die Vereinten Nationen als Tribüne, um dem Westen heftige Vorwürfe zu machen. Churchill hatte im Jahr zuvor den Begriff »Eiserner Vorhang« geprägt. Der Marshall-Plan teilte Europa in zwei Blöcke, und obgleich diese Spaltung nur 40 Jahre gedauert hat, werden ihre Auswirkungen gewiß erst im nächsten Jahrhundert überwunden sein.

Ich war noch in New York, als der Koreakrieg ausbrach, der einer Organisation – noch zu neu, um nicht anfällig zu sein – durchaus ein Ende hätte setzen können. Sie hat standgehalten... und die UdSSR, die sich 1950 daraus zurückzog, ist ihr zwei Jahre später wieder beigetreten.

Als ich die Vereinten Nationen verließ, um wieder einen Posten im Außenministerium zu übernehmen, hatte ich einen Großteil meiner Illusionen verloren. Vielleicht hatte ja der Zustrom neuer Kollegen in den internationalen öffentlichen Dienst, von denen sich manch einer eher einen einträglichen Posten erhoffte als ein Forum für einen demokratischen Kampf, all die isoliert, an denen mir dort am meisten gelegen war, die Überlebenden des Kampfes, die Randfiguren auf der Suche nach einem Ideal.

Ich hielt die Vereinten Nationen jedoch in ihrer Art, trotz ihrer Schwächen und Zerrissenheit, für unentbehrlich, und nachdem ich vergeblich versucht hatte, Abstand zu gewinnen und meine New York-Erfahrungen zu einem anthropologisch-politischen Werk* zu verarbeiten, war ich glücklich, mit einem anderen Status dorthin zurückzukehren.

Das Ministerium forderte mich auf, die Vertretung Frank-

* Ich hatte sechs Monate in einem Haus auf dem Land in Nemours damit verbracht, einen Text mit dem Titel *La Société du vouloir-faire* zu schreiben, der unvollendet blieb.

reichs bei den verschiedenen internationalen Institutionen, insbesondere bei den Vereinten Nationen, zu leiten. Auf diesem Posten befaßte ich mich mit denselben Vorgängen, die ich bereits in Lake Success bearbeitet hatte: mit Menschenrechten und sozialen Fragen.

Ich war, je nach Konferenz, ständig zwischen Paris, New York und Genf, wo ich diesmal Frankreich vertrat, unterwegs, und mein Blick auf die Arbeit der Vereinten Nationen wurde immer kritischer. Der aufgrund der vorgeschriebenen Einstimmigkeit der fünf ständigen Mitglieder blockierte Sicherheitsrat schaltete sich nicht einmal mehr in die ernstesten Belange ein, die die Großmächte ohne ihn in Form antagonistischer Abkommen verhandelten, um damit jenes »Gleichgewicht des Schreckens« zu garantieren, das zweifellos den Frieden bewahrt hat, wenn auch auf Kosten eines wirklichen Fortschritts der kollektiven Sicherheit. Ihre Rivalität brachte jedes einzelne Mitglied dazu, die Forderungen der weniger industrialisierten Länder auf seine Weise zu unterstützen. Aus diesen Ländern sollte sich als Folge der sowohl von der UdSSR als auch von den Vereinigten Staaten stark vorangetriebenen Dekolonisierung nach und nach die aktivste Staatengruppe innerhalb der Organisation bilden.

Ein Mann hat versucht, den Vereinten Nationen erneut die Autorität und Verantwortung zu verleihen, die aus ihnen die Garanten größerer Sicherheit und Gerechtigkeit in der Welt machen sollten: Dag Hammarskjöld. Der bei seinen Kollegen der Europäischen Organisation für wirtschaftliche Zusammenarbeit seiner Ernsthaftigkeit wegen bekannte schwedische Ökonom hatte den Französischen Botschafter bei den Vereinten Nationen, Henri Hoppenot, beeindruckt. Dieser teilte dessen Liebe zu Literatur und Kunst, bewunderte dessen Bildung und schlug ihn seinen Kollegen als Nachfolger von Trygve Lie vor, den die Amerikaner und Russen loswerden wollten, ohne allerdings eine allzu unbequeme politische Persönlichkeit auf diesen Posten zu wählen.

Man schrieb das Jahr 1953, und die Welt befand sich in einer instabilen Phase. Stalin war tot, und man wußte noch nicht, wer seine Nachfolge antreten würde. Frankreichs Politik in Indochina war festgefahren, und die USA hatten größte Mühe, der UdSSR durch kollektive Verteidigungsabkommen Fesseln anzulegen. Im Nahen Osten hatten Nagib die Republik ausgerufen und Mossadegh die diplomatischen Beziehungen zu Großbritannien abgebrochen. In Ost-Berlin kam es im Zuge eines Generalstreiks zu Ausschreitungen.

Dag Hammarskjöld sollte schon bald unerwartete Autorität besitzen. Er machte aus dem Generalsekretär der Vereinten Nationen einen Mittler und Schiedsrichter. In seinem persönlichen Umkreis haben Philippe de Seynes, Brian Urqhart, Ralph Bunche, die engagiertesten unter meinen Kollegen aus Lake Success-Zeiten, in ihm einen Vorgesetzten gefunden, dem ihre ganze Zustimmung und Bewunderung galt. Er sollte acht Jahre lang diesen Posten innehaben und aus einer eher bescheidenen, am Rande existierenden Organisation ein Netz voneinander abhängiger, für das Weltgeschehen unerläßlicher Institutionen schaffen.

In Paris, wo ich alles, was in meinen Kräften steht, tue, um ihn in seinen Reformen zu unterstützen, verspüre ich einen neuen Enthusiasmus, obwohl sich meine Aufgaben noch auf so limitierte Bereiche beschränken, wie etwa die Entwicklung der sozialen und humanitären Institutionen, deren Sitz Genf ist.

Und als Pierre Mendès France zum Ministerpräsidenten gewählt wird und mich zu sich ruft, werde ich mit der Vorbereitung seiner Intervention bei der Vollversammlung der Vereinten Nationen im November 1954 betraut. Ich kann ihn davon überzeugen, in seine Rede ein ausdrückliches Lob auf den Generalsekretär sowie anerkennende Worte einzuflechten, von denen ich weiß, daß sie meinen ehemaligen Kollegen nahegehen werden: »...dieser so kostbare und fragile Kern einer vereinten Welt, wie ihn das internationale Sekretariat darstellt, eine unverzagte Gruppe von Männern und Frauen, die mehr noch als alle anderen ein Gespür für die Fortschritte und Rückschläge in den Beziehungen der Nationen untereinander, für Erfolg und Mißerfolg der internationalen Zusammenarbeit besitzt.«

Als Mendès gestürzt wurde, wandte ich vorübergehend Frankreich und damit den direkten Kontakten zu den Vereinten Nationen den Rücken zu. In Saigon, in der Hauptabteilung für kulturelle Zusammenarbeit, in Algier, im Erziehungsministerium, sollte ich aus den Augen verlieren, was mir aus der Ferne auch weiterhin die wertvollste Organisation unserer Zeit zu sein schien.

So war es für mich eine schöne Überraschung, als mir Georges Pompidous Außenminister 1969, nach fünfjähriger Amtszeit in der Französischen Botschaft in Algier, den Posten eines Ministerialdirektors für die Vereinten Nationen und für die internationalen Organisationen anbot, in dessen Ressort ich bereits von 1951 bis 1954 gearbeitet hatte.

Die Vereinten Nationen hatten mit der sehr westlich orientierten, von den USA beherrschten Organisation, für die ich in den ersten zehn Nachkriegsjahren gearbeitet hatte und in der der Osten und Süden eine untergeordnete Rolle gespielt hatten, nichts mehr zu tun. 1969 kämpfte die UdSSR ständig darum, ihren Einfluß auf die »in Erscheinung tretenden«, d. h. aus der damals beinahe abgeschlossenen Dekolonisierung hervorgegangenen Nationen auszubauen. Das maoistische China klopfte an die Tür der Organisation, wo seine Bevölkerung nach wie vor von Formosa vertreten wurde. Die USA erlebten mit schonungsloser Härte die Schmach eines immer grausameren und absurderen Krieges auf der indochinesischen Halbinsel.

Was die Vereinten Nationen zu bewältigen hatten, waren nicht länger Themen wie die kollektive Sicherheit oder die Abrüstung, über die in Instanzen ohne Entscheidungsgewalt wieder und wieder heftig debattiert wurde. Vielmehr widmete sich die Organisation in sämtlichen Maschen ihres weitgesteckten Netzes vor allem den Nord-Süd-Beziehungen.

Der Generalsekretär der Vereinten Nationen, U Thant, war ein weiser Birmane, der ungerechterweise anläßlich des Ausbruchs des Sechs-Tage-Krieges einen Teil seiner Glaubwürdigkeit eingebüßt hatte. Ein typisches Beispiel für Mißverständnisse zwischen den jeweiligen Rollen der Mitgliedsstaaten und ihrer Organisation. Letztere beruht – man kann es nicht oft genug wiederholen – auf nicht mehr und nicht weniger als der Bereitwilligkeit ihrer Mitglieder, die eingegangenen Verpflichtungen einzuhalten oder nicht. Man warf dem Generalsekretär vor, den Rückzug der Blauhelme aus Scharm el-Sheikh zu leichtfertig hingenommen und es so der ägyptischen Armee ermöglicht zu haben, ihren Angriff zu starten, ohne auf Gegenwehr zu stoßen. Wie hätte sich U Thant jedoch Nassers Forderung widersetzen können, die Blauhelme von seinem Territorium zurückzuziehen, die dort allein auf seine Initiative hin stationiert waren? Noch heute macht so mancher Schöngeist die Organisation für Situationen verantwortlich, für die sie kein Mandat besaß.

Nein, die Vereinten Nationen waren am Ende der sechziger und in den siebziger Jahren nicht länger Garanten der kollektiven Sicherheit, auch wenn ihre Versammlungen und Gremien es den Regierungen der Großmächte immer wieder ermöglichten, einander zu begegnen und zugespitzte Krisen, wie die der russischen Missiles in Kuba, unter sich zu lösen.

Der Begriff, der das gesamte Gebäude erfaßt hatte und ihm eine neue Bedeutung verlieh, hieß »Entwicklung«. Er war in der Charta von San Francisco so gut wie gar nicht vorhanden und tauchte erst nach der Rede von Präsident Truman im Juni 1949 auf, in der dieser bei der Nennung der politischen Ziele der Vereinigten Staaten unter Punkt IV die Hilfe für die unterentwickelten Länder erwähnte. Die internationale Gemeinschaft hat fast 40 Jahre gebraucht, um die Komplexität dieses gedanklichen Entwicklungsprozesses zu erfassen und die Schemata der fünfziger Jahre durch ein vielschichtigeres Konzept der Beziehungen zwischen reichen und armen Ländern zu ersetzen.

Truman hatte den Vereinten Nationen vorgeschlagen, daß sie über die bilateralen Schritte seines Landes hinaus Urheber eines großangelegten technischen wie finanziellen Hilfsprogramms werden sollten. Trygve Lie hatte einen jungen Venezolaner, Manuel Perez-Guerrero, mit dieser Aufgabe beauftragt, dessen Intelligenz und Dynamik ich bereits auf meinem ersten Posten in Lake Success zu schätzen gelernt hatte. Henri Laugier, David Owen, Perez-Guerrero und ich hatten damals über die Rolle der verschiedenen Abteilungen des Sekretariats und der spezialisierten Institutionen diskutiert, deren zentrifugale Tendenzen es zu bekämpfen galt, wenn man ihre Kompetenzen eng miteinander verknüpfte. Denn die Mitgliedsstaaten hatten es versäumt, in die Satzungen der neuen Weltorganisationen, die im weitesten Sinne mit den Vereinten Nationen zu tun hatten, eine Bestimmung aufzunehmen, nach der sie verpflichtet waren, die Autorität der Zentralorgane des Systems, des Wirtschafts- und Sozialrats sowie des Generalsekretärs, uneingeschränkt anzuerkennen.

Schon 1950 ahnten wir die Talfahrt, die Sir Robert Jackson 20 Jahre später in einer schneidend scharfen Studie über die Fähigkeiten des Systems der Vereinten Nationen in Fragen der Entwicklungshilfe anprangern sollte. Wir glaubten jedoch daran, die internationalen Institutionen* davon überzeugen zu

* 1950 gehörten zu den auf diesem Gebiet tätigen spezialisierten Institutionen die UNESCO (Paris), die FAO (*Food and Agriculture Organization*, Ernährungs- und Landwirtschaftsorganisation in Rom), das IAA (Internationales Arbeitsamt), die WHO (*World Health Organization*, Weltgesundheitsorganisation), die WMO (*World Meteorological Organization*, Weltorganisation für Meteorologie), die IFU (Internationale Fernmeldeunion in Genf), die ICAO (*International Civil Aviation Organization*, Internationale Zivilluftfahrt-Organisation in Montréal), die IMC (*International Maritime Committee*, Internationaler Seerechtsausschuß in London) und der WPV (Weltpostverein in Bern).

können, ihre Kräfte in einer großangelegten gemeinsamen Entwicklungspolitik zu vereinen.

Wir sahen darin die notwendige Ergänzung zum Engagement für die Menschenrechte, unser vorrangiges Anliegen. Es war ebenso wichtig, die Völker aus ihrem Elend zu befreien, wie ihnen ihre bürgerlichen Grundrechte zu garantieren.

Wie blauäugig waren die Diskussionen dieser so fernen Jahre! Mache ich mir etwas vor, wenn sie mir optimistischer erscheinen als all jene, die ich seither erlebt habe? Dabei brauchen mir nur zufällig die Weggefährten dieser fernen Vergangenheit, die wenigen noch Lebenden aus den Anfängen der Organisation, zu begegnen, und schon galoppiert unsere Phantasie auf all das zu, was noch zu tun bleibt, um unsere Erwartungen nicht zu enttäuschen.

Meine Aufgabe war es, von meinem neuen Posten im Ministerium aus die Debatten des Sicherheitsrates zu verfolgen und darüber zu wachen, daß unsere Vertreter in New York genau wußten, was sie im Sinne des Ministeriums zu sagen hatten. Es gab damals weder Fax noch E-mail. Die Zeitverschiebung zwischen Paris und New York zwang uns, sowohl tagsüber als auch nachts wach zu sein. Man findet schon bald Geschmack an solch einem Spiel: Je lästiger die Missionen sind, desto wichtiger kommen sie einem vor. In Wirklichkeit wurden damals die eigentlichen politischen Probleme außerhalb der Vereinten Nationen verhandelt: Vietnam, Mittlerer Osten, das geteilte Deutschland.

Was jedoch die wirtschaftlichen Probleme – vor allem das schwerwiegendste unter ihnen, die wachsende Differenz des Lebensstandards zwischen Nord und Süd – betraf, so war ich der Überzeugung, daß die Vereinten Nationen eine entscheidende Rolle bei ihrer Lösung zu spielen hatten. Meine in Algerien gesammelten Erfahrungen über die Grenzen bilateraler Hilfe ließen mich vermuten, daß durch die Einbeziehung des multilateralen Bereichs befriedigendere Ergebnisse zu erzielen wären.

Ich war daher für das Angebot von Paul Hoffmann im Herbst 1970 offen, als *assistant administrator* für das Entwicklungshilfeprogramm der Vereinten Nationen bei ihm zu arbeiten. Diese Institution existierte seit zehn Jahren.

In den fünfziger Jahren hatte der Wirtschafts- und Sozialrat den Plan für einen Sonderfonds der Vereinten Nationen für wirtschaftliche Entwicklung gefaßt, dessen englische Initialen, SUNFED, in ihrer wortwörtlichen Übersetzung laut Georges Boris an ein »Essen in der Sonne«, aber auch an dessen Vergänglichkeit denken ließen. Mit Hilfe dieses Plans sollte es ermöglicht werden, über Spenden die von der Weltbank erteilten rückzahlbaren Darlehen zu ergänzen. Man beschränkte sich allerdings darauf, einen sehr viel bescheideneren Fonds von etwa zehn Millionen Dollar einzurichten, der für technische Hilfe und Vorfinanzierung bestimmt war.

Unter der Leitung von Paul Hoffmann, der zehn Jahre zuvor den Marshall-Plan verwaltet hatte, wurde dieser Fonds zum Entwicklungshilfeprogramm der Vereinten Nationen, und von Jahr zu Jahr stiegen nicht nur seine Mittel, sondern auch sein Einfluß auf die spezialisierten Institutionen, deren Wirken vor Ort zu einem beträchtlichen Teil aus ihm finanziert wurde.

Sein wichtigster Mitarbeiter war Paul Marc Henry, einer meiner vertrautesten Kollegen und Freunde. Er hatte sich beim Zustandekommen und der Durchführung der UNDP *(United Nations Development Programme)*-Projekte eine allseits anerkannte Kompetenz erworben, indem er unermüdlich durch Afrika, Lateinamerika und Asien gereist war. Die durch Sir Robert Jackson und seine heftigen Angriffe ausgelöste Krise zwang Paul Hoffmann, sein Team zu erneuern, und Paul Marc Henry, der mit dem neuen Kurs nicht einverstanden war, schied aus. Dieser riet ihm, sich wegen der Nachfolge an mich zu wenden.

Zur Faszination, die der internationale öffentliche Dienst nach wie vor auf mich ausübte, kamen die Auswirkungen einer heftigen Krise in meinem Privatleben hinzu, die mich veranlaßten, für eine gewisse Zeit eine räumliche Distanz zwischen Vitia und mir zu schaffen. Zum Erstaunen meiner Kollegen im Ministerium trat ich daher von einem der begehrtesten Posten am Quai zurück, um erneut dem Generalsekretär der Vereinten Nationen zugeteilt zu werden.

1951 hatte ich die UNO um des Quais willen verlassen, 1969 ging ich den umgekehrten Weg. Paul Marc Henry schlug mir vor, in das Penthouse über dem Dag Hammarskjöld Plaza, mit Blick auf das Gebäude der Vereinten Nationen und den East River, zu ziehen, in dem er zehn Jahre lang gewohnt hatte.

Das Team, dessen Guru Paul Marc Henry gewesen war, empfing mich nicht gerade begeistert, da ich Reformen akzeptiert hatte, die in Wirklichkeit weder Paul Hoffmann noch dessen wichtigstem Mitarbeiter, Myer Cohen, zusagten.

Durch diese Reformen wurde den Regierungen der Länder, die Kredite des UNDP empfingen, eine weitaus größere Verantwortung zuerkannt, wurden aus den ausländischen Repräsentanten Entwicklungsberater eben dieser Regierungen und aus dem Sitz eine Instanz des Gedankenaustauschs und der Verteilung der Fonds an die einzelnen Länder und nicht mehr der Kontrolle über die Umsetzung von Entwicklungsprojekten an Ort und Stelle. Damit wurde dem verständlichen Wunsch der Partner des Programms Rechnung getragen, die Verantwortung für ihre Entwicklung selbst zu übernehmen, die Projektleiter aus den Reihen ihrer Landsleute zu wählen und zu wissen, über welche Kredite sie über einen Zeitraum von mehreren Jahren verfügen könnten. Während zahlreiche Länder Asiens und Lateinamerikas dieses Vertrauen verdienten, waren viele andere noch weit davon entfernt. Daher die Vergeudung und die Betrügereien, über die meine Kollegen sich geärgert hatten.

Ich hatte das Glück, ausgesprochen kompetente und dynamische Mitarbeiter zu haben, allen voran Roger Genoud, der sich gut mit Myer Cohen verstand und jene Mischung aus Ironie, Poesie und absoluter Überzeugung von der Wichtigkeit der zu erfüllenden Aufgabe besaß, was ihn für mich so wertvoll machte. Als Genfer Bürger war er in der Arbeiterpartei aktiv gewesen und mit dem marxistischen Denken eng vertraut, das er mit Sartres Lehre zu verbinden suchte. Als blutjunger Mann hatte er zunächst dem Team von Kwame Nkrumah und dann dem von Habib Bourguiba angehört, und wir waren uns im Jahr zuvor in Algier begegnet, wo er Mitarbeiter des Dänen Stig Anderson, des Stellvertreters des Programms für Algerien, geworden war. Seine junge englische Frau und er haben einen unvermutet großen Einfluß auf mich ausgeübt. Ihnen waren ungezwungene Umgangsformen, Abenteuergeist und eine großzügige Gastlichkeit eigen, die von ihren Kontakten zu Afrika herrührte. Ich habe ihre Faszination für die besonderen Qualitäten der Völker dieses Kontinents übernommen. Noch immer ist er für mich der Hüter einiger der kostbarsten Wesenzüge unserer Spezies.

Paul Hoffmann war ein von uns sehr respektierter, sehr unabhängiger, sehr großzügiger Chef. Aber er besaß kein Gespür für die Reform, die ihm der Verwaltungsrat auferlegt hatte. Ein Jahr nach meiner Ankunft wurde er pensioniert, und Rudolph Peterson, ein großer amerikanischer Bankier, trat an seine Stelle. Dieser wollte seine Kompetenz dadurch unter Beweis stellen, daß er seinem Vorgänger die Kompetenz absprach, und so hatte er schon bald unser gesamtes Team gegen sich.

Wir waren fünf *assistant administrators*, einer für jeden der vier Erdteile und ich für Politik und Entwicklung. Um diesem Programm, das einen zentralen Platz innerhalb der Bemühungen der Vereinten Nationen zugunsten der Dritten Welt einnahm, größtmögliche Relevanz zu verleihen, übernahm ich es, eine Gruppe von Persönlichkeiten als Berater zusammenzustellen, zu denen u. a. Edgar Faure gehörte. Peterson nahm an der ersten Sitzung dieser Gruppe teil und hörte, da er kein Französisch verstand, Edgar Faure über den Dolmetscher zu. Als er tags darauf mit seinen wichtigsten Mitarbeitern Zwischenbilanz über den Beitrag der Gruppe zog, war er so taktlos, die Stellungnahme des französischen Mitglieds als eine Folge banaler Ungereimtheiten abzutun. Ich konnte nicht umhin, ihn in die Schranken zu weisen und ihm das Recht abzusprechen, über einen Mann, dessen Kompetenz und Bildung der seinen bei weitem überlegen seien, zu urteilen, ohne ihn verstanden zu haben.

Mir blieb nichts anderes übrig, als meine Demission von einem Posten einzureichen, auf dem ich zwar viel gelernt hatte, viel gereist und bemerkenswerten Menschen begegnet war, der mich jedoch allzu lange von meiner Frau und meinen Kindern ferngehalten hatte.

Mit 55 Jahren finde ich mich also stellungslos in Paris wieder. Solche Situationen haben die meisten meiner Kollegen zu irgendeinem Zeitpunkt ihrer Karriere kennengelernt. Das Ministerium sah in mir einen Spezialisten für multilaterale Diplomatie und war so freundlich, mich mit einigen Missionen im Rahmen der Vereinten Nationen zu beauftragen. Ich übernahm die Leitung einer französischen Delegation bei der Wirtschaftskommission für Asien und den Pazifik, der seine dreiundzwanzigste Sitzung in Tokio abhielt. Solche Kommissionen, fünf an der Zahl, gehören sicherlich zu den wertvollsten Instrumenten internationaler Zusammenarbeit. Sie tagen einmal jährlich in einer der Hauptstädte der Region und umfassen sämtliche Mitgliedsstaaten, die gebietsmäßig dazugehören.*

Die Sekretariate dieser regionalen Kommissionen spielen eine wichtige Rolle. Das Sekretariat der Wirtschaftskommission für Europa mit Sitz in Genf machte es während der härtesten Phasen des Kalten Krieges möglich, die wirtschaftlichen und technokratischen Verbindungen zwischen den kommunistischen und den kapitalistischen Ländern aufrechtzuerhalten. Sein erster Exekutivsekretär, Gunnar Myrdal, hat vor allem

* Frankreich ist in vier Regionen vertreten: Europa, Afrika für die Réunion, Amerika für die Antillen, Asien und Pazifik für Neukaledonien und Polynesien.

junge französische Wirtschaftsexperten wie Pierre Uri ausgebildet, die zu den geschicktesten Architekten der Europäischen Gemeinschaft gehören. Der Exekutivsekretär der Wirtschaftskommission für Lateinamerika war Raul Prebisch, ein renommierter argentinischer Ökonom und Begründer der ersten Theorien zur strukturellen Entwicklung, der die Wirtschaft der lateinamerikanischen Länder in den sechziger Jahren maßgeblich geprägt hat. Er ist 1964 zum ersten Generalsekretär der Konferenz der Vereinten Nationen über Fragen des Handels und der Entwicklungspolitik ernannt worden.

Sie alle waren unsere Gesprächspartner im UNDP gewesen und gehörten für mich in die lange Reihe von Stützpfeilern der internationalen Zusammenarbeit, meiner wahren Familie.

Unsere Tagung in Tokio wurde dadurch aufgewertet, daß zum erstenmal ein Minister des kommunistischen China, das im Jahr zuvor endlich der UNO beigetreten war und Formosa von seinem Sitz als ständiges Mitglied im Sicherheitsrat verdrängt hatte, daran teilnahm. Der Kaiser gewährte den Mitgliedern der Kommission eine Audienz, und ich konnte in der Miene des Vertreters der Sowjetunion die Eifersucht auf seinen chinesischen Kollegen erkennen, dem der Kaiser seine ganze Liebenswürdigkeit entgegenbrachte.

Nachdem ich 1974 von Pierre Abelin, dem Minister für Zusammenarbeit, eingestellt worden war, kehrte ich erst 1977 in die Vereinten Nationen zurück, als mich Valéry Giscard d'Estaing zum Botschafter bei den Vereinten Nationen in Genf ernannte. Meine diplomatische Karriere hatte bei dieser Instanz begonnen. Sie hätte normalerweise auch dort zu Ende gehen müssen, zumal es 1977 nur noch fünf Jahre bis zu meiner Pensionierung waren und man gewöhnlich einen solchen Posten bis zu diesem Zeitpunkt beibehält.

Ich werde meinen fünf Jahren in Genf, dem interessantesten Posten, den ich je innehatte, ein eigenes Kapitel widmen. Vorerst will ich jedoch rasch zum Ende meiner Beziehungen zu den

Vereinten Nationen kommen, um den Blick, den der Achtzigjährige auf diese Organisation wirft, zu beschreiben.

1981 schien mir die UNO noch immer in der leidigen Verwaltung der Nord-Süd-Beziehungen zu stecken. Die von den »Entwicklungsländern« – dieser Begriff hatte den der »unterentwickelten Länder« ersetzt – geforderten weltweiten Verhandlungen scheiterten nach wie vor an der mangelnden Bereitschaft der USA, Großbritanniens und Japans. Das dritte »Jahrzehnt der Entwicklungspolitik« erschien kaum vielversprechender als die beiden vorangegangenen, und wenn die Wahl François Mitterrands auch zu der Annahme berechtigte, daß sich Frankreich zur Kooperation mit der Dritten Welt bekennen würde, so kündigte der Wahlerfolg Reagans das Ende der Politik von Präsident Carter an, der eher dem Süden Gehör geschenkt hatte. An die Stelle Kurt Waldheims war Perez de Cuellar getreten, aber der Sicherheitsrat blieb an den tatsächlichen konzertierten Aktionen zur Abrüstung wie an den israelisch-palästinensischen Verhandlungen unbeteiligt.

Ich für mein Teil sah, um die Welt aus ihrer Ungerechtigkeit und Gewalt zu befreien, nach wie vor keine andere Lösung als eine Stärkung der Organisation, eine Ausweitung ihrer Befugnisse, eine Wiederbelebung ihrer Kompetenzen. Meinc Überzeugung war größer als mein Vertrauen.

Alles sollte mit Michael Gorbatschows Erscheinen auf der internationalen Bühne cine andere Wendung nehmen. Als mein vierter Nachfolger auf diesem Posten acht Jahre nach meinem Weggang aus Genf an mich appellierte, die Leitung der französischen Delegation bei der Menschenrechtskommission zu übernehmen, hatten die Vereinten Nationen wieder einmal die Farbe gewechselt. Der Sicherheitsrat war ein effizientes Instrument zur Lösung von Problemen geworden, über die sich die ständigen Mitglieder eine Zeitlang einig waren. Die liberale Demokratie hatte in den Entwicklungsländern wesentliche Fortschritte erzielt. Die schwerwiegendsten Fragen, mit denen sich die Menschheit konfrontiert sah, waren globaler Natur. Allein eine Weltorganisation würde die Lösungen finden können. Diese Überzeugung, die ich seit 45 Jahren vertreten hatte, schien mit einemmal von der Mehrzahl der Mitglieder der Vollversammlung geteilt zu werden.

Trotzdem war die reale Welt weit davon entfernt, ihr Gleichgewicht gefunden zu haben, und die Gewalt hatte nicht wirklich abgenommen.

Aber die Drahtzieher des Weltgeschehens, allen voran die USA, zögerten nicht, die Vorteile, die ihnen aus der Organisation der Vereinten Nationen erwuchsen, zu nutzen, um ihre Politik umzusetzen. Das beste Beispiel hierfür war Kambodscha, das fragwürdigste der Golfkrieg. Seit der großangelegten Operation 1961 in Belgisch Kongo unter der Leitung Dag Hammarskjölds, der dort ums Leben kam, hatten die Vereinten Nationen niemals wieder so viele Mittel mobilisiert wie in Kambodscha, um einen Mitgliedsstaat aus dem Chaos in die demokratische Ordnung zu führen. Seit dem Zweiten Weltkrieg hatten die amerikanischen Truppen nicht mehr eine solche Schlacht geschlagen wie in Kuwait, um ein von seinem Nachbarn überfallenes Land zu befreien. Im einen wie im anderen Fall löste ein Beschluß des Sicherheitsrates diese Operationen aus.

Darüber hinaus hatte die Organisation, der ich mit 72 Jahren erneut angehörte, eine Reihe von Weltkonferenzen veranlaßt, die sich in einigen wesentlichen Punkten von den vergleichbaren Versammlungen der siebziger Jahre unterschieden. Die achte Konferenz der Vereinten Nationen zum Thema Handel und Entwicklungspolitik, die 1990 in Cartagena abgehalten wurde, schlug einen gänzlich anderen Ton an als die Konferenzen in den vorangegangenen Jahrzehnten, deren Mangel an Realitätssinn ich beklagt hatte. Diesmal verlieh man dem Begriff der solidarischen Entwicklung, infolge der Globalisierung der Wirtschaft, neue Bedeutung.

Ein Jahr später verabschiedete der Weltgipfel in Rio die *Agen-*

da 21, ein detailliertes Programm von Maßnahmen, die alle Akteure der Weltgemeinschaft ergreifen sollten, um sowohl eine dauerhafte Entwicklung als auch den Schutz der Umwelt zu garantieren.

Maurice Strong, der große kanadische Internationalist und Finanzexperte, den wir wegen seines großen Charmes so gern als Generalsekretär der Vereinten Nationen gesehen hätten, war 20 Jahre zuvor Generalsekretär der ersten Konferenz der Vereinten Nationen zum Thema Umwelt gewesen. Er war mit der Vorbereitung des Weltgipfels betraut worden, dem er einen außerordentlichen Glanz zu verleihen wußte. Diesmal waren an die 100 Staats- und Regierungschefs feierlich Verpflichtungen eingegangen.

Es waren noch weitere Konferenzen in Vorbereitung, eine über die Stellung der Frau, die zweite über soziale Integration und die dritte, zu der man mich berufen hatte, über die Menschenrechte.

Diese riesigen Konferenzen der Vertreter von über 180 Staaten lieferten den Beweis, daß zumindest verbal von sämtlichen Mitgliedern der Weltgemeinschaft dieselben Ziele verfolgt wurden. Vor allem aber wurde durch die immer entschiedenere Teilnahme der Vertreter der zivilen Gesellschaft, der keiner Regierung unterstehenden Organisationen, Druck ausgeübt, den Worten Taten folgen zu lassen. Sie veranstalteten die am Rande jeder dieser Versammlungen abgehaltenen Foren, deren Heftigkeit im Kontrast zu den gedämpften Debatten zwischen den Regierungsdelegationen standen.

Der Fall der Berliner Mauer hatte das Signal zu einem neuen Aufbruch gegeben, von dem die Vereinten Nationen profitieren sollten, und sei es nur, um zu verhindern, daß die nicht mehr von der Hand zu weisende Globalisierung der Wirtschaft von der einzigen nach wie vor verbliebenen Supermacht, den USA, allein beansprucht würde.

Die übermäßige Inanspruchnahme des Vetorechts hatte die

UdSSR während des Kalten Krieges zum Sündenbock für das Scheitern der Organisation werden lassen. Jetzt war Washingtons unglaublicher Geiz gegenüber den Vereinten Nationen schuld an der einhelligen Ablehnung der USA durch die Länder des Südens.

Wir brauchten daher eine in ihren Zielsetzungen und Strukturen erneuerte Weltorganisation, um die Diskrepanz zwischen den Aufgaben, die der Weltbank und dem Internationalen Zahlungsfonds zufallen und den reellen Bedürfnissen der Völker, die sich im Umbruch befinden, zu bekämpfen.

Und außerdem rief das allzu häufige Unverständnis zwischen den Kulturen, die wegen der Globalisierung der Wirtschaft und Kommunikation aneinandergerieten, Identitätskrisen hervor, denen die Armut zusätzliche Heftigkeit verlieh.

Auf diese Herausforderungen hatten die Vereinten Nationen bislang keine Antworten gefunden.

Ich habe Frankreich drei Jahre lang in der Menschenrechtskommission und schließlich 1993 beim Weltgipfel in Wien vertreten. Ich hörte dort auf, wo ich begonnen hatte. Ich vermochte besser als meine jungen Kollegen den zurückgelegten Weg zu ermessen. Wie viele unmerklich, hartnäckig, stückweise erzielten Fortschritte hatte es in diesem Bereich gegeben, den ich seit meiner Jugend für den maßgeblichsten der Vereinten Nationen gehalten hatte, fragile Fortschritte, die es unaufhörlich zu untermauern, zu festigen, gegen jegliche Form der Staatsräson zu verteidigen galt! All denen, die an diesem Kampf beteiligt sind, darunter so mancher bemerkenswerte Vertreter Frankreichs, gilt meine ganze Bewunderung.

Als der neue Generalsekretär Boutros Boutros-Ghali Anfang 1991 sein Amt antrat, fand er eine durch eine ganze Erfolgsserie energiegeladene Organisation vor. Innerhalb von vier Jahren ist es mit ihr bergab gegangen. In welchem Ausmaß und aus welchen Gründen?

In dem zum Rockefeller-Anwesen gehörenden japanischen Garten in Kikuyt habe ich mich lange mit Sir Brian Urqhart, der die Ford Foundation in einer mit der Zukunft der Vereinten Nationen befaßten Gruppe vertrat – ich werde im folgenden Kapitel davon sprechen –, über eben diese Frage unterhalten.

Seine Anwesenheit an diesem privilegierten Ort ließ mich an manche Etappe meines Lebens denken, da unser beider Schicksale in vielerlei Hinsicht so ähnlich waren. Ich kann nicht umhin, sie zu erwähnen.

Wäre ich nicht vom Zug, der uns von Dora nach Bergen-Belsen brachte, abgesprungen, hätte ich 1945 diesen ungewöhnlich mutigen jungen britischen Offizier kennenlernen können, der sich höchst kritisch über so eitle Generäle wie Montgomery äußerte, weil sie ihre Männer um ihres eigenen Ruhmes willen geopfert hatten. Seine Einheit entdeckte das entsetzliche Massengrab jenes Lagers, in das Tausende von Deportierten evakuiert und durch Epidemien dahingerafft worden waren.

Brian Urqhart beschloß gleich nach seiner Entlassung aus dem Militärdienst, für eine Gruppe zu arbeiten, die in London die erste Vollversammlung der Vereinten Nationen vorbereitete. New York war noch nicht zum Sitz der neuen Organisation bestimmt worden. Zwei Monate später begegneten wir uns in den Fluren von Lake Success. Ich erkannte in ihm sogleich einen Bruder. Er war schlank, blond, sportlich, voller Humor und vor allem restlos überzeugt von der Notwendigkeit, die Welt zu verändern, um Ungerechtigkeit und Gewalt daraus zu verbannen, was er übrigens nicht ausdrücklich zu betonen brauchte. Er verabscheute jegliche Rhetorik und mißtraute den »Ehemaligen« des Völkerbundes, die an den Gewohnheiten der Vorkriegszeit festhielten. Er wurde bald zur zentralen Figur einer Gruppe von jungen Leuten, Männern und Frauen zwischen 25 und 35 Jahren, die sich in die Kabinette der stellvertretenden Generalsekretäre eingeschleust hatten und sich nicht ohne Stolz als die eigentlichen Triebfedern dieser neuen Mechanik betrachteten.

Brian war in der Abteilung für politische Fragen tätig. Er hat mehrere Bücher veröffentlicht, die ich mit Begeisterung gelesen habe: eine Autobiographie, *A Life in Peace and War*, sowie eine Biographie über Ralph Bunche, den herausragendsten schwarzen Amerikaner bei den Vereinten Nationen. Er ist mit Bunche und Hammarskjöld im Kongo gewesen und beinahe ums Leben gekommen. Dann hat er die Friedenstruppe organisiert und ist der Chef der Blauhelme geworden. Gegen Ende seiner Karriere hat er 1988 Perez de Cuellar nach Stockholm begleitet, um dort im Namen der Friedenssoldaten den Nobelpreis entgegenzunehmen.

Einer der zahlreichen Gründe für seine Empörung betraf die Art und Weise, wie die Generalsekretäre der Vereinten Nationen gewählt wurden. Da er für sie alle tätig gewesen ist, wußte er sehr wohl, daß der beste unter ihnen, Hammarskjöld, aus Versehen gewählt worden war, weil man ihn für einen harmlosen Wirtschaftsexperten hielt. Die anderen waren von den Botschaftern der fünf ständigen Mitglieder in New York ernannt worden, die vor allem die Wahl einer allzu charismatischen Persönlichkeit verhindern wollten, um leichter die Kontrolle über die Organisation zu behalten.

Als er nach seinem Ausscheiden bei den Vereinten Nationen von der Ford Foundation engagiert worden war, hatte er eine Studie über die *leadership*, die ein Generalsekretär der Vereinten Nationen ausüben müßte, über die beste Methode, einen solchen ausfindig zu machen, und über die Reformen, die zum Funktionieren der Organisation beitragen würden, in Angriff genommen. Er hatte mich an seiner Forschungsarbeit beteiligt und nach Uppsala zum Sitz der Stiftung Dag Hammarskjöld eingeladen, einer zwar bescheidenen, doch tatkräftigen Institution, untergebracht in einem Haus in der Geburtsstadt des dort begrabenen großen Schweden. Zu fünft streiften wir Mitstreiter durch die Straßen dieser alten nordischen Hauptstadt mit ihrem mittelalterlichen Schloß und ihren von dem Naturforscher

Linné entworfenen Parkanlagen. Diese Reise führte mich nicht allein so nah wie nie zuvor an den Nordpol, sondern zeigte mir auch so deutlich wie nie zuvor, wie komplex die Aufgaben eines Generalsekretärs der Vereinten Nationen sind, der Diplomat, Verwalter, Vermittler und Symbol der Vielseitigkeit in einem zu sein hat.

Unsere Studie interessierte sämtliche Anwärter auf dieses heikle Amt, insbesondere Boutros-Ghali, der sich verpflichtete, einer unserer wichtigen Empfehlungen zu folgen: lediglich ein einziges Mandat für fünf Jahre anzunehmen und damit gegen die Versuchung gefeit zu sein, gefallen zu wollen, um wiedergewählt zu werden. Aber weder unsere Vorschläge noch sein Gelöbnis haben nachhaltige Wirkung gezeitigt.

Indessen forderte mich Boutros-Ghali im darauffolgenden Jahr auf, an einer Arbeitsgruppe zur Organisation der ökonomischen und sozialen Abteilungen des Sekretariats mitzuwirken. Auf den ersten Blick ein Thema der Administration, das sich jedoch als höchst politisch erwies, weshalb ein niederländischer Minister, ein ehemaliger Gouverneur der indischen Zentralbank, ein Ex-Präsident der Weltbank und ein paar weitere höchst kompetente Persönlichkeiten sich dafür interessierten. Denn die Vereinten Nationen hatten seit jeher darunter zu leiden, daß sie auf diesen Gebieten von den internationalen Finanzinstitutionen, die ihre eigene Politik betrieben, ohne sich um deren soziale und humanitäre Folgen zu kümmern, an den Rand gedrängt wurden. Die dem Generalsekretär unterstehenden Ressorts, die auf Genf, Rom, Paris und New York verteilt waren, hatten nicht die notwendige Autorität erlangt, um der internationalen Gemeinschaft eine auf Neuerungen zielende, wirkungsvolle Wirtschafts- und Sozialpolitik nahezubringen, geschweige denn aufzuzwingen.

Wie Brians Studie über die Wahl des Generalsekretärs ging auch der Bericht unserer Arbeitsgruppe von elementaren Feststellungen aus: dem Stellenwert der wirtschaftlichen Probleme innerhalb der Weltorganisation, der Notwendigkeit, die ihr unterstehenden Ressorts von einer erstrangigen Persönlichkeit kontrollieren zu lassen, einem international anerkannten Ökonomen, der mit den Finanzministern der größten Staaten ebenso selbstverständlich umgehen könne wie mit dem Präsidenten der Weltbank und dem Generaldirektor des Internationalen Währungsfonds; er sollte das Alter ego des Generalsekretärs sein, damit dieser frei war, sich allein auf die Probleme der Diplomatie und der Sicherheit zu konzentrieren. Unser Bericht enthielt auch detailliertere Ratschläge, von denen manche die Reformen der ersten Jahre von Boutros-Ghalis Mandat anregten, aber die wichtigste, die Delegation der Machtbefugnis an ein Wirtschaftsexperten-Alter ego, sagte ihm nicht zu. Er wollte unbedingt die Oberhand über die Entwicklungsprobleme behalten und verlor sehr rasch an Glaubwürdigkeit.

Als ich meinem Freund Brian im Schatten der herrlichen Magnolien des Rockefeller-Anwesens wiederbegegnete, kamen mir all unsere Initiativen und all unsere Enttäuschungen wieder in den Sinn. Ich fragte mich, welches Schicksal den Bericht, an den wir letzte Hand anlegten, erwartete. Seine Verfasser stimmten mich zuversichtlich: beide Kopräsidenten, Richard von Weizsäcker, der eben erst, kurz nach der Wiedervereinigung meines Geburtslandes, aus dem Amt des Präsidenten der Bundesrepublik Deutschland ausgeschieden war, und Moen Qureishi, der Premierminister Pakistans, der sehr geschickt am Machtwechsel zwischen den Generälen und Madame Benazir Bhutto mitgewirkt hatte; Felix Rohatyn, der so nonkonformistische New Yorker Bankier, ein Russe, ein Chinese, ein Brite, ein Japaner, ein Inder, ein Kenianer, eine Polin und eine Costaricanerin. Wieder einmal war ich der einzige, der Französisch sprach.

Ich hatte durchgesetzt, daß der Bericht prägnant und nicht länger als 60 Seiten sein sollte. Die Reformen, deren Dringlichkeit er proklamierte, schienen mir überzeugend zu sein.

Und dennoch...

Ich erinnere mich noch in etwa an den Wortlaut unseres Gesprächs in dem japanischen Garten:

»Wieder einmal ein Bericht«, sagte ich, »der in irgendeinem Schrank landen wird.«

»Gewiß, aber du weißt genau, daß etwas davon bleiben wird. Die Welt verändert sich im Fluge, und die Organisation hat sich dem immer angepaßt. Die Reformen, die ihr vorschlagt, entsprechen den Bedürfnissen der aus den barbarischen Wirrnissen des 20. Jahrhunderts zutage tretenden Welt. Sie werden in diesem Jahr, ob aus Trägheit oder aus Feigheit, noch nicht berücksichtigt werden. Aber sie werden in den Köpfen gären, und eines Tages wird der Likör, der in ihnen steckt, eine neue Trunkenheit, vielleicht eine Verrücktheit, vielleicht ja auch eine Weisheit hervorrufen.«

»Was macht dich so zuversichtlich?«

»Die Erfahrung. Dein und mein Leben sind schon recht lang, und ich hoffe, sie dauern noch eine Weile. Etwas müssen sie uns gelehrt haben: Die Welt ist erträglicher, weniger absurd, menschlicher geworden. Die Apartheid ist verschwunden, auch der Gulag, die Gewaltsamkeiten sind geblieben, himmelschreiend, aber immerhin geortet. In allen Teilen der Welt haben die Gesellschaften mehr Wissen, Freiheit und Rechte gefordert und nicht selten auch erlangt. Die Vereinten Nationen haben Eklipsen erlebt, und während dieser Eklipsen hat es Fortschritte gegeben – Fortschritte, dank derer sie wieder Atem schöpfen konnten. Machen wir uns doch nichts vor. Nicht die Weltorganisation bringt die Geschichte voran, sondern umgekehrt. Die dahineilende Zeit treibt eine Generation nach der anderen ihrem Schicksal zu.«

»Ich finde dich mit einemmal sehr philosophisch.«

»Ja, ich habe beschlossen, mich von nun an ausschließlich mit Gedichten zu befassen, die von der dahineilenden Zeit handeln, angefangen bei Andrew Marvell. Eine gute Übung für das Alter. Ich finde darin den nötigen Abstand, um die Vereinten Nationen sehr positiv zu beurteilen. Wir wissen sehr wohl, daß sie nur ein Instrument sind, dessen sich allerdings immer mehr Akteure bedienen. Diejenigen, die es zur Bekämpfung von Gewalt und Ungerechtigkeit verwenden, sind zahlreicher und entschiedener als die, die es zur Wahrung ihrer Privilegien einsetzen.«

»Wenn dies nicht der Fall wäre, davon bin ich wie du überzeugt, wäre die Organisation schon lange untergegangen. Wird aber diese Zeit, deren Dahineilen du liebevoll beobachtest, ausreichen, um das schlimmste zu verhindern: den Triumph des Geldes, des barbarischen Liberalismus, der ethnischen Säuberung, der Drogen und Ausgrenzung?«

»Wenn die Staaten sich des Ernstes dieser Herausforderungen bewußt werden, sind sie geradezu gezwungen, sich um deren Bewältigung willen zusammenzuschließen und so auf die Organisation, der wir gedient haben, zurückzugreifen. Das ist vor 50 Jahren begonnen worden und wird in den nächsten 50 Jahren verwirklicht werden, an deren Ende du sehen wirst, daß sämtliche Empfehlungen eures Berichtes befolgt worden sind.«

Kapitel 12

AMERIKA

Ich war achtundzwanzig, als ich zum erstenmal amerikanischen Boden betrat. Immer wieder habe ich mehrere Jahre dort verbracht. New York war mir vertraut, aber ich habe auch die gebirgigen Wüsten Nevadas, die Paläste Washingtons, die Arkaden von New-Orleans, die Amphitheater von Harvard, Yale und Princeton kennengelernt. Und heute? Bei den letzten kurzen Aufenthalten 1994 war ich aufgefordert worden, mich an der Redaktion eines Berichts über die Vereinten Nationen zu beteiligen, den ich im letzten Kapitel erwähnt habe. Wir wurden von der Ford Foundation auf dem Besitz der Familie Rockefeller in Kikuyt empfangen, das 30 Kilometern nördlich von Manhattan hoch über dem Hudson liegt.

Unter den zwölf Mitgliedern unserer Arbeitsgruppe war nur ein Amerikaner, der Bankier Felix Rohatyn. Ich bin mit ihm in dem japanischen Garten am Fuß des imposanten Gebäudes, das uns beherbergte, spazierengegangen und habe ihn über sein Land befragt. Hatte dieses Amerika, unser aller Hoffnungsträger, in der Zeit, als ich den Zusammenbruch Europas konstatierte, mit dem Fall der Mauer nicht den partnerschaftlichen Gegner verloren, dem es all seine Dynamik verdankte? War es nicht dabei, in die Fußstapfen all jener Zivilisationen zu treten, die zu selbstsicher waren, als daß sie ihr Gleichgewicht hätten wahren können? Nein. Felix kostete es keine Mühe, mich zu beruhigen: »Amerika steht erst am Anfang seiner wahren Aufgabe. Dieser Anfang ist lediglich ein wenig blaß.«

Amerikas großes Plus, das auf einem Spaziergang durch Manhattan unmittelbar zutage tritt, ist sein starkes kulturelles Völkergemisch. Es stellt das genaue Gegenteil jeglicher »ethnischen Reinigung« dar. Inmitten der Absurditäten des

MacCarthysm, der Schrecken des Vietnamkrieges hat es in der Stadt und auf dem Land immer Protestbewegungen, gesunde kraftvolle Gegenkulturen hervorgebracht. Warum soll man ihm nicht weiterhin vertrauen? Je offenkundiger die Sackgassen, in die der primitive Liberalismus der achtziger und neunziger Jahre dieses Land geführt hat, desto mehr kann man darauf zählen, daß von Amerika selbst der wohltuende Aufschwung kommen wird.

Dieses Gespräch erinnert mich an viele andere über dasselbe Thema, denen fast immer ein Aufbegehren zugrunde liegt. Aber man begehrt nur gegen eine Macht auf, die einen falschen Weg eingeschlagen hat und den richtigen einschlagen kann und muß. Man lehnt sich auf, weil man sich erinnert: an Roosevelt, den Mann, der das Desaster in einen Sieg umgewandelt, der seine Vorstellung von den Vereinten Nationen gegen die Skepsis Churchills und den Zynismus Stalins verteidigt hat. Jedesmal, wenn ich in den Versammlungen der Menschenrechtskommission, deren Sekretär ich war, seiner Witwe Eleanor, die den Vorsitz hatte, begegnete, sah ich wieder jenen imposanten Todgeweihten in Teheran und dann in Yalta vor mir, wie er seine Idee von einer starken und weltweiten Organisation darlegte, die alle Veränderungen des Planeten überleben sollte.

Heute begehren Felix Rohatyn und ich gegen die Verblendung der führenden amerikanischen Schicht auf, die ihren Verpflichtungen gegenüber einer von ihnen selbst gegründeten Organisation nicht nachkommt. Fünf Jahre zuvor habe ich das Funktionieren der UNO einem Dutzend amerikanischer *college boys* zwischen Kalifornien und Nevada erklärt und deren Vorzüge hervorgehoben. Diese Geschichte ist Teil meiner Lehrzeit in Amerika.

Einem Kollegen in Genf gegenüber, dem Diplomaten William Van den Heuvel, Präsident der Franklin-and-Eleanor-Roosevelt-Foundation, hatte ich zu dem Zeitpunkt, als ich meinen

Posten verließ, um in den Ruhestand zu gehen, den Wunsch geäußert, ich würde gern junge Amerikaner kennenlernen, weil sie meiner Ansicht nach eine entscheidende Verantwortung für die Welt von morgen trügen. Zwei Jahre später, im Jahre 1988, verschaffte mir dieser aufmerksame und intelligente Freund einen Lehrauftrag für Politische Wissenschaften in dem College, das er selbst als Sechzehn- und Siebzehnjähriger besucht hatte. Diese Referenz genügte mir, um sofort einzuwilligen. Meine zweite Frau Christiane und ich waren bei unserer Ankunft im Deep Springs College nicht wenig überrascht. Wir hatten in Los Angeles ein Auto gemietet, waren 600 Kilometer durch eine gebirgige Landschaft über einen 3000 Meter hohen Paß gefahren und entdeckten schließlich am Horizont, mitten in einem verlassenen Tal, einen kleinen grünen Fleck: die Ranch des College mit ihren Kühen und Pferden. Das College bestand aus 24 Schülern, einem Präsidenten und einem Dekan, fünf Professoren, einem Farmer und den dazugehörigen Familien. Das Thema meiner Vorlesung war die Organisation der Vereinten Nationen und der Platz, den die Vereinigten Staaten darin einnehmen. Die Studenten, die sich gemäß der sakrosankten, 1917 von dem Gründer L. L. Nunn festgelegten Regeln selbst verwalteten, hatten diesen Kurs für ihren siebenwöchigen *summer term* von Juli bis September gewählt. Präsident Buzz und Dekan Tim bemühten sich, auf dieser grünen Insel inmitten der Wüste eine geistige Atmosphäre zu schaffen und über die Einhaltung der strengen Regeln zu wachen: kein Fernsehen, kein Ausgang in die Stadt. Aber es war der *student body*, das Gremium der Studenten, das die Aufgaben verteilte, die Kurse bestimmte, die Studenten anhand zahlreicher, von den Kandidaten vorgelegter Arbeiten auswählte. Dabei wurde nicht nur das schulische Niveau, sondern auch der Charakter, die Phantasie und Persönlichkeit der vielen Bachelors aus allen Ecken Amerikas, die dieser Unterricht anzog, berücksichtigt. Die Teilnahme war gratis und umfaßte neben den wissenschaftlichen und literarischen

Fächern eine Einführung in die Arbeit auf der Farm und der Ranch. Der Gründer hat sehr strikte Bedingungen für die Verwendung des bedeutenden Vermögens aufgestellt, dessen Erträge die Finanzierung des College sichern: keine Mädchen, nie mehr als 30 Jungen, eine Schülerselbstverwaltung, die aus den *Deepspringers* aufgeschlossene und verantwortliche Bürger machen soll.

Alles an diesem so originellen Ort bezauberte Christiane und mich: die Landschaft in unmittelbarer Nähe des Death Valley, in dem Teil der Rocky Mountains, wo tausendjährige Bäume wachsen, die Bergkristalle am Straßenrand, der Kopf des Faktotums, des ältesten Hausangestellten, eines typischen *redneck* aus dem Fernen Westen, die Milchkühe, die von den Studenten schon morgens um 5 Uhr gemolken wurden, der *ranch manager*, der einen schneeweißen Zweisitzer flog, die Bibliothek, wo wir die 14 Bände von *A la recherche du temps perdu* in der alten Gallimard-Ausgabe fanden, die Christiane und ich uns vom ersten bis zum letzten Satz vorgelesen haben. Eine unerschöpfliche intellektuelle Ausbeute! Mein Wunsch nach einer Begegnung mit der kommenden Generation Amerikas, weshalb ich mich auf diese Erfahrung eingelassen hatte, wurde in Deep Springs voll und ganz erfüllt. Denn die Studenten waren ganz und gar amerikanisch, und das im besten Sinne des Wortes. Ohne jegliche historische Kultur, ohne die geringste Sorge um eine Kleiderordnung, doch brillant in der Diskussion, ungezwungen im Verhalten, lesehungrig, demokratisch in der Verwaltung, untereinander solidarisch, kritisch ihren Lehrern gegenüber, gute oder schlechte Köche, doch immer bereit zu essen, was man ihnen vorsetzte, Musiker und Akrobaten, rührend in ihrer Naivität.

Da sie sich als Mitglieder einer verantwortlichen Elite empfanden – die besten Universitäten nahmen nur allzu bereitwillig die für ihren lebendigen Intellekt bekannten *Deepspringers* auf –, versuchten sie, die wirklichen Herausforderungen zu verstehen, mit denen die amerikanische Gesellschaft konfrontiert ist. In unseren Gesprächen, bei der Korrektur ihrer Arbeiten, während der Kritik an ihren Leistungen beim *public speaking*, einer besonders geschätzten Disziplin, versuchte ich, ihnen zu zeigen, daß solche Herausforderungen sich nicht von denen in der internationalen Gemeinschaft unterschieden. 1988 bereiteten die Vereinten Nationen die Konferenz von Rio vor, den Weltgipfel, der ein weltweites Aktionsprogramm aufstellen sollte, von der Erhaltung der Umwelt bis hin zur Förderung natürlicher Ressourcen und ihrer besseren Verteilung unter den Völkern des Planeten. Mit der sich bereits abzeichnenden Auflösung der Sowjetunion kam der Verantwortlichkeit der Vereinigten Staaten eine neue, bedeutende Dimension zu. Sie konnte nur wirksam werden, wenn die USA die Mittel der Vereinten Nationen stärkten, im Verbund die Rolle eines *leader* wiederfanden und ausübten, eine Rolle, die nur sie übernehmen konnten.

Von den 24 im Jahr 1988 anwesenden Studenten hatten 12 sich für meine Vorlesung entschieden, über deren Thema sie ihre Beurteilung würden abgeben und mir eine Zensur würden erteilen müssen. Aber sie hatten nicht nur das zu tun: Ihre Aufgaben auf der Ranch wurden ihnen von dem *labour manager* zugeteilt, der sie auf der Farm, bei der Viehzucht, der Bewässerung, beim Melken der beiden Milchkühe, in der Küche, im Haushalt oder, als besondere Gunst, in der Bibliothek einsetzte. Sie nahmen nicht weniger eifrig an unseren Gesprächen teil, bei denen sie, die nackten Füße auf dem Tisch, von ihrem Hund begleitet, jedoch gespannt zuhörten und bereit waren zu diskutieren, wenn mein Vortrag nicht überzeugend war.

Ja, sie sahen ein, daß die Vereinigten Staaten eine Rolle in der Welt zu spielen haben, aber sie mißtrauten den internationalen Institutionen und den 150 Regierungen, die dort tagten. Die Erinnerung an den Vietnamkrieg lastete schwer auf ihnen. Genügte es nicht, statt sich in fremde Angelegenheiten einzumischen und in ihre Konflikte einzugreifen, das Beispiel einer freien und gerechten Gesellschaft zu geben, dem alle anderen nur zu folgen brauchten? Indessen war es nicht schwierig, sie für die Dramen am Ende dieses Jahrhunderts, für die Herausforderungen zu sensibilisieren, für die Millionen Kinder in einer Welt der Armut, der Gewalt, der Ausbeutung der natürlichen Ressourcen und der Zerstörung der Umwelt.

In dieser Mischung aus Skepsis Diskursen und Strukturen gegenüber und Offenheit für neue Verantwortlichkeiten erkannte ich, was mir seit langem Amerikas Stärke zu sein schien. Selbst in den finstersten Augenblicken der Geschichte dieser großen Nation habe ich nie an ihrer Fähigkeit gezweifelt, sich wiederaufzurichten, ihre Fehler zu korrigieren, neue Wege zu suchen. Das erwarte ich auch heute von ihr.

Die Erfahrung vom Sommer 1988 hat uns so begeistert, daß wir sie zwei Jahre später wiederholt haben, diesmal für sieben Wochen im Winter. Die Wasserreservoirs im Umkreis der Ranch waren zugefroren. Ein Vogel, der sich vom Eis hatte überraschen lassen, wartete geduldig darauf, daß die Sonne ihm erlaubte, seine Füße zu befreien. Glitzernde Kolliers aus Rauhreif schmückten das Gebüsch ringsum. Der Präsident war nicht mehr derselbe, aber wir sahen gerührt den *ranch manager* und die Familie des Farmers, Dave und Jane und ihren kleinen Karl, wieder, mit denen wir noch immer korrespondieren.

Diesmal waren unter den Lehrern zwei Professoren von der Oxford University, Jeff, ein Australier, und seine aus Ungarn stammende Frau Elisabeth. Sie lehrten Politische Philosophie. Ich besuchte ihre Kurse, sie den meinen. Ich lernte dabei die Thesen von Rawls kennen, von dem ich in Frankreich noch nichts gehört hatte. Allzu voreilig hatte ich die amerikanische Art, über Politik nachzudenken, für wenig substantiell gehalten, beschränkt auf die Bejahung eines Liberalismus ohne Moral. Rawls schien mir die Vereinigten Staaten wieder in die Avantgarde demokratischen Denkens einzureihen. Der Literaturdozent ließ seine Studenten Toni Morrison lesen. Eine weitere große, unerwartete Entdeckung.

Können demnach die Vereinigten Staaten gefahrlos die *leadership* des Planeten übernehmen? Gewiß nicht. Die Gelegenheit war vielleicht gekommen, als John F. Kennedy im November 1960 athletisch die Stufen des Weißen Hauses hinaufstieg. Seine Wahlkampagne war mit einem feinen Gespür für alles, was unsere Generation begeistern konnte, geführt worden. Zu jenem Zeitpunkt war ich ein kämpferischer Verfechter der algerischen Unabhängigkeit im Club Jean-Moulin, und wir warfen General de Gaulle vor, die Sache schleifen zu lassen. Mit einem jüngeren Präsidenten, einem Kennedy, hätte Frankreich sich längst von diesem Klotz am Bein befreit. Und dann, im April, die gescheiterte Landung in der Schweinebucht. Nein, dieser Kennedy war nicht besser als die anderen. Ein zu schnelles Urteil, ungerecht in zweierlei Hinsicht. Was mich übrigens nicht davon abgehalten hat, am 22. November 1963 zu weinen: Ich beendete damals eine von meinem Freund René Maheu, dem Generaldirektor der UNESCO, initiierte Weltreise und kam gerade aus Santiago de Chile. Bei einem Essen in der riesigen gläsernen Zigarrenkiste am Ufer des East River in Manhattan trafen sich die mit dieser Mission betrauten »Experten« und die ehemaligen Kollegen der Vereinten Nationen. Plötzlich ging ein Gerücht von Tisch zu Tisch. Dallas. Ein Schütze. Der Vizepräsident sei getroffen. Der Präsident sei tot. Bestürzung. Bestätigung. Fassungslosigkeit. Ich sehe noch die Tränen auf den Wangen der jungen *liftgirls.* »Das Jahr hatte seinen Frühling verloren«, dieses Perikles-Zitat kam mir in den Sinn.

Am nächsten Tag nahm mich mein amerikanischer Kollege mit nach Princeton, wo ich mit ihm in der protestantischen Kirche der Stadt einen sehr bewegenden Gottesdienst im Gedenken an den jungen toten Katholiken erlebte.

Wie haben wir seinen Nachfolger, Lyndon B. Johnson, der sich in das aussichtslose Vietnam-Abenteuer stürzte, schlechtgemacht! Und doch war er es, der mit bemerkenswertem Geschick die Bombe, die das Attentat auf Martin Luther King im

April 1968 darstellte, zu entschärfen und, besser als in Frankreich, mit der Explosion der »Gegenkultur« an allen amerikanischen Universitäten umzugehen wußte.

Mein zweiter langer Aufenthalt in New York findet bald darauf, zwischen 1970 und 1972, statt. Von meiner Arbeit bei den Vereinten Nationen in Anspruch genommen und immer wieder in alle vier Himmelsrichtungen geschickt, ist mein Blick auf Amerika flüchtiger und zugleich kritischer. Weder die Aussetzung der Konvertierbarkeit des Dollars noch Kissingers *Realpolitik* scheinen mir dazu angetan, das Prestige von Nixon aufzuwerten, der gewiß von allen Präsidenten der Vereinigten Staaten die geringste Ausstrahlung besaß. In Santiago de Chile tagt die dritte Entwicklungs- und Handelskonferenz der Vereinten Nationen, die Staatspräsident Allende erfolgreich leitet und an der ich als *assistant administrator* des UNDP teilnehme. Wir spüren, daß die Machenschaften des CIA bereits das sozialistische Experiment unterhöhlen.

Washington ist fast ebenso kritisch zu beobachten wie Moskau, wo sich eine durch Willy Brandts *Ostpolitik* geförderte Annäherung an den Westen anbahnt. Und wie jedesmal, wenn ich an Amerika zweifle, beginne ich wieder, auf Europa als unseren Hoffnungsträger zu setzen, ein Europa, zu dem schließlich auch England gehört, diese stolze Nation, die seit dem Krieg ein für allemal tief in meinem Herzen ihren festen Platz hat.

Doch 15 Jahre später gewinne ich in Deep Springs, so wie 20 Jahre zuvor in New York, als Truman MacArthur ausschaltete, mein Vertrauen zurück, das von jener außergewöhnlichen Fähigkeit Amerikas herrührt, wenn nötig den Kurs zu ändern. Vielleicht wird die Jahrhundertwende die Vereinigten Staaten ja von den Überbleibseln ihrer Atavismen von Gewalt befreien, die bis zur skrupellosen Eroberung ihres Territoriums gegenüber den daraus Vertriebenen zurückreichen. Ich erinnere mich an mein Gespräch mit der charmanten jungen Frau unseres an mein Gespräch mit der charmanten jungen Frau unseres *ranch managers* in Deep Springs während der Präsidentschaftskampagne von Mondale und George Bush. »Welcher von beiden«, fragte sie mich besorgt, »wird uns wohl verbieten, Waffen zu tragen?« Das war für sie das entscheidende Kriterium. Meine Studenten sahen die Zukunft mit anderen Augen. Auf ihre Generation zähle ich.

Kapitel 13

FRANKREICH

Ich bin vor kurzem in die *Parti socialiste* eingetreten und frage mich, warum. Erste Antwort: der Schock des Jahres 1995. Ich hielt die Franzosen nicht für so unbesonnen, Jacques Chirac zum Präsidenten der Republik zu wählen. Ich hatte einen kurzen Augenblick gehofft, die lächerlichen Streitigkeiten der Rechten würden wider Erwarten Lionel Jospin zum Sieg verhelfen. Seine aufrichtige Wahlkampagne hatte mir gefallen. Ich war in den *Zenith* von Montpellier gegangen, um mich inmitten einer jubelnden Menge den Ovationen anzuschließen. Dies hatte mich einem Mann wieder nahegebracht, den ich seit 30 Jahren kannte. Er war, bevor er sich der Politik zuwandte, ein junger Kollege von mir im Quai d'Orsay gewesen.

Aber das ist nur eine konjunkturbedingte Antwort. Insgeheim warf ich mir vor, 50 Jahre, ohne politisch aktiv zu sein, als kritischer Beobachter oder Diener des Staates verbracht zu haben, während ich bald glücklich an der Seite eines respektierten Regierungsmitglieds arbeitete, bald mehr oder weniger diskret meine Vorbehalte zum Ausdruck brachte, indem ich eine ganze Reihe von Gesprächskreisen ins Leben rief, wo sich Frauen und Männer begegneten, die in den wesentlichen Fragen miteinander übereinstimmten. Wo war in alldem der politische Kampf, das persönliche Engagement an einer exponierten Stelle?

Wenn ich heute in einem Alter, in dem es für mich außer Frage steht, mich in die politische Arena zu begeben, darüber nachdenke, erinnere ich mich, daß ich schon immer von den politischen Gruppierungen der französischen Demokratie Abstand genommen habe. Ich empfand mich seit dem damaligen *Front populaire* und den antifaschistischen Manifestationen der dreißiger Jahre als »Mann der Linken«, doch auch, und das vielleicht zu Unrecht, als jemand, der den Parteien und ihren Apparaten fernsteht. Das klingt ein wenig simpel.

Ich gebe zu, daß es keine Demokratie ohne Parlament, kein Parlament ohne Parteien, keine Parteien ohne Apparate gibt. Also? Genügt es, den anderen diese Arbeit zu überlassen und sich selbst das Recht vorzubehalten, ihre Unzulänglichkeiten oder ihr Gefallen an der Macht und deren Privilegien zu kritisieren? Hätte man nicht einer von ihnen sein müssen, um die Grenzen und Möglichkeiten dieser Tätigkeit am eigenen Leibe zu erfahren?

Mann der Linken, überzeugter Europäer, politisch aktiver Internationalist: Diese Attribute lasse ich mir nur allzu gern gefallen. Vielleicht ist meine Vorliebe für Frankreich eher die eines Verehrers als die eines Liebhabers, gemäß der hübschen Unterscheidung, die man im 17. Jahrhundert zwischen den beiden Figuren der Liebeskomödie machte. Ich habe mir bewußt Frankreich als Heimat gewählt, die es allerdings nach wie vor von mir zu erobern gilt.

Da liegt es mit seiner geographischen Vollkommenheit auf halber Strecke zwischen Nordpol und Äquator, und es bewegt mich jedesmal, wenn ich auf dem Weg von Paris zu meinem Haus im Département Gard, einige Kilometer vor Valence, den 45. Breitengrad überquere. Da ist es mit seiner unvergleichlich klaren und subtilen Sprache. Ich war schon immer dagegen, aus der Frankophonie ein Politikum zu machen. Es geht nicht darum, für unsere Sprache Rechte einzufordern, die ihr kraft ihrer einstigen Vorrangstellung zustehen. Man sollte sie als eine Auszeichnung ansehen, mit ein wenig Mühe all jenen zugänglich, die in diesem wunderbaren Instrument einen der besten Schlüssel zum Reich der Wahrheit und der Schönheit finden werden. Denn die französische Sprache vermag auf einmalige Weise, den Gedanken in Worte zu kleiden und zu entwickeln, ihn zwingend und vielfältig werden zu lassen.

Von den beiden anderen Sprachen, die ich beherrsche, ist die eine fließender, die andere herber, und beide sind sie poetischer, vielleicht durch die träumerische Unbestimmtheit, die sich leichter in sie einschleicht: Englisch und Deutsch.

Diese beiden Sprachen sind mir zu vertraut, als daß ich nicht versucht wäre, sie gegenüber anderen, die sie sprechen, zu gebrauchen. Zu Unrecht. Es wäre besser, diese zu ermutigen, sich in Französisch auszudrücken. Als Diplomat werfe ich mir vor, für unsere Sprache – und auch von Zeit zu Zeit für die Interessen unserer Regierung – nicht systematischer einzutreten. Nicht daß ich kein gewissenhafter Beamter wäre. Aber ich fühle mich manchmal mehr für die permanenten Interessen Frankreichs als für die mir erteilten konjunkturbedingten Instruktionen verantwortlich. Dieses etwas hochmütige Verhalten hat sich im Alter noch verstärkt.

Das wirkliche Frankreich ist während der letzten 50 Jahre für mich nicht immer das erhoffte Frankreich gewesen. Und doch habe ich nicht versucht, das eine dem anderen auf dem üblichen demokratischen Wege näherzubringen: durch das Bemühen um politische Verantwortung.

Ich habe es getan, indem ich bald für Politiker gearbeitet habe, deren Kampf ich respektierte, bald mich an Diskussionskreisen beteiligte, deren Vorstellungen ich teilte. Die Konfrontation mit Gegnern, die Widerlegung der Argumente des anderen habe ich nur auf internationaler Ebene kennengelernt: Gesprächspartnern gegenüber, die Frankreichs Rolle in der Welt in Frage stellten oder herunterspielten. Diese Rolle will ich selbst gern kritisieren oder von Landsleuten kritisieren lassen. Aber nicht von anderen. Nichts ärgert mich so sehr wie die Klischees, die die englischen, deutschen und amerikanischen Medien über ein egoistisches, nationalistisches, arrogantes Frankreich verbreiten.

Was würde ich antworten, wenn mir die Frage heute gestellt würde? Mir fielen zu Frankreich gewiß viele Schwächen ein, aber auch viele Vorzüge. Nach der tragischen Erfahrung vom Juni 1940 ist der Aufschwung der fünfziger Jahre ein Verdienst meiner Generation. Darüber hinaus mußte es gleichzeitig den schwierigen Verzicht auf ein großes überseeisches Reich leisten und beharrlich die Entstehung eines Europa betreiben, in dem es sich würde entfalten können. Und all das in weniger als 30 Jahren, zwischen meinem fünfundzwanzigsten und meinem fünfundfünfzigsten Geburtstag. Ich will nicht behaupten, daß dies leicht vonstatten ging. Der Indochinakrieg, der Algerienkrieg, allerhand Verwerfliches in unserer Afrikapolitik sollten uns eine vernünftige Demut lehren. Dennoch haben wir Frankreich wieder zu einem erstrangigen Platz im Konzert der Nationen verholfen. Wir haben ihm zuliebe eine tiefgreifende Wandlung durchlebt. Die »Fin de siècle«-Generation wird ihrem »geschichtlichen Augenblick« einen neuen Sinn verleihen müssen. Der unsere war brutal, überschwenglich, unbeholfen, ambitioniert. Wir hinterlassen ein Frankreich, das an der Spitze der Industrienationen angesiedelt, wirtschaftlich privilegiert, gesellschaftlich in einer Krise, politisch anspruchslos ist. Allzu anspruchslos vielleicht.

Es ist die europäischste aller europäischen Nationen, der Schnittpunkt aller Europa – dem des Nordens, des Westens, des Südens. Europa fällt am Ende dieses Jahrhunderts die Aufgabe zu, all seinen Bürgern, den Franzosen wie den anderen, eine vielversprechende Zukunft zu bieten. Und Frankreich, rückhaltlos an dieser Perspektive mitzuarbeiten.

Kapitel 14

PIERRE MENDÈS FRANCE

Von allen französischen Staatsmännern fühlte ich mich Pierre Mendès France am nächsten.

Ich war 25 Jahre alt, als ich ihn in London kennenlernte, und 65, als er starb. Ich habe das Gefühl, daß er zwischen diesen beiden Daten in jedem Abschnitt meines Lebens präsent gewesen ist und die Bewunderung, die er bei mir auslöste, jede nur mögliche Schattierung angenommen hat.

Zunächst der Entkommene. In London waren wir alle Entkommene, doch die Geschichten unserer Flucht waren mehr oder weniger abenteuerlich. Ich war nicht wenig stolz auf die meine, aber sie wurde durch die von Pierre Mendès France, die er sehr humorvoll erzählte, in den Schatten gestellt: seinen Sprung über die Gefängnismauer von Clermont-Ferrand, aber auch, wie er sich mit Schnurrbart und Baskenmütze ausstaffiert hatte.

Dann der Kombattant. Er hatte beschlossen, Pilot zu bleiben, und das ihm von de Gaulle zugedachte politische Amt abgelehnt. Ich traf zunächst dieselbe Entscheidung, und wir hätten uns, wäre ich nicht dem BCRA beigetreten, beide in der Gruppe Lorraine wiedergetroffen.

Bei meiner Rückkehr aus der Deportation hörte ich von seinen Meinungsverschiedenheiten mit dem General in Fragen der Währungspolitik und bedauerte, wie die meisten meiner Kameraden, daß man René Pleven den Vorzug gegeben hatte. Wenn man noch nicht 30 ist, zieht man die Waghalsigen den Besonnenen vor.

Im Laufe der acht Jahre, die ich den Vereinten Nationen angehörte, lernte ich seine Qualitäten als Wirtschaftsexperte und Unterhändler kennen. Nachdem er Frankreich bei der Konferenz von Bretton Woods vertreten hatte, wo er mit John Maynard

Keynes zusammentraf und seine Thesen zur Weltwirtschaft vertiefte, war Mendès Leiter der französischen Delegation im Wirtschafts- und Sozialrat geworden. Ich beobachtete, zunächst als Kabinettsdirektor unter Laugier, dann als mit demselben Dossier befaßter Botschaftssekretär im Ministerium, wie Mendès France die Debatten dieses wichtigsten Organs der Vereinten Nationen beherrschte, den Respekt, den er bei seinen 17 Kollegen, dem Inder, dem Chilenen, dem Kanadier, dem Sowjetrussen, dem Polen hervorrief. Ich war fasziniert von der intellektuellen Vertrautheit, die aus den engen Beratern von Mendès, Georges Boris, Gabriel Ardant, Jacques Kaiser und ihren Ehefrauen, ein hinreißendes Team werden ließ, dem ich gern angehören wollte.

Und dann konstituierte sich in den Jahren 1953 und 1954 das, was im wahrsten Sinne des Wortes meine politische Familie bleiben sollte und was wir, um genau zu sein, als »Mendésismus« bezeichnen sollten, auch wenn sein Inspirator diese Bezeichnung stets abgelehnt hat: eine auf gemeinsame Akzeptanz sämtlicher republikanischer Werte gegründete Solidarität, deren überzeugter und überzeugender Pfeiler er war.

Ich habe oft versucht, de Gaulles »gewisse Idee von Frankreich« mit diesem Gespür für französische Verantwortung, die Mendès verkörperte, zu vergleichen. De Gaulles Geschichte Frankreichs war die eines außergewöhnlichen Schicksals, einer von visionären Männern geleiteten Nation, die mit Hilfe einer sehr alten und starken Tradition Wege aufspürte, um den anderen Nationen zu mehr Würde zu verhelfen. Die von Mendès fußte auf den Qualitäten seines Volkes, das fähig ist, aus konkreten, durchlebten und analysierten Erfahrungen Lehren zu ziehen.

Auch wenn der General in einem Augenblick der Gereiztheit sagen konnte, seine Landsleute seien alle »Tölpel«, kannte er ihre Tugenden, ebenso wie Mendès ihre Schwächen kannte. Ersterer wollte jedoch, daß sie dem Mißgeschick mutig die Stirn bieten, während letzterer in ihnen aufgeklärte und verantwortungsvolle Bürger sah. Daher räumte er der Erziehung, der staatsbürgerlichen Ausbildung der Jugend, dem reibungslosen Funktionieren der republikanischen Institutionen, dem demokratischen Austausch im weitesten Sinne absolute Priorität ein, womit er das Vertrauen rechtfertigte, das die staatliche Transparenz allen Teilen der Bevölkerung einflößte.

Innenpolitisch, vor allem in wirtschaftlichen Fragen, gab es zwischen diesen beiden Männern keine grundsätzliche Unstimmigkeit. Doch welch ein Unterschied in der Methode! Für Mendès mußte das Handeln eines Staatsmannes unmittelbar verständlich, jede seiner Entscheidungen aufs einfachste formuliert sein. De Gaulle liebte das Geheimnisvolle, die Überraschung, die unerwartete und wirkungsvollere Ausdrucksweise: »Eine Handvoll Generäle im Ruhestand...« oder »Ich habe Sie verstanden«. Wie sollte man dem Charme des Generals nicht erliegen? Wie sich, vom menschlichen Standpunkt aus gesehen, dem so viel reicheren ethischen Bemühen von Mendès France nicht anschließen?

Auf außenpolitischem Gebiet waren sich die beiden Männer zumindest in einem Punkt einig: in ihrem ständigen Bestreben, Frankreichs Unabhängigkeit zu garantieren, indem man es mit nuklearen Waffen, einer starken Währung und ausgewogenen Beziehungen zu den Großmächten ausstattete. Doch abgesehen von diesen hochgesteckten Zielen – wie verschieden waren beide! Wenn de Gaulle in Erinnerung an die von Roosevelt erteilte Abfuhr Amerika gegenüber, und, trotz des ihm von seiten Churchills in reichem Maße entgegengebrachten Vertrauens, selbst England gegenüber unversöhnliche Rachegefühle hegte, bekundete Mendès seine Bewunderung für den großen amerikanischen Demokraten und seine Dankbarkeit gegenüber dem unerschütterlichen Großbritannien. Während der General mit aller Distanz den Vorgang beschreibt, wie die Völker ihre Unabhängigkeit erlangen, bekräftigt Mendès freimütig die Dringlichkeit, die Institutionen des Kolonialreichs umzuwandeln. Jean Lacouture, der zwei ausgezeichnete Biographien über beide verfaßte, hat mich wegen bestimmter Aspekte ihrer jeweiligen Karriere befragt. Das bot mir die Gelegenheit, meine Ansicht dazu gelassener als sonst zu formulieren.

Denn im Laufe der Geschichte ist man nicht gelassen, wenn man Tag für Tag die Entscheidungen der Machthaber akzeptieren muß. Wie oft habe ich meine bedingungslose Ergebenheit dem Chef des Freien Frankreich gegenüber verdrängt und mich über de Gaulle ereifert! Über seine Mißachtung einer Fraktion der Résistance, die Aufkündigung des Marshall-Plans, die Unterstützung des Krieges gegen den Vietminh, die Verlängerung des Algerienkrieges, sein Veto gegen den Beitritt Englands zum Gemeinsamen Markt. Vielleicht irrte ich mich ja, und seine Sicht war ausgeklügelter. Aber ich revoltierte auf der Stelle. Nichts von alldem traf auf Mendès zu. Ich habe seine Ansichten immer verstanden, sie fast immer übernommen. Selbst seine radikale Ablehnung der Institutionen der V. Republik, die ich auf eine Führungskraft wie ihn zugeschnitten fand, schien mir vollkommen mit seiner Auffassung vom republikanischen Staat übereinzustimmen. Das lag unter anderem gewiß an unseren persönlichen Beziehungen.

Ich habe mich niemals mit de Gaulle unterhalten. Von den Empfängen im Élysée, wo ich ihm die Hand geben, ihm meine Frau vorstellen, ihm ein Wort über den Schulbeginn des Jahres 1962 in Algerien sagen konnte, bleibt eher die Erinnerung an seine Höflichkeit als daran, daß er mir Gehör geschenkt hätte. Von dem Essen, zu dem ich im Mai 1941 im Connaught Hotel in London eingeladen worden war, ist mir das Bild einer für einen jungen Soldaten beeindruckenden Würde im Gedächtnis geblieben, während die Gesprächsthemen von damals allmählich verblassen.

An Pierre Mendès France hingegen habe ich viele Erinnerungen. Seit seinem ersten Besuch in London 1943 in unserer Wohnung, in den nicht weit von Knightsbridge gelegenen *Mews*, unter einem Glasdach, das nicht gerade den allerbesten Schutz gegen die DCA bot, haben mich sein Lächeln, sein Humor, seine ein wenig verlegene Liebenswürdigkeit gefangengenommen. Er sprach über New York, die École libre des hautes études, einen Fachbereich der New School for Social Research, den mein Schwiegervater leitete. Wir fragten ihn nach seiner Frau und seinen beiden Söhnen, die in Amerika geblieben waren. Ich erzählte ihm ausführlich von unseren Nachrichtennetzen, den Freiheitsbewegungen und ihren Rivalitäten. Ich bedauerte ihm gegenüber, die Fliegerei, zu der er sich freiwillig gemeldet hatte, und den großartigen Korpsgeist der Royal Air Force hinter mir gelassen zu haben. Seine Fähigkeit zuzuhören hat mich auf Anhieb erstaunt.

Als ich aus Deutschland zurückkehrte, war er inzwischen eine bedeutende Gestalt des politischen Lebens und ein Freund der Familie geworden. Er hatte ein Ministerium innegehabt, war zurückgetreten, hatte an der Konferenz von Bretton Woods teilgenommen und war inzwischen zu einem Anhänger des Keynesianismus geworden. Und dann waren da Lily Mendès France und Germaine Boris. Vitia hatte eine besondere Vorliebe für die beiden einander ebenso nahestehenden wie unterschiedlichen Frauen. Lily, eine Mischung aus Anmut und Naivität, schien anderen schutzlos ausgeliefert zu sein. Die so starke und anspruchsvolle Germaine umgab sie mit ihrer ganzen Zärtlichkeit. Die Wohnung der Boris am Quai Bourbon in dem Haus, das Léon Blum bewohnt hatte, war uns vertrauter als die der Mendès in der Rue du Conseiller-Collignon, die Lilys in dunklen und reinen Farben gehaltenen Gemälde schmückten. Bei den Boris sprach man über Musik, bei den Mendès über Politik. An diesen beiden Orten halte ich mich nur allzu gern in meiner Erinnerung auf.

Später hatte ich mehr als einmal Gelegenheit, Pierre Mendès

France in New York am Bett von Laugier zu begegnen, der sich bei einem Verkehrsunfall das Bein gebrochen hatte. Mendès hörte sich geduldig die ausfälligen Bemerkungen des Älteren an, der die von Frankreich vertretenen Positionen als zweifellos viel zu zaghaft beurteilte. Er rechtfertigte sie, ohne denjenigen zu verletzen, den wir den »Patron« nannten. Dann in Genf, wo Mendès während einer Tagung des Wirtschafts- und Sozialrates den 14. Juli zum Anlaß nahm, ein Wasserfest zu organisieren. Er hatte ein Schiff gemietet, das den See von Genf aus nach Thonon überquerte und auf dem er in einem zwanglosen Durcheinander die alten Funktionäre des Völkerbundes, die jungen Vertreter der südlichen Länder, die Journalisten, die Aktivisten nicht regierungsfreundlicher Organisationen, die Autoritäten der Stadt und des Kantons Genf und die Mitarbeiter aller internationalen Sekretariate empfing. Junge Frauen, die durch die vom Wasser des Genfer Sees reflektierte Sonne noch schöner wurden, mitreißende Gitarristen, mexikanische Hüte, farbenfrohe Gandouras. Mendès sorgte mit dem ihm angeborenen Ernst für genügend Champagner, genügend Tänzer, genügend Gespräche und genügend Musik. War das ein 14. Juli!

Im Juni 1954 erfolgte Mendès' Ernennung zum Ministerpräsidenten. Ich gehörte noch zum Konferenzsekretariat, doch Georges Boris, der eines der drei für den Präsidenten arbeitenden Kabinette zusammengestellt hatte, berief mich zu sich. Im Gegensatz zu dem des Außenministers, eine Position, die Mendès beschlossen hatte, selbst zu übernehmen, und dem im Matignon, das André Pélabon leitete, hatte das Kabinett von Georges Boris, in dem ich mich zusammen mit einem anderen »Londoner«, Jean-Louis Crémieux-Brilhac, wiederfand, keinen speziellen Aufgabenbereich, außer der Vorbereitung der sonnabendlichen Radio-»Plaudereien«, jener neuen Einrichtung der politischen Kommunikation in Anlehnung an Roosevelts *fireside chats*, die Mendès von Politikern unentwegt vorgeworfen, von der Öffentlichkeit jedoch ganz besonders geschätzt wurden.

Während seiner nur sieben Monate und sieben Tage dauernden Präsidentschaft sah ich Mendès natürlich immer nur sporadisch, zwischen Tür und Angel oder in einem Flugzeug, so gedrängt war sein Terminplan. Aber ich »lebte« durch Georges Boris weiterhin mit ihm, den er ständig konsultierte und der ihn über die Reaktionen der Öffentlichkeit, der Parlamentarier, der Journalisten auf dem laufenden hielt, denn dieser ungewöhnlich intuitive Mann, selbst ein Journalist, vermochte in wenigen Sätzen die Sensibilität der anderen wiederzugeben.

Dieses kurze, mitreißende Abenteuer, das die Regierung Pierre Mendès France darstellte, ist von einer Aura umgeben, die die Historiker richtig erfaßt haben, die jedoch für alle Beteiligten etwas Unwirkliches an sich hatte, wie eine geheimnisvolle Parenthese in einem eher düsteren politischen Alltag. Und alle, die darin eine Rolle spielten, sind so etwas wie Romanhelden: Léone Georges-Picot, Mendès' Privatsekretärin, deren schlanke Silhouette und seidiges Haar uns betörten, ihr zukünftiger Ehemann Simon Nora, Wirtschaftsberater, meine Kollegen Claude Cheysson und Jean-Marie Soutou, aber auch Paul Legatte, Michel Jobert, Alain Savary. Ihnen allen war eine Ungezwungenheit und Energie eigen, die die großartige Vitalität des Ministerpräsidenten widerspiegelten.

Ich verfolgte insbesondere das außenpolitische Geschehen, das Mendès' Zeit und Aufmerksamkeit in einem solchen Maße in Anspruch nahm, daß er Edgar Faure einen zweifellos allzu großen Teil der Verantwortung auf wirtschaftlichem Gebiet überlassen mußte. Sein Intervenieren bei den Problemen der Gesellschaft, die ihm am meisten am Herzen lagen, war rein symbolisch. Das berühmte, zuweilen belachte Glas Milch in den Schulen entsprach seinem Bemühen, jeder Familie und jedem Bürger staatliches Handeln bewußt und verständlich zu machen. Wir sahen darin keinerlei vorsätzliche Manipulation. Wir wußten, daß ihn die fundamentalen Fragen zur wirtschaftlichen

Entwicklung und zum effizienteren Funktionieren der Demokratie in der Republik nicht losließen. Wir konnten es kaum erwarten, ihn von den dringenden internationalen Belangen befreit zu wissen!

Aber es galt nicht nur, Frieden in Indochina zu schaffen und eine wagemutige Dekolonisationspolitik in Tunesien in die Wege zu leiten. Es galt, eine Lösung für die Wiederaufrüstung Deutschlands zu finden, die uns unsere Nato-Partner auferlegten. Der Vertrag für die EVG konnte nicht vom Parlament ratifiziert werden, da die Mehrheit dort nicht gegeben war. Der Berater, den Mendès beauftragt hatte, sich um diese Frage zu kümmern, war einer meiner engen Freunde aus dem Sekretariat der Vereinten Nationen, Philippe de Seynes, dank dessen ich Schritt für Schritt die Intrigen und Machenschaften mitverfolgen konnte, die die Fanatiker beider Lager jedem Schlichtungsversuch entgegensetzten.

Wären die Anhänger der EVG in der Nationalversammlung etwas weniger siegesgewiß aufgetreten, hätten sie Mendès' bescheidene Änderungsanträge zu dem Vertrag akzeptieren können. Wären die Gegner der gemeinschaftlichen Lösung etwas weniger siegestrunken gewesen, hätten sie die konstruktive Seite des Pariser Abkommens, das Deutschland in die Westeuropäische Union aufnahm, besser verstanden. Um diese schwierige Verhandlung ging es in den letzten Monaten der Präsidentschaft. Es galt, das durch das Scheitern der EVG und durch die vertiefte Freundschaft zu Deutschland eingebüßte Vertrauen der angelsächsischen Verbündeten zurückzugewinnen. Gleichzeitig setzte sie den Annäherungsbemühungen zwischen West und Ost Grenzen, für die Mendès in seiner schönen Rede vom 22. November 1954 vor der Generalversammlung der Vereinten Nationen den Rahmen abgesteckt hatte.

Ich kehrte aus New York zurück, wohin ich den Präsidenten begleitet hatte, gespannt darauf, was wir jetzt von ihm zu erwarten hatten. Nachdem die Regelung der diplomatischen Probleme in die Wege geleitet war, würde die Lösung wirtschaftlicher und sozialer Fragen, in denen Pierre Mendès France, wie wir wußten, außerordentliche Kompetenz besaß, einen neuen Impuls erhalten. Ich denke hierbei an die Worte seines Biographen Jean Lacouture:

»Seitdem er knapp zehn Jahre zuvor sein Amt niedergelegt hatte, war es Pierre Mendès France nie wieder in den Sinn gekommen, dorthin zurückzukehren, es sei denn auf einen Posten mit wirtschaftlicher und finanzieller Verantwortung. Gesetzt den Fall, ihm wäre die Nachfolge im Hôtel Matignon angeboten worden, hätte er sich darunter keine andere Mission als die der Wiederbelebung der französischen Wirtschaft vorstellen können... Und nun, wo er durch die Ereignisse des Mai 1954 an die Macht katapultiert war, wendet er sich von dieser eigens ausgewählten und vorbereiteten Domäne ab, um sich den diplomatischen Kämpfen zu widmen.«

Schließlich kommt der 20. Januar 1955. Mendès übergibt die auswärtigen Angelegenheiten Edgar Faure und richtet sich im Matignon ein, wohin wir ihm folgen. Hastig werden neue Dossiers angelegt. Doch schon sagen uns die »Wohlinformierten« den Umsturz voraus. 14 Tage später wird die Regierung gestürzt.

Wie hätten diese wenigen, so ereignisreichen, so enthusiastischen, so angstvollen Monate nicht all jene, die sie in unmittelbarer Nähe dieses Hoffnungsträgers verbrachten, zutiefst prägen sollen? Wie hätte ich nicht, wenn ich die einen oder anderen im Laufe der Jahre wiedertraf, jenen für ein gemeinsam erlebtes großes Abenteuer typischen Stich ins Herz verspüren sollen?

Ich verließ Paris wenige Monate, nachdem Edgar Faure den Platz von Mendès France im Matignon eingenommen hatte, und als ich zwei Jahre später aus Saigon zurückkehrte, waren da der *Front républicain*, die Anfänge des Algerienkrieges, die Tomaten von Guy Mollet und die Straßenschlachten auf den Quais an der Seine. Mendès hatte sich von den jeweiligen Regierungen ferngehalten, und die Besuche, die wir Lily und Pierre in ihrer Wohnung in der Rue du Conseiller-Collignon abstatteten, waren herzlich und voller Melancholie.

Mehrere Jahre später sollte ich mit Vitia in derselben Wohnung einen der bewegendsten Augenblicke in meiner Beziehung zu Mendès erleben. Er hatte uns zu einer äußerst intimen Zeremonie eingeladen, an der außer der bereits sehr leidenden Lily (sie sollte uns bald darauf verlassen) nur der ehemalige Kommissar für Atomenergie, Francis Perrin, teilnahm. Dieser sollte Mendès die Insignien eines *Commandeur de la Légion d'honneur* überreichen. Nun gehörte Perrin, der ebenso wie Mendès für mich und so viele andere die Personifizierung der politischen Ehrbarkeit darstellte, zum Kreis der großen Gelehrten, der mich, den »Literaten«, einschüchterte. Ein Kreis, dem ein Prestige anhaftete, das nicht nur vom Wissen seiner Mitglieder herrührte, sondern vor allem von dem, was mir als extreme Lauterkeit ihres Lebens erschien, ein Festhalten an ihren Überzeugungen, eine Freude am Spiel und an der Einfachheit, die Frucht einer von der Sonne der Aufklärung erhellten Existenz. Unter ihnen vereinte Francis Perrin mit seiner etwas unglücklichen äußeren Erscheinung, seiner modulierten, präzisen Sprechweise all die Qualitäten in sich, denen spontan meine Bewunderung galt. Sie steigerte sich noch, als ich ihn im Ton schlichter Glaubwürdigkeit die Laudatio auf jenen Mann halten hörte, der zu dem Zeitpunkt keine andere Funktion mehr hatte, als eine große Zeugenschaft zu bewahren.

Nach 1958 gab es in meiner Beziehung zu Mendès France weniger vertraute Zeiten. Mein Engagement für das Abenteuer des Club Jean-Moulin, wo sich ein großer Teil der Anhänger von Mendès traf, deren Überzeugungen sich jedoch in mehr als einem Punkt von den seinen unterschieden, entfernte mich von der mendésistischen Orthodoxie, wie sie von den Redakteuren der *Cahiers de la République* vertreten wurde. Ich diskutierte gern mit dem treuesten unter ihnen, dem Historiker und Latinisten Claude Nicolet, den ich auf Wunsch von Georges Boris zu der Zeit, als Mendès die *Parti radical* zu verjüngen suchte, »angeworben« hatte. Inzwischen ist er einer der Spezialisten für Zeitgeschichte geworden, die er gern mit der letzten Periode der Römischen Republik vergleicht, die von einem anderen großen Anwalt, nämlich Cicero, geprägt wurde.

Ein glücklicher Umstand bot mir die Gelegenheit, Ende der siebziger Jahre erneut ein paar Stunden mit Mendès zu verbringen. Ich arbeitete damals in Genf, und Vitia und ich hatten für unsere »alten Tage« ein großes altes Haus nicht weit von Uzès erworben. Wir entdeckten schon sehr bald, daß das Château de Montfrin, in das Mendès sich mit Marie-Claire, seiner zweiten Frau, zurückgezogen hatte, nur ungefähr 30 Kilometer von uns entfernt lag.

Hatte man den eindrucksvollen Ehrenhof dieses Louis XIII-Anwesens mit seinem Sarazenenturm, das so gar nicht dem Stil von Pierre Mendès France entsprach, durchquert, gelangte man in einen schattigen Garten und zu einem sehr schönen Schwimmbecken, an dessen Rand sich die Diskussion wiederholt um die Situation im Nahen Osten drehte. Ich fand in Mendès' Analysen jene Mischung aus Vorausschau und Umsicht wieder, von der mir sein Standpunkt seit jeher gekennzeichnet zu sein schien: weit in die Zukunft blickend, ohne jedoch die Hindernisse auf dem Weg zu unterschätzen. Doch vor allem ließ er keinerlei Enttäuschung oder Bitterkeit über irgendwelche Undankbarkeiten erkennen. Ich habe ihn niemals die ihm zugefügten Kränkungen und genausowenig die Umstände, unter denen er stolperte, beklagen hören. Wenn wir in seiner Gegenwart bedauerten, daß Frankreich nicht länger von einem Denker wie ihm profitiere, um dem Land eine wahre politische Richtung zu geben, wies er dies als Hypothese, die sich nicht realisieren lasse, zurück.

Als ich 1981 bei meiner Rückkehr aus Genf zu meiner Überraschung ebenfalls zum *Commandeur de la Légion d'honneur* ernannt worden war, erhielt ich von Pierre Mendès France die Zusage, mein Fürsprecher sein zu wollen. Es war für mich das Jahr der Bestätigungen. Die Wahl François Mitterrands zum Präsidenten der Republik erfüllte unsere Erwartungen in vielerlei Hinsicht: Endlich löste die Linke die Rechte ab, und der Beweis war erbracht, daß die Institutionen der V. Republik einen solchen Wechsel nicht unmöglich machten. Die neue politische Führung bestand aus Freunden, denen unser Vertrauen galt, vor allem denen, die an dem mendésistischen Experiment teilgenommen hatten, wie Claude Cheysson, der »mein« Minister wurde, oder Jean-Pierre Cot, mit dem ich schon bald zusammenarbeiten sollte. Meine bis dahin eher abwechslungsreiche denn glänzende diplomatische »Karriere« wurde plötzlich auf eine für mich vollkommen unerwartete Weise durch die Ernennung zum *Ambassadeur de France* und die Verleihung des Nationalen Verdienstordens gekrönt. Ich brauche nicht zu sagen, wie sehr diese ehrenvollen Bestätigungen mich das großzügige Vertrauen spüren ließen, das mir mein Adoptivvaterland entgegenbrachte.

Seit Jahren ließ Mendès' Gesundheit nach. Bei jedem unserer Besuche in Montfrin, wo Marie-Claire seinen Ruhestand voller Eifer abschirmte, fanden wir ihn immer weniger interessiert am innenpolitischen Kampf und statt dessen konzentriert auf seine Bemühungen, eine Mittlerrolle zwischen Israelis und Palästinensern zu spielen, deren Schicksal ihm gleichermaßen am Herzen lag.

Der Sieg von François Mitterrand, für dessen Wahlkampagne er nicht sehr aktiv eingetreten war, weil er sie selbst als eine der fundamentalen Unzulänglichkeiten der V. Republik empfand, hatte ihn zutiefst bewegt, wie es die tränenreiche Umarmung der beiden Männer auf der Freitreppe des Élysée bezeugte. Er zweifelte jedoch weiterhin an den Vorteilen, die die Linke aus dem Regierungswechsel ziehen würde, und wenngleich er bedauerte, daß der Präsident ihn nicht häufiger um Rat fragte, bemühte er sich auch nicht gerade, ihn damit zu überschütten: Sein Weitblick ließ ihn sicher spüren, daß die Partie, die dort gespielt wurde, nicht die seine war.

Wir litten vermutlich mehr darunter als er. Dies nährte in uns erstmals die Distanz dem Präsidenten gegenüber, die seit dem Herbst auf die überschwengliche Begeisterung der Monate Mai/Juni folgte. Wie raffiniert er war! Wie geschickt, durch die Aufnahme der Kommunisten in die Regierung ihren Einfluß im Parlament zu mindern! Doch was war ihm bei den Anforderungen einer Wirtschaft, die es mit den Zwängen des liberalen Europa zu verbinden galt, von dem allgemeinen Aufwind, der am Abend des 10. Mai auf der Place de la Bastille geherrscht hatte, noch geblieben? Und wann würde endlich der Augenblick kommen, der französischen Afrikapolitik eine radikal neue Richtung zu geben?

Über all das sprachen wir wenig mit Mendès. Und doch war da eine Welle des Verstehens zwischen uns, die in dieser Wohnung in der Rue du Conseiller-Collignon, wo ich Francis Perrins Lobrede auf Mendès miterlebt hatte und wo ich diesmal derjenige war, der ausgezeichnet wurde, eine besonders freundschaftliche Form annahm. Mendès sollte uns einige Monate danach verlassen, wobei er nicht ohne Wehmut einen außergewöhnlichen Lebensweg beendete und seinen Landsleuten das Bild eines rigorosen entschlossenen Staatsmannes hinterließ, dem die Geschichte nicht erlaubt hatte, die Zukunft seines Landes so zu gestalten, wie er es vermocht hätte.

Wir haben geweint, haben die bewegende Rede von François Mitterrand auf der Place du Palais-Bourbon gehört, haben die Energie von Marie-Claire, der Gründerin des Institut Pierre-Mendès-France, zu würdigen gewußt. Während des folgenden Jahres war ich dessen Präsident, bis ich überstürzt und ein wenig ungehörig von Claude Cheysson abgelöst wurde. Daraufhin habe ich mich umgesehen, an wessen Seite ich einen neuen Aufgabenbereich übernehmen könnte. Ich war der Ansicht, es könnte an der Seite von Michel Rocard sein.

Ja, das politische »Wir«, mit dem ich mich seit Ende des Krieges solidarisch erkläre, ist das der Freunde, Mitarbeiter und Bewunderer von Pierre Mendès France. Und von all seinen Botschaften ist die folgende für mich die wichtigste geblieben: aus Frankreich mit Hilfe seiner Institutionen und seiner Rolle als bewegende Kraft in einem ehrgeizigen Europa den erfolgreichen Partner der Völker zu machen, die eine demokratische Entwicklung anstreben, und gleichzeitig sowohl deren Zugang zur politischen Unabhängigkeit als auch die Erschließung ihrer natürlichen und menschlichen Ressourcen zu fördern.

Was ist aus diesem Programm geworden? Darüber denke ich heute, 42 Jahre nach dem Sturz der Regierung Mendès France, nach. Der Mißerfolg ist offensichtlich, die Idee bleibt bestehen. Vielleicht war der Anspruch überzogen. Wie hätte es Europa gelingen sollen, etwas anderes als seinen Warenaustausch gemeinsam zu betreiben, wo sich doch der nationale Zement jeder seiner Mitglieder im Laufe der Jahrhunderte auf der Basis einer gesonderten Außenpolitik und einer auf der eigenen Verteidigung beruhenden Sicherheit gebildet hat? Wie hätte es aus einem Konglomerat von Gesellschaften entstehen können, von denen keine auf ihre Eigenheiten verzichten wollte, es sei denn zum Schutz gegen eine angeblich Rote Gefahr? Und vor allem, welche Kraft aus welchen Schichten ihrer Bevölkerung hätte es dazu anregen können, sich um die weiträumigen Regionen der Erde zu kümmern, wo ihre Fahnen nicht mehr flatterten und wo die Schwierigkeiten ständig größer wurden, einen Platz in der Weltwirtschaft zu finden?

Die Idee, der ich mich verschrieben habe, ist also entgegen jeglicher offensichtlicher Logik verfolgt worden und wird auch in Zukunft weiterverfolgt werden. Und diese Logik zurückzuweisen und fest daran zu glauben, die Gewißheit, daß es noch eine andere gibt, die den Bestrebungen des westlichen Menschen eher entspricht, definiert für mich das »Wir«, das mir unverzichtbar ist.

Kapitel 15

DER CLUB JEAN-MOULIN

Nach dem 13. Mai 1958 gilt unser ganzes Bestreben der Verteidigung der Demokratie. Niemand in meiner Umgebung nimmt die Geschehnisse in Algerien mit Beifall auf. Wir sind bestürzt über den Appell der Putschisten an General de Gaulle, dessen Rückkehr an die Macht uns ein Anachronismus zu sein scheint. Wie sollte er da nicht zur Geisel der Kolonisten und der putschenden Militärs werden? Falls er bereit wäre, sich ein zweites Mal zum »Retter Frankreichs« zu machen, müßte er unweigerlich die militärischen Operationen wiederaufnehmen, an deren Erfolg wir nicht glauben. Würde damit die Hoffnung, für das algerische Drama eine politische Lösung zu finden, nicht ein für allemal schwinden?

Die Schnelligkeit, mit der die IV. Republik zusammenbricht, und der nahezu einhellige Anschluß der politischen Gruppierungen an de Gaulle offenbaren uns die schwerwiegenden Mängel der demokratischen Praxis. So wie wir damals mitangesehen haben, daß der Indochinakrieg unsere Unabhängigkeit den USA gegenüber gefährdete, so ist der Algerienkrieg auf dem besten Wege, die Widerstandskapazität unserer demokratischen Institutionen für sich allein zu beanspruchen. Denn wir haben kein Vertrauen in de Gaulle. Wir, die wir die Verblendung der Antigaullisten aus London verurteilt hatten, waren nun schockiert über die nationalistische und reaktionäre Haltung des *Rassemblement du peuple français*. War aus der undurchsichtigen Person, dem General, durch Alter und Rachegefühle ein Feind staatsbürgerlicher Freiheiten geworden?

Diese Fragen mögen heute sehr naiv klingen. 1958 lassen sie sich nicht so einfach von der Hand weisen. Die »Gaullistischsten« der Kriegszeit, all jene, die von dem Aufruf des 18. Juni die Lektion des zivilen Ungehorsams gelernt hatten, reagierten als erste. Auf diese Weise wurde der Club Jean-Moulin ins Leben gerufen.

In den letzten Maitagen erhalte ich einen Anruf von Daniel Cordier. Er hat in einer Wohnung an der Place Dauphine ehemalige Kameraden aus der Résistance und dem Maquis versammelt, die damals mit Dynamit zu tun hatten. Er bittet mich dazuzukommen. Einige von ihnen waren miteinander in Kontakt geblieben. Man würde die alten Netze wiederherstellen und, wenn nötig, erneut in den Untergrund gehen. Die politische Lage ist dabei, sich zu verändern, und die ersten öffentlichen Erklärungen des Generals zeigen, daß er an der Republik festhält. Cordier und ich plädieren für Vorsicht. Bevor man handelt, gilt es, sowohl über die Ursachen der Krise als auch über die Mittel und Wege nachzudenken, wodurch sich die demokratischen Werte, die uns der *Conseil national de la Résistance* vermacht hat, bewahren lassen. Also eine politische Partei? Davon gibt es bereits zu viele, und sie haben sich kaum bewährt. Demnach ein Club wie 1789? Etwa wie der Club der Jakobiner? Ich spreche mich für eine Gruppierung nach dem Vorbild der englischen Fabian Society aus, die – Ende des letzten Jahrhunderts gegründet – die Grundlagen für die Labour Party schuf, ohne je mit ihr zu verschmelzen.

Mit einigem Zögern akzeptieren die bei Daniel Cordier versammelten Kameraden diese »Neuorientierung« ihres Vorhabens. Ein Name muß gefunden werden. Wir gehen die großen Begriffe der Vergangenheit durch: »Freiheit«, »Demokratie«, »Republik«. Wir empfinden sie als abgenutzt. Ich sehe Daniel an, der in der Résistance der engste Mitarbeiter von Jean Moulin gewesen ist. Ich denke an die Rolle, die dieser junge Präfekt gespielt hat, an sein unter den Franzosen unserer Generation nach wie vor untadeliges Prestige, und schlage vor, unser Projekt *Club Jean-Moulin* zu nennen.

Einer der Teilnehmer an diesem ersten Treffen, Claude

Aptekman, wohnte in einem Haus in der Avenue Henri-Martin. Das Viertel war nicht gerade das demokratischste von Paris, aber die Wohnung groß genug, um als Versammlungsort für unseren Club zu dienen, von dem wir hofften, daß seine Mitgliederzahl rasch zunehmen würde. Das war unser erster Sitz. Die Anlaufzeit war kürzer als erwartet. In seinem bescheidenen Anspruch kam unser Vorhaben nämlich dem Bedürfnis zahlreicher Funktionäre und Führungskräfte nach Reflexion und Gedankenaustausch entgegen. Sie verspürten die Notwendigkeit einer Veränderung der französischen Gesellschaft, akzeptierten die Mission, die General de Gaulle übernommen hatte, fürchteten jedoch, daß diese die Werte, als deren Erben sie sich empfanden, langfristig schädigen könnte.

Selbst wenn der Club Jean-Moulin nur zehn Jahre bestehen sollte, selbst wenn ich in den letzten vier dieser zehn Jahre durch meine diplomatischen Aufgaben von ihm ferngehalten wurde, ist und bleibt diese Vereinigung verantwortungsbewußter Bürger mein intensivstes staatsbürgerliches Abenteuer. Es galten besondere Statuten: die Anonymität der Texte, die Weigerung, Politiker als Mitglieder in den Club aufzunehmen, das Bekenntnis zu einer Charta, die, von Étienne Hirsch und Jean Ripert verfaßt, im Namen aller verbreitet wurde. Es war kein heimliches »Wir«, wie es die Mission Greco des Jahres 1944 für mich gewesen war, sondern ein verhaltenes »Wir«, intim genug für die, die dazugehörten, eher undurchsichtig und diskret für die Außenwelt. Ich suchte unter den zahlreichen Kameraden nach Antworten auf Fragen, die mir am Herzen lagen: die Umwandlung eines imperialen in ein partnerschaftliches Frankreich, die Bildung eines demokratischen und verantwortungsbewußten Europa, die Stärkung der weltweiten Institutionen zur Sicherung von Frieden und Entwicklung.

Der Club Jean-Moulin besaß niemals einen Präsidenten. Für die Koordination sorgte ein leitendes Gremium. Da es auf dem Prinzip der Kooptation basierte, mußte es sich nie einer Wahl unterziehen. Seine Zusammensetzung variierte je nach Verpflichtung der einzelnen Mitglieder. Ich gehörte von 1958 bis 1964, dem Zeitpunkt meines Aufbruchs nach Algerien, dazu. Aber da wir ein- oder zweimal im Jahr Plenarkolloquien in der Abbaye de Royaumont abhielten und jemand bei diesen Sitzungen präsidieren mußte, hatte man mich in stillschweigender Übereinkunft und wegen meiner langjährigen Zugehörigkeit zum Club mit dieser Aufgabe betraut, die ich stets mit großem Vergnügen wahrnahm. Am interessantesten war es, über das interne Funktionieren des Clubs zu wachen, für das uns Michel Crozier besonders sachdienliche Gedanken lieferte.

Wir hatten unterschieden zwischen thematischen Kommissionen, in denen Texte erarbeitet wurden, und Leseausschüssen, in denen diese von Nichtspezialisten aufs genaueste unter die Lupe genommen wurden. Sie sollten darauf achten, daß die Bücher dem »normalen« Bürger verständlich waren. Diese Methode war von der Kommission für Organisation und Methodik erläutert und festgelegt worden, der Crozier vorstand und in der Vitia arbeitete. Letztere ist ständig mit den Aktivitäten des Clubs in Verbindung geblieben.

Glücklicherweise konnten wir uns von Anfang an auf Paul Flamand stützen, der die Éditions Seuil leitete, ein Mann mit Weitblick, Spürsinn und kritischem Geist, der uns seine Mittel zur Verfügung stellte, ohne die nichts möglich gewesen wäre. Er riet uns, ein Buch zu schreiben, zog zusammen mit uns, als es darum ging, wer federführend sein sollte, zunächst Jean Bergstrasser, dann Georges Suffert in Betracht und nahm während der ersten Jahre stets an unseren Debatten teil. Er befürchtete wie ich eine »Politisierung« des Clubs, dessen Stärke er in der »ethischen« Distanznahme zur Macht sah. Der im leitenden Gremium vorherrschenden Einstellung der »Staatsdiener« stand selbstverständlich eine »aktivistischere« Denkweise unter den Mitgliedern aus Presse und liberalen Berufen gegenüber.

Wie im Fall unseres ersten Generalsekretärs Georges Suffert. Er wurde zum Streitpunkt zwischen Vitia und mir. Nachdem sie auf Anhieb seinen Narzißmus erkannt hatte, mißtraute sie seinen Initiativen. Ich war ihm dankbar für seine Energie und schätzte sein schriftstellerisches Können, das dazu beigetragen hat, daß aus unserer ersten Veröffentlichung, *L'État et le Citoyen*, ein Buch wurde, das man noch heute mit Gewinn liest. Sein pausbäckiges Gesicht und sein etwas kindliches Lächeln rührten mich damals. Ich konnte ihm nicht verübeln, daß er aus dieser Aufgabe, in die wir ihn so stark eingebunden hatten, Nutzen zu ziehen suchte. Er wünschte sich, daß der Club mehr im politischen Leben präsent gewesen wäre und sich nicht in langen Reflexionen verloren hätte.

Als Jean-Jacques Servan-Schreiber 1963 Kontakt zu ihm aufnahm, weil er im *L'Express* eine Kampagne zur Präsentation eines »Monsieur X« plante, der General de Gaulle während der für 1965 vorgesehenen Präsidentschaftswahl matt setzen würde, ließ Suffert sich dafür gewinnen. Würde sich der Club an dieser Kampagne beteiligen? Der Politiker, den Servan-Schreiber im Sinn hatte, war Gaston Deferre, den viele unter uns von seinen Aktivitäten in der Résistance her kannten und schätzten. Daher unternahmen wir einen etwas ungewöhnlichen Vorstoß bei ihm. Wir waren fünf, die in eigenem Namen sprachen, jedoch glaubten, die Meinung des ganzen Clubs zu vertreten. Falls Gaston Deferre die nötige Initiative für eine Kandidatur ins Élysée ergreifen würde, könne er mit unserer lebhaften Sympathie rechnen. Deferre empfing uns sehr herzlich und versprach, darüber nachzudenken.

Wir hatten den Zusammenhalt im Club bei diesem von Suffert eingeleiteten Schritt überschätzt. Nicht nur Deferres Versuch ist gescheitert, sondern es ist auch so etwas wie ein Bruch in der Entwicklung des Clubs davon zurückgeblieben. Ein Jahr später überließ Suffert Jacques Pomonti den Posten des Generalsekretärs.

Ich habe kürzlich die *Mémoires d'un ours* gelesen, worin Suffert seine Sicht des Club Jean-Moulin und seiner Beziehungen zu dessen Mitgliedern darlegt. Es ist ein Text, in dem die Sensibilität eines Dünnhäutigen zutage tritt, der für einen Dickhäuter gehalten werden möchte. Seine Kritik am Club ist bedauerlich und schockierend. Darin liegt nicht – ich bin überzeugt davon – der Grund für seine große Wendung nach rechts, die ihn bis in die Kolumnen des *Figaro* gebracht hat. Ich sehe darin eher eine seltsame Trotzreaktion wie bei einem ungeliebten Kind. Schade für ihn.

Was die grundsätzliche Frage betrifft – Soll ein Club sich engagieren, das Zünglein an der Waage sein, zu den Tagesereignissen Stellung beziehen? –, so ist sie nicht leicht zu entscheiden. Verliert man seine moralische Autorität, indem man sich in die Arena kleinlicher Rivalitäten begibt? Was nützt andererseits diese Autorität, wenn sie sich in einen Elfenbeinturm einschließt?

Diese ohne Zweifel unlösbaren Fragen lasteten schwer auf der Existenz des Club Jean-Moulin, bis sie am Ende sogar den freundschaftlichen Zusammenhalt untergruben. Aber sie verhinderten es in den ersten sechs Jahren nicht, ernsthaftere Fragen zu behandeln, bei denen es vornehmlich um das Frankreich der Jahrhundertmitte ging: die Lösung des Algerienkonflikts, die Dekolonisierung, die Erneuerung der demokratischen Institutionen und die Entstehung einer verantwortungsbewußten Staatsbürgerschaft, die Entwicklung eines wirtschaftlichen und politischen Europa, die Reform der Betriebe und ihres Verhältnisses zum Staat. Für all diese Themen stellte der Club das Forum der Verständigung und Aussprache dar, das seiner besonderen Bestimmung entsprach: ein Netz manchmal weitgespannter, manchmal enggefaßter Begegnungen, eine sehr lockere und zugleich sehr tendenziöse Gastlichkeit und schließlich eine Veröffentlichung, die wir alle namentlich unterzeichneten.

In meinem Gedächtnis stellt der Club heute ein solidarisches

Ganzes dar, und wenn mich bei einer zufälligen Begegnung irgend jemand daran erinnert, daß wir beide dessen Mitglieder gewesen sind, überkommt mich ein eher vages Gefühl von Brüderlichkeit. Dennoch war eines der Charakteristika des Unternehmens die extreme Vielfalt der Talente, die dort zum Tragen kam. Wenn auch die Staatsdiener, die man in Frankreich nicht ohne Liebedienerei die »hohen Beamten« nennt, zahlreich vertreten waren und die Universitätsprofessoren hinnahmen, daß ihrem freimütig ausgeteilten Wissen widersprochen wurde, so kam doch die wahre Bereicherung wie in allen Vereinigungen, denen ich angehörte, von den Randgestalten. Daniel Cordier war einer von ihnen. Sein politischer Weg von der höchst traditionellen Rechten zur kompromißlosesten demokratischen Gesinnung eines Republikaners hatte seine Sensibilität für ethische Fragen geschärft, die ihn alles andere als kalt ließen.

Gérard Horst, der seine Bücher unter dem Pseudonym André Gorz und seine Chroniken in *Le Nouvel Observateur* unter Michel Bosquet veröffentlicht, vertrat bereits damals seine ganz eigene und zukunftsweisende Sicht der wirklichen Herausforderungen der zweiten Hälfte des Jahrhunderts. Er war am linken Flügel des Clubs zusammen mit den Syndikalisten angesiedelt, die am wenigsten orthodox waren, wie Gonin und vor allem Provisor. Gérard und seine Frau Doreen spielten in unserem Privatleben eine wichtige Rolle. Gleich bei unseren ersten Begegnungen hatte ich in ihm meinesgleichen erkannt: auch er deutscher Abstammung, auch er ein Anhänger der Sartreschen Botschaft, auch er Kosmopolit. Sein erster Roman *Le Traître* hatte Vitia und mich erschüttert. Gérard schien uns von einem unstillbaren Durst erfüllt zu sein, die Welt zu verstehen und aus seinen Gedanken Konformismus und Ideologien zu verbannen. Er verkörperte nicht nur den Revolutionär, überzeugt, die Probleme seiner Zeit lösen zu können, sondern auch jemand, der unermüdlich nach einem Weg zu mehr Gerechtigkeit und Menschlichkeit sucht. Dennoch konnte er über gewisse Themen einen

Vortrag halten, der keinen Widerspruch duldete, was mich aus der Fassung brachte. Seine ausgefeilte, rationale, von einem umfangreichen internationalen Beweismaterial untermauerte Argumentation war von mir nicht zu widerlegen. Eines der Dinge, die ich wirklich bedauere, ist, daß wir bei der Rastlosigkeit unseres Lebens keinen dauerhafteren Kontakt zu diesen beiden nahezu ätherischen Gestalten, Doreen und Gérard, aufrechterhalten konnten. Vitia war von der menschlichen Qualität der beiden eingenommen, die in unseren Augen ebensogut zueinander paßten wie wir. Sie hatte Verständnis für die liebevolle Art, mit der Doreen die ständig suchende Intelligenz Gérards umgab, die ich beglückt in seinen *Fondements pour une morale* entdeckte, einem Monument an beharrlicher, eigenständiger Forschung, und erst kürzlich wieder in seinem großen Werk *Métamorphose du travail, quête du sens, critique de la raison économique.* Die Thesen, die er dort entwickelt, haben das Denken der Gruppen inspiriert, mit denen mich heute am meisten verbindet: die Zeitschrift *Transversales* und der *Cercle Condorcet.* Im Club Jean-Moulin hielt Gérard Horst sich zurück, da er unsere Texte für zu konventionell hielt, doch sein Einfluß war nicht zu übersehen.

Aber der Mann, dessen Überzeugungskraft mich dank des Club Jean-Moulin am meisten beeindruckt hat, ist Jacques Delors. Er war Organisator seines eigenen Clubs, *Citoyen 60*, der zwei Jahre nach dem unsrigen gegründet worden war und einen ähnlichen Weg beschritt, selbst wenn der christliche Ansatz seines Denkens unter den »laizistischsten« unserer Mitglieder gelegentlich Funken sprühen ließ. Zwischen Jean-Moulin und *Citoyen 60* fand ein ständiger Austausch statt, der sowohl uns als auch die anderen auf eine noch ehrgeizigere Beteiligung an der Entwicklung des politischen Lebens in Frankreich vorbereiten sollte.

Diesen mir so wertvollen »Clubgeist« habe ich fünf Jahre nach Auflösung des Club Jean-Moulin in der neuen, 1973 von

Delors gegründeten Vereinigung wiedergefunden. Delors wollte zunächst diesem Unternehmen ein zeitliches Ende setzen, indem er ihn mit einer schlichten Zahl benannte: 73–80, der siebenjährigen Amtszeit eines Präsidenten. Ich setzte den Namen *Échange et Projets* durch, der das Bemühen unterstrich, ökonomischen, sozialen und politischen Neuerungen Gehör zu schenken, die sich in der französischen Gesellschaft abzeichneten und die es aufzuspüren und zu fördern galt. Dieses Bemühen hatte im Club Jean-Moulin gefehlt.

Genau dafür sollten sich auch zwölf Jahre später Michel Rocard mit seinen Clubs *Convaincre*, dann Claude Julien mit seinen *Cercles Condorcet* einsetzen. Ich war an all diesen Unternehmungen beteiligt, trotz der Vorbehalte all derer, die darin nur leeres Gerede unter Gleichgesinnten sahen, ohne Einfluß auf das, was in der Welt wirklich vor sich ging, und ohne auf die konkrete Entwicklung der Gesellschaft einwirken zu können. Und dennoch bildet sich dort allmählich ein »Wir« heraus, das nicht gewillt ist, sich aus der Welt, wie sie nun einmal ist, zurückzuziehen, sondern den Blick auf eine Welt richtet, die es zu gestalten gilt.

Kapitel 16

ASIEN

Im Frühjahr 1993 wurde ich eine Woche lang zu Gesprächen mit den Behörden Taiwans über Methoden und Techniken der öffentlichen Entwicklungshilfe nach Taipeh eingeladen. Diese von sämtlichen Industrienationen praktizierte Dimension der Diplomatie ließ dieser Nation mit ihrem zweifelhaften Status offenbar keine Ruhe. Taiwan war schon seit 20 Jahren nicht mehr internationaler Vertreter Chinas (seine Rolle von 1949 bis 1972). Doch es forderte seinen Platz, den ihm Peking streitig machte, als einflußreicher Partner der Entwicklungsländer nicht nur des Pazifikraums, sondern auch Südostasiens, Afrikas und sogar Lateinamerikas. Da es über eine der bedeutendsten Devisenreserven der Welt verfügte, fragte man sich in Taiwan, wie diese zur Stärkung seines Status zu nutzen seien. Ich hatte diese Einladung um so bereitwilliger angenommen, als ich mit meinen 75 Jahren die chinesische Zivilisation leider noch immer nicht kennengelernt hatte, nachdem ich 47 Jahre zuvor meinen Posten in Tschungking gegen den in New York eingetauscht hatte.

Zu zwölft machten wir uns an die Bewältigung dieser höchst seltsamen diplomatisch-pädagogischen Aufgabe: so objektiv wie nur irgend möglich das durch unsere jeweiligen Institutionen – die Weltbank, die amerikanische, die japanische, die skandinavische, die britische und die französische Entwicklungshilfe – in die Wege geleitete Vorgehen darzulegen. Unsere Gastgeber hatten uns in einem Hotel im Zentrum der Stadt untergebracht, auf halber Strecke zwischen dem Mausoleum von Sun Yat-sen und dem noch monumentaleren des Marschalls Tschiang Kai-schek. Von einem Taiwanesen, dem Vizepräsidenten der Weltbank, durch Taipehs belebteste Viertel geführt, atmete ich tief die

Gerüche Chinas ein. Da war es, dieses China, vom Kontinent durch die Anführer des Kuomintang mitgebracht, die Pekings Schätze herübergeschafft hatten und in einem bemerkenswerten Museum für Kunst und Archäologie ausstellten. Dort sah man in einem riesigen Saal, an allen vier Wänden auf zwei Ebenen, unten die einzelnen Etappen der chinesischen Kultur seit dem dritten Jahrtausend vor unserer Zeitrechnung, oben die Werke der restlichen Welt in den entsprechenden Epochen. Verglichen mit der erhabenen Kontinuität der unteren Ebene bildete der Trödel der oberen einen krassen Gegensatz.

Bei Einbruch der Dunkelheit zeigte unser Führer uns einige Tempel mit ihren graziös geschwungenen Dächern, in denen bei Musik und Weihrauchwolken Zeremonien und Darbietungen stattfanden. Dann durchquerten wir eine Galerie mit lauter farbenprächtigen Ständen. An manchen zeigten Männer giftige Schlangen, die sie mit erstaunlicher Gewandtheit packten, ihnen mit einer eleganten, geschickten Geste die Haut abzogen und das für seine aphrodisierende Wirkung bekannte Blut aussaugten.

An einem anderen Abend hatte ich mich allein in sehr enge Gassen gewagt, wo ich auf eine bescheidene, mit Blumen und bunten Statuetten geschmückte Pagode stieß, von der eine beruhigende Wärme ausging. Plötzlich wurden die Bilder der beiden mit Vitia und zweien meiner Kinder in Saigon verbrachten frühen Jahre wieder lebendig, Bilder, die ich heraufbeschwören will, solange sie ihre Farbigkeit noch nicht gänzlich eingebüßt haben.

Pierre Mendès France hatte den Matignon verlassen, und ich mußte mir einen neuen Posten suchen. Ich sehnte mich danach, Paris, dieser Stadt, die sich unserem großen Mann gegenüber so schlecht benommen hatte, den Rücken zu kehren. Henri Hoppenot schlug mir vor, ihn nach Vietnam zu begleiten, wohin er ein Jahr nach dem Genfer Abkommen mit der unmöglichen

Mission geschickt worden war, an Ort und Stelle für die Erfüllung der Verpflichtungen zu sorgen, die die Vertragspartner unterzeichnet hatten: die Vereinigung Vietnams vorzubereiten und die künstliche, vorläufige Demarkationslinie des 17. Breitengrades aufzuheben, indem in beiden Zonen demokratische Wahlen durchgeführt werden sollten mit dem Ziel, daraus eine Regierung der nationalen Einheit zu bilden.

Wer glaubte noch an diesen Plan? Gewiß weder die Familie Ngo Dinh Diems, die die gesamte Macht in Südvietnam auf sich vereinte, noch die Regierung der Vereinigten Staaten, wo John Foster Dulles die Politik des *roll back* vertrat, für die er die Mitgliedsstaaten der Organisation des Südostasienpakts – ein mediokres asiatisches Pendant zur NATO – angeworben hatte, und nicht einmal die französische Regierung, die sich trotz ihres gewohnten Strebens nach Unabhängigkeit den amerikanischen Thesen gegenüber kaum nach dem von Pierre Mendès France vorgegebenen Kurs richtete. Um diese Haltung glaubhaft werden zu lassen, die allein eine friedliche und menschliche Lösung auf dieser durch acht Kriegsjahre bereits schwergeprüften Halbinsel hätte herbeiführen können, hätte man eine entschlossene Diplomatie entfalten, Moskaus Unbeugsamkeit überwinden und mehr Nutzen aus Tschou En-lais Spürsinn ziehen müssen.

Einer solchen Diplomatie hätte unser Botschafter Henri Hoppenot gern zum Sieg verholfen. Er war ein hochkultivierter Mann und großer Kenner moderner Kunst, worin er Henri Laugier ähnelte. (Ich hatte immer das Glück, an der Seite von glühenden Verehrern der Malerei zu arbeiten.) Seine Frau Hélène war ebenso kultiviert wie er und darüber hinaus eine hervorragende Fotografin. Meine Mutter war mit dem Paar befreundet und hatte unser Zusammentreffen möglich gemacht. Daher behandelte er mich von Anfang an mit einer Art väterlicher Zuneigung, für die ich sehr empfänglich war. Als wir im Juli 1955 den Fuß auf das Flugfeld von Tan Son Hut setzten, warf er einen langen Blick auf die zu seiner Begrüßung erschienenen

Franzosen und raunte mir den knappen Satz zu: »Viel zuviel Lametta, das muß alles weg...«

Hoppenots Berufung nach Saigon sollte eine große, unter der Schirmherrschaft von Alexis Léger – von dem er Briefe in einer wunderbaren Handschrift aufbewahrt hatte – begonnene Karriere krönen. Zuletzt war er Botschafter bei den Vereinten Nationen in New York gewesen. Ich hatte ihn dort bei der Vollversammlung des Jahres 1954 kennengelernt, vor der Pierre Mendès France die Positionen Frankreichs darlegte. Hoppenot war der Gruppe der ständig um Mendès France kreisenden Berater weit überlegen. Er hatte mich durch seine Hartnäckigkeit, mit der er um die Ausgewogenheit eines Textes gerungen hatte, wozu jeder seinen Senf hinzuzugeben suchte, beeindruckt. Mendès, der großes Vertrauen in ihn setzte, hatte gleich nach dem Genfer Abkommen bei ihm vorgefühlt, ob er eventuell bereit sei, mit dem Titel eines Hochkommissars und Sonderbotschafters, der ihm eine Art inoffizielle Autorität über unsere Vertreter in Phnom Penh und in Vientiane verleihen würde, so bald wie möglich die Nachfolge von General Ely in Saigon anzutreten.

Henri Hoppenot war nicht auf die ungehörige Art und Weise gefaßt, mit der er von dem südvietnamesischen Präsidenten Ngo Dinh Diem empfangen wurde. Wie wir wußten, haßte dieser Mendès France, lehnte das Genfer Abkommen ab, bezichtigte Frankreich, die Katholiken im Norden dem kommunistischen Regime ausgeliefert zu haben, und zählte einzig und allein auf die Amerikaner, um seine Machtposition zu festigen und die Vereinigung des Landes zu verhindern.

Um seiner Frankophobie zu begegnen und eine gewisse französische Präsenz aufrechtzuerhalten, hatten wir nur noch wenige Trümpfe in der Hand. Wir konnten selbstverständlich weder seine politischen Gegner unterstützen, die »Sekten« Cao Dai und Hua Ho – verschwindend kleine und nur vereinzelt auftretende Gruppierungen, Adepten einer synkretistischen und magischen Religion, eher Banditen als Gläubige –, noch etwa die Buddhisten, die zehn Jahre später sich wieder erheben und das Regime unterhöhlen sollten, durch den Krieg jedoch vorerst in den Untergrund gegangen waren. Ngo Dinh Diem interessierte sich mehr für unsere Kautschukplantagen und unsere Eisdielen und ahnte, daß er nicht allzu sehr Anstoß an ihnen nehmen durfte. Unsere weltlichen und republikanischen Lycées, denen der Kulturreferent der Botschaft nicht ohne Spott die Namen von Colette und Jean-Jacques Rousseau gegeben hatte, waren ihm ebenso wie seinem Bruder, dem Bischof (und kurz darauf Kardinal) Ngo Dinh Tuc, ein Schrecken.

Das von den Verhandlungspartnern mit größter Sorgfalt ausgearbeitete Genfer Abkommen verlieh uns Anspruch auf ein riesiges Anwesen mit Gebäuden, entstanden durch und im Hinblick auf den Krieg, im Unterschied zu denen, die die Regierung von Bao Dai, als das Land noch vereint war, finanziert hatte. Darunter das Arsenal, der Palast von Gia Long, eines der bedeutendsten Bauten Saigons, und noch zahlreiche andere allzu sehr ins Auge fallende Häuser. Unser Jurist, der die letzten Jahre vor Dien Bien Phu erst in Hanoi und dann in Saigon verbracht hatte, war Jean-Jacques de Bresson. Er kannte sich bestens in den Implikationen der unterzeichneten Texte aus und trat mit großer Entschiedenheit für unsere Rechte ein. Aber die Hartnäckigkeit der Regierung Ngo Dinh Diems ließ dergleichen staatliche Verhandlungen zu einem höchst frustrierenden Erlebnis werden.

Die Mitarbeiter der Französischen Botschaft zeigten das für schwierige Zeiten typische Verhalten, bei dem man sich an die Ironie, ja, zuweilen an den Sarkasmus klammert. Henri Hoppenot ließ uns gewähren und wahrte seinerseits ganz die Würde eines Veteranen. Was ich über Diplomatie weiß, habe ich von ihm gelernt: im wesentlichen nicht nachzugeben, alles zu unternehmen, damit das Gegenüber nicht sein Gesicht verliert; vor allem aber seine Mitarbeiter wie eine Mannschaft, die ihre Arbeit liebt, weil sie ihr entschieden und klar erläutert wird, um sich zu sammeln. Allmorgendlich rief Hoppenot uns zu sich, hörte sich an, was wir zu sagen hatten, und gab uns seine Instruktionen. Dann kehrten wir mit präzisen Aufgaben in unsere Büros zurück.

Lag es an dieser außergewöhnlichen Atmosphäre, daß ich eine so hohe Meinung von meinen Saigoner Kollegen hatte? Oder sehnte ich mich nach der Auflösung von Mendès' Mitarbeiterstab ganz einfach nach Bewunderung und Freundschaft? Jedenfalls ist mir von dieser Versetzung, die weniger als zwei Jahre dauern und mit einem Mißerfolg auf der ganzen Linie enden sollte, die Erinnerung an einen echten Zusammenhalt geblieben. Vom Botschaftsrat bis hin zur kleinsten Sekretärin haben sie mir alle etwas beigebracht, und später bin ich während meiner Laufbahn dem einen oder anderen mit großer Rührung wiederbegegnet, vor allem Jean-Pierre Dannaud, der vor kurzem starb, und Jean-Jacques de Bresson, mit dem ich bei meinen Auseinandersetzungen in Fragen der Immigration noch heute zusammentreffe.

Von Saigon aus gesehen, machte die Entwicklung der politischen Lage Frankreichs zwischen Juli 1955 und Januar 1957 einen höchst betrüblichen Eindruck. Gewiß war es Edgar Faure, dem wir die Art und Weise, wie er in Mendès Frances Fußstapfen getreten war, nur schwer verzeihen konnten, gelungen, die von seinem Vorgänger eingeleitete Dekolonisierungspolitik in Nordafrika fortzuführen. In Algerien suchte man jedoch vergeblich nach Partnern, um einen neuen Status festzulegen, der die Aufständischen des Soummam hätte besänftigen können.

Die Wahlen von Dezember 1955 und der Erfolg des *Front républicain* waren uns wie eine unverhoffte Revanche erschienen, dank derer wir die von Mendès eingeleiteten Schritte würden wiederaufnehmen können. Um so niederschmetternder war es für uns, mitansehen zu müssen, wie schnell unser großer

Mann ins Abseits getrieben wurde. Wie hatte Guy Mollet, ohne sich zu verteidigen, der Feindseligkeit der Kolonisten nachgegeben und den von Jacques Soustelle begonnenen Verhandlungsversuch aussetzen können?

In unseren nur unzulänglich klimatisierten Saigoner Villen diskutierten wir mit Zivilisten und Militärs, wobei erstere unter Berufung auf den Präzedenzfall Dien Bien Phu jegliche Aussicht auf einen Sieg mit Waffengewalt verwarfen und letztere daran gemahnten, daß man nur aus einer starken Position heraus verhandeln könne. Eine schwer zu entscheidende Debatte, zumal eine Lösung immer von den jeweiligen Umständen abhängt. Ich brauche wohl nicht zu erwähnen, daß wir, als es 1956 Schlag auf Schlag zur Entführung von Ben Bellas Flugzeug und zum unglückseligen Suezkrieg kam, bestürzt waren.

Um dem Klima Saigons, das häufig schwer zu ertragen war, zu entkommen, organisierte die Botschaft Kurzaufenthalte in den Bergen, in Da Lat, wo es kühl war. Dort gab es einfache, aber komfortable Holzhäuser, in denen wir uns trafen und, unter Flamboyanten und Jakaranda-Bäumen wandelnd, Informationsfetzen, die aus unseren Kontakten mit den vietnamesischen Führern stammten, miteinander austauschten. Mein wichtigster Gesprächspartner war der Bruder des Präsidenten, Ngo Dinh Nhu, dessen Frau, die berühmte Madame Nhu, bereits damals als Ratgeberin des Präsidenten Diem galt, den sie überleben und mit ihrer ganzen bewundernswerten Kraft zu rächen suchen sollte.

Im Jahre 1955 war sie jedoch noch blutjung und kokett und begrüßte mich lächelnd, während wir mit ihrem Mann, dem ehemaligen Dozenten an der École normale, über Thesen von Sartre und Camus diskutierten. Ihr Haus in Da Lat war prunkvoller als unser Chalet, und ich nahm dessen großzügige Gastlichkeit als Zeichen für die Umkehrung unseres jeweiligen Status an. Jetzt gaben sie – und nicht länger wir – den Ton an. Unsere Gespräche führten nie sehr weit, dazu war Ngo Dinh

Nhu in politischen Fragen viel zu vorsichtig, aber wir gingen schon bald zum Scrabble über, das er meisterlich beherrschte.

Eine weitere Aufgabe, die mir oblag, war die Pflege des Kontakts zur Botschaft der USA, wozu ich dank meiner New Yorker Jahre und meiner englischen Sprachkenntnisse prädestiniert war. Die Botschaft wurde von Freddie Reinhart, einem äußerst liebenswürdigen Diplomaten, geleitet, dessen Intelligenz ich schätzte. Ich hatte den Eindruck, als sei er gewissermaßen gegen seinen Willen mit der Aufgabe betraut worden, Frankreich von all seinen Positionen in Vietnam zu vertreiben und unsere Botschaftsräte für Militär, Wirtschaft und Kultur durch amerikanische zu ersetzen, darüber hinaus Diem darin zu bestärken, jegliche Annäherung an den Norden abzulehnen, ihn von Washingtons Vertrauen zu überzeugen, den immer häufigeren schamlosen Angriffen der Regierung auf die Demokratie gegenüber die Augen zu verschließen, mitanzusehen, wie der ehemalige Verbündete aus Kriegszeiten, Frankreich, seiner Positionen beraubt wurde, an denen wir festzuhalten versuchten: All das dürfte nicht gerade angenehm für ihn gewesen sein. Dabei war es gleichzeitig eine Art Roulette. Ihm persönlich widerstrebte es, dabei mitzuspielen, weil er Henri Hoppenot ungemein schätzte. Seine Mitarbeiter zeigten jedoch eine allzu offenkundige Freude daran. Vor allem eine temperamentvolle junge Frau, die wir Anita nannten und die auf allen Saigoner Cocktailparties anzutreffen war. Als ich ein paar Jahre später Graham Greenes *The Ugly American* las, staunte ich, wie realistisch seine Porträts waren. Wir ahnten vage, daß die Amerikaner sich in eine Sackgasse hineinmanövrierten, daß ihre Unterstützung keines der eigentlichen Probleme der Region löste und daß Colonel Lansdales ausgeklügelte Manöver, mit denen er die ersten Infiltrationen der Guerilleros aus dem Norden konterte, zum Scheitern verurteilt waren. Es kam jedoch nicht in Frage, dafür den Beweis zu liefern. Unsere Niederlage in Dien Bien Phu ließ uns nichts anderes übrig, als zu schweigen; noch konnte diese der Supermacht in ihrem Kampf gegen die »Rote Gefahr« nicht als Lektion dienen.

Unsere Ausflüge nach Da Lat und die vereinzelten Besuche in Nha Trang, Ban Me Thuot oder am Kap Saint-Jacques gaben uns nur eine begrenzte Vorstellung von der Schönheit Vietnams. Wir bedauerten, weder nach Hanoi oder Haiphong fahren noch die Bucht von Ha Long besuchen zu können, die unsere Kollegen in höchsten Tönen priesen. Ich erinnere mich jedoch an drei längere Reisen.

Die erste ermöglichte es uns, Kambodscha kennenzulernen. Damals, im Jahr 1956, war es noch jenes gastfreundliche, sinnenfreudige Land, in dem die Priester sich in ihrer abgeklärten Weisheit mit der anmutigen Freizügigkeit der Einwohner und Einwohnerinnen von Phnom Penh und den tanzenden Figuren auf den Basreliefs von Angkor abfanden. Unser Botschafter bei Sihanouk sorgte dafür, daß wir im Palast empfangen wurden, und ich bewunderte, mit welchem Scharfblick der Prinz und Henri Hoppenot die Risiken einer von John Foster Dulles betriebenen amerikanischen Politik und ihre Bedeutung für das Gleichgewicht der Halbinsel analysierten. Sihanouk verschonte auch nicht die Politik der französischen Regierung, die sich von den durch Pierre Mendès France festgelegten Zielen entfernt hatte. Dafür lobte er die Arbeit der École française, deren Archäologen das herrliche Kulturerbe von Angkor zu erhalten suchten.

Wir haben natürlich diese Reise genutzt, um so weit wie möglich in dieses Gewirr von Bäumen und Steinen vorzudringen, wo jeder an der Biegung eines Hochwaldes plötzlich auftauchende Tempel zur inneren Sammlung gemahnt. Der Blick erhebt sich zunächst zu den Kuppeln, die diese imposanten Bauten überragen, dann gleitet er zu den Friesen hinab, die ihre Sockel zieren und auf denen die Apsaras tanzen. Mehr noch als der Angkor Vat ist mir von allen halb verschütteten, halb freigelegten Schätzen der Bayon Tempel als das Kleinod dieser architektonischen Ordnung mit ihrer eleganten, üppigen Fülle von Skulpturen im Gedächtnis geblieben.

Eine weitere Reise führte uns in die Nähe des chinesischen Kontinents, mit einem Zwischenstopp in Bangkok und einem zweitägigen Aufenthalt in Hongkong. Diese beiden Metropolen waren noch nicht von der ausufernden, unkontrollierten Urbanisierung ergriffen worden, wodurch sie in den vergangenen 20 Jahren einen großen Teil ihres Charmes verloren haben. Mag unser Besuch auch noch so kurz gewesen sein – an die vergoldeten Pagoden Thailands und die anmutigen Dschunken Aberdeens habe ich die herrlichsten Erinnerungen.

Die dritte Reise außerhalb unseres Südvietnams war für mich die bewegendste. Unser Botschafter in Neu-Delhi, Graf Ostrorog, einer der ersten französischen Diplomaten, der sich 1942 dem Freien Frankreich anschloß, hatte seine Freunde, die Hoppenots, zu sich eingeladen, und der Botschafter war so freundlich, mich mitzunehmen. In dem schönen, großen Park der Französischen Botschaft wurden wir Premierminister Nehru und dessen Schwester vorgestellt, die ich aus New York kannte, wo sie Indien bei der Menschenrechtskommission vertreten hatte. Das schöne Gesicht des Mannes, der dieses so vielfältige und bereits unübersehaubare Volk regierte, machte einen ebenso großen Eindruck auf mich wie das von Pablo Picasso, der ihm ein wenig ähnlich sah und dem ich im Hause Henri Laugiers begegnet war. Es sind Gesichter, von denen eine seelische Kraft ausgeht, die den, der sie betrachtet, von aller Angst befreit: eine belebende Erfahrung.

Im Herbst 1956 wurde Henri Hoppenot nach Paris zurückberufen. Vitia, die ihre beiden Jüngsten dem Klima in Indochina nur ausgesetzt hatte, weil sie mich nicht allein lassen wollte, konnte es kaum mehr erwarten, unsere älteste Tochter wiederzusehen. Sie zog es vor, sogleich mit den Hoppenots nach Frankreich zurückzufahren, während ich in den ersten Monaten nach Amtsantritt des neuen Botschafters Payart, eines großen Kenners der sowjetischen Welt, allein zurückblieb. Mit dem neuen Mitarbeiterstab war ich vom Novizen zum »alten Hasen« avanciert, aber die Intensität der Kontakte der Anfangszeit erlebte ich nicht noch einmal. So war ich froh, als ein alter Freund der Familie Diem, Michel Wintrebert, den wir spaßeshalber Ngo Dinh Michel nannten, statt meiner an Payarts Seite zitiert und ich nach Paris zurückberufen wurde.

Und doch hatte ich Asiens Wohlgerüche in mich aufgenommen, die Emotion verspürt, die ein Siebenunddreißigjähriger beim Anblick der grazilen Silhouetten der vietnamesischen Frauen empfindet, die nicht zu bändigende Kraft eines Volkes erlebt und die im Vergleich zum Westen so viel reichere Beziehung zwischen Körper, Gefühl und Geist der Asiaten versteht. Zumindest sind das Dinge, die in meinem Gedächtnis, dieser unermüdlichen Mühle von Gelebtem und Geträumtem, ihren Platz gefunden haben.

Kapitel 17

ALGERIEN

Werde ich mich vor Ablauf des Jahres 1996 endlich vom Vorsitz der *Association France-Algérie*, den ich seit zehn Jahren innehabe, zurückziehen können? Vor kurzem nahm ich an einer von der Liga für Menschenrechte organisierten Debatte teil, bei der es darum ging, welche Bedeutung der Wahl Präsident Zerouals im November 1995 beizumessen sei. Einige sahen darin den Beweis, daß das algerische Volk an der Demokratie festhält, während andere die Betrügereien und Manipulationen des Militärs durchschauten.

Wieder einmal stellte ich fest, daß sich meine Landsleute bei ihrem Urteil über die Bewohner ihrer ehemaligen »französischen Départements Algerien« etwas vormachen. Vor allem die, die so tun, als würden sie die Algerier besser kennen als diese sich selbst, und die infolgedessen die Augenzeugenberichte von der anderen Seite des Mittelmeeres ablehnen.

Doch woher nahm ich nur die Überzeugung, daß dieses von unglaublicher Gewalt gespaltene Land im tiefsten Inneren ein unersetzlicher Partner sämtlicher Anliegerstaaten des Mittelmeeres ist, daß es dank seines Mutes, seiner Vitalität, seiner so wenig zu seinen Gunsten genutzten Ressourcen, den natürlichen wie menschlichen Reichtümern, seine dramatischen Erlebnisse überwinden wird?

Ich erinnere mich an die zwischen meinem sechsundvierzigsten und zweiundfünfzigsten Lebensjahr an der Französischen Botschaft in Algier verbrachten sechs Jahre.

Vorher war ich fünf Jahre lang Leiter der Entwicklungshilfe im Erziehungsministerium gewesen. Eine meiner Aufgaben war es, den Partnern Frankreichs Lehrer zur Verfügung zu stellen, insbesondere jenen Ländern, die erst kürzlich ihre Unabhängigkeit erlangt und in denen wir so gut wie keine »einheimischen« Lehrer ausgebildet hatten. Bei der kulturellen Entwicklungshilfe waren wir für die Laufbahn von mehr als 35 000 Lehrern aller Unterrichtsstufen verantwortlich, die an den Universitäten und Schulen der Französisch sprechenden Welt unterrichteten: in Marokko, Tunesien, Schwarzafrika, Nahost sowie in sehr großer Zahl in Algerien. Da waren die einen, die nach der Unabhängigkeit nicht bleiben konnten oder wollten und die man nach Frankreich zurückholen mußte, und da waren die anderen, die diese Form von Entwicklungshilfe im Ausland reizte und die es in allen Hochschulen Frankreichs und Navarras aufzutreiben galt, indem man ihnen eine faszinierende Erfahrung und materielle Vorteile versprach.

Ich hatte mich persönlich dieser »Proselytenmacherei« in mehreren Département-Hauptstädten verschrieben, wodurch ich mit unzähligen Lehrern des französischen Mutterlandes in Kontakt kam: aufschlußreiche Begegnungen, was den Korpsgeist und die Hingabe an den Beruf dieses Teils der französischen Bevölkerung betraf. Ihre Verbände wachten darüber, daß die Karriere der Lehrer nicht durch diese Versetzungen beeinträchtigt wurde, und vertraten deren Interessen mit gelegentlich lästiger Vehemenz. Ich schätzte jedoch ihr Verständnis für die Probleme, die wir zu lösen suchten, und hatte sie mir zu Verbündeten gemacht.

Der akrobatischste Schulbeginn war natürlich der des Jahres 1962 gewesen, genau in dem Moment, als Algerien seine Unabhängigkeit erklärte. Von den 15 000 französischen Lehrern in Algerien hatten mehr als die Hälfte, gedrängt von der OAS *(Organisation de l'armée secrète)* oder eingeschüchtert durch die FLN *(Front de libération nationale)*, beschlossen, nach Frankreich zurückzukehren. Es mußten Posten, vorzugsweise im Mittelmeerraum, für sie gefunden werden, vor allem aber andere davon überzeugt werden, nach Algerien zu gehen. Am ehesten waren die extremen Linken dazu bereit, die Anhänger der Dritten Welt, die Anti-Gaullisten, die für die algerische Unabhängigkeit gekämpft hatten. Aber der Bedarf überstieg bei weitem das Angebot, und wir bemühten uns, die Algerier nicht allzu sehr zu enttäuschen.

Einer meiner besten Freunde, Philippe Rebeyrol, der inzwischen der Schwiegervater meines ältesten Sohnes geworden ist, war gleich im Sommer 1962 in die Französische Botschaft in Algier berufen worden, und ich konnte es kaum erwarten, mit ihm zusammenzuarbeiten, so sehr hatten mir die französisch-algerischen Beziehungen im Ministerium wie im Club Jean-Moulin am Herzen gelegen.

Als ich 1964 in Algerien eintraf, war das, was ich vorfand, weit davon entfernt, mich zu entmutigen. Ich war auf die Schwierigkeiten, Vorbehalte und die in meiner Erinnerung noch so gegenwärtigen Dramen gefaßt. Ich wußte aber auch, daß diejenigen, die mit der gleichen Arbeit beschäftigt waren wie ich, die Kollegen der Botschaft, die Mitarbeiter an den Universitäten, die etwa 10 000 Lehrer und 2 000 Administratoren und Techniker, für die wir verantwortlich waren, an diese Arbeit glaubten und weder mit ihrer Zeit noch mit ihrer Sachkenntnis geizten. Für diese zu Beginn einer solchen Aktion typischerweise sehr angespannte Atmosphäre trug der Botschafter Georges Gorse größtenteils die Verantwortung.

Dieser sehr politisch denkende Diplomat, dieser linke Gaullist, dieser skeptische Gelehrte, der in anderen Situationen seiner Karriere mehr Feingefühl als Überzeugtsein bewiesen hatte, war mit der Absicht nach Algier gekommen, eine Wette zu gewinnen: den Wunsch General de Gaulles zu erfüllen, den französisch-algerischen Beziehungen zum Erfolg zu verhelfen und damit von Frankreich das Bild eines Landes zu vermitteln, das wie kein anderes für die Zusammenarbeit zwischen Nord und Süd begabt sei. Einige Franzosen hatten während des gesamten Konflikts ein exemplarisches Verhalten an den Tag gelegt, unter ihnen zwei große Geistliche: Msgr. Duval, der Kardinal werden sollte, und Abbé Scotto, der künftige Bischof von Annaba, die beide nicht mehr am Leben sind. André Mandouze und Jean Delanglade standen ihnen, was die Brüderlichkeit mit dem algerischen Volk und die Unterstützung seiner Bestrebungen angeht, sehr nahe. 25 Jahre zuvor hatten wir alle drei in Saint-Maixent-l'École Maschinengewehre zerlegt und wieder zusammengesetzt, die zu benutzen wir kaum Gelegenheit haben sollten. Ersterer hatte durch seine mitreißende Stimme die Chansons der Tanzveranstaltungen der École normale geprägt und dann innerhalb der Résistance in der Gruppe *Témoignage chrétien* seinen Mut und seine verbale Streitlust unter Beweis gestellt. Auf den Spuren des Heiligen Augustinus hatte er in Algier gelehrt und früher als die anderen die Bedeutung des Kampfes der Algerier für ihre Unabhängigkeit verstanden. Er hatte von ihrer Seite eine Achtung erfahren, die aus seinem Namen, wenn man sich darauf berief, ein »Sesam, öffne dich!« machte. Wie oft habe ich bei dem Versuch, ein Mißverständnis mit einer algerischen Behörde zu bereinigen, meine Verbindung zu André Mandouze ins Spiel gebracht! Sogleich hellte sich die Miene meines Gegenübers auf, und die Sache war im Handumdrehen geregelt. Mit ihm verbindet mich eine der dauerhaftesten Freundschaften meines Lebens.

Jean Delanglade war in den Jesuitenorden eingetreten, hatte eine Professur für Philosophie in Algerien angenommen, dort die algerische Staatsbürgerschaft erhalten und seine Karriere als Direktor des Gymnasiums von Skikda beendet, wo er an einem Winterabend des Jahres 1968 an den Folgen einer Kohlenmonoxydvergiftung, die auf seinen kleinen, defekten Ofen zurückzuführen war, gestorben ist. Er hatte sein ganzes Wissen und seine ganze Kraft dafür eingesetzt, zusammen mit seinen algerischen Kollegen einen Philosophieunterricht ins Leben zu rufen, der die Quellen der großen islamischen Tradition und die des abendländischen Denkens miteinander verbindet, damit sich jene synkretische mediterrane Kultur entwickeln kann, nach der bei den maghrebinischen Nationen heute mehr denn je ein großes Bedürfnis besteht. Seine Bemühungen wurden in den siebziger Jahren von den Anhängern einer Arabisierung des Unterrichts zunichte gemacht. Ohne wirksame Mittel durchgeführt, war sie für die Qualität der Studien tödlich. Die algerische Jugend war inkompetenten Lehrern überlassen worden. Die Chance dieses Landes, eine echte Zweisprachigkeit zu erreichen, das Tor zur modernen Zivilisation, war vertan. Ist es zu spät, nach den augenblicklichen Massakern diese Idee wiederaufzunehmen?

Meine Frau, meine Kinder und ich hatten das Glück, meiner Beförderung entsprechend immer größere Villen zu bewohnen, wodurch wir algerische Freunde und französische Entwicklungshelfer in großer Zahl empfangen konnten. Der erste dieser Wohnsitze, die Villa Clara mit ihrem Garten voller Mimosen, lag in der Nähe des französischen Gymnasiums Fromentin, seit der Unabhängigkeit wieder in Descartes umbenannt, am oberen Ende des Boulevard de Pékin. Sie ist für mich mit zwei Dramen verbunden: dem Mord an unserem ersten algerischen Hausangestellten eines Nachts in seinem Zimmer im Erdgeschoß, wo ich ihn am Morgen mit gespaltenem Schädel fand – das Opfer welcher Rache? Wir haben es niemals erfahren. Und dann hätte einige Monate später ein Autounfall auf dem Boulevard vor der Schule meinen Sohn Antoine um ein Haar das Leben gekostet. Sein jüngerer Bruder Michel, der dabei war, als es passierte, alarmierte uns erschrocken, und ich rannte ins Mustapha-Hospital, wo ich Antoine, auf einer Trage liegend, vorfand, mit tonloser Stimme »3, Rue des Cèdres«, die Adresse der Villa, murmelnd. Er wurde von Pierre Roche, einem hervorragenden Chirurgen und Freund von Mandouze, operiert, dessen beruhigendes Lächeln und sehr mediterranen Humor ich nie vergessen werde. Ein algerischer Krankenpfleger betreute Antoine. Er wurde während der langen Stunden, die Vitia am Bett ihres Sohnes verbrachte, ihr Vertrauter und Freund und sollte als eine der Figuren in ihrem zweiten Roman wiederauftauchen.

Aber ich lasse mich zu diesen viel zu persönlichen Erinnerungen hinreißen, statt darüber nachzudenken, was die Anfänge der jungen algerischen Unabhängigkeit für all jene, die sie miterlebten, bedeuteten. Ich nahm am letzten Jahr der Präsidentschaft von Ben Bella teil, die im Sommer 1965 durch eine der seltsamsten Palastrevolutionen unserer Epoche ohne Blutvergießen enden sollte.

Ben Bella hatte sich selbst an die Spitze des Staates gesetzt, nachdem die Armee die Führer des GPRA *(Gouvernement provisoire de la République algérienne)*, Ben Khedda und Krim Belkassem, aus dem Weg geräumt hatte und die teils blutigen Konflikte zwischen den verschiedenen *wilaya**, die nur widerwillig das Abkommen von Évian akzeptiert hatten, beendet waren.

Das Klima, das unter Ben Bella in Algier herrschte, war zugleich gastlich, aufrührerisch, ungeordnet und großzügig. Die sogenannten *pieds rouges*, Trotzkisten, Anarchisten, Internationalisten aus Frankreich und anderen Ländern, überhäuften den jungen Präsidenten mit oft recht konfusen Ratschlägen. Die bisweilen falsch interpretierten Thesen von François Perroux und Destanne de Bernis über die zu »industrialisierenden Industrien« wurden von den an den französischen Universitäten ausgebildeten algerischen Ökonomen begeistert aufgenommen. Die Dissidenten aller autoritären Regimes des Südens strömten nach Algier und erarbeiteten dort das, was später »Dritte Welt-Ideologie« genannt werden sollte. Sie bildete den Auftakt zum Maoismus, verwarf die Schwerfälligkeit der westlichen Zivilisation und setzte auf eine neue Welt-Jugend, die sich ein für allemal von ihr befreien würde.

Wir nahmen diese Ideologie natürlich nicht ernst. Unsere al-

* *wilaya* (arab.), Provinz in Algerien

gerischen Gesprächspartner, sowohl im Außenministerium als auch in den verschiedenen Behörden der Regierung, debattierten mit uns über die Lösung der ganz konkreten Probleme, bei denen es um das Funktionieren des Staates ging. Sie kannten die Vielschichtigkeit des politischen Lebens in Frankreich oft besser als wir, und die Erinnerungen an ihre Zeit als Aktivisten rührten eher von den Kämpfen in Frankreich her, an denen sich algerische Studenten beteiligt hatten, als von denen der ALN *(Armée de libération nationale)* in den Widerstandsgruppen. Aber noch war nichts gefestigt, gestrafft, wie das nach und nach unter der sehr viel rigoroseren Präsidentschaft von Houari Boumedienne geschehen sollte.

Der Nachfolger des ersten algerischen Außenministers, Khemisti, Opfer eines Attentats, das er noch einige Wochen im Koma überlebt hatte, war Abdelaziz Bouteflika, dessen heftige und arrogante Umgangsformen den Dialog nicht gerade erleichterten. Aber sein Mitarbeiter Djamal Houhou, der für die Beziehungen zu Frankreich zuständig war, wurde schon bald ein Freund. Seine und meine Frau trafen sich gern, und außerhalb der eigentlichen Verhandlungen vermittelten mir unsere Gespräche äußerst ergiebige Einblicke in die algerischen Realitäten. Er war der Sohn eines großen Schriftstellers arabischer Sprache, und seine Frau stammte aus einer alten türkischen Familie. Beide repräsentierten die intellektuelle Elite und verkörperten, wenngleich von ihren französischen Studien geprägt, eine authentische islamische Kultur. Djamal Houhou hat im Laufe seiner erfolgreichen Karriere mehrere Posten innegehabt, auf denen ich ihm Jahre später wiederbegegnen sollte: Botschafter in Kanada, Gesundheitsminister, Botschafter in Paris. 1964 war er sehr viel jünger und selbstbewußter als ich. Unsere Freundschaft hielt ihn nicht davon ab, auf Forderungen zu beharren, denen ich nicht nachkommen konnte, und wir hatten zahlreiche Zusammenstöße, bei denen sein feuriges und zugleich eiskaltes Temperament zutage trat. Ich hatte das Glück, niemals entmutigt daraus hervorzugehen, denn ich wußte, daß seine Autorität auf einer Haltung beruhte, die in einem anderen Zusammenhang wenig diplomatisch hätte erscheinen können, durch den historischen Augenblick, den wir gemeinsam erlebten, jedoch gerechtfertigt war.

An seiner Seite kümmerten sich zwei sehr unterschiedliche algerische Diplomaten zusammen mit meinen Kollegen und mir um die laufenden Geschäfte. Der eine, Hadj Ali, ein beredter, warmherziger, großer bärtiger Mann, hatte eine Vergangenheit als Widerstandskämpfer und eine zwar angeschlagene, doch eiserne Gesundheit. Man mußte ihn nicht nur ausgiebig bedauern, sondern ihm auch ausgiebig zuhören, denn er hatte eine schöne dunkle Stimme und machte reichlich von ihr Gebrauch. Der andere, Rachid Haddad, war ein kultivierter, charmanter junger Mann aus einer angesehenen Familie der algerischen Intelligenz, dem ich anmerkte, daß er unter den fordernden, lautstarken Auftritten seiner Kollegen und Vorgesetzten litt und ihm daher nichts anderes übrig blieb, als die Debatten so schnell wie möglich auf beiderseits akzeptable, konkrete Entscheidungen hinzulenken.

Aber das Außenministerium war weder unser einziger noch unser wichtigster Gesprächspartner. In jedem Ministerium waren Posten von Franzosen besetzt oder wurden uns zur Kandidatur angeboten. Die Koordinierung von Angeboten und Gesuchen unterstand dem Direktor des öffentlichen Dienstes, M. Kiouane, der auf diese Weise der Algerier wurde, mit dem ich am meisten zu tun hatte.

Mein Urteil über Kiouane wie auch über mehrere andere meiner algerischen Gesprächspartner hat sich im Laufe dieser fünf Jahre gewandelt. Zu Anfang war ich von seiner Intelligenz und Autorität eingenommen. Außer seinem schönen mediterranen Kopf besaß er ein verhaltenes Lächeln, eine wohlwollende Höflichkeit und ein wirklich offenes Ohr, was einem nicht so häufig begegnete. Er setzte mir seine Probleme auseinander, und ich erläuterte die meinen. Selbst wenn wir uns nicht immer einig waren, verstanden wir uns im wahrsten Sinne des Wortes. Als aber im Laufe der Jahre die Regierung Boumediennes einen immer autoritäreren Stil annahm, sah ich, wie er sich veränderte, sein Wohlwollen verlor, als würde er sich nur noch an die Kränkungen erinnern und die positiven Erfahrungen vergessen. Auf seinem Gesicht gewann der Orient von Jahr zu Jahr mehr die Oberhand über den Okzident. Er wußte sehr wohl, daß ich mit all meiner Kraft seinen Erwartungen zu entsprechen versuchte, bemühte sich jedoch, nicht allzu sehr daran zu glauben. Ich hätte ihn mir entspannter gewünscht. Das war allerdings nur selten der Fall.

Mit dem Sturz Ben Bellas und Boumediennes mysteriöser Nachfolge in der Präsidentschaft veränderte sich meine eigene Situation. Nachdem Philippe Rebeyrol zum Botschaftsrat ernannt worden war, trat ich dessen Nachfolge an und richtete mich in seiner Villa Sidi Alaoui ein, während er die seines Vorgängers Dar-el-Raïs bezog.

Von all meinen Wohnsitzen hat mich Sidi Alaoui, wo wir uns 1965 niederließen, am meisten begeistert. Vitia hat in ihrem Roman *La Désaccoutumance* eine Beschreibung davon gegeben, die beim Wiederlesen in meine eigenen Erinnerungen einfließt. Wir haben dort drei Jahre damit verbracht, diese raffinierte Architektur eines Engländers auszukosten, der Anfang des Jahrhunderts eine ganze Reihe von Villen entlang dem Chemin Beaurepaire gebaut hat, und das Blätterdach der Glyzinien an der Fassade und des wilden Weins der Laube zu genießen. Unser Schlafzimmer war von einer äußerst eleganten Kuppel überdacht. Wir haben es dem Dolmetscher des Präsidenten, Christopher Thiery, für seine Hochzeitsnacht zur Verfügung gestellt, so sehr schien es uns dafür prädestiniert zu sein.

In Sidi Alaoui habe ich aus nächster Nähe die von Baudelaire so gepriesene »Pracht des Orients« erlebt.

Ohne Zweifel erlernte ich in Algerien meinen höchst eigenen Beruf, den ich weniger den eines Diplomaten als vielmehr eines Entwicklungshilfe-Unternehmers nennen würde. Es handelt sich um ein sehr ehrgeiziges Unternehmen, bei dem es häufig Mißerfolge gibt, die Erfolge jedoch, so bescheiden sie auch sein mögen, eine unersetzliche menschliche Qualität besitzen.

In Algerien war ich vor Ort und in einer dringlicheren und intensiveren Bereitschaft denn je zuvor; meine Gesprächspartner waren nicht mehr nur Franzosen oder ausländische Diplomaten, sondern ein eigenartiges Konglomerat aus Franzosen und Algeriern unterschiedlichster Herkunft. Zunächst einmal waren da die Franzosen, die schon lange, manchmal seit jeher dort lebten und bereit waren, auch über diese noch schwer einzuschätzende Veränderung hinaus, die die Unabhängigkeit darstellte, ihre Aufgabe fortzusetzen. Darunter Lehrer in vom Meer entfernt liegenden Dörfern, die inzwischen zur Bevölkerung gehörten und danach strebten, sich auf Dauer in das lokale Gefüge zu integrieren. Unter ihnen zum Beispiel unersetzliche und unabhängige Militärärzte in der Sahara, die vormals genausowenig Kontakt zu den Generalgouverneuren hatten wie heute zu den algerischen Ministern. Darunter Agronomen, Forstbeamte, wie der berühmte Monjauze, der fest davon überzeugt war, daß er die algerische Landwirtschaft aufgebaut habe und der Abzug der Franzosen deren Ende einläuten würde. Aber auch Aktivisten der Dritte-Welt-Revolution, die einem Volk, das entschlossen war, sein Geschick selbst in die Hand zu nehmen, als Gärmittel zu dienen glaubten. Und sogar Spezialisten jeder Art, die in Frankreich keine lukrative Arbeit gefunden hatten und hofften, indem sie außer Landes gingen, ein wenig Geld auf die Seite legen zu können.

Es gab Algerier, die sich in ihrem gesunden Selbstgefühl verletzt fühlten, weil sie ihre ehemaligen Kolonisatoren um Rat fragen mußten, und andere, die darauf erpicht waren, aus allem Nutzen zu ziehen, was ihnen zu einem Platz an der Spitze dieses Jahrhunderts verhelfen könnte; Algerier, die im Widerstand gekämpft hatten und denen die Regierung gut bezahlte Posten schuldete, oder die in Frankreich studiert hatten und sich in ihrem eigenen Land beinahe ebenso fremd fühlten wie die ihnen zugeteilten Entwicklungshelfer.

Unsere Rolle war es, dafür zu sorgen, daß sie einander begegneten, sich miteinander absprachen, in die Aufgaben teilten, die die Errichtung eines unabhängigen Staates, einer spezifisch algerischen Verwaltung und eines modernen Schul- und Universitätssystems erforderlich machten. Wir fühlten uns mit einer wirklichen Mission betraut, und das einte uns wie Verschworene eines Komplotts. Man muß sich in Erinnerung rufen, daß Algerien in Frankreich während dieser Jahre als schwieriges Land galt, dessen Machthaber ihre Popularität auf ihren Nationalismus und auf die Ablehnung des ehemaligen Mutterlandes gründeten. Das Anheuern qualifizierter Entwicklungshelfer wurde immer schwieriger. Es lag oft daran, daß die freiwilligen Kandidaten des *Service national actif*, denen gestattet war, ihren Militärdienst als Entwicklungshelfer abzuleisten, bereit waren, zu uns zu kommen, weil sie anderswo keinen Posten gefunden hatten. Sie übernahmen Arbeiten, für die die Algerier erfahrenere Entwicklungshelfer vorgezogen hätten. Zumindest hatte sich eine Tradition, die für uns sehr vorteilhaft war, seit Ende des Krieges gehalten: Die Studenten der École Nationale d'Administration leisteten ihren Militärdienst in Algerien ab. Diese Gepflogenheit hatte unbestreitbar zwischen 1956 und 1962 dazu beigetragen, daß ein wesentlicher Teil der führenden französischen Schicht gegen die Fortsetzung des Krieges mobilisiert wurde. Als wieder Frieden herrschte, blieb diese Praxis bestehen, und die künftigen hohen Beamten unseres Landes absolvierten eine Lehrzeit in Entwicklungshilfe. Auch wenn sie einigen widerstrebte, bewegte sie andere, sich für den Interkulturalismus einzusetzen, der ohne jeden Zweifel eine der wesentlichsten Aufgaben unseres Landes und unserer Zeit ist.

Von all den damals in Algier arbeitenden Franzosen war Claude Cheysson zweifellos am überzeugendsten und tatkräftigsten. Er hatte bei der Regelung des Indochinaproblems an der Seite von Mendès France gestanden und wie ich davon profitiert. Er hatte im subtropischen Afrika die *Commission de coopération technique en Afrique*, Keimzelle der Institutionen des unabhängigen Afrika, geleitet und dort sein Verständnis für die Probleme der afrikanischen Entwicklung vertieft. Er fand sich durchaus dazu berufen, den Posten des Generaldirektors des *Office de coopération industrielle* zu übernehmen, dessen Richtlinien alle Neuerungen, wie sie im Abkommen von Évian vorgesehen waren, berücksichtigten. Das OCI, dessen Präsident abwechselnd ein Franzose und ein Algerier sein sollte, war mit einem sehr umfangreichen Mandat ausgestattet: die Verwaltung der Kredite, von denen ein Großteil aus der Nutzung der Kohlenwasserstoffe (Erdöl und Erdgas) aus der Sahara stammte, um damit die Entwicklung der Infrastrukturen und der industriellen Anlagen voranzutreiben, wodurch es Algerien ermöglicht wurde, das durch den Krieg unterbrochene Abkommen von Constantine fortzuführen und zu beschleunigen.
Ich habe Claude Cheysson viel zu verdanken: Unsere Gespräche in der schönen Villa, die er in Algier bewohnte, klärten mich über das wirtschaftliche Potential des Landes auf, über den Kurs, den es seiner Einschätzung nach einzuschlagen galt, aber auch über die aus denselben Vorbehalten und demselben mangelnden gegenseitigen Verständnis entstandenen Hindernisse, die bereits die französisch-vietnamesische Zusammenarbeit hatten scheitern lassen. Seine kühne, gelegentlich rücksichtslose Intelligenz, sein schonungslos artikulierter Weitblick erschwerten ihm jedoch seine Aufgabe.

Mit Djamal Houhou hatte ich sehr viele Probleme zu behandeln: die Arbeitsabkommen, die Wiederherstellung der Archive, den Weinhandel, den Status der Entwicklungshelfer, die Abfindung der enteigneten Franzosen. Es gab jedoch ein zentrales

Problem, von dem ich nicht das geringste verstand: das Erdöl. Dieses Dossier hatte General de Gaulle Olivier Wormser, einem nahen Verwandten von Georges Boris, den ich aus London kannte, übertragen. Dieser hatte mich immer wieder in Erstaunen versetzt. Wie hatte er sich mit Alexandre Kojève, dessen Vorlesung über Hegels *Phänomenologie des Geistes* ich gehört hatte, bei der Ausarbeitung der Konstruktion eines Europa zusammentun können? Welche Rolle eines Tyrannenberaters hatte der Philosoph dabei gespielt? Ich versuchte, Wormser zum Sprechen zu bringen, der sich aber in Schweigen hüllte. Er zeigte wenig Verständnis für mein Interesse an Entwicklungsländern. Darin sah er so etwas wie eine dumme Verirrung. Er selbst hatte seine Erdölverhandlungen meisterhaft geführt. »Er hat uns bestimmt übers Ohr gehauen«, sagten meine algerischen Gesprächspartner, »aber er tat es mit soviel Raffinesse, daß wir ihm dafür dankbar sind.«

Die Früchte der Bemühungen von Claude Cheysson und mir sollten nicht zur Reife gelangen. Einige Monate nach meinem Fortgehen von Algier wählten Boumedienne und die ihn umgebenden Apparatschiks des FLN, mehr als erwartet vom sowjetischen Vorbild beeinflußt und vielleicht auch über die begrenzte französische Hilfe enttäuscht, den Weg der Verstaatlichung von Erdgas und Erdöl, des Abwanderungsstopps von Arbeitskräften, der forcierten Arabisierung des Unterrichts und der Unterdrückung jeglicher demokratischer Opposition. Die *Sécurité* wurde, zusammen mit der Armee, das Rückgrat der Regierung.

Dieser Weg endet heute in einer Sackgasse. Darin unterscheidet er sich kaum von dem, den so viele Regierungen im Laufe der letzten Jahre eingeschlagen haben. Das darf uns aber keinesfalls entmutigen.

Ich habe mich aus Anhänglichkeit an diese Vergangenheit darauf eingelassen, die Nachfolge von Germaine Tillion in der Präsidentschaft der 1963 von Edmond Michelet gegründeten *Association France-Algérie* anzutreten. All ihre Mitglieder spüren, daß der Weg, den es zu verfolgen gilt, der einer neuen Partnerschaft zwischen beiden Ufern des Mittelmeeres, zwischen der Europäischen Union und der Union des Maghreb ist. Aber diese Partnerschaft muß die Identität aller dazugehöriger Völker respektieren. Und das erfordert vor allem, daß Algerien sich auf seine besonderen Traditionen besinnt, die aus dem Zusammentreffen der romanischen, kabylischen, arabischen, türkischen und abendländischen Kulturen entstanden sind, wobei keine ohne die anderen zu denken ist. Daran arbeiten wir mit einer Gruppe in Paris lebender algerischer Intellektueller, die den Hindernissen nach den Ausschreitungen von 1995 und 1996 trotzen und die Beziehungen zu ihrem Land aufrechterhalten, um dessen wirkliches Gesicht zu vermitteln. Es genügt, mit ihnen einen jener warmherzigen Abende zu verbringen, die mich an das nächtliche Beisammensein in Batna, Blida oder Bejaïa erinnern, um erneut Vertrauen zu gewinnen und eher intuitiv als rational zu begreifen, daß in Algerien noch nicht das letzte Wort gesprochen worden ist.

Kapitel 18

DANIEL CORDIER UND DIE MALEREI

Ich befrage das Mosaik meiner Erinnerungen. Die jüngeren rufen die älteren wach. Über sich schreiben heißt, sich selbst, manchmal mit Erstaunen, in unerwarteten Situationen zu begegnen.

Eine von ihnen ist der Besuch, den Christiane und ich vor kurzem Daniel Cordier in seinem Haus in Bescat, 30 Kilometer südlich von Pau, abgestattet haben. Seitdem der Club Jean-Moulin auf Eis gelegt ist, sehe ich ihn nur noch selten. Ganz und gar von seiner Arbeit als Historiker, der er sich seit über 20 Jahren widmet, in Anspruch genommen, führt er am Fuß der Pyrenäen das Leben eines Eremiten. Allerdings eines recht eigenwilligen Eremiten. Er hatte beschlossen, das Haus seiner Kindheit zurückzukaufen und ihm wieder das Aussehen von damals zu geben, als er mit seinen Eltern und Großeltern darin wohnte. Nicht das ungefähre Aussehen, wohlgemerkt. Mit einem unvergleichlichen Sinn fürs Detail hat er Tapeten, Möbel, Nippsachen, Wasserhähne für die Badewanne bis hin zur Garderobe im Vestibül, an der der wie durch ein Wunder wiederaufgetauchte Hut seiner Großmutter hing, originalgetreu wieder angebracht.

Er betonte gern die Perfektion dieser Arbeit. Denn Daniel Cordier ist ein wirklich Besessener, und so liebe ich ihn, seit wir uns in den Baracken des Lagers von Camberley in der Uniform des Freien Frankreich begegnet sind.

Und diese eine Besessenheit ließ mich an manch andere denken. Seine Teilnahme am Widerstandskampf, die ihn mit 20 Jahren veranlaßt hatte, in England eine Ausbildung als Fallschirmspringer und Funker zu machen, um im Januar 1942 in einer

Mission an die Seite Jean Moulins geschickt zu werden. Und mehr noch die Besessenheit, die ihn 30 Jahre später dazu bewegt hat, die gewissenhafteste und umfangreichste aller Biographien über den zu verfassen, der sein Vorgesetzter, sein Lehrmeister für demokratische Werte und sein Vorbild gewesen war: über Jean Moulin.

Daniel Cordier hatte sich erstmals in die Archive der Résistance vertieft, als er von der DGER aufgefordert worden war, mit Vitia, meiner ersten Frau, und mir nach meiner Rückkehr aus der Deportation ein Weißbuch über das BCRA zu verfassen.

Die zwischen uns entstandene herzliche Freundschaft ist eine der wertvollsten in meinem Leben geblieben. Aber wir hatten ihn während unseres New York-Aufenthaltes aus den Augen verloren. Wir wußten inzwischen, daß er Berater von Georges Bidault gewesen war, der die Nachfolge Jean Moulins als Präsident des *Conseil national de la Résistance* angetreten und nach der Befreiung das Ministerium für auswärtige Angelegenheiten übernommen hatte.

Cordier war nur wenige Monate dort geblieben. Dann hatte er beschlossen zu malen und sich zu diesem Zweck in einen verlassenen Winkel Aquitaniens zurückgezogen. Er stand unter dem Einfluß des Malers Dewasne, eines nichtfigurativen Koloristen, dessen sehr strenge geometrische Formen ihn faszinierten. Vier Jahre später tauchte Cordier, Erbe eines bedeutenden Vermögens, wieder auf, nachdem er zu dem Schluß gekommen war, kein Maler zu sein und sich von nun an lieber der Aufgabe zu widmen, das Talent anderer zu fördern.

Der Beruf des Kunsthändlers ist voller Tücken. Cordier erwies sich als höchst geschickt, spürte ungewöhnliche, vielversprechende Begabungen auf, eröffnete Galerien in New York, Paris und Frankfurt und beriet die großen Sammler, vor allem den glühenden Verehrer moderner Malerei, Georges Pompidou. Er war Mitglied des Gremiums, das über die Auswahl im Centre Beaubourg entschied.

So abrupt er seinen Pinsel aus der Hand gelegt hatte, hörte er eines schönen Tages auf, die Werke anderer zu verkaufen, und veröffentlichte einen schonungslosen Text über die Spekulationen vermeintlicher Kunstliebhaber, die Geschmack durch Geld ersetzen.

Etwa zur selben Zeit publizierte der große patriotische Begründer der Bewegung *Combat*, Henri Frénay, seine Memoiren, worin er seiner langjährigen Ablehnung Jean Moulins, dessen Autorität er vergeblich zu bekämpfen versucht hatte, freien Lauf ließ. Frénay schreckte nicht davor zurück, den Einiger der Résistance zu bezichtigen, den Ambitionen der Kommunisten Vorschub geleistet zu haben, was aus ihm einen Weggefährten der Partei gemacht habe. Dieser Vorwurf wurde durch keinerlei Beweise untermauert, war jedoch in einem Klima, in dem alles, was mit Kommunismus zu tun hatte, Mißtrauen erregte, dazu angetan, dem Gedenken an den, dessen sterbliche Überreste Malraux ins Panthéon hatte überführen lassen, erheblichen Schaden zuzufügen.

Cordier stockte das Blut in den Adern. Er attackierte Frénay bei Kolloquien und in Sendungen, begann, mutig gegen ihn zu polemisieren, und beschloß, eine Biographie über Jean Moulin zu schreiben. Nachdem er sich uneingeschränkten Zugang zu den Archiven der Résistance verschafft hatte, trug er minutiös, Text für Text, Telegramm für Telegramm, nicht nur das zusammen, was Henri Frénays Vorwürfe widerlegen konnte, sondern auch alles, was den Gründer von *Combat* als einen Bewunderer Marschall Pétains und, schlimmer noch, als einen Widerstandskämpfer erscheinen ließ, der für so manche Aspekte der Rassengesetze Vichys Verständnis gezeigt hatte. Mit der Publikation einer fünfundachtzigseitigen Einführung zum ersten Band seiner Jean Moulin-Biographie schleuderte Cordier also eine Brandfackel in die bisweilen turbulente Auseinandersetzung der ehemaligen Résistance-Kämpfer. Selbst die, die wußten, daß Cordier recht hatte, sich, wie Claude Bourdet, ihre Erinnerung an Frénay jedoch nicht trüben lassen wollten, bekundeten Cordier gegenüber ihr Mißfallen: Er solle größere Zurückhaltung an den Tag legen und Statuen nicht von ihren Sockeln nehmen.

Aber Cordier ließ nicht locker, und die Akte wurde immer umfangreicher. Als 20 Jahre später ein Pamphletist namens Wolton die These, nach der Jean Moulin ein Agent des Kominform gewesen sei, wieder aufgriff, führte die Polemik zu einem Prozeß. Cordier gewann und beschloß, die fünf je 800 Seiten umfassenden Bände, dieses von allen Historikern gewürdigte Paradebeispiel für Gelehrsamkeit zu Ende zu schreiben.

Im Verlauf dieser Arbeit bat Daniel Cordier, seines Stils nicht immer sicher, Vitia häufig um Rat, so daß wir in seine Entdeckungen und Nachforschungen mit einbezogen waren. Als er eines Tages die Zielscheibe eines besonders niederträchtigen Angriffs von seiten eines ehemaligen *Combat*-Mitglieds war, der Cordiers Rolle in der Résistance in Frage stellte, schickte ich zur Unterstützung meines Kameraden einen Artikel an *Le Monde*, der noch am selben Tag veröffentlicht wurde.

Ich betone den brüderlichen Aspekt unserer Beziehung, der allein den seltsamen Vorschlag erklärt, den Cordier mir in den siebziger Jahren machte, zu einer Zeit, als er in der Rue Séguier das Appartement eines »seiner« Maler, von Henri Michaux, bewohnte. Es handelte sich um nichts Geringeres, als gemeinsam eine Geschichte der Malerei von ihren Anfängen bis zur Neuzeit zu verfassen. Er glaubte, die Malerei habe einen faszinierenden Kreis beschrieben, der sich heute schließe. Von den verschiedenen Funktionen der Malerei innerhalb der menschlichen Gesellschaft, in der sie sich entfaltete, hätten manche keinen Platz mehr. Die magische Funktion sei der religiösen gewichen. Die memorierende, die ästhetische und die naturalistische Funktion würden allein noch in zweitrangigen Werken überleben. Die Funktion, von der letztere abgelöst worden seien und für die es eine Bezeichnung zu finden gelte, sei diejenige, bei der der Maler die Malerei selbst erforsche. Er versuche unermüdlich, Formen zu finden, die sie noch nicht angenommen habe, aber annehmen könne. Ich schlug vor, sie die »heuristische Funktion« zu nennen, was Daniel gefiel. Es galt, ihre Vorläufer aufzuspüren: Uccello? Arcimboldo? Sie stößt jedoch an ihre eigenen Grenzen. Die Gefilde, die sie erschließt, sind zunehmend ausgedörrt, unergiebig, unmenschlich. Sie erschöpfen sich in Manzonis Weiß-in-Weiß-Bildern und Warhols Konservendose.

Um dies zu beweisen, trugen wir in der Rue Séguier die 120 Meisterwerke zusammen, auf die wir unsere Arbeit zu gründen gedachten, hundertzwanzig, so viele wie die Tage von Sodom. 120 schöne Reproduktionen. Ihre Auswahl hatte Wochen in Anspruch genommen, bisweilen zu heftigen Diskussionen geführt. Dann ließ Cordier, in dem für ihn so typischen Bemühen um Genauigkeit, von hervorragenden Archivaren Dossiers zu jedem einzelnen dieser Werke anlegen: Entstehung und Thematik, Leben und Eigenschaften des Malers, historisches und soziales Umfeld sowie das, was er den »kritischen Werdegang« nannte, d. h. was die Kritiker der einzelnen Perioden über das betreffende Werk geschrieben oder gesagt hatten.

Auf einem Gebiet, auf dem ich keineswegs bewandert war und Cordier lediglich Anregungen geben konnte, ist dies das ehrgeizigste Projekt gewesen, an dem ich je teilgenommen habe. In einem Schrank bewahre ich noch heute die reichhaltige Dokumentation auf: 120 wohlgeordnete Dossiers. Der Text bricht jedoch auf Seite 20 jäh ab. In der Zwischenzeit war Jean Moulin in den Vordergrund gerückt.

Meine Liebe zur Malerei stammt nicht von Helen. Schon lange vor meiner Geburt hatte sie aufgehört zu malen, weil sie diese Kunst zu schmutzig fand. Sie rührt zunächst einmal von Roché und dessen Freunden her; dann von Henri Laugier, der mich in seiner Wohnung, die er mit Maria Cuttoli in der Rue de Babylone teilte, Léger und Picasso vorstellte; und schließlich von Henri Hoppenot, der mir 25 bemerkenswerte Seiten zu lesen gab, auf denen er die Malerei seiner Zeit charakterisiert.

Eines Tages fragte ich Cordier, was einen großen Maler von einem guten Maler unterscheide. »Ganz einfach«, antwortete er, »ich werde es dir zeigen.« Er nahm mich mit ins New Yorker Metropolitan Museum, wo wir uns vor einen Vermeer stellten, neben dem ein Pieter de Hoogh hing. In meinen Augen beides Meisterwerke. »Ja«, sagte Cordier zu mir, »aber sieh genau hin. Während bei Vermeer kein einziger Quadratzentimeter überflüssig oder belanglos ist, könntest du bei de Hoogh ein Möbelstück verschieben oder Blumen woanders hinstellen. Er ist ein sehr guter Maler, aber kein großer.«

Und die Liebe zur Malerei steht am Anfang der letzten gemeinsamen Reise mit Vitia, nur wenige Monate vor ihrem Tod. Wir hatten aus dem Mund einer ihrer Dolmetscher-Kolleginnen eine sehr überzeugend klingende Eloge auf die kleine Stadt Urbino in den Marken gehört, und ich hatte soeben André Chastels Buch über die italienische Malerei zur Zeit von Piero della Francesca zu Ende gelesen. Das Geheimnis, das sein im Palast des Herzogs von Montefeltre in Urbino hängendes Gemälde *Geißelung Christi* umgibt, war durch die Untersuchungen von Carlo Ginzburg nur noch unergründlicher und größer geworden. Ich konnte es kaum erwarten, das Bild mit eigenen Augen zu sehen. Mein dreijähriges Mandat war zu Ende gegangen, und ich war aus der *Haute Autorité de la communication audiovisuelle* ausgeschieden, in die der Präsident der Republik aus einem seltsamen Irrtum heraus Gilbert Comte, der keinerlei Qualifikation für dieses Amt mitbrachte, zu meinem Nachfolger ernannt hatte. Vitia war damals schwerer erkrankt, als wir ahnten, was ihren Wunsch, Paris auf der Suche nach dem Schönen zu verlassen, nur noch glühender werden ließ.

Wir fassen also den Entschluß, gemeinsam auf den Spuren Piero della Francescas im Auto durch Italien zu reisen. Das Albergo Italia, das einzige Hotel im Zentrum von Urbino, ist unsere erste Bleibe. Wir laufen durch die steilen Gassen, besichtigen Raffaels Atelier, in dem jedes Möbelstück, jeder Spiegel andächtig aufbewahrt wird, und erreichen die Statue des Malerfürsten, die, auf dem Gipfel eines Hügels stehend, einen sehr belebten Markt überragt. Vitia befällt ein plötzlicher Schwindel, den ich auf die Hitze oder die freudige Erregung zurückführe, dabei hätte er uns alarmieren müssen. Doch wir wollen alles sehen und alles lesen über diese unvergleichliche Periode der Hochrenaissance, in der die Kirchen des Okzidents und Orients sich um ein Haar vereint hätten und die italienischen Aristokraten im Sammeln antiker Werke und bei der Förderung zeitgenössischer Künstler miteinander rivalisierten.

Die schmalen Marmorstufen des fürstlichen Palasts lenken unsere Schritte unmerklich zum *studiolo* mit den Intarsien und in die Säle, in denen die Werke von Piero della Francesca und seinem genialen Zeitgenossen Uccello ausgestellt sind. Wir bleiben lange davor stehen. Ich versuche, Vitia die Freude zu vermitteln, die der Maler empfunden haben muß, als er sah, wie unter seinem Pinsel diese edlen Figuren der ihm bekannten Modelle, diese Architektur mit der raffinierten Perspektive und die sich darin abspielende grausame Szene Gestalt annahmen.

Unsere Rundreise führt uns weiter nach Borgo San Sepolcro und nach Arezzo, wobei wir mit jedem Schritt tiefer in das so wohlgeordnete, strahlende Universum unseres Malers eindringen, unendlich dankbar, auf welche Art und Weise dieser unsere Erwartungen sogar noch übertrifft.

In seiner Geburtsstadt Borgo befindet sich eine *Auferstehung Christi*, die uns die Sprache verschlägt. Ein nicht ganz so sprachloser junger französischer Maler beschwört uns, auf keinen Fall Pieros schwangere Madonna, *Madonna del Parto*, in der kleinen Kapelle von Monterchi auszulassen.

Wir folgen seinem Rat und klopfen tags darauf an die Tür der Kapelle, die uns von einem wachsamen alten Wärter geöffnet wird. Hinter dem Altar ist diese so seltene Thematik mit vollkommener Grazie dargestellt: Die Jungfrau Maria, deren Leib sich über dem noch nicht sichtbaren Kind rundet, wird von zwei unendlich sanften und lieblichen Engeln eingerahmt. Als unsere Aufnahmefähigkeit nachläßt und wir uns verabschieden wollen, ist der Wärter erstaunt: »Sie wollen schon gehen? Vor ein paar Tagen ist ein anderer Franzose hier gewesen und hat eine Stunde vor diesem Fresko gestanden.« Das war unser Maler!

Kapitel 19

EINE REISE UM DIE WELT

Meine diplomatische Karriere ist beinahe ebenso atypisch gewesen wie meine Deportation. Ich habe keinen der klassischen Posten bekleidet, auf denen sich die künftigen Botschafter heranbilden. Als Sekretär des Auswärtigen Amtes wurde ich dem Generalsekretär der Vereinten Nationen zugeteilt. Als Botschaftsrat war ich fünf Jahre lang Ministerialdirektor nicht im Außen-, sondern im Erziehungsministerium. Als Gesandter fand ich mich als *assistant administrator* des Entwicklungshilfeprogramms der Vereinten Nationen wieder. Von den 40 Jahren seit meinem Eintritt ins Ministerium bis zu meiner Pensionierung habe ich 24 Jahre in Paris verbracht.

Und dennoch habe ich den Eindruck, viel gereist zu sein, vielleicht allzu oft Missionen übernommen zu haben, ohne an meine Frau und meine Kinder zu denken. Vitia war ihrerseits viel unterwegs. Ihr Beruf als Konferenzdolmetscherin zwang sie dazu. Glücklicherweise hatten die Kinder meine Schwiegermutter, eine strenge Erzieherin, die von ihren Enkelkindern gleichermaßen gefürchtet wie zärtlich geliebt wurde. Und da war die wunderbare Gouvernante, La Vava, ein Monument an moralischer Zuverlässigkeit und Loyalität.

Trotz der vielen Reisen, die meine Ämter mir auferlegten, habe ich sie niemals als Last empfunden. Noch heute genieße ich den Augenblick, in dem das Flugzeug vom Boden abhebt, den beinahe unmerklichen Ruck des anfahrenden Zuges, das abendliche Eintreffen in einer unbekannten Stadt, die am Morgen zu entdecken man sich freut. Ich liebe es, die hellen Rottöne der afrikanischen Wüste, das glitzernde Weiß eines Gebirgsmassivs oder den beunruhigenden dunkelgrünen Schwamm eines Regenwaldes zu überfliegen. Als ich kürzlich im Eurostar saß, mußte ich während der zwanzigminütigen Fahrt unter dem Kanal hindurch an eine ganz besondere, unvergeßliche Reise des Jahres 1963 denken: eine Reise um die Welt.

René Maheu, Generaldirektor der UNESCO, bat mich, gemeinsam mit einem Russen, einem Engländer und einem Amerikaner einen Bericht über die verschiedenen Arten der Präsenz seiner Organisation in den von ihr unterstützten Staaten zu erstellen. Wir standen noch am Anfang der umfassenden Hilfsprogramme für Entwicklungsländer. Der Konkurrenzkampf zwischen bilateraler und multilateraler Hilfe, zwischen den Vereinten Nationen, der Weltbank, den spezialisierten Institutionen und regionalen Organisationen war erbittert. Jeder mißtraute jedem. Ein Zusammenhalt konnte nur von den Nutznießerstaaten selbst bewirkt werden. Nun hinderte sie aber die institutionelle Unterentwicklung, die mit der ökonomischen Unterentwicklung einherging, weshalb sie Anspruch auf Hilfe hatten, daran, deren Effektivität zu garantieren. Maheu, der in mir einen Freund sah, zählte darauf, daß ich für die Unabhängigkeit der UNESCO eintreten würde.

Bei der Verteilung der Aufgaben unter den vier »Experten« hatte ich das große Los gezogen: an Ort und Stelle die Wirksamkeit der Projekte zu überprüfen, für die die UNESCO die Verantwortung trug. Der Amerikaner sollte einen Teil der Reise, der Brite einen anderen gemeinsam mit mir machen, während ein geistreicher und jovialer ukrainischer Diplomat sich die Untersuchung des Sitzes der Organisation und der geldgebenden Industrieländer vorbehielt.

Ich sehe mich noch im Büro von René Maheu – einem großen Charmeur, Kommilitone Sartres und Nizans an der École normale, zweifellos der beste und ambitionierteste Generaldirektor, den die UNESCO je hatte – über die materiellen Bedingungen unserer Mission sprechen. Es galt, eine gewisse Anzahl Länder in Asien, Afrika und Lateinamerika auszuwählen. Wie viele? Welche? Wir einigten uns auf neun: drei für jeden Kontinent. Das Ganze sollte fünf Wochen dauern. Da stehe ich vor dem Atlas. Drei afrikanische Länder, in denen die UNESCO tätig ist: Ich entscheide mich für Nigeria, den Sudan und Ägypten. Drei Länder in Asien: Libanon, Pakistan und Thailand. In Amerika: Mexiko, Chile und Brasilien. Was für ein Geschenk des Schicksals für jemanden, der leidenschaftlich gern reist und dem es gelingt, im Flugzeug zu schlafen!

Wir hatten den Sommer mit den Kindern in Griechenland verbracht, und ich hatte sie dort braungebrannt zurückgelassen, um in London das Flugzeug nach Lagos zu nehmen. Ich trug das Bild der mediterranen Wiege der abendländischen Menschheit in mir und stieß hier auf das Höchstmaß an Widersprüchen unseres Jahrhunderts: einen riesigen Ballungsraum, in dem sich vom Land in die Großstadt Abgewanderte drängten, sehr britische Afrikaner in klimatisierten Büros, Afrikaner, die in Einheitsmietshäusern ihre Identität verloren hatten, Yoroubas und Ibos, die, vom atemberaubenden Strudel eines Kreislaufs von Menschen und Dingen erfaßt, fern ihrer heimatlichen Regionen einander schonungslos beargwöhnten. Jeder strebte danach, sich voll und ganz einzusetzen, um nur ja anerkannt zu werden und sich davor zu schützen, auf keinen Fall niedergewalzt zu werden: Megalopolis.

Ich kannte bereits mehrere afrikanische Länder, in denen Französisch gesprochen wurde: Dakar, Abidjan, Brazzaville. Lagos war bereits 1963 das, was aus diesen anderen Städten 20 Jahre später werden sollte: ein Rätsel, für das selbst die mutigsten afrikanischen Führer noch keine Lösung gefunden haben. Es war für mich wie der schnelle Einstich einer Sonde ins Herz des Problems, das ich seither immer wieder als eines der entscheidendsten unseres ausgehenden Jahrhunderts angesehen habe: die Vielmillionenstadt, monströses Produkt des mediatisierten Konsums und zugleich Wiege der Kulturen des kommenden Jahrhunderts.

Es war eine der wenigen Perioden, in denen Nigeria eine Zivilregierung besaß. Es hatte noch nicht das Drama von Biafra erlitten und war stolz auf das gute Funktionieren der Föderation, die den Provinzen weitgehende Autonomie zugestand. Die Unterrichtsmodelle, die wir beurteilen sollten, befanden sich in Ibadan. Ein herrlicher Kontrast! Verglichen mit der nach westlichem Vorbild erbauten und durch moderne Architektur verunstalteten Stadt Lagos gab es hier eine afrikanische städtebauliche Entwicklung, die trotz der Überlastung durch ein schnelles Wachstum Raum zum Atmen ließ und eine Art Menschlichkeit ausstrahlte, wobei eine Verbindung zwischen der Stadt und dem Land, auf dem sie angesiedelt war, erhalten blieb. Die Modelle selbst wiesen die für diese Periode der multilateralen technischen Hilfe typischen Vorzüge und Schwächen auf: einerseits den Eifer der Beteiligten, die noch an diese Hilfe glaubten, andererseits die Abkapselung der jeweils zuständigen nationalen Stellen voneinander sowie den totalen Mangel an Zusammenhalt zwischen einem nationalen Entwicklungsplan und den verschiedenen punktuellen Praktikum der bilateralen oder multilateralen Partner, die ängstlich auf ihren jeweiligen Einfluß bedacht waren. Mein englischer Kollege und ich spürten dies, ohne daraus vorerst einen anderen Schluß ziehen zu können als eine generelle Infragestellung der Funktionsfähigkeit der UNESCO, verbunden mit der Skepsis gegenüber dem Geschick der Regierung, daraus wirklichen Nutzen zu ziehen.

Wir sollten unsere Reise bis Khartoum gemeinsam fortsetzen. Der Engländer fand dort, wie in Lagos, die Spuren der britischen Präsenz wieder, und es erschien uns absolut verzeihlich, daß die Afrikaner das, was die UNESCO ihnen in die Wege zu leiten vorschlug – Schulen, Universitäten, technische Hochschulen, wissenschaftliche Forschungsinstitute –, so unvollkommen verwirklichten, da doch die Unabhängigkeit noch derart jung und instabil war.

Danach reiste ich allein weiter zu »reiferen« Nationen, wo die

UNESCO traditionsreichen Institutionen, die, ohne Schaden zu nehmen, von der »Modernität« überlagert werden konnten, wertvolle Unterstützung bot: Nassers Ägypten, der multikonfessionelle, noch intakte und tolerante Libanon, das in zwei Provinzen geteilte Pakistan.

Ich erinnere mich an den Kontrast zwischen Dakka, wo der Druck des Islam die Menschenmenge die düstere Würde eines inbrünstigen Monotheismus verlieh, und Bangkok, dessen Atmosphäre von Lachen und heiteren Rhythmen geprägt war, spürbare Anzeichen für den chinesischen Einfluß, und ein Ensemble aus Steinen und funkelndem, wohlriechendem Wasser entstehen ließ. 1963 war die urbane Explosion schon in Gang, blieb jedoch weiterhin aufgrund der Tradition unter Kontrolle. Ich hatte mich, von Saigon kommend, acht Jahre zuvor für kurze Zeit dort aufgehalten. Die Neuigkeiten, die diesmal aus Vietnam zu mir drangen, waren beängstigend. Diem war von den Amerikanern im Stich gelassen worden, und die Zersetzung durch die Vietcong-Guerilla war nicht mehr einzudämmen, was den Beginn des tragischsten Abenteuers bedeutete, das die GIs in diesem Jahrhundert erleben sollten.

Bangkok war der asiatische Sitz der Vereinten Nationen. Am Schnittpunkt der im Südpazifik neu entstandenen Nationen gelegen, konnte man dort die ganze Paradoxie erkennen, die aus dem theoretischen Bestreben der Organisationen des Systems und ihren operativen Inkohärenzen herrührte. Die winzige finanzielle Hilfe, die die UNESCO anbot, fiel angesichts der Milliarden der asiatischen Bank für Entwicklung, dem anspruchvollsten regionalen Partner der Weltbank, überhaupt nicht ins Gewicht. Man hätte die Flickarbeit der einen in die besser strukturierten Perspektiven der anderen integrieren müssen.

Ich teilte diese ernüchternden Überlegungen meines amerikanischen Kollegen, der in Thailand zu mir gestoßen war und mit dem ich meine Rundreise über Tokio und Kalifornien fortsetzen sollte.

In San Francisco angekommen, stellten wir wie einst Philéas Fogg fest, daß wir bei der Reise um diesen kleinen Planeten einen Tag gewonnen hatten, den wir einem Spaziergang durch diese elegante, kultivierte Stadt mit ihrem russischen Viertel und ihrer Chinatown, ihren hoch aufragenden Türmen und diesem schönen Bogen aus Stein und Metall über dem Wasser, der Golden Gate Bridge, widmeten.

Dann, wieder allein, Südamerika, Santiago, Concepción, Valdivia, Rio de Janeiro, Bahia, Mexico, lange Palaver in zwei Sprachen, die ich gerne hörte, jedoch nicht beherrschte, Spanisch und Portugiesisch, und, um bei dieser Weltreise eine unerwartete Fermate zu setzen, New York und die Ermordung von Präsident Kennedy.

Zurück in Paris, blieb uns nur noch, Maheu unseren Bericht zu unterbreiten. Er sprach sich für die dringende Notwendigkeit aus, die Entwicklung als globalen Prozeß zu betrachten, innerhalb dessen es wichtig sei, das, was für die Erziehung, die Gesundheit, die Landwirtschaft und die Berufsausbildung getan werde, nicht isoliert voneinander zu betreiben. Alle internationalen Institutionen müßten daher unter einer gemeinsamen Autorität arbeiten. Das war das exakte Gegenteil dessen, was der Generaldirektor der UNESCO wünschte, der, wie die meisten seiner Kollegen, unter der Zuständigkeitsparanoia der großen Ehrgeizlinge litt. Er sah zu, daß unser Bericht in einem Wandschrank verschwand.

Ich für mein Teil habe nicht nur den ganzen Planeten umrundet, sondern auch noch in 40 Tagen die Wohlgerüche der ihn bevölkernden Zivilisationen eingeatmet. Sie alle trugen mit ihrer Heiterkeit und ihren Ängsten dazu bei, unsere Welt in ihrer Gesamtheit und Vielfalt erstehen zu lassen. *Merci*, René Maheu!

Kapitel 20

AFRIKA (1)

Je älter ich werde, desto wichtiger ist Afrika für mich. Ich brauchte einige Zeit, um es kennenzulernen, aber ich habe es auf Anhieb geliebt.

Ich habe das koloniale Afrika nur flüchtig kennengelernt. Meine Erinnerungen an meinen ersten Kontakt mit dem schwarzen Kontinent sind vage. Geblieben ist mir die Empfindung von drückender Hitze bei der Landung einer Constellation auf dem Flughafen von Duala, den wir auf dem Weg nach Brazzaville anflogen. Das war 1953. Ich hatte den Posten eines Ministerialdirigenten für die Vereinten Nationen, und wir waren froh, erreicht zu haben, daß die Weltgesundheitsorganisation ihr Regionalbüro für Afrika auf französischem Territorium einrichtete.

Es gab damals noch keine Klimaanlagen, aber die Hütten waren kühl und luftig, und der Empfang des Gouverneurs war höflich.

Die Verhandlung fand zwischen den internationalen Funktionären und den französischen Behörden ohne die geringste Beteiligung der Afrikaner statt. Man wollte sich mit ihrer Gesundheit befassen, ohne sie selbst zu Rate zu ziehen. Heute bin ich mir dessen bewußt, aber damals, 1953, kam es mir nicht einmal in den Sinn, mich darüber zu wundern. Ein in einem ruhigen Viertel wohnender polnischer Künstler leitete eine Malschule, und ich brachte von dieser ersten Reise ein von einem sehr phantasievollen Kongolesen gemaltes kleines rot-schwarzes Bild mit. Ich schenkte es meinem jüngsten Sohn, der heute Psychiater ist und es in seinem Wartezimmer aufgehängt hat. Ich bin sicher, daß es zum Träumen anregt.

Als ich 21 Jahre später in einer Mission bei der kongolesischen

Regierung bin, sollte sich an dem Nebeneinander von Weißen und Schwarzen nichts Wesentliches geändert haben. Die Gäste des Französischen Botschafters geraten beim Verlassen einer Cocktailparty unter freiem Himmel in ein afrikanisches Fest, und ich sage mir, daß die Afrikaner unsere Gesten beim Cocktail mit derselben staunenden Neugier beobachten müssen wie die Gäste des Botschafters deren Tänze und Gesänge. Jeder ist für den anderen nach wie vor Folklore.

1953 war ich allerdings noch jung genug, um mich von den kongolesischen Frauen verwirren zu lassen, die mit entblößten Brüsten umherwandelten. Oder sie trugen einen Säugling auf dem Rücken, dessen nackte Füße ihre Hüften zu beiden Seiten zierten. Ich bestaunte den großen Kapokbaum am Ufer des Flusses, in dessen Schatten die Alten saßen und das von Léopoldville beherrschte gegenüberliegende Ufer betrachteten. Dieses Afrika ist nur noch eine poetische Reminiszenz.

Fünf Jahre später beauftragte mich Roger Seydoux, der Generaldirektor für kulturelle Beziehungen, der mir die Leitung des Amtes für technische Entwicklungshilfe anvertraut hatte, mit einer schwierigen Mission in Konakry. Das Referendum zur Selbstbestimmung der französischen Territorien in Übersee hatte dem französischen Afrika einen zwitterhaften Status verliehen: eine begrenzte Unabhängigkeit im Rahmen einer offensichtlich vom britischen Commonwealth inspirierten »Gemeinschaft«. General de Gaulle hatte sämtliche afrikanischen Führer bis auf einen davon überzeugen können, diesen Modus von ihren Völkern billigen zu lassen. Die Gemeinschaft sollte nur zwei Jahre bestehen bleiben und schließlich dazu führen, daß jene in ihrer formellen Unabhängigkeit anerkannt und in die Organisation der Vereinten Nationen als Mitglieder aufgenommen wurden. Der einzige, der sich dagegen ausgesprochen hatte, war Sékou Touré. Der junge Syndikalist und brillante Redner war bei der französischen Linken beliebt. Alle, die wie ich General de Gaulles Rückkehr an die Macht nicht bejubelt hatten, waren über den Widerstand, den Guinea Frankreich gegenüber leistete, kaum erbost. Im Club Jean-Moulin verurteilten wir die üble Art und Weise, wie der General sich mit Sékou Touré überworfen hatte. Roger Seydoux hatte nicht ohne einige Mühe durchgesetzt, daß ein Gesandter gemeinsam mit den dortigen Behörden der Frage nachging, welche Formen eine technische Zusammenarbeit im Bereich des Allgemeinwohls annehmen könnte.

Ich habe Konakry mit Vergnügen entdeckt. Im Frühjahr 1959 war es eine hübsche, im Kolonialstil erbaute Hauptstadt mit blumengeschmückten Straßen, schönen Palmen, Jakaranda-Bäumen und Flamboyanten. Aber die Franzosen flanierten dort nicht mehr, seitdem Guinea im Oktober 1958 aus der französischen Gemeinschaft ausgeschieden war, und die Gefolgschaft des Präsidenten begegnete dem Gesandten aus Paris mit unfreundlichen Blicken.

Sékou Touré selbst hatte mich jedoch, ohne mich allzu lange warten zu lassen, in den weiten, luftigen Hallen des Präsidentenpalastes empfangen. Soweit ich mich erinnere, sollte das Gespräch die Gründe erhellen, weshalb Guinea für die Unabhängigkeit gestimmt hatte, was in Paris auf Unverständnis gestoßen war. Afrika, sagte er, würde sich nur dann weiterentwickeln können, wenn es sich auf seine eigenen Kräfte verlasse. Die Hilfe Frankreichs würde es an ein wirtschaftliches und politisches System binden, das ihm nicht zusage. Es gelte, dem Beispiel Nkrumahs zu folgen. Sékou Touré drückte sich in einer sehr melodiösen Sprache unmißverständlich aus. Ich versuchte, ihm nicht zu widersprechen, und beschränkte mich darauf, auf gewisse Bereiche hinzuweisen, in denen die Präsenz französischer Sachverständiger noch einige Jahre lang von Vorteil sein könnte: das Institut Pasteur in Kindia, die Aluminiumproduktion in Boké, das Auswahlverfahren der Hochschullehrer, der Ingenieure. Würden wir uns auf einen Text einigen können, der die rechtlichen Bedingungen einer solchen Präsenz festlegte? In dieser Angelegenheit reichte er mich, nachdem er mich zur Besichtigung dieser beiden Orte eingeladen hatte, an den Wirtschaftsminister Ismaël Touré, seinen Bruder, weiter.

In Boké traf ich ein ehemaliges Mitglied des Kabinetts von Mendès France, der einen damals bereits beachtlichen Betrieb leitete, wo außergewöhnlich reiche und reine Bauxitvorkommen zu Aluminium verarbeitet wurden. Das Unternehmen Pechiney hatte sein Bestehen ohne jegliche Intervention der französischen Regierung ausgehandelt und hütete sich davor, eine solche zu erbitten. Die Betriebsanlage war beeindruckend, hochmodern, die für das Stammpersonal bestimmten »Hütten« aus Aluminium funkelten in der Sonne. Marchandise versicherte mir, sie würden ihre Bewohner vor der Hitze schützen. Er war sich der heiklen Situation des Unternehmens durchaus bewußt. Sékou Touré wußte um die Inkompetenz der Führungskräfte Guineas. Hieraus mußte man Profit ziehen.

Dasselbe galt für Kindia. Das dortige Institut Pasteur züchtete Schlangen, deren Gift wertvoll war: gefährliche Schlangen, besonders die allerkleinsten, allergrünsten. Wenn man sah, wie sie sich in den großen irdenen Behältern ringelten, bekam man eine Ahnung davon, daß es bei ihrem Biß keine Rettung gab. Die Forscher beklagten sich nicht allzu sehr. Ihren rechtlichen Status festlegen? Gewiß, wobei allerdings ihr ungestörtes Arbeiten so weit wie möglich garantiert werden müsse. Vorläufig sei alles in Ordnung.

Meine Unterredung mit dem Bruder des Ministers hinterließ in mir keinen Zweifel an der Haltung der Regierung Guineas. Was Frankreich betraf, würde man nichts unterzeichnen.

Einige Monate später begleitete ich André Boulloche nach Dakar zur Einweihung der Universität, deren Rektor Lucien Paye und deren »Schirmherr« Léopold Sédar Senghor war. Bei dieser streng nach französischem Ritual abgehaltenen Zeremonie – Senghor wollte eine vollgültige Universität mit Diplomen, die denen des Mutterlandes absolut gleichwertig waren – sah man mehr Franzosen als Afrikaner. Ich erkannte sofort die Zweischneidigkeit der Universität von Dakar. Die dort ausgebildeten Studenten würden zwangsläufig zu einer Elite werden, die sich von der Masse abhob und sich zu allem anderen hingezogen fühlen würde, nur nicht zu den eigentlichen Problemen ihres Landes. Die Lektüre des schönen Romans von Hamidou Kane, dessen Titel *L'Aventure ambiguë* auf Michel Leiris' bedeutenden Text *L'Afrique fantôme* anspielt, öffnete mir die Augen dafür, worin Entwicklungshilfe bestehen sollte: in einer Mäeutik, die es Afrika ermöglichen würde, seinen Weg demokratisch zu bestimmen und von den Partnern aus dem Norden nur das anzunehmen, was es nicht von diesem Weg abbringen würde.

Ich hatte bei diesem Konzept, das es der französischen Verwaltung nicht minder als den afrikanischen Erziehungsministern nahezubringen galt, meinen Freund aus Saigon, Jean-Pierre Dannaud, zum Komplizen, der inzwischen Direktor im Ministerium für Entwicklungshilfe geworden war. Gemeinsam haben wir zwischen 1959 und 1964, den Jahren, als die unabhängig gewordenen Staaten noch in ihren Kinderschuhen steckten, den afrikanischen Kontinent bereist. Gemeinsam haben wir die erforderliche Durchtrennung der Nabelschnur gepredigt. Leichter gesagt als getan. Ich sehe uns noch in dem neuerdings klimatisierten Büro eines jener größtenteils an der École normale William-Ponty in Senegal ausgebildeten Minister, die spontan dazu tendierten – welcher Ausbilder neigt nicht dazu –, die Institution, aus der sie hervorgegangen sind, zu einer ständigen Einrichtung zu machen. Der Minister ist vom Besuch der beiden *normaliens* beeindruckt, denen er seine klassische Bildung beweisen will. Sie raten ihm, zum Wohle seiner jungen Mitbürger eine neue, weniger auf das Wort als vielmehr auf die Tat gegründete Pädagogik zu entwickeln, sich für eine allzu sehr von der kolonialen Verwaltung vernachlässigte technische und professionelle Ausbildung einzusetzen, um daraus die Führungskräfte für die Unternehmen seines Landes zu gewinnen. Er hört uns, mit dem Kopf nickend, zu, wobei er uns instinktiv mit dem so legitimen Mißtrauen des Schwarzen dem Weißen gegenüber verdächtigt, sein Land auf eine subalterne Rolle beschränken zu wollen, um es besser kontrollieren zu können.

Ihm ist wichtig, daß der Schulrat, den wir ihm vorgestellt haben, ein »wirklicher« Graduierter ist, ebenso graduiert wie der, den der Nachbarstaat bekommen hat.

Es gibt auf diesen Reisen Anlaß zur Freude wie zur Sorge. Freude über die Einigkeit mit Dannaud über die Ziele, die es in dieser Frühzeit der afrikanischen Unabhängigkeit zu verfolgen gilt; Freude bei jedem Abschnitt der Reise über das Zusammentreffen mit afrikanischen Lehrern und Schülern; Freude über die Streifzüge, fern von den an der Küste gelegenen Hauptstädten, in die vom staubigen Laterit der Sahelzone geröteten Landstriche, auf Wegen, auf denen wie eh und je in langen Reihen gemessen dahinschreitende Männer und Frauen ihre farbenprächtigen Lasten tragen. Aber auch die Sorge um die von der Kolonisation geerbten Mängel: ein französisches Schulsystem für eine kleine Randgruppe junger Leute, die vom Staatsdienst erfaßt, aus ihren Dörfern geholt, entwurzelt werden, dann aber, sobald sie einen Posten innehaben, für ihren schmarotzenden Klan sorgen müssen; und in den meisten Fällen Klassen mit 100 Schülern, die nur halbverstandene Sätze herunterleiern, zum großen Leidwesen der überforderten Lehrer, deren Geduld und guter Wille die Inkompetenz und das Fehlen pädagogischer Mittel nicht aufzuwiegen vermögen.

Es ist die Epoche, in der die UNESCO für eine kürzere Schulausbildung eintritt, wobei mehr Gewicht auf Quantität als auf Qualität gelegt wird. Die unseren Schulräten auferlegte Mission ist zweischneidig und zehrt an den Kräften. Manch einer zieht sich geschickt aus der Affäre.

Ich denke dabei an Marcel Vitte, den ich nach Gabun mitgenommen habe, eines der Länder, wo die Quote für den Schulbesuch am höchsten, der von den Schülern erreichte Wissensstand jedoch am niedrigsten ist. Ein junger Minister berichtet uns von seinen Reformplänen, wofür er beim Präsidenten, der ihn des Nonkonformismus bezichtigt, unsere Unterstützung braucht. Er reist mit uns nach Lambarene. Der Flug über Gabun in niedriger Höhe ist eine aufregende Erfahrung: Der Urwald saugt den Blick wie ein gewaltiger, dunkler, tödlicher Trichter auf. Doktor Schweitzer empfängt uns am Tor seines weitläufigen Lagers, in dem die Kranken unter dem väterlichen Blick dieses noch rüstigen alten Mannes mit dem schönen silbrigen Haar umhergehen und sich nützlich machen. Er behauptet, gespannt darauf zu sein, einen Bewunderer seines jungen geistigen Verwandten Jean-Paul Sartre kennenzulernen. Er stellt seinen einfachen Lebensstil, sein reichlich narzißtisches Afrikanisch-Sein zur Schau. Er hat kein Vertrauen in den neuen Status der afrikanischen Länder, in dem er eine Quelle für Mißwirtschaft wittert. Er ist bereits der Wortführer seiner eigenen Geschichte, seiner Vergangenheit als Wegbereiter. In seiner Hütte steht nicht einmal mehr ein Klavier.

In Kamerun begegnen Dannaud und ich den interessantesten Gesprächspartnern: dem so diplomatischen Erziehungsminister Eteki, Absolvent der École nationale de la France d'outre-mer, und dessen Generaldirektor Michel Doo Kingué, der eine große internationale Karriere vor sich haben und zehn Jahre später mein Kollege beim Entwicklungshilfeprogramm der Vereinten Nationen sein wird. Sie verstanden als erste, daß die Universität von Jaunde sich deutlich von den französischen Universitäten unterscheiden und nicht etwa eine Gleichwertigkeit ihrer Diplome mit denen Frankreichs anstreben sollte, um so eine Elite heranzuziehen, die in Afrika bleiben und ihre afrikanischen Studenten auf eine speziell auf den Kamerun zugeschnittene Zukunft hin orientieren wird.

Zwischen dem Afrika der ersten Jahre der Unabhängigkeit

und dem, das ich zehn Jahre später vorfinde, bestand eine gewaltige Kluft. Erst heute bin ich mir, wenn ich zurückblicke, dessen wirklich bewußt. Hoffnungen wurden enttäuscht, Energien vergeudet. Die »Väter der Unabhängigkeit«, die Ahidjos, Houphouëts, Hamani Dioris und Tsirananas*, haben auf eine autoritäre Staatsform mit nur einer einzigen Partei und auf Kompromisse in Finanzangelegenheiten gesetzt. Unserer Politik der Hilfe ist es einzig und allein um die Aufrechterhaltung einer finanziellen Bevormundung gegangen, die den französischen Steuerzahler zwar teuer zu stehen kommt, deren Bürde jedoch durch eine Bejahung des Begriffs »Hoheitsgebiet« aufgewogen wird, wodurch Frankreich zu einer größeren internationalen Dimension verholfen würde. Das Resultat war eine Verarmung der afrikanischen Völker, die von den afrikanischen Machthabern mindestens genauso ausgebeutet wurden wie einst von den Kolonialherren. Sie sind dank der Unterstützung, die die ehemalige Schutzmacht ihren neuen Gebietern zollte, auch weiterhin geknechtet worden.

Wann ist mir dieses Scheitern klar geworden? Wann habe ich begonnen, Afrika mit jener Mischung aus Zuneigung und Besorgnis zu betrachten, die ich heute für diesen Kontinent verspüre? Meine Erfahrung in Algerien hat vermutlich das ihre dazu beigetragen. Ich hatte nämlich den Eindruck, daß die aus einem langen, mörderischen Krieg hervorgegangene algerische Regierung der sechziger Jahre das genaue Gegenteil, und zwar einen radikalen Bruch mit dem französischen Modell, bewiesen hatte. Sie hatte einen gänzlich neuen Weg beschritten. Die Regierungen Schwarzafrikas hatten dies nicht getan. So wurde

* Ahidjo, Ahmadou (geb.1922), 1958 Ministerpräsident, dann Staatspräsident des am 1. 1. 1960 selbständig gewordenen Kamerun, 1965 wiedergewählt; Houphouët-Boigny, Félix (geb.1905), seit 1960 Staatspräsident der Republik Elfenbeinküste; Diori, Hamani (geb.1916), seit 1960 Staatspräsident von Niger. 1974 durch einen Militärputsch gestürzt; Tsiranana, Philibert (1912–1978); 1959–1972 Präsident von Madagaskar. (Anm. d. Übers.)

mein Urteil über Frankreichs Afrika-Politik in dem Maße, wie mein Mißtrauen den afrikanischen Staatsoberhäuptern gegenüber wuchs, immer unerbittlicher.

Ich stand mit meiner Beurteilung nicht alleine. Mein erster Botschafter in Algier, Georges Gorse, war Ende der sechziger Jahre mit einem Bericht über die französische Entwicklungspolitik beauftragt worden, worin er deren Schwächen und Ungereimtheiten kritisierte. In meiner Funktion als *assistant administrator* des Entwicklungshilfeprogramms der Vereinten Nationen hatte ich die Auswirkungen der multilateralen Hilfe mit denen der französischen bilateralen Entwicklungshilfe vergleichen können. Letzten Endes hatten beide mit komplexen Bereichen zu tun, dem Zusammentreffen unterschiedlicher Zivilisationen, deren Solidarität alles andere als selbstverständlich war. Es war wichtig, sich nicht von den ersten Mißerfolgen entmutigen zu lassen, sondern aus ihnen Lehren zu ziehen.

Das war der Grund, weshalb ich, als die Wahl des Jahres 1974 Valéry Giscard d'Estaing in den Élysée und Pierre Abelin ins Ministerium für Entwicklungshilfe brachte, etwas tat, was ich nur einmal in meinem Leben getan habe: Ich bot einem Minister der Rechten meine Mitarbeit an.

Pierre Abelin war für mich kein Freund, sondern jemand, den ich respektierte und der in den konstruktivsten Phasen meiner Karriere immer wieder in Erscheinung trat. Er hatte die Nachfolge von Pierre Mendès France als Vorsitzender der französischen Delegation beim Wirtschafts- und Sozialrat der Vereinten Nationen angetreten. Als das Ministerium ihn vier Jahre später zum Präsidenten der Kommission für internationale technische Entwicklungshilfe ernannte, in der er Unternehmer wie Demonque und Dagallier für seine Belange hatte gewinnen können, war ich daran nicht ganz unbeteiligt. Ich wußte aber auch, daß unser Versuch im Club Jean-Moulin, Gaston Defferre zu »Monsieur X«, dem Rivalen General de Gaulles, aufzubauen, seinetwegen gescheitert war. Er hatte Defferre im letzten Augenblick die Unterstützung des MRP *(Mouvement républicain populaire)* verweigert. Außerdem trug er am Sturz der Regierung Mendès France einen Teil der Verantwortung, die ich seiner Partei anlastete. Meine Meinung über ihn war also zwiespältig. Ich konnte mir aber vorstellen, daß er sich auf einem für ihn neuen Gebiet von mir, der sich darin besser auskannte, beeinflussen lassen würde.

Ich hatte richtig kalkuliert. Pierre Abelin empfing mich nicht nur mit offenen Armen, sondern bot mir an, nachdem er die Leitung seines Kabinetts bereits Robert Toulemon versprochen hatte, einem weniger politisch engagierten ehemaligen Mitglied des Clubs, als Beauftragter einer Mission für ihn zu arbeiten.

Dieses neue Abenteuer dauerte nur zwei Jahre und endete zu meinem Nachteil. Es war für mich jedoch von größter Bedeutung. Zunächst galt es, der französischen Afrika-Politik eine Neuorientierung zu geben, indem wir versuchten, uns von den Usancen der gaullistischen Präsidentschaften zu distanzieren, mit denen zu brechen Valéry Giscard d'Estaing in unseren Augen beschlossen hatte. Er hatte Jacques Foccart nicht im Élysée behalten. Wir wußten nichts über seinen Nachfolger Journiac. Unser Minister gedachte, die neue Politik mitzubestimmen, indem er sich auf das Vertrauen des Élysée verließ. Er forderte das Team, das er um sich scharte, auf, ihm Neuerungsvorschläge zu unterbreiten.

Bezeichnend für dieses Team war, daß es sich berufen fühlte, eine Verwaltung zu reformieren, die bis dahin ihre sämtlichen Minister überlebt hatte, ohne ihre noch aus der Kolonialzeit stammenden Gepflogenheiten aufzugeben. Man erwartete von uns summa summarum, das Entwicklungsministerium zu entkolonialisieren, es nicht allein Afrika, sondern auch anderen Regionen der Welt gegenüber zu öffnen, aus dem Scheitern der afrikanischen Entwicklungspolitik Lehren zu ziehen, eine vertrauensvollere Zusammenarbeit mit unseren europäischen Partnern einzugehen, den von der Regierung unabhängigen Organisationen, den Unternehmen und Universitäten, einen größtmöglichen Platz einzuräumen, vor allem aber die wahren Bedürfnisse unserer Partner in Erfahrung zu bringen und so ihre Verantwortlichkeit bei der Handhabung ihrer Belange zu erweitern.

Wir dachten jedoch, daß es in diesem ersten Jahr der siebenjährigen Regierung Giscard d'Estaings tiefgreifende Veränderungen in der französischen Außenpolitik geben würde. Das Ministerium für Entwicklungspolitik leitete eine große Reform ein. Nachdem Abelin sich der Ressortchefs seines Vorgängers entledigt hatte, machte er Jean Audibert zum *Directeur de la planification* und der Politik, einen Mann, dessen Neuerungsvorstellungen vom Kabinett geteilt wurden. Würden wir diesmal Apollinaires Vorhaben entsprechen können, wie es in der vierten Strophe seines *La jolie rousse*, dem Gedicht, das auf berührendste Weise sein Wesen offenbart, heißt: *»Ayant su quelque fois imposer ses idées«*?*

Uns lag daran, die Gründe dessen zu begreifen, was in unseren Augen eine Niederlage war: 14 Jahre nach Erlangung ihrer Unabhängigkeit betrieben die Französisch sprechenden Länder Schwarzafrikas nach wie vor keine »eigenständige« (so der damalige Begriff, heute sagt man »dauerhafte« oder »vertretbare«) Politik. Die Präsidialregierungen leisteten der Mißwirtschaft und Korruption Vorschub. Das Erziehungssystem hatte sich nicht genügend von den kolonialen Traditionen abgegrenzt und bildete keineswegs technische und administrative Führungskräfte aus, die die französischen Entwicklungshelfer hätten ablösen können. Vor allem aber wollten wir die Komplizenschaft zwischen den afrikanischen Machthabern und ihren Partnern in

* »Nachdem er manchmal seine Ideen durchzusetzen gewußt hat.« Zit. aus: *Die hübsche Rothaarige*. In: *Caligrammes*. Übers. v. Fritz Usinger. In: Guillaume Apollinaire, *Dichtungen*. Ausgew. u. hg. v. Flora Klee-Palyi. Wiesbaden: Limes Verlag 1953

den großen französischen Unternehmen unterbinden, durch die die als Hilfe gedachten Kredite nicht ihre eigentliche Bestimmung fanden, die Verschuldung der noch jungen Staaten verschlimmert und der Augenblick hinausgezögert wurde, wo ihre Führungskräfte die Verantwortung für ihre Entwicklung selbst in die Hände nehmen würden.

Diese Komplizenschaft mit ihren beklagenswerten Auswirkungen ist von einem Mann angeprangert worden, der in besonderem Maße die Qualitäten in sich vereint, die ich am meisten schätze: Kompetenz gepaart mit Bescheidenheit, Wachsamkeit im Kampf gegen Unrecht, Engagement für die wichtigsten menschlichen Belange, Großzügigkeit im persönlichen Umgang. Gemeint ist André Postel-Vinay. Dieser Finanzinspektor, der 1942 in London zum Freien Frankreich gestoßen war, sollte 30 Jahre lang den Posten eines Verwalters des *Fonds d'investissement pour le développement économique et social*, in den fünfziger Jahren zur *Caisse centrale de coopération économique* umbenannt, innehaben, eines der längsten Mandate, die je von einem hohen Beamten bekleidet wurden. Er eignete sich dabei Kenntnisse über die Probleme Afrikas wie die der Immigration an, aus denen keine Regierung der IV. oder V. Republik wirklichen Nutzen zu ziehen vermochte. Warum? Gewiß fehlte es ihm an Flexibilität und Kompromißbereitschaft, ohne die man in unserem Land keine große Karriere machen kann. Den einzigen Ministerposten, auf den er sich je eingelassen hat – da er, wie ich, annahm, die 1974 eingeläutete siebenjährige Regierung Valéry Giscard d'Estaings ließe Reformen erhoffen –, den des Staatssekretärs für Fragen der Immigration, kündigte er nach einigen Wochen, weil man ihm das Minimum an Mitteln verwehrt hat, ohne die er nichts bewirken zu können glaubte. Seine Frau Anise, die wie durch ein Wunder das Lager Ravensbrück überlebt hatte, widmete sich mit unerschöpflicher Energie der Vereinigung *France Terre d'Asile* und erbrachte gemeinsam mit Geneviève Anthonioz, Germaine Tillion und Lucie Aubrac den unwiderlegbaren Beweis für die Überlegenheit der Frauen im Kampf für die Würde des Menschen.

Während der zwei Jahre, in denen Pierre Abelin das Ministerium leitete, sammelte unser Team vor allem konkrete Fakten, wodurch es uns möglich war, größere Klarheit zu schaffen und in einem später nach ihm benannten Bericht diejenigen Reformen vorzuschlagen, die wir wie André Postel-Vinay für unabdingbar hielten.

Zu diesem Zweck schlugen wir dem Minister vor, eine Reihe von Missionen vor Ort in die Wege zu leiten, die wir »Missionen des Dialogs« nannten. Damit sollten nicht etwa Veteranen der Verwaltung betraut werden, sondern Männer mit kritischem Blick.

Diese größtenteils von Robert Toulemon oder mir, manche auch von Jean Audibert geleiteten Missionen sollten in die 18 Unterzeichnerstaaten des Abkommens von Yaoundé, die inzwischen unabhängig gewordenen ehemaligen überseeischen Gebiete, führen. Mir wurden Senegal, Burkina Faso (das zu der Zeit noch Obervolta hieß), Niger, Mali, Mauretanien, Benin (das damalige Dahome) und der Tschad zugeteilt. Die Zusammensetzung meiner Equipe variierte je nach Verfügbarkeit der einzelnen Mitglieder, aber ich setzte alles daran, um u. a. Jacques de Chalendar, einen Generalinspekteur für Finanzen, an meiner Seite zu haben, Maurice Flory, einen Professor der Rechtswissenschaft aus Aix-en-Provence, und Paul Sabourin, einen aus Cognac stammenden Juristen, der bei dem voraussichtlichen Endergebnis des ganzen Unternehmens, dem *Rapport Abelin*, die Feder führen sollte.

Wie bei jedem innovativen Vorhaben herrschte auch bei uns eine Mischung aus Blauäugigkeit und Gerissenheit. Wir würden den Beweis erbringen, daß das System schlecht funktionierte, daß es von Grund auf reformbedürftig war, ohne jedoch den Anschein zu erwecken, daß wir seine Akteure kritisieren wollten, indem wir sie ganz einfach das sagen ließen, was sie auf dem Herzen hatten. Damit setzten wir natürlich auf den Überraschungseffekt, den unsere Haltung im Dialog zeitigen würde, und mißverstanden diejenigen, die uns beteuerten, daß die afrikanischen Verantwortlichen entweder zu höflich oder zu sehr am Status quo interessiert seien, als daß sie sich auf eine konstruktive Kritik am Funktionieren der französischen Entwicklungshilfe eingelassen hätten.

Die Erfahrung hat gezeigt, daß wir recht hatten – vielleicht, weil im Bewußtsein der Menschen der Zeitpunkt für eine Infragestellung gekommen war oder weil die Mitglieder unserer Missionen eine solche Mäeutik umzusetzen wußten. Wohin ich auch immer mit Jacques de Chalendar reiste, überall war er in meinen Augen Herr der Lage. Dieser große, ein wenig gebeugte Mann, dessen lebendiges Gesicht wahre Güte ausstrahlte, verstand es, wenn wir mit irgendwelchen afrikanischen Ministern oder Direktoren um einen Tisch saßen, rasch über höfliche Gemeinplätze hinauszukommen und die zwei, drei relevanten Fragen zu stellen, die die Zungen lockerten und Groll und enttäuschte Hoffnungen auflösten. Dann wurde der Dialog sinnvoll, und die Vorschläge der einen wie der anderen fanden sich zu einem harmonischen Ganzen zusammen.

Meine Aufgabe lag vor allem darin, die Moral der Gruppe aufrechtzuerhalten, keine Ermüdung oder Enttäuschung aufkommen zu lassen, wenn wir das Ausmaß der Funktionsstörungen feststellen mußten oder unsere Kollegen in den Botschaften uns vor dem Wert der Äußerungen unserer afrikanischen Gesprächspartner warnten. Ich traf einige von ihnen wieder, die ich aus meiner Zeit als Leiter der Entwicklungshilfe im Erziehungsministerium kannte und zu denen ich ein Vertrauensverhältnis entwickelt hatte; andere wiederum, mit denen ich im Rahmen des UNDP zusammengearbeitet hatte. Ich wunderte mich, wie wenig Kontakte in den einzelnen afrikanischen Hauptstädten zwischen den Kreditgebern bestanden. Die Weltbank operierte im Alleingang, das UNDP mißtraute den ehemaligen Mutterländern, Frankreich tat alles, um sich ein »Jagdrevier« zu bewahren, und sorgte dafür, daß die von Brüssel finanzierten Aktivitäten französischen Akteuren anvertraut wurden.

Ich hielt es für dringend notwendig, die afrikanischen Verantwortlichen dazu anzuhalten, die nötigen Instanzen zu schaffen, um Ordnung in die Netze von Mittelspersonen zu bringen, über die ihre bilateralen oder multilateralen Partner in ihre Entwicklung eingriffen.

Am Ende dieser Missionen war ich jedesmal ganz und gar erfüllt von Afrika. Ich hatte die so besondere Qualität seiner Gastlichkeit, seiner Offenheit, seiner Phantasie, die so einfallsreiche Intelligenz manch eines Machthabers kennengelernt, unter denen Abdou Diouf einen besonderen Platz einnimmt. Als wir nach Dakar kommen, war er noch Premierminister. Präsident Senghor hatte uns empfangen und einen in kultureller Hinsicht höchst konservativen, in wirtschaftlicher Hinsicht höchst traditionellen und in moralischer Hinsicht höchst erhabenen Ton angeschlagen. Und dann hatte Abdou Diouf uns angehört und in seiner unvergeßlichen Art mit beachtlicher Klarheit und Würde gesagt, was er von Frankreich erwarte. Warum ist es uns in jenen Jahren, als alles noch formbar war und die dortigen Funktionäre noch die Karten in der Hand hielten, nicht gelungen, die Arbeit der jungen einheimischen hohen Beamten Afrikas, wie etwa der Verantwortlichen für Landwirtschaft, Viehzucht, Tiefbau in Mali, Niger, im Tschad, jener jungen Gesundheitsminister Mauretaniens oder Dahomes, des Schatzmeisters von Obervolta, zu unterstützen, die alle in ihrer Art so glücklich zu sein schienen, mit uns ein von seiner Schwerfälligkeit und Antriebslosigkeit befreites Afrika aufzubauen!

20 Jahre danach muß man erkennen, daß dieses so unabdingbare und so begeisternde Bauwerk sich noch immer im Zustand der Planung befindet.

Parallel zu unseren Missionen vor Ort war es in Paris zu konzertierten Aktionen mit den diversen Akteuren der französisch-afrikanischen Entwicklungshilfe gekommen. Wir forderten sie auf, gemeinsam mit uns über Fragen nachzudenken, die im Zuge der Redaktion der beiden großen, dem unsrigen vorausgegangenen Berichte – dem *Rapport Jeanneney* aus dem Jahr 1963 und dem *Rapport Gorse* aus dem Jahr 1970 – bereits wiederholte Male untersucht und erörtert worden waren. Sie waren von zwei Freunden von mir verfaßt worden: ersterer von Simon Nora und letzterer von Yves Roland-Billecart. Ihre Empfehlungen zeugten von denselben Anliegen: Frankreich aus einer exklusiven Partnerschaft mit Afrika zu lösen und es mit seinen europäischen Verbündeten zu vereinigen; das allzu große Aufgebot an Entwicklungshelfern zu verringern und die Ausbildung der afrikanischen Führungskräfte zu beschleunigen, die deren Nachfolge antreten könnten; die Entwicklung der Produktionskräfte voranzutreiben und den Renteneinsparungen ein Ende zu setzen; den Organisationen, die keiner Regierung unterstehen, den ihnen gebührenden Platz einzuräumen und ihren Zusammenhalt und ihre Professionalität zu steigern, ohne sie deshalb unter die Fuchtel des Staates geraten zu lassen.

Was hatten wir am Ende unserer Untersuchung dem hinzuzufügen? Zunächst einmal, daß keine dieser Empfehlungen befolgt worden war, während sich an ihrer Dringlichkeit nichts geändert hatte. Zweitens, daß die schwarzafrikanischen Länder nicht länger von ihrem Umfeld isoliert werden konnten und die ob ihrer Erfahrung effiziente französische Entwicklungshilfe auch anderen Partnern, nicht nur dem Maghreb und dem Nahen Osten sowie den nicht Französisch sprechenden afrikanischen Ländern, sondern auch Asien und Lateinamerika zugute kommen müßte. Schließlich, daß zwar ein großer politischer Verwaltungsapparat, bei dem es sich nur um die auswärtigen Angelegenheiten handeln könnte, mit den Verhandlungen über die Zielsetzungen beauftragt werden müßte, deren Durchführung jedoch einer flexiblen, funktionsfähigen Stelle obliegen sollte, denen vergleichbar, die von den amerikanischen, schwedischen, kanadischen und anderen Regierungen mit derselben Mission betraut worden sind.

Aber jedesmal, wenn eine Regierung die Verwaltung der Entwicklungshilfe in den Quai d'Orsay integrieren wollte, wie es Michel Jobert 1973 versucht hatte und Claude Cheysson es dann 1981 tat, war der Widerstand der einzelnen Dienststellen zu heftig, so daß die »Fusion« nicht zustande kam.

Mit meinen 57 Jahren glaubte ich, die Widerstände besiegen zu können, die ich eher auf eine Fehleinschätzung der eigentlichen Sachlage als auf eine Verteidigung administrativer oder finanzieller Interessen zurückführte. Das Vertrauen von Pierre Abelin machte mir Mut, und der Zusammenhalt des Teams, mit dem ich arbeitete, der Eifer des für den Bericht verantwortlichen Redakteurs Paul Sabourin, ließen mich an einen Erfolg glauben. Um so größer war die Enttäuschung, als ich nach meinem Ausscheiden aus dem Ministerium infolge der Claustre-Affäre feststellen mußte, daß dem *Rapport Abelin* kein besseres Los beschieden war als den beiden vorangegangenen. Deshalb hätte ich auch ahnen müssen, daß es dem Bericht, den ich 15 Jahre später zu demselben Thema Michel Rocard vorlegen sollte, nicht anders ergehen würde.

Kapitel 21

DIE AFFÄRE CLAUSTRE

Gerade habe ich noch einmal das ausführliche und bewegende Werk gelesen, das Pierre Claustre zwölf Jahre nach der Befreiung seiner Frau Françoise veröffentlicht hat.* Sie war vom 21. April 1974 bis zum 1. Februar 1977 Hissène Habrés Geisel gewesen. Bevor ich auf die eher klägliche Rolle zu sprechen komme, die ich 1975 in einer von den Medien und der politischen Welt heftig diskutierten Angelegenheit gespielt habe, will ich kurz deren Entstehungsgeschichte wiedergeben. Es ist freilich möglich, daß diese Episode bei vielen in Vergessenheit geraten ist, weil ihre hauptsächliche Protagonistin sich bei ihrer Rückkehr nach Frankreich äußerst diskret verhielt.

Françoise Treinen stammt aus einer luxemburgischen Familie und arbeitet seit 1964 im Tschad. Als Archäologin befaßt sie sich mit der Erforschung präislamischer Völker der Wüste. Sie begegnet Pierre Claustre, der 1969 in den Tschad gekommen ist. Als ehemaliger Student der École nationale de la France d'outre-mer leitet er die mit der Verwaltungsreform beauftragte Mission, eine Art Bauunternehmen der öffentlichen Hand zugunsten der ländlichen Bevölkerung in den nördlichen und östlichen Regionen des Tschad, die von der Rebellion in Mitleidenschaft gezogen waren. Pierre verliebt sich sterblich in Françoise, gewinnt sie für sich und heiratet sie.

Am 2. April 1974 stirbt Pompidou. Frankreich befindet sich mitten im Wahlkampf, als Françoise Claustre am 20. April in Bardaï, einem Palmenhain im Norden des Tschad, Dr. Staewen, einen deutschen Kollegen, trifft, der sie auf präislamische Grä-

* Pierre Claustre, *L'Affaire Claustre. Autopsie d'une prise d'ôloges*. Paris: Karthala 1990

ber hingewiesen hat. Sie wird von Marc Combe, einem jungen Mitarbeiter ihres Mannes, begleitet. Die Rebellen der von Hissène Habré angeführten 2. Armee des Nordens haben sich entschlossen, Bardaï einzunehmen. Ihr Gewaltstreich gelingt, doch Dr. Staewens Frau kommt im Kampf ums Leben, und es werden drei Geiseln genommen: der Deutsche und die beiden Franzosen.

Die Verhandlungen beginnen schlecht. Der neue Französische Botschafter, der Françoise Claustre unverantwortlich leichtsinnig nennt und wegen der ständigen Interventionen ihres Mannes verärgert ist, verhält sich abwartend. Er hofft darauf, daß die Rebellen ihre Forderungen herunterschrauben. Die Deutschen reagieren völlig anders. Ein Unterhändler bringt das verlangte Lösegeld für die Freilassung von Dr. Staewen, und dieser verläßt den Tschad am 13. Juni. Françoise Claustre und Marc Combe bleiben allein zurück. Hissène Habrés Forderungen sind nun noch schwerer zu erfüllen: Außer einem Lösegeld von 20 Millionen Francs und der Veröffentlichung eines politischen Manifests in den Medien verlangt er die Freilassung von 32 politischen Gefangenen, die François Tombalbaye, seit 14 Jahren Staatspräsident des Tschad, nicht freilassen wird.

Die Situation verschärft sich, nachdem Frankreich Kommandant Galopin, der im Tschad im Nachrichtendienst und in der Strafverfolgung tätig gewesen ist, zum Unterhändler bestimmt hat. Als er im Juli mit Habré Kontakt aufnimmt, wird er von den Rebellen gefangengenommen. Ein Jahr vergeht, ohne daß die Verhandlungen zu einem Ergebnis führen, aber auch ohne daß die französischen Behörden genügend Druck auf Tombalbaye ausüben, um die von Habré verlangten Freilassungen zu erreichen. Erst im April 1975 kommt die Angelegenheit wieder in Gang. Zunächst exekutieren die Rebellen Galopin, dann ermorden die Gegner Tombalbayes den Präsidenten, der durch General Malloum ersetzt wird, einen der politischen Häftlinge, dessen Freilassung Habré verlangt hatte.

Pierre Claustre, dessen Ängste man sich nur allzu leicht ausmalen kann, sollte Mittel und Wege finden, daß die Verhandlungen unter neuen Voraussetzungen wiederaufgenommen werden. Er macht sich das Vertrauen, das ihm Hissène Habré entgegenbringt, zunutze und nimmt Thierry Desjardins, einen bedeutenden Journalisten, Raymond Depardon, einen brillanten Fotografen, und Marie-Laure de Decker, eine Freundin von Präsident Giscard d'Estaing, für eine Reportage über die Rebellion und die einzige in der Hand der Rebellen gebliebene Geisel, nachdem Marc Combe die Flucht gelungen war, mit in den Tschad.

Françoise brach, nachdem sie bis dahin bewunderungswert durchgehalten hatte, beim Anblick dieser neuen Besucher zusammen, und die Bilder ihrer Bestürzung und ihrer Wut auf die französischen Behörden, die nichts taten, um ihr zu helfen, sollten im Fernsehen Furore machen.

Pierre Abelin, mit dem ich vor der Ermordung Tombalbayes in den Tschad gereist war und der sich bei diesem vergeblich für die von Habré geforderte Freilassung der politischen Gefangenen eingesetzt hatte, ist diesmal zutiefst beunruhigt. Die Wahl Galopins, der er zugestimmt hatte, hat sich als katastrophal erwiesen. Sein enger Mitarbeiter Puissant, der mehrmals mit Habré zusammengetroffen ist, ohne ihn davon überzeugen zu können, auf einige seiner Forderungen zu verzichten, hat seine Glaubwürdigkeit eingebüßt. Er hat Pierre Claustre ermutigt, als Vermittler zwischen Habré und Waffenhändlern zu fungieren, damit das von den Deutschen gezahlte Lösegeld in Maschinengewehre »umgewandelt« wurde. Der verzweifelte Ehemann sollte sich auf ein unglaubliches Abenteuer einlassen, das den Behörden des Tschad gegenüber jedoch strikt geheimgehalten werden mußte.

Zu diesem Zeitpunkt schlage ich meinem Minister vor, mir die Wiederaufnahme der Verhandlung anzuvertrauen. Um mich über den Tibesti und die dortigen Volksstämme zu informieren, lese ich Chapelles bemerkenswertes Buch über die Toubous, den Stamm von Habré oder vielmehr von seinem *alter ego* Goukouni, dem Sohn des letzten religiösen Stammesführers. Denn Habré ist in Wirklichkeit Gorane, was seine Autorität gegenüber den Rebellen mindert und ihn zwingt, Frankreich gegenüber entschiedener aufzutreten.

Pierre Abelin, der mich für einen geborenen Diplomaten hält, akzeptiert mein Angebot, und ich bereite mich auf die neue Mission vor. Sie würde mich von Mai bis August 1975 in Anspruch nehmen, in jenen Monaten, in denen auch der *Rapport Abelin* abgeschlossen werden muß, der neue Perspektiven zur französisch-afrikanischen Entwicklungshilfe eröffnen soll. Meine Reisen nach N'Djamena und nach Bardaï haben möglichst kurz zu sein und meine Kontakte zu Pierre Claustre, dessen illegale Aktivitäten ich mehr erahne, als daß ich sie kenne, möglichst unauffällig. Ich informiere mich auch über die Person des Rebellenführers. Habré, der 1979 zum Präsidenten des Tschad gewählt werden sollte, hat in Algier und Frankreich studiert. In Paris war er Student bei Georges Vedel, einem der Stützpfeiler des Club Jean-Moulin. Dieser verspricht mir, ein Interview zur Claustre-Affäre in *Radio-France* zu nutzen, um ein Loblied auf den neuen Unterhändler zu singen, indem er mich als glaubwürdig und einflußreich darstellt. Wir hoffen, daß Habré an jenem Abend zuhört.

In N'Djamena angekommen, stelle ich mich bei General Malloum vor. Meine Instruktionen sind klar: die Freilassung von Françoise Claustre zu erreichen im Tausch gegen 4 Millionen Francs, Lebensmittel und Ausrüstung jeglicher Art für die unter der Kontrolle der Armee des Nordens stehende Bevölkerung. Übrig bleibt Habrés unannehmbare Forderung nach Waffen. Davon konnte natürlich nicht die Rede sein.

Ein wenig berauscht von meinem Abenteuer reise ich zum erstenmal ins Tibesti-Gebirge; Flug mit einer Transall über eine besonders malerische Wüste mit riesigen, auf ihrem Grund weißen Kesseln und roten Felsen unter einem sehr weiten Himmel; Fahrt durch die steinige Wüste im Landrover an der Seite eines Chauffeurs, der erstaunt ist, einen Diplomaten zu befördern, der ihm Baudelaire-Verse zitiert; Empfang durch die »Kämpfer«, die drohend ihre Kalaschnikows schwenken. Der Verhandlungsort sollte ein unter einem einsamen Baum ausgebreiteter Teppich sein.

Die beiden ersten Treffen bilden den Auftakt: Ich trage meine Instruktionen vor und bestehe darauf, mit dem Chef zu sprechen. Seine jungen Gefolgsmänner verhehlen mir nicht, daß meine Vorschläge unzureichend sind. Sie wundern sich, daß ich ohne Diplomatenkoffer und ohne Dokumente gekommen bin. Vom zweiten Treffen an trage ich einen Koffer aus schönem schwarzem Leder mit Nummernschloß unter dem Arm. Meine Beharrlichkeit hat am Ende Erfolg. Ein Treffen mit den Anführern der bewaffneten Streitkräfte des Nordens, Hissène Habré und Goukouni, wird vereinbart. Am 14. Juli 1975 besteige ich zum drittenmal eine Transall nach Bardaï. Der Landrover bringt mich nach Zoui, dem Ort der Zusammenkunft. Die Kämpfer und ihre Anführer nehmen rund um den Teppich Platz, und die Unterredung beginnt.

Hier fängt die Geschichte an, kompliziert zu werden. Ich weiß, daß Habré Waffen verlangt, wenn auch nur in geringer Zahl, um vor seinen Kameraden zu bestehen. Er, der Gorane, wird das für die Toubous erreichen. Ich weiß auch, daß Pierre Claustre sich eine DC-4 beschafft hat und Geschäfte mit Waffenhändlern macht, um Maschinengewehre in Ghana an Bord zu nehmen und sie in Yebi-bou auf der von den Rebellen – er steht mit ihnen in ständigem Kontakt – benutzten Piste zu deponieren. Und darüber hinaus weiß ich, daß die Freundin von Valéry Giscard d'Estaing und ihre beiden Gefährten sich im Hauptquartier der Rebellen in der Nähe von Yebi-bou aufhalten und die DC-4 den offiziellen Auftrag hat, sie nach Frankreich zurückzubringen. Nicht vergessen habe ich auch, daß *Paris-Match* soeben eine unglückliche Pressemeldung über eine DC-4 veröffentlicht hat, die von Luxemburg abgeflogen ist, um den Rebellen im Tschad Waffen zu bringen. Woher stammt diese Indiskretion? Ich sollte es nie erfahren.

Wie mit diesen ganzen Fakten im Kopf die Verhandlung beginnen? All das, was ich über Hissène Habré vor allem von Thierry Desjardins, der ihn im Frühjahr interviewt hatte, erfahren habe, veranlaßt mich, mit ihm zunächst über seine eigenen Ambitionen zu sprechen. Galopins Ermordung sei ein gravierendes Handicap: Man töte keinen Unterhändler. Doch Habré habe Partisanen in N'Djamena, und die neue politische Lage nach Tombalbayes Tod werde es ihm erlauben, eine wichtige Rolle in der Regierung General Malloums zu spielen, der ihm seine Befreiung verdanke. Natürlich sei dies ohne eine würdige Beendigung der Geiselnahme nicht möglich, eines höchst verwerflichen Aktes, wie er in dieser Form bis dahin noch kaum je praktiziert worden sei.

Die im Kreis um den Teppich sitzenden Rebellen hören uns zu. Der, den ich als Goukouni identifiziere, sitzt Habré gegenüber und beobachtet ihn, ohne sich am Dialog zu beteiligen. Habré läßt verlauten, daß Galopin ein Opfer seiner Gerissenheit geworden sei, er selbst sei für die Hinrichtung jedoch nicht verantwortlich. Auch er wolle das Ganze zum Abschluß bringen. Er verlange lediglich die gebührende Anerkennung der Sache, für die er eintrete. Er brauche Geld, Ausrüstung und Waffen. Die Bevölkerung des Tibesti müsse ernährt werden. Frankreich mache den Fehler, sich von einer korrupten Regierung manipulieren zu lassen.

In seiner weißen Dschellaba, die von den braunen und grauen Uniformen der Kämpfer absticht, hat er eher das Aussehen eines Intellektuellen als das eines Kriegers. Er drückt sich klar und maßvoll in einem differenzierten Französisch aus. Der Dialog nimmt Gestalt an. Jetzt gilt es jedoch, Vorschläge zu machen.

Es stünde außer Frage, daß die französische Regierung ihm Waffen zukommen ließe. Indessen würden seine restlichen Forderungen erfüllt werden: Lösegeld, Lebensmittel, Fahrzeuge, Funkausrüstung. Das seien die kostspieligen Gegenleistungen für die Freilassung einer Frau, deren vollkommene Unschuld er anerkennen müsse und deren Geiselnahme ihm auf seinem politischen Weg doch nur hinderlich sein könne.

Habré entfernt sich für einen Augenblick, und Goukouni folgt ihm. Als sie zurückkehren, schwinden meine Hoffnungen. Ohne die Waffen, die einer der vorigen Unterhändler ihm versprochen habe, werde er die Geisel behalten und, wenn nötig, töten.

Anstatt ihn beiseite zu nehmen, begehe ich meinen ersten Fehler. Vor den versammelten Kämpfern gebe ich meine zusätzlichen Informationen preis. Letzte Nacht seien die von Pierre Claustre organisierten Waffen im Hauptquartier der Rebellen deponiert worden. Dieser Teil der gestellten Bedingungen sei demnach dank der diskreten Unterstützung der französischen Behörden erfüllt worden. Er könne sich bei seiner Rückkehr nach Yebi-bou davon überzeugen.

Die Verhandlung nimmt unverzüglich einen anderen Ton an. Habré wirkt erleichtert, und wir sprechen über die konkreten Bedingungen von Françoises Freilassung und die Übergabe des Lösegelds. Wann könne der Austausch stattfinden? Alles hänge davon ab, wie rasch die Rebellenführer ihre Basis wieder erreichen könnten. Um so schnell wie möglich dorthin zu gelangen, würden sie einen Landrover brauchen. Hier begehe ich meinen zweiten Fehler. Da ich weiß, daß es in Bardaï einen weiteren Landrover gibt, nehme ich es auf meine Kappe, Habré den einen à conto des im Austausch gegen die Geisel versprochenen Fahrzeugkontingents zu überlassen. Diese Geste verbessert das Klima ungemein.

Das Abkommen ist geschlossen: Nächstes Treffen am 24. Juli über Funk, um den Austausch der Geisel gegen das Lösegeld am 1. August zu bestätigen. Wir trennen uns nach einem recht würdevollen Händedruck. Bei meiner Rückkehr nach N'Djamena begehe ich meinen dritten Fehler. Ich empfange Journalisten und den Repräsentanten der AFP und gebe bekannt, daß ein Abkommen geschlossen worden sei und die Geisel am 1. August freigelassen werde. Den Mitarbeitern General Malloums berichte ich von meinen Gesprächen, wobei ich die Waffen bewußt nicht erwähne. Ihre Skepsis überrascht mich nicht. Aber ich zähle auf die Geheimhaltung, in die die Operation der DC-4 gehüllt sein muß.

Ich genieße leichtsinnigerweise die Glückwünsche des Botschafters und komme nach Paris zurück, ohne von dem katastrophalen Ausgang der von Pierre Claustre unternommenen Operation Kenntnis zu haben. Nicht nur daß die DC-4 lediglich Maschinengewehre ohne Munition deponiert hat, sondern daß die Maschine, statt durch einen zweiten Flug nach Ghana die fehlenden, versprochenen Reste zu holen, auch noch wegen eines Motorschadens gezwungen war, Dirkou im benachbarten Niger anzufliegen, dessen Regierung das Flugzeug und das Fotomaterial beschlagnahmt und nur die drei Journalisten hatte abreisen lassen, die wütend nach Paris zurückkehrten: Sie waren von ihrer Reportage über den Aufstand mit leeren Händen zurückgekehrt.

Schlimmer noch: Bei der Durchsuchung der DC-4 findet man den Beweis, daß sie Waffen geladen hatte, womit die Pressemeldung des *Match* bestätigt wird, die die Regierung des Tschad bereits mißtrauisch gemacht hatte. Noch dazu hätte man mich für naiv halten können, hätte der Geheimdienst des Tschad nicht den Aufstand unterwandert. Ihr Agent zögert nicht, von meinem Zusammentreffen in Zoui und dem dort gemachten Zugeständnis zu berichten: Ich sei über die von Pierre Claustre unter Mitwirkung der französischen Behörden vorbereitete Operation unterrichtet gewesen.

In den Augen der Regierung des Tschad bin ich ein Verräter.

Obendrein habe ich den Rebellen ohne Gegenleistung einen kostbaren Landrover überlassen. Für Habré, der sehr schnell festgestellt hat, daß die ihm gelieferten Waffen nicht zu gebrauchen sind, ist unser Abkommen unwirksam. Und was Pierre Claustre angeht, so ist er verzweifelt.

Von Paris aus gesehen, bleibt die Affäre undurchsichtig. Habré hatte versprochen, am 24. Juli erneut Kontakt aufzunehmen. Würde er es tun? Das Flugzeug hatte zumindest die drei Journalisten aus der Wüste herausgebracht. Vielleicht könnten die Verhandlungen fortgesetzt werden. Man beschloß, mich erneut nach N'Djamena zu schicken, um die Möglichkeit einer Wiederaufnahme des Dialogs zu sondieren. Im Grunde konnte Habré mir nach wie vor Vertrauen schenken, aber man wußte nicht, daß Malloum über meine unvorsichtigen Äußerungen hinsichtlich der DC-4 auf dem laufenden war.

Der Aufenthalt in dem an die Residenz des Französischen Botschafters angrenzenden Pavillon war höchst eigenartig. Vitia, die viel Verständnis für meine Irritation hatte, wollte mich begleiten und auf diese Weise den Tschad kennenlernen. Die Atmosphäre war bedrückend: Die tschadischen Behörden weigerten sich, uns zu empfangen. Der Botschafter sah in mir einen Komplizen seines »Feindes« Pierre Claustre. Habré ließ nichts von sich hören. Die Tage verstrichen ungenutzt. Gegen alle Vernunft dachte ich, Habré habe unseren Dialog in guter Erinnerung behalten und würde versuchen, ihn wiederaufzunehmen. Vitia fand die Atmosphäre in der Residenz beklemmend. Der 1. August kam und verging. Der Besuch eines engen Mitarbeiters des Präsidenten der Republik in N'Djamena vermochte nicht, Malloum davon zu überzeugen, mich noch einmal nach Bardaï zu schicken. Ich war zur *persona non grata* geworden, und der Ton zwischen Malloum und Frankreich verschärfte sich.

Zurück in Paris, treffe ich meinen Minister tief betrübt, freundschaftlich, aber voller verhaltener Vorwürfe an: Wie hätte ich mich nur so wenig in acht nehmen, zu viel, zu früh sprechen können? Als Pierre Abelin aus dem Élysée die Order erhält, mich meines Postens im Ministerium zu entheben, kann er sich nur fügen.

Giscard war kategorisch: »Ich will Hessel bei der Entwicklungshilfe nicht mehr sehen.« Ich hatte versagt, die Beziehungen zwischen dem Tschad und Frankreich aufs Spiel gesetzt.

Meine Kollegen im Ministerium fanden, man lasse mich für meine Ungeschicklichkeit teuer bezahlen. Pierre Abelin machte mich mit Paul Dijoud bekannt, dem für ausländische Arbeitnehmer verantwortlichen Staatssekretär. Er bot mir den Vorsitz des Nationalen Amtes zur kulturellen Förderung der Immigranten an, dessen Statuten soeben von der Regierung beschlossen worden waren. Der Außenminister stimmte nur allzu erleichtert meiner Versetzung zu, und für mich begann eine neue Phase von Aktivitäten, die ich nicht ohne einen Anflug von Verdruß in Angriff nahm.

Auf der anderen Seite konnte ich aber auch das Bild Françoise Claustres und ihres Mannes nicht verdrängen, von dem ich wußte, daß er zu ihr gereist war, als Habré ihre Hinrichtung für den 23. September 1975 angekündigt hatte. Ich hatte ihre Mutter, Mme Treinen, gesehen, die vom Präsidenten der Republik empfangen worden war und die hoffte, ihn überzeugt zu haben, nunmehr unverzüglich zu handeln. Ich war mir noch immer sicher, ich könne Habré bei einem neuerlichen Treffen davon abbringen, eine solche Tat auszuführen. Giscard zog es jedoch vor, einen sympathischen Präfekten, bei dem Habré einst als Referendar gewesen war, zu beauftragen, als Überbringer eines beträchtlichen Lösegelds nach Yebi-bou zu reisen, was Françoise vorerst rettete. Unglücklicherweise war der Präfekt Morel nicht befugt, vorher mit mir zu sprechen, und Pierre Claustre war in der Hand der Rebellen. So diskutierte er in völliger Unkenntnis des Falles mit Habré. Der Führer der Streitkräfte des Nordens akzeptierte das Lösegeld, weigerte sich jedoch, indem er vorgab, ich hätte ihm Waffen versprochen, die Geisel freizulassen. Françoise und Pierre blieben daher noch weitere 18 Monate im Tibesti, während die Rebellen zwischen der Fortsetzung der Kämpfe und der Verständigung mit Gaddafi schwankten.

Erst Ende 1976 kam eine Verhandlung durch die Vermittlung des Französischen Botschafter in Tripoli, Guy Georgy, zustande, und Goukouni, der sich von Habré getrennt hatte, veranlaßte die Freilassung des Ehepaars. Als die beiden mich in Paris im März 1977 besuchten, stellte ich zu meinem Erstaunen fest, daß sie mir nur Freundschaft entgegenbrachten. Noch heute bewundere ich ihren Mut und ihre Diskretion.

Als Habré erst Premierminister und dann Regierungschef im Tschad wurde, fragten mich natürlich viele Kollegen, was für ein Mensch er sei. Was konnte ich erzählen? Die beiden mitten in der Wüste mit ihm verbrachten Stunden hatten wenig Einblick in seine Persönlichkeit gegeben. Und dennoch hatten sie eine solche Rolle in meinem Leben gespielt, daß ich kühne Schlüsse zog und ein minutiöses und treffendes Bild von ihm zeichnete. So spielt das Gedächtnis. Was es zu verdrängen sucht, verblaßt schnell. Vielleicht verhält es sich mit diesem 20 Jahre später erstellten Bericht über die Affäre Claustre ebenso.

Unter meinen Gesprächspartnern bei dieser Affäre nimmt der Delegierte des Internationalen Roten Kreuzes, Laurent Marti, einen besonderen Platz ein, der, bevor er mit außergewöhnlichem Mut eine Reihe gefährlicher Missionen im Tschad unternahm, nach meiner Rückkehr aus N'Djamena mit mir in Kontakt trat. Wie man die Rebellen einschätzen müsse? Wie dem Tschad die französische Politik darlegen? Wir hatten sogleich ein sehr herzliches Verhältnis, woran sich nie etwas geändert hat. In seinem gastlichen Landhaus in der Umgebung von Genf haben wir leidenschaftlich miteinander diskutiert. Nachdem er das große Projekt, dem er sich während der gesamten achtziger Jahre verschrieben hatte – dem Bau und der Gestaltung eines Museums des Roten Kreuzes und des Roten Halbmonds am Fuß eines Hügels gegenüber dem Palais des Nations –, glücklich zu Ende geführt hatte, lud er mich ein, dort einen Vortrag über meine Erfahrungen in Konzentrationslagern zu halten. Dieser Ort, der die bewegendsten Zeugnisse über die Schrecken aller Kriege und über die unablässige Tätigkeit des IKRK beherbergt, bot sich hierzu ganz besonders an: Hatte das Komittee seine Mission verfehlt, indem es sich von den Nazis zum besten halten ließ und den tödlichen Machtmißbrauch der Lager nicht aufdeckte? Isabelle Vichniac hatte sich in ihrem Buch über das IKRK* diese Frage gestellt, und wir sprachen mit Marti sehr offen darüber. Welchen Schluß galt es daraus zu ziehen? Daß selbst die nützlichsten Institutionen fehlbar sind? Daß Henri Dunant, der bewundernswerte Gründer des Roten Kreuzes, selbst im Elend starb und es demnach auf Erden keine Gerechtigkeit gibt? Meine bis dahin unerschütterliche Überzeugung, daß unsere Gattung nur die Probleme aufwirft, die sie auch lösen kann, und daß alles, was uns entrüstet, uns auf den Weg zu einer weniger inakzeptablen Welt bringt, stand im Gegensatz zu der von Laurent Marti. Er sah in dem menschlichen Abenteuer ein Wettrennen auf den Abgrund zu oder vielmehr einen entschlossenen Marsch auf ein unabwendbares Ende hin: das Aussterben unserer Gattung, die zweifellos von anderen Gattungen abgelöst werden würde, für die die Entwicklung der Natur den künftigen Platz bereithalte. Marti war darüber keineswegs entsetzt. Er fand vielmehr, es sei an der Zeit, daß unser Zyklus zu Ende gehe, nachdem dieser mehr als eine Katastrophe zustande gebracht habe. Ich wußte, daß seine Überzeugungen ihn zu keinem Zeitpunkt von einem rückhaltlosen Engagement für humanitäre Aktivitäten abgehalten haben. Aber er entwickelte seine These mit soviel Humor, daß

* Isabelle Vichniac, *Croix Rouges. Les stratèges de la bonne conscience.* Paris: Alain Moreau 1988

ich spürte, es würde keinen Sinn haben, wenn ich ihm unsere Verantwortung als Menschen, die sich von den übrigen Komponenten der natürlichen Welt unterscheiden, entgegenhielte. Ich hätte ihn einfach nur auffordern sollen, Edgar Morins Buch *Terre-Patrie* zu lesen, das mir die umfassendste Analyse der Aufgaben zu enthalten scheint, denen wir uns weder entziehen dürfen noch können.

Kapitel 22

DIE IMMIGRATION

Als ehemaliger Immigrant mußte mich das Schicksal der ausländischen Arbeitnehmer unweigerlich interessieren. So nahm ich dankbar das Angebot von Paul Dijoud an, dessen Energie und Weitblick mich sogleich für ihn eingenommen hatten. Dennoch stimmte mich Pierre Abelins »Ausstieg« traurig, dessen Nachfolge 1976 Jean de Lipkowski antrat. Bei seiner Amtsübernahme schrieb ich ihm ein paar persönliche Zeilen – wir kannten uns seit 30 Jahren – mit der Bitte, der Realisierung des *Rapport Abelin* mehr Nachdruck zu verleihen als sein Vorgänger. Er war so indiskret, meinen Brief Pierre Abelin zu zeigen, der über das, was wie eine Kritik an seiner Person klingen mußte, verständlicherweise gekränkt war und es mir nachtrug. Ich war wieder einmal zu vertrauensselig gewesen.

Das *Office national pour la promotion culturelle des immigrés* hatte seinen Sitz auf dem Boulevard de Grenelle, ein etwa zwanzigköpfiges Sekretariat und ein bescheidenes Budget, das die verschiedenen ausländischen Interessengemeinschaften, darunter vier Millionen ausländische Arbeitnehmer, dabei unterstützen sollte, mit ihrer ursprünglichen Kultur in Kontakt zu bleiben. Seine Zielsetzung stand also im Gegensatz zur Assimilation. Der Aufenthalt der ausländischen Arbeitnehmer in Frankreich sollte lediglich eine Phase in ihrem Leben sein, sie auf die Rückkehr in ihre Herkunftsländer vorbereiten, die sie mit ihren inzwischen erworbenen Kenntnissen und ansehnlichen Ersparnissen irgendwann antreten würden. Gleichzeitig sollten ihre französischen Nachbarn jedoch durch deren Anwesenheit in unserem Land die Besonderheiten und kulturellen Produkte der Gebiete, in denen sie aufgewachsen waren, kennen und schätzen lernen.

Diese Vorstellung entsprach den Jahren des Wirtschaftswachstums, den »glorreichen drei Jahrzehnten«, die sich ihrem Ende näherten. Der von den französischen Unternehmen, die zuwenig modernisiert waren, als daß sie ohne das Heer von unterqualifizierten Arbeitern hätten auskommen können, herbeigeholte Einwandererstrom lockte nicht mehr wie in der Vorkriegszeit nur Italiener, Spanier und Polen, sondern zunehmend auch Portugiesen, Bewohner des Maghreb und Afrikaner aus der Sahelzone in unser Land. Sie kamen allein, wohnten in den eilig bereitgestellten Unterkünften der *Sonacotra (Société nationale de construction pour les travailleurs immigrés)*, verbrachten den Urlaub bei ihren Familien, denen sie im übrigen einen Großteil ihres Lohns zukommen ließen, und warteten auf den Zeitpunkt, da sie mit ihren Ersparnissen endgültig in ihr Land zurückkehren und ihren Arbeitsplatz der nächsten Generation überlassen würden.

Dieses System hatte der französischen Wirtschaft nicht nur Vorteile gebracht. Es hatte die Modernisierung unserer Unternehmen hinausgezögert, die jungen Franzosen entwöhnt, niedere Arbeiten zu verrichten, und von den Auswandererländern ein negatives Bild geschaffen, wobei die unqualifizierten Arbeiter sich im übrigen kaum unter die französische Bevölkerung mischten und meist zurückgezogen unter armseligen, ghettogleichen Bedingungen lebten.

Mitte der siebziger Jahre sollte sich diese Situation grundlegend ändern. Das so bequeme Paternoster-System aus Kommen und Gehen wurde unterbunden, da die wachsende Arbeitslosigkeit die französischen Behörden veranlaßte, die Rekrutierung neuer Arbeitskräfte sehr viel strikter zu handhaben. Dagegen sollten alle, die blieben, nach und nach den Wunsch verlieren, in ihre Heimat zurückzukehren, die Maßnahmen zur Erleichterung der Familienzusammenführung wahrnehmen und einen sowohl wirtschaftlichen als auch sozialen Aufstieg in Frankreich anstreben.

I RISTORANTI DEL BUON RICORDO

L'Unione dei Ristoranti del Buon Ricordo è stata la prima associazione selettiva di imprenditori della ristorazione e rimane certamente la più nota tra i consumatori.

È nata nel 1964 con l'obiettivo di salvaguardare e valorizzare le tante tradizioni e culture gastronomiche del nostro Paese. A questo scopo ogni ristorante dell'Unione si impegna a tenere sempre in carta la "specialità del Buon Ricordo"- alla quale è legato il famoso piatto in ceramica di Vietri oggetto di vero e proprio collezionismo - che rappresenta dunque in modo esemplare la cucina e i prodotti del territorio ove il ristorante opera o a cui si riferisce.

Questa simpatica riproduzione del piatto, magnetizzata e smaltata, può a buon titolo aggiungersi alla Vostra raccolta di piccoli magneti che danno vivacità e colore agli elettrodomestici di cucina: niente di più opportuno, per esempio, mentre si apre il frigorifero per maneggiare gli alimenti di casa, per rinnovare il "buon ricordo" di un ristorante dove si è gustato un buon piatto.

Molti dei ristoranti associati alla nostra Unione hanno gradito questo piccolo oggetto, prodotto da un'azienda artigiana rigorosamente italiana, e hanno deciso di fornirsi di una certa quantità di magneti che riproducono il loro piatto. Si tratta di una scelta assolutamente volontaria, così come è del tutto volontario l'uso che ne vogliono fare: a chi, quando e in che occasione desiderano regalare (poiché non è loro consentito di venderlo, nel modo più assoluto) questo piccolo gadget.

Non è escluso comunque che i mobiletti di cucina ed i frigoriferi possano allineare via via una vivace serie di riproduzioni dei nostri piatti: un'occasione in più per alimentare questo autentico "buon ricordo" che da tantissimi anni Vi accoglie e, formalmente, Vi accompagna con amicizia.

UNIONE RISTORANTI BUON RICORDO

Stampato da Z Arte - via Longarone, 31 20080 Zibido San Giacomo (Mi) - Italia

UNIONE RISTORANTI DEL BUON RICORDO

Aus der Einwanderung von Arbeitskräften wird somit eine Einwanderung ganzer Bevölkerungsgruppen. Unter diesen neuen Umständen mit ihren so anders gearteten, bis zum heutigen Tag kaum gelösten Problemen sollte ich zuerst 1985 in einem Gremium des *Plan*, sodann 1990 als Mitglied des *Haut Conseil pour l'intégration*, den Michel Rocard ins Leben gerufen hatte, mit der Frage der Immigration konfrontiert werden.

Im Jahr 1976 verwarfen wir sowohl die Integration als auch die Assimilation: Wir strebten nach Eingliederung. Was verbirgt sich hinter diesen vieldeutigen Begriffen? Der Begriff »Assimilation« läuft darauf hinaus, aus sämtlichen in Frankreich lebenden Ausländern, vor allem deren Kindern, ganz normale Franzosen zu machen, indem man sie von ihrem andersartigen Erbe und ihrer Muttersprache loslöst. Das koloniale und jakobinische Frankreich haben diese Methode lange praktiziert.

Der Begriff »Eingliederung« meint, daß Ausländer, die sich vorübergehend in Frankreich aufhalten, sowohl Zugang zur französischen Kultur haben als auch die Möglichkeit – ob individuell oder kollektiv –, die Verbindung zu ihrem Heimatland, dessen Sprache, Traditionen, Bräuchen, Künsten und Literatur so aufrechtzuerhalten, daß sie weder entwurzelt noch entfremdet sind. Die Integration beabsichtigt hingegen, die uneingeschränkte Teilnahme an einer Gesellschaft voranzutreiben, in der sie und ihre Kinder von nun an leben, indem die durch sie verkörperten Werte Anerkennung finden. Ihre Vielfalt kann eine französische Gesellschaft nur bereichern, die noch nie strikt homogen gewesen ist und es auch nie sein wird.

Das *Office* versuchte, die so definierte Eingliederung zu fördern und zu diesem Zweck die Unterstützung der Botschaften der einzelnen Herkunftsländer für sich zu gewinnen. Jetzt war der Diplomat gefragt. Der Maghreb und Portugal waren unsere wichtigsten Gesprächspartner, wir blieben aber auch mit Italien und Spanien, Polen und Jugoslawien in Kontakt. Der malerischste Beitrag kam jedoch aus dem Senegal, aus Mali und Kamerun. Musik, Tanz, Theater aus Afrika. Auch Geschichtenerzähler aus der Türkei. Unsere logistischen Stützpunkte waren die Kulturzentren, die Theater des jeweiligen Quartiers, die in der Nähe der Moscheen gelegenen islamischen Kulturzentren.

Um die Unterhaltungsbranche und die Medien für unser Projekt zu mobilisieren, hatte Paul Dijoud Silvia Monfort für das Amt der Vizepräsidentin des *Office* gewinnen können. Mir machte es große Freude, dieser schönen, großzügigen, intelligenten Frau nicht nur die Botschafter der verschiedenen Herkunftsländer vorzustellen, sondern auch die Verantwortlichen der Musik-, Theater- und Tanztruppen der Einwandergemeinschaften. Durch sie lernte ich Peter Brook kennen, der besser noch als wir aus dem Reservoir an Talenten, das die Immigration darstellt, Kapital zu schlagen verstand. Manche dieser Truppen trat in den französischen Großstädten auf, wo die einheimische Bevölkerung mit Begeisterung und ohne die geringsten rassistischen oder fremdenfeindlichen Vorbehalte jegliche Darbietung aus anderen Kulturkreisen aufnahm.

Rassismus und Fremdenfeindlichkeit richten sich, wie ich im Laufe dieser Jahre feststellen konnte, nur dann gegen Ausländer, wenn sie am Rande der Gesellschaft, in ärmlichen Verhältnissen, inmitten eines »Lumpenproletariats« leben, worin sie sich übrigens von den Franzosen nicht unterscheiden. Ja, und dann macht man sie zu den Sündenböcken für die Folgen des sozialen Abstiegs, dessen Opfer sie selbst sind.

Meine Rolle als Vorsitzender diente vor allem dazu, die ungeheure Aktivität unseres Generalsekretärs, Yvon Gouggenheim, international zu rechtfertigen. Zwischen uns herrschte schon bald große Vertrautheit. Er spürte, daß mich sein sprühender Blick und seine Großzügigkeit faszinierte und ich ihm voll und ganz vertraute. Ich verbürgte mich für die administrativen Kunststücke, dank derer das *Office* eine ganze Reihe von Projekten realisierte, wie auch für die Zusammenstellung seiner jungen algerischen, französischen, italienischen oder türkischen Mitarbeiterinnen, seines so ungewöhnlichen wie hingebungsvollen Gefolges. Als ich seine Familie kennenlernte, erfuhr ich, daß er als junger Mann mit der Miliz des Vichy-Regimes geliebäugelt hatte, bei der Befreiung verhaftet und eingesperrt und nach seiner Entlassung aus dem Gefängnis von Abbé Pierre eingestellt und an dessen Seite zu dem geworden war, der er nun war. Spuren dieser leidvollen Vergangenheit, über die er nie sprach, waren an seinem enormen Mitgefühl für gesellschaftliche Außenseiter und an seiner Freude zu erkennen, wenn ihre künstlerischen Darbietungen sie ihre Misere vergessen ließen.

Von den zahlreichen Aktivitäten, die er ins Leben rief, ist mir vor allem eine im Gedächtnis geblieben, nämlich die dem *Office* allwöchentlich im Fernsehen zur Verfügung gestellte Stunde, in der nicht nur die Einwanderer, sondern auch die Franzosen mit den Besonderheiten von deren Ursprungsländern vertraut gemacht und erstere über ihre Rechte und Pflichten informiert werden sollten. Diese in den ersten Jahren von einem talentierten algerischen Regisseur geleitete Sendung mit dem Titel *Mosaïque* setzte sich trotz der internen Widersprüche durch, die zu überwinden kein leichtes Unterfangen war: zu viele Länder so zu präsentieren, daß es nicht nur die eigenen Landsleute und die aus anderen Ursprungsländern, sondern auch die französischen Fernsehzuschauer interessierte. Jeden Samstag verfolgten wir, wenn ich mich recht entsinne, die Einschaltquoten und unterzogen die Sendung unserer Kritik.

Es war das wagemutigste und letzte der Projekte, die wir der reichen Phantasie Gouggenheims zu verdanken haben. Der Krebs, der ihn befallen hatte, breitete sich rasch aus und entriß ihn uns ganz unerwartet innerhalb nur weniger Wochen. Noch heute wirkt der Schock in mir nach: Er war kühn gewesen. Es bedurfte der ganzen heiteren Gelassenheit eines Jacques Roze, der in der Botschaft von Algier mein Kollege gewesen war, um die ADRI *(Association de documentation et de recherche sur l'immi-*

gration), die Nachfolgeorganisation des *Office*, in neue Bahnen zu lenken.

Paul Dijoud, der uns eine treue Stütze gewesen war, schied Ende 1976 aus dem Ministerium aus, und Lionel Stoleru trat seine Nachfolge an. Ich versuchte vergeblich, den neuen Minister von der Richtigkeit der Ideen seines Vorgängers zu überzeugen. Unser Abenteuer sollte im darauffolgenden Jahr zu Ende gehen: Die Funktionen des *Office* wurden von der ADRI übernommen, der es lediglich darum ging, die Öffentlichkeit über die mit der Anwesenheit von vier Millionen Ausländern in Frankreich verbundenen administrativen und kulturellen Probleme zu informieren.

Ich verließ Stoleru ohne großes Bedauern. Er sollte mir zwölf Jahre später als Minister des Plan im Kabinett von Michel Rocard wiederbegegnen. Er stellte den Bericht, mit dem mich diese Behörde im Jahr 1985 beauftragt und dem die Regierung Jacques Chiracs keine Beachtung geschenkt hatte, der Presse vor, wobei er dessen Bedeutung betonte. Stoleru hatte meiner Abhandlung den ambitionierten Titel gegeben: *Immigrations* (im Plural): *le devoir d'insertion* (Immigrationen: Die Pflicht zur Eingliederung). Innerhalb weniger Jahre waren die Probleme der Einwanderung, die mir von jeher am Herzen lagen, zu einem wichtigen Politikum geworden.

Ich bin also wieder einmal frei und nach wie vor nicht gern gesehen vom Präsidenten der Republik, komme also für eine Berufung an eine Botschaft nicht in Frage, die mir aufgrund meiner langjährigen diplomatischen Karriere eigentlich zugestanden hätte. Vitia und ich begannen, darüber nachzudenken, daß die siebenjährige Amtszeit Giscard d'Estaings zu Ende gehen würde, ohne daß man mir einen neuen Posten anböte, und ich dann das Alter erreicht hätte, in Pension zu gehen. Übrigens hatten wir im Hinblick darauf lange nach einem Haus für unsere »alten Tage« gesucht, und das ohne allzu große materielle Sorgen, da Vitia mit einhellig anerkanntem Talent ihren zwar anstrengenden, doch höchst lukrativen Beruf einer Konferenzdolmetscherin noch immer ausübte. Sie hatte außerdem ihren ersten Roman *Le Temps des parents* bei Mercure de France veröffentlicht, und die überschwengliche Kritik, vor allem von Simone de Beauvoir, verlockte sie, »rückfällig« zu werden. Bei unserer Suche hatten wir vor allem die Bretagne im Auge, deren Klima Vitia zusagte. Mich zog es mehr in den Süden. Schließlich fiel unsere Wahl auf ein altes Haus in einem Dorf nicht weit von Uzès, von wo aus uns der Blick über die Hügel und Weinberge am Rande der *garrigue* unwiderstehlich erschien. Nachdem wir es 1975 erworben und zwei Jahre später um ein bescheidenes Schwimmbecken bereichert haben, ist es der Ort, an dem ich diese Zeilen schreibe.

1977 hätten wir uns gern dorthin zurückgezogen und jegliche Hoffnung auf eine neue diplomatische Mission hinter uns gelassen, wäre ich nicht ganz unerwartet Hélène Ahrweiler begegnet, die mir vorschlug, ihr bei ihren Bemühungen um den Ausbau der internationalen Beziehungen der Universität Paris-I behilflich zu sein, deren Leitung sie soeben übernommen hatte. Da saß ich also, rundum zufrieden, in einem angenehmen Büro im Herzen der juristischen Fakultät an der Place du Panthéon. Ich wurde an meine Jahre in der *Direction de la coopération* im Erziehungsministerium erinnert, nur waren die Aufgaben längst nicht so bürokratisch. Hélène Ahrweiler war eine sowohl liebenswürdige als auch dominante Persönlichkeit, und zwischen uns entstand sehr rasch ein vertrauensvolles Verhältnis. Ich spürte ihre Kraft und versuchte, ihre Beziehungen zu den an einem Austausch mit Paris interessierten ausländischen Universitäten ein wenig flexibler zu gestalten.

Dieses neue Abenteuer dauerte sechs Monate und ließ mich erneut in eine Welt eintauchen, die ich für immer verlassen zu haben glaubte. Während meiner vorübergehenden Tätigkeit im Erziehungsministerium hatte ich mit Rektoren und Direktoren der Hochschulen zusammengearbeitet, jedoch nur wenig Kontakt zu den eigentlichen Hochschullehrern gehabt, zu denen, die sich ein ganzes Leben einer bestimmten Thematik widmen und sie unermüdlich bis ins kleinste Detail erforschen. Wäre ich dazu imstande gewesen? Diese Frage hatte ich mir schon in Algier gestellt, wo André Mandouze gerade seine Dissertation über den Heiligen Augustinus abschloß. Ich sehe ihn noch in seinem Arbeitszimmer sitzen, überwältigt von der Produktion der zurückliegenden Forschungsjahre, Zettel und Notizen, hundertmal bestätigte Quellenangaben, in Register aufgenommene Titel, überprüfte Zitate. Aus dieser Flut von Blättern entstand ein Werk, das seinen Platz in der Ideengeschichte der Menschheit einnehmen sollte. Verglichen mit seiner gewissenhaften Vertiefung in die Dinge kamen mir meine diplomatischen Aktivitäten sehr oberflächlich und ihre Wirkung in der Realität sehr flüchtig vor. An der Seite von Hélène Ahrweiler hatte ich ein gänzlich anderes Gefühl. Mir erschienen die Hochschullehrer mindestens ebenso wie die Diplomaten in einem Elfenbeinturm der gegenseitigen Anerkennung höchst symbolischer Werte eingeschlossen, der von den Vorgängen in der Außenwelt unberührt bleibt. Die Diplomaten sind wenigstens ab und zu mit den jeweiligen Mißständen der Zeit, ja, sogar mit dramatischen Konflikten konfrontiert, die sie zwar nur indirekt berühren, von denen ihr Gewissen sich jedoch nicht so einfach freimachen kann.

Die Hochschullehrer entgehen zweifellos dieser Herausforderung. Ihre geheimen Leidenschaften, die heftig sein können, spielen sich nur unter den Kollegen ab. Die Wetterlage innerhalb der Forschung ist weniger bewegt als die unsrige, und also weniger beunruhigend. Beim Kontakt mit ihnen tauchte ich ein in ein Bad der Gelassenheit. Und doch kennen sie die Dinge von Grund auf, da sie sich die Zeit genommen haben, in sie einzudringen. War ich nicht immer an der Oberfläche geblieben, und war das, was ich Welt nannte, etwas anderes als das wechselnde meteorologische Abbild tieferreichender Wahrheiten?

Ich hatte keine Zeit, mich dergleichen melancholischen Betrachtungen hinzugeben. Der Generalsekretär des Élysée, Claude Brossolette, der Sohn von Pierre Brossolette, meinem einstigen Chef im BCRA in London, hatte meine anhaltende Disponibilität konstatiert und fand, daß sie ein Ende haben müsse. So wurde mir im Frühjahr 1977 der Posten eines Botschafters bei den Vereinten Nationen in Genf angeboten.

Kapitel 23

BOTSCHAFTER IN GENF

Der Posten eines ständigen Vertreters Frankreichs bei den Vereinten Nationen in Genf, den ich von 1977 bis 1981 innehatte, wird innerhalb der »Karriere« eines Diplomaten als eine bescheidene, weit unter der des Französischen Botschafters bei den Vereinten Nationen in New York stehende Position angesehen, deren Amtsträger seinen Sitz im Sicherheitsrat hat mit jenem Privileg der ständigen Mitglieder, das fälschlicherweise »Vetorecht« genannt wird. Doch in Genf kann man sich am ehesten einen Begriff davon machen, wie das System der Vereinten Nationen funktioniert. Dieses eindrucksvolle Bauwerk, das Stück für Stück ohne einen wirklichen Gesamtplan, nur auf Grund der verschiedenen Anforderungen und deren Wahrnehmung durch die Mitgliedsstaaten, errichtet wurde, ist wenig bekannt, und noch weniger wird es von den meisten Beobachtern, aus dem Norden wie aus dem Süden, geschätzt. Die Aufmerksamkeit konzentriert sich auf das eine, wenig demokratische Organ, das mit der Wahrung des Friedens und der friedlichen Beilegung von Unstimmigkeiten betraut ist, in dem die fünf »Großmächte«, wie sie Ende des Zweiten Weltkriegs bezeichnet wurden, sich bis zum heutigen Tag das Monopol auf die wichtigsten Entscheidungen vorbehalten haben.

Man verkennt zwar nicht die wichtige Rolle des Sicherheitsrats, wenn man die fortgesetzte, gleichbleibende, im wesentlichen von den zahllosen mit den ökonomischen, sozialen, kulturellen, technischen und humanitären Problemen befaßten Instanzen ausgeführte Arbeit betont. Keines dieser Probleme kann heutzutage mehr ohne Bezug zu seinem weltweiten Kontext wirkungsvoll behandelt werden. Nun haben aber einige der wesentlichsten Pfeiler dieses Bauwerks ihren Sitz in Genf oder halten dort ihre Tagungen ab. Von Jahrzehnt zu Jahrzehnt ist der Anteil, den die Organisation innerhalb ihrer Tätigkeit den Problemen der Entwicklungshilfe widmet, ständig gewachsen, selbst wenn die erzielten Ergebnisse bei weitem die Erwartungen der Empfänger in keiner Weise erfüllt haben.

Mit 59 Jahren hatte ich zahllose Erfahrungen mit den Hindernissen gemacht, denen die internationale Gemeinschaft bei ihrer Arbeit begegnet. Ich hatte die der bilateralen Entwicklungshilfe auferlegten Beschränkungen und die Unzulänglichkeit der Mittel erlebt, über die die multilateralen Institutionen verfügten. Aber ich war mir auch der bereits erzielten, bemerkenswerten Fortschritte und der Vielfalt der verfügbaren Mittel bewußt. In Genf war der Sitz des Wirtschafts- und Sozialrats, der durch das Anwachsen seiner Mitgliederzahl viel von seiner Wirksamkeit eingebüßt hatte. Aber auch die Welthandelskonferenz, das Forum zwischen Nord und Süd, hatte in Genf ihr Sekretariat, ebenso die Wirtschaftskommission für Europa, das Forum zwischen Ost und West, und die Menschenrechtskommission, die Wiege der humanen Kultur des kommenden Jahrhunderts. Die gemeinsame Anwesenheit der Internationalen Arbeitsorganisation, der Weltgesundheitsorganisation, des Internationalen Komitees vom Roten Kreuz, der Hohen Flüchtlingskommission, des Allgemeinen Zoll- und Handelsabkommens, GATT, aus dem 1995 die Welthandelskonferenz entstand, ganz abgesehen vom Internationalen Verband für Telekommunikation, der Weltorganisation für Meteorologie und der Weltorganisation für geistiges Eigentum – ein solches Nebeneinander an den Ufern des Genfer Sees bot allen erdenklichen Formen der Entwicklungshilfe das größtmögliche Wirkungsfeld.

Kein anderer Posten entsprach mehr meinen Erwartungen. Die viereinhalb in Genf verbrachten Jahre sind unzweifelhaft die, in denen ich am deutlichsten das Gefühl hatte, am richtigen Platz zu sein. Auch die Jahre, in denen das so eng verbundene Paar, Vitia und ich, seine Rolle am besten spielte.

Mein Vorgänger, Jean Fernand-Laurent, gehörte zu meinem Jahrgang, der unmittelbar nach dem Krieg über ein besonderes Ausleseverfahren, dem letzten vor Gründung der École nationale d'administration, in die Diplomatie gelangt war. Das verlieh uns ein gewisses Prestige, mit dem wir das Fehlen jener juristischen und ökonomischen Ausbildung, die den Studenten der ENA zuteil geworden ist und auf die sie so stolz sind, zu kompensieren suchten.

Fernand-Laurent hatte seinen Wohnsitz etwa 30 Kilometer von Genf entfernt in einem reizenden Dorf im Kanton Waadt, wo seine Frau und ihre beiden Adoptivtöchter allabendlich geduldig seine Rückkehr erwarteten, ein Ort jedoch, der, um Kollegen zu empfangen, etwas zu weit abgelegen war. Er hatte sich damit abgefunden, verhehlte uns gegenüber aber nicht die Nachteile. Durch einen außergewöhnlich glücklichen Zufall erfüllte das erste Haus, das eine seiner Mitarbeiterinnen ausfindig gemacht hatte und das uns angeboten wurde, alle von uns erhofften Bedingungen. Dieses Haus von bescheidenem Ausmaß war von einem Stadtgarten voller Rosen umgeben, der seinen Charme nur noch erhöhte. Es ist heute in die Stadt integriert, hat aber seinen Baustil aus der Mitte des 18. Jahrhunderts bewahrt.

Das Anwesen gehörte einer alteingesessenen Waadtländer Familie. Unsere Vormieterin war eine mysteriöse Person, die im Haus ein Halbdunkel aus Tapeten und Spiegeln geschaffen hatte. Man mußte es sich beim ersten Besuch wegdenken, um die eigentlichen Proportionen der Räume zu erfassen. Das Haus in der Route de Malagnou, ganz in der Nähe des Musée de l'Horlogerie, sollte von 1977 bis 1992 die Residenz der Französischen Botschafter bleiben und von allen meinen Nachfolgern gelobt werden. Ich glaube, Vitia und ich haben niemals angenehmer gewohnt.

Jean Fernand-Laurent hatte mich in die Besonderheiten des Amtes, die Eigenschaften seiner Mitarbeiter, die Verwaltung der

Kosten für Repräsentation und die der Institutionen, bei denen ich akkreditiert sein würde, eingeführt, mir jedoch vor allem seine Lieblinge, die Truppe Les Ormeaux, vermacht, um die ich mich, wie ich ihm versprechen mußte, besonders aufmerksam kümmern sollte.

Die Büros der ständigen Mission, die im Diplomatenjargon, im Gegensatz zur Residenz, Kanzlei genannt wird, befanden sich auf der rechten Seite des Sees, demselben Ufer wie der Palais des Nations, in der Villa des Ormeaux, einem recht weitläufigen, von herrlichen Zedern umgebenen Anwesen, das auf den See hinunterblickt. Der Rasen, der bis zum Ufer zu reichen schien, wurde regelmäßig von Schafen »gemäht«, die uns die Stadt Genf, unser Grundeigentümer, schickte.

Die Truppe, die der Villa des Ormeaux ihren Namen verdankte, war von Jean Fernand-Laurent und Colette de Stoutz ins Leben gerufen worden. Diese reizende alte Dame, Tochter des Schriftstellers Gonzague de Reynold und Witwe eines Schweizer Diplomaten, verkörperte die Crème der klassischen französischen Kultur, wie man sie nur in der Französischen Schweiz findet. Sie besaß darüber hinaus die Fähigkeit, Schauspieler professionell anzuleiten. Ihre gebieterische Stimme und ihr stählerner Blick verliehen ihr eine um so überraschendere Autorität, als sie von schmaler, zarter Gestalt war.

Meine Rolle, erklärte mir Fernand-Laurent, würde es sein, Colette und die paar Laienschauspieler, die nicht nur aus dem diplomatischen Corps, sondern auch aus der guten Genfer Gesellschaft kamen, zu unterstützen. Die Theatertruppe habe vor allem das Ziel, die beiden Gesellschaften, die Genfer und die internationale, zusammenzuführen, die gewöhnlich dazu neigten, einander entweder zu ignorieren oder schlechtzumachen.

Genf ist meine erste und meine letzte Botschaft gewesen. Ich war mehrere Male Geschäftsträger in Algier. Das ist absolut nicht dasselbe. Der *chef de poste* ist der Mittelpunkt weitgefächerter Verantwortlichkeiten, und es ist ihm überlassen, damit nach eigenem Gutdünken zu verfahren. Er kann sich auf den administrativen Bereich konzentrieren, was ihm das Wohlwollen des Départments einbringt, oder aber auf den gesellschaftlichen Bereich, was ihn bei seinen Botschafterkollegen beliebt macht. Er kann in Genf der einen oder anderen der zahlreichen Institutionen und Organisationen, bei denen er Frankreich vertritt, den Vorzug geben. Er kann den Kontakt mit den internationalen Funktionären aufrechterhalten, ein für mich, der ich mehrmals zu ihnen gehört hatte, wichtiges Anliegen. Von denen, die ich 30 Jahre zuvor in New York kannte, sind nur wenige übriggeblieben: Einer von ihnen hatte im Internationalen Arbeitsamt Karriere gemacht, dessen Generaldirektor er geworden war. Francis Blanchard war in meinen Augen ein hervorragender Initiator, was die Probleme der internen Beziehungen innerhalb des Systems der Vereinten Nationen betrifft, dessen Vielschichtigkeit in Genf weitaus greifbarer ist als in New York. Seine Frau Marie-Claire war der »Star« der Truppe Les Ormeaux. Zwischen ihr und Colette de Stoutz hatte sich ein Dialog entsponnen, über den wir uns amüsierten: Colette behauptete, Marie-Claire lerne ihre Rolle nicht, erkannte jedoch an, daß sie mit viel Talent improvisiere, woraufhin Marie-Claire sich verteidigte, überzeugt, daß das, was sie sage, der wirkliche Text des Stückes sei.

Ich habe diese »Mission«, mit der Jean Fernand-Laurent mich beauftragt und an der Vitia sich mit großer Intelligenz und Freude beteiligt hat, ernst genommen. Bei der Auswahl der Stücke hatten Colette und sie nicht immer dieselben Vorstellungen, aber man einigte sich auf Diderot und Musset. Vitia hatte Vorbehalte gegen Labiche, der Colette reizte, die wiederum Vorbehalte gegen Turgenjew hatte, der Vitia reizte. Mit meiner Leidenschaft für poetische Rezitation intervenierte ich, weil die Truppe zwischen zwei Stücken nicht weiter wußte, und so organisierten wir einen Abend, an dem jeder Verse in seiner Muttersprache deklamierte. Ein gewöhnlich sehr reservierter sowjetischer Kollege hatte auf diese Weise Gelegenheit, uns mit einem Gedicht von Alexandr Blok, *Niezkakomka* (Die Unbekannte), bei dem er seiner typischen russischen Empfindsamkeit freien Lauf lassen konnte, zum Weinen zu bringen.

Diese Abende fanden im großen Versammlungssaal der Villa des Ormeaux statt und waren nicht nur Anlaß zu zahlreichen Proben, sondern auch zum Aufbau von Dekorationen und Kulissen, die in die Örtlichkeiten der Kanzlei ein willkommenes Durcheinander brachten. Das war eine Domäne, in der Vitia, die nie auf die Bühne wollte, sich hervortat. Zur festgesetzten Stunde versperrten die Autos der Gäste die Zufahrtsstraßen der Kanzlei, und man war begeistert über die Verwandlung des Saales, dessen 100 Stühle schon bald von einem Gemisch aus Diplomaten und kulturbegeisterten Genfer Persönlichkeiten besetzt waren.

Colette de Stoutz und der Botschafter sprachen die einführenden Worte, und der Abend endete mit einem rustikalen Buffet in meinem Büro oder, wenn das Wetter es erlaubte, im Freien mit Blick auf den See. Unsere großen Erfolge waren Diderots *Ist er gut? Ist er schlecht?* und Mussets *Man spielt nicht mit der Liebe*. Während Mussets Stück dem Botschafter des Vereinigten Königreiches Gelegenheit bot, seinem perfekten Französisch und seinem Sinn für Humor Beifall zu spenden, hatte Diderots Stück verfänglichere Auswirkungen. Der gutaussehende spanische Diplomat, der den ruhmreichen Namen Alvarez de Toledo trug, bestritt darin die Hauptrolle eines freigeistigen Philosophen, dessen Einfallsreichtum zwar auf die Moral pfeift, doch die Probleme aller Herzen zu lösen vermag. Er wird also dazu gebracht, zu hofieren und hofiert zu werden. Wir konnten feststellen, daß die Frau des Schauspielers, ihrerseits hinreißend und possessiv, es nicht ertragen konnte und, nachdem das Stück gespielt und mit großem Applaus aufgenommen worden war, nicht eher ruhte, bis sie seine Versetzung an die Spanische Botschaft in Washington erreicht hatte.

Es erübrigt sich zu sagen, daß ich selbst kaum Zeit hatte, mich um solche sekundären Dinge zu kümmern. Ich war von den zahllosen Versammlungen in Anspruch genommen, die in Genf das ganze Jahr über einander folgten und zu denen noch die besonderen Begegnungen auf höchster Ebene hinzukamen, wie der Besuch eines Ministers aus Paris, ja, sogar des Premierministers oder des Staatspräsidenten, um Fragen der Abrüstung, der südostasiatischen Flüchtlinge oder der Menschenrechte zu behandeln. Die spezialisierten Institutionen mit Sitz in Genf wurden gewöhnlich von Fachleuten besucht, doch ihre beschlußfassenden Organe stießen unweigerlich auf politische Probleme, die ein Intervenieren der diplomatischen Mission erforderlich machten.

Meine Beteiligung an den Aufführungen der Truppe Les Ormeaux beschränkte sich auf die Begrüßungsworte. Es fiel mir schwer, nicht selbst mitzuwirken. Sobald es sich aber um poetische Abende handelte, versagte ich mir nicht das Vergnügen, ein Gedicht von Rimbaud zu rezitieren. Und in Diderots Komödie gab man mir die entscheidende Rolle des Dieners, der in einer der ersten Szenen jene ausschlaggebenden Worte sagt: »Monsieur, eine Dame verlangt nach Euch.« Der Gipfel meiner Theaterkarriere war schließlich die Rolle eines betrunkenen Pfarrers in *Man spielt nicht mit der Liebe*.

Aber die wichtige Aufgabe, die Schauspieler aufzutreiben, Debatten zwischen ihnen und unserer unermüdlichen Organisatorin vorauszusehen, die Schnitzer der einen wiedergutzumachen und die Hemmungen der anderen zu überwinden, oblag Vitia.

In beruflicher Hinsicht wurde meine Arbeit dadurch erleichtert, daß ich von 1969 bis 1971 Ministerialdirigent der Vereinten Nationen und internationaler Organisationen im Ministerium gewesen und mein wichtigster Gesprächspartner in Paris jetzt einer meiner Nachfolger auf diesem Posten war. Die Telegramme und Depeschen, die ich schrieb, hatte ich selbst sechs Jahre zuvor erhalten. Die interne Tätigkeit der Institutionen war mir vertraut, selbst wenn sich der Kontext seit meinem letzten internationalen Amt im Jahr 1972 verändert hatte.

Die am ehesten vorhersehbare Entwicklung war die schnell wachsende Zahl von Mitgliedsstaaten. Der weitreichende Prozeß der Dekolonialisierung, der das britische, französische und niederländische Kolonialreich seit den fünfziger Jahren erschüttert hatte, war nach der Konferenz von Bandoeng und der Entstehung der Bewegung der Blockfreien beschleunigt worden. Der Druck, der innerhalb der Weltorganisation ausgeübt wurde, hatte die Unabhängigkeitsbestrebungen in Afrika, in der Karibik, im Pazifik und im Indischen Ozean um ein Vielfaches vermehrt. Das Einfrieren der Ost-West-Beziehungen durch den Kalten Krieg verhalf den Nord-Süd-Beziehungen zur Priorität innerhalb der Vereinten Nationen.

Die Länder Asiens, Afrikas und Lateinamerikas hatten sich bei der 1964 in Genf abgehaltenen ersten Welthandelskonferenz auf ein gemeinsames Vorgehen geeinigt. Die Gruppen A (afroasiatisch) und C (lateinamerikanisch) hatten sich zusammengeschlossen und als Sigel die Ziffer 77, die Anzahl ihrer Mitgliedsstaaten, gewählt. Die Entwicklungsländer hatten das Sigel »Gruppe 77« beibehalten, obgleich 40 neue Staaten im Laufe der folgenden Jahre hinzugekommen waren. Die mangelnde Einigkeit innerhalb einer so großen Gruppierung, die von Mexiko bis Nepal und von Indonesien bis Barbados reichte, machte die Verhandlung mit den anderen Gruppen zu einem einzigen Seiltanz. Deshalb entstand die UNCTAD *(United Nations Conference on Trade and Development)*, die Welthandelskonferenz. Die entwickelten Länder machten sich das zunutze, um ihre Errungenschaften zu bewahren und von einer Sitzungsperiode zur nächsten die Verabschiedung von Resolutionen zu vertagen, die das Ungleichgewicht der Weltwirtschaft behoben hätten. Sie teilten sich auf in die Gruppe B, in der die westlichen Mächte saßen, und die Gruppe D, die die Länder mit Planwirtschaft unter der festen Vorherrschaft der UdSSR umfaßte. Übrig blieb auf einer

Position am Rande das kontinentale China, das erst 1973 seinen Platz in der Organisation und den eines ständigen Mitglieds des Sicherheitsrates, beide bis zu diesem Zeitpunkt von den taiwanischen Erben Marschall Tschiang Kai-scheks okkupiert, wiedereingenommen hatte.

Eine weitere Änderung des Kontexts war seit meinem Ausscheiden aus dem UNDP eingetreten. Dem Internationalen Währungssystem war durch die Abwärtsbewegung des Dollars von seiner Parität mit dem Gold ein schwerer Schlag versetzt worden. Diese während des Sommers 1971 von Richard Nixon getroffene Entscheidung war aufgrund des Mißtrauens der Partner der Vereinigten Staaten, an erster Stelle General de Gaulles, im Hinblick auf die durch den Vietnamkrieg zusammengeschmolzenen Reserven von Fort Knox unvermeidlich geworden. Sie sollte Folgen haben, deren Tragweite wir erst 1977 zu ermessen begannen.

Die offensichtlichste war die erste Ölkrise, die heimtückischste war das gravierende, durch die Zunahme des Petrodollars und die gewaltige Verschuldung der Länder des Südens ausgelöste Floating. Das ganze, 1944 in Bretton Woods mit dem Internationalen Währungsfonds sachkundig aufgebaute Gleichgewicht, das 30 Jahre lang das zufriedenstellende Funktionieren des Waren- und Währungsaustauschs sichergestellt, die Durchführung des Marshall-Plans ohne unmäßige Inflation ermöglicht, die Vollbeschäftigungspolitik der Industrienationen gestützt und den südlichen Ländern die Kreditgewährung von – ihren Bedürfnissen entsprechenden – liquiden Mitteln in Aussicht gestellt hatte, war gefährdet. Die nationalen Zentralbanken kontrollierten nicht länger die ständig von den Wechselkursen gestörten Kapitalbewegungen, und die Einschränkungen für gefährliche Spekulationen setzten sich auf dem Geldmarkt nicht mehr durch. Einzig das wachsende Defizit in der Zahlungsbilanz der USA absorbierte die immer mehr außer Kontrolle geratenen Schocks.

Für die rohstoffproduzierenden Länder war diese Unordnung zunächst von Vorteil gewesen, dann jedoch wurden sie sehr bald deren Opfer. Jedes Land tastete sich auf der Suche nach neuen Konstellationen vorwärts, die den Industrienationen den Zugang zu den für sie unentbehrlichen Energiequellen und den Entwicklungsländern die zur Steigerung ihrer Kaufkraft nötigen Geldmittel garantieren würde.

Die 1974 von Präsident Giscard d'Estaing einberufene Konferenz hatte versucht, die Stabilisierung der Öl- und Rohstoffpreise durch ein mehrjähriges finanzielles und technisches Transferprogramm von Nord nach Süd zu gewährleisten. Ihr Scheitern hatte die Hoffnung dennoch nicht zerstört, auf anderen Wegen eine vertrauensvolle Partnerschaft zwischen entwickelten Ländern und Entwicklungsländern herzustellen. Wozu sollten die Vereinten Nationen dienen, wenn nicht dazu, eben diese Hoffnung zu nähren, von jeder günstigen Entwicklung zu profitieren, um neue Perspektiven zu eröffnen? Und eine dieser Entwicklungen war das Ende des Vietnamkrieges. Nach dieser langen Periode, in der die USA die Jugend der Welt, inklusive der eigenen, gegen sich hatten, könnten sie wieder die Rolle eines freigebigen großen Partners der aufkommenden Nationen übernehmen, die ihnen mit dem Erfolg des Marshall-Plans die Bewunderung der Völker und die Anerkennung ihrer *leadership* eingebracht hatte. Die Amtsübernahme von Jimmy Carter im Weißen Haus hatte viele Hoffnungen geweckt. Würde dieser erklärte Verfechter der Menschenrechte die Repräsentanten des State Departments überzeugen können, ihren Argwohn gegenüber einer Organisation aufzugeben, deren Architekten sie einst gewesen waren und in der ihnen jetzt die Feindseligkeit fast aller von der UdSSR angestachelten Mitgliedsstaaten begegnete, einer UdSSR, die sich der UNO als Tribüne bediente, um den amerikanischen Imperialismus anzuprangern? Das wäre eine gute Nachricht, die jeder ungeduldig erwartete.

Ein dritter Aspekt des neuen Kontexts, in dem sich meine diplomatische Tätigkeit in Genf abspielte, war die Erweiterung der Europäischen Gemeinschaft, die bereits von sechs auf neun Mitglieder angewachsen war und im Laufe dieser vier Jahre die Zahl zwölf erreichen sollte. Für mich war das ein Schritt in Richtung dessen, was ich seit meiner Rückkehr aus Buchenwald als mein vorrangiges politisches Ziel betrachtete: den Aufbau einer europäischen Föderation, die das enorme Potential der in ihrer fruchtbaren Vielfalt endlich versöhnten westlichen Staaten in den Dienst einer großen weltweiten Idee stellte. Der Motor dieser Idee würde nicht länger der Hunger nach Macht sein, sondern der Hunger nach Gerechtigkeit, nicht länger eine geographische oder ideologische Vormachtstellung, sondern der Respekt vor den Rechten eines jeden Menschen, seinen Platz in einem so weit wie nur irgend möglich entwickelten Ganzen einzunehmen.

Eine vierte, neuere Komponente des Kontexts stellte die Schlußakte der Konferenz von Helsinki dar. Gewiß waren die Ost-West-Beziehungen weiterhin gespannt, dank Willy Brandt hatte die friedliche Koexistenz jedoch beachtliche Fortschritte gemacht. Die Gegner verließen sich, um ihre Überlegenheit zu demonstrieren, nicht länger auf den Einsatz ihres Arsenals an alles zerstörenden Waffen. Die langwierige Verhandlung der Konferenz über Sicherheit und Zusammenarbeit in Europa hatte zu recht zwiespältigen Vereinbarungen geführt, in deren Lücken all jene, die guten Willens sind, ihre Stimme erheben konnten. Waren wir von Breschnew hinters Licht geführt worden, oder hatten wir der sauren Frucht des Stalinismus den Wurm der Freiheit, diesen so gefährlichen Schädling, eingepflanzt? Es war zu früh, das zu beurteilen.

In diesem Kontext ging ich an meine Mission heran, wobei ich den größten Teil meiner Zeit den Problemen der Entwicklungshilfe widmete. Mit der Unterstützung von André Leroux, einem besonders gewandten jungen Diplomaten – vielleicht steigerte die Tatsache, daß er an Hämophilie litt, seinen Mut und seinen Einfallsreichtum nur noch –, versuchte ich, selbst Einfluß auf die Beschlüsse der Welthandelskonferenz zu nehmen, deren damaliger Generalsekretär ein Wirtschaftsexperte aus Sri Lanka war: Gamani Corea.

Diese vielseitige Einrichtung für ständige Verhandlungen zwischen Nord und Süd setzt sich zusammen aus einer Konferenz, die alle vier Jahre, gewöhnlich auf Einladung einer Hauptstadt in Asien, Afrika oder Lateinamerika, stattfindet, einem Rat, der in Genf tagt und dem zahlreiche Kommissionen technischer Sachverständiger ihre Berichte senden, sowie einem ständigen Sekretariat unter der Leitung eines Mannes aus dem Süden.

Die Grundlagen für diese Einrichtung waren von ihrem ersten Generalsekretär Raul Prebisch, einem renommierten argentinischen Ökonomen, geschaffen worden, der, nachdem er die Lateinamerikaner und Asiaten für seine Thesen gewonnen hatte, auch die Afrikaner, sobald sie unabhängig geworden waren, hinzugewann. Unterstützt von André Philip, hatte er bei der ersten Welthandelskonferenz 1964 in Genf und dann 1968 in Neu-Delhi eine solide Front gebildet, um die Hegemonie der multinationalen Staaten anzuprangern und die Staaten des Südens gegen die liberale Ideologie der Chicago-Schule aufzurufen, indem er eine voluntaristische Wirtschaftspolitik praktizierte. Ich habe ihn 1972 in Santiago de Chile, zwar älter geworden, aber dennoch unvermindert kampfbereit, als Mitstreiter Salvador Allendes gegen die Machenschaften der ITT wiedergetroffen. Kein Mißerfolg konnte ihn von seiner Überzeugung abbringen.

Der zweite Generalsekretär der Welthandelskonferenz, Manuel Perez-Guerrero, war in New York während der ersten Jahre der Vereinten Nationen mein Kollege gewesen. Als Präsident Truman unter Punkt IV seines außenpolitischen Programms den Gedanken einer technischen Unterstützung für die unterentwickelten Länder anregte, hierfür beträchtliche Geldmittel aufzuwenden versprach und die Vereinten Nationen anspornte, Vorkämpfer für diese Idee zu werden, hatte der Generalsekretär Trygve Lie dem jungen Ökonomen aus Venezuela die Leitung multilateralen Programms anvertraut. Ich hatte damals mit Henri Laugier und ihm leidenschaftliche Diskussionen über Möglichkeiten und Grenzen des technologischen Transfers von einem kulturellen Umfeld ins andere geführt. Die Unterentwicklung war ein neues Konzept, das in der Charta der Vereinten Nationen nicht vorkam. Würde man sie bekämpfen können, indem man es den betroffenen Völkern ermöglichte, allein auf dem Gebiet der Technik, der Sachkenntnis und Ausbildung, ihren Rückstand aufzuholen? Sollte man hierfür erhebliche finanzielle Ressourcen in der Größenordnung von 1% des Bruttosozialprodukts der reichen Länder aufwenden?

Wir waren entschlossen, uns zu Vorkämpfern dieser Politik zu machen. Wir waren jung und zuversichtlich.

Als Nachfolger von Prebisch versuchte Manuel Perez-Guerrero 1970, die Konfrontation durch eine freundlichere Zusammenarbeit zu ersetzen, die durch die Ölkrise jäh beendet wurde. Nach Venezuela zurückgekehrt, wo er einen wichtigen Ministerposten innehatte, kam er 1974 wieder nach Paris, um zusammen mit einem kanadischen Minister bei der von Giscard d'Estaing einberufenen Konferenz den Vorsitz zu übernehmen. Wir beide hatten die verhängnisvolle Halsstarrigkeit der erdölexportierenden Länder wie auch der Vereinigten Staaten bedauert, eines der zahlreichen Beispiele für verpaßte Gelegenheiten, um einer Weltgemeinschaft ein Stück näherzukommen.

Als Gamani Corea an seine Stelle tritt, ist die Konfrontation von neuem sehr heftig, und man sucht vergeblich nach Bereichen, in denen die Standpunkte von Nord und Süd sich einander annähern könnten. Die erste Ölkrise hatte nichts bewirkt.

Sie hat vor allem die Dritte Welt verschuldet und den Wettbewerb zwischen den Industrieländern verschärft. Von seiner unbestreitbar kompetenten Warte eines Ökonomen aus wirft Corea, der erste Asiate auf diesem Posten, einen enttäuschten und ein wenig traurigen Blick auf jene Botschafter, die gekommen sind, ihm ihre *desiderata* vorzutragen. Darunter nicht nur die Botschafter der 77, die nichts von ihren eigenen Problemen verstehen, sondern auch die der westlichen Länder, die vorgeben, darüber Bescheid zu wissen, während ihre diplomatische Ausbildung sie in den Augen Coreas zu Analphabeten macht.

Er versteht die Rolle, die Frankreich spielen könnte, und ist mir für meine mehr oder weniger halbherzig von Paris unterstützten Bemühungen dankbar, von meinem Land das Bild einer den Menschenrechten verpflichteten und um die gerechtere Verteilung der Ressourcen des Planeten bemühten Nation zu vermitteln. Wie oft haben wir in seinem prachtvollen Büro im Palais des Nations, von dem aus wir manchmal sehen konnten, wie der Mont Blanc sich über dem See vor dem Himmel erhebt, die möglichen Formulierungen eines Textes oder die Paragraphen einer Resolution besprochen, die einen Konsens hätten herbeiführen können!

Meine von dieser Landschaft erfüllte und von den Elogen über meine Tätigkeit geschmeichelte Erinnerung umgibt die Gestalten vieler Kollegen, mit denen ich im Laufe der Jahre die Arbeit geteilt und die Tage verbracht habe, wie mit einer Aureole. Einige sind Symbole jener schönen Solidarität geworden oder geblieben, die die Kontinente verbindet.

An erster Stelle will ich den Botschafter Alioune Sene nennen, der zur gleichen Zeit aus Dakar kam wie ich aus Paris. Nachdem er Kultusminister von Senegal gewesen war, vertrat er fortan sein Land nicht nur bei den Vereinten Nationen in Genf, sondern auch bei der Schweizerischen Eidgenossenschaft in Bern. Seine imposante, auf nahezu karikaturistische Weise afrikanische Gestalt, sein strahlendes Lächeln und die Vornehmheit seiner Sprache brachten die Subtilität seines diplomatischen Talents erst nach und nach zutage. Schon bald teilten wir die Überzeugung, daß das Spiel der Vereinten Nationen, würde es nur intelligent und aufrichtig betrieben, entscheidend zur Lösung der großen Probleme unserer Zeit beitragen könnte. Allerdings galt es zunächst, die Werte zu formulieren, auf deren Grundlage man sich würde einigen können, und die unterdrückten Interessen der einen wie den nervösen Argwohn der anderen, die das wirkliche Zustandekommen einer solchen Einigung verhinderten, rückhaltlos beim Namen zu nennen.

Alioune Sene hatte großen Einfluß auf die afrikanische Gruppe. Sie war zahlenmäßig die wichtigste, aber auch am schwierigsten zu koordinieren, da ihre einzelnen Mitglieder so heterogen waren. Zu ihnen gehörten einige der ärmsten Staaten der Welt, die der Unterhalt einer ständigen Mission in Genf vor finanzielle Probleme stellte. Vom Votum der afrikanischen Gruppe hing oft die Annahme von Beschlüssen ab, die einen Fortschritt in der internationalen Entwicklungshilfe darstellen würden. So wie ich unter den Vorbehalten und den Obstruktionen der Staaten meiner Gruppe litt, war auch er betrübt über die maßlosen Forderungen der seinen, und wir tauschten unser Bedauern aus, bevor wir die Verhandlung gemeinsam wieder anzukurbeln versuchten. Sene sollte 17 Jahre lang sein Amt in Genf innehaben. Er hat dort Autorität und Besonnenheit erworben. Seine Frau, deren Charme und Wärme auf Anhieb mein Herz eroberten, verhalf ihm zu einem inneren Gleichgewicht, dem kein Mißerfolg etwas anhaben konnte. Und dennoch, wie viele verpfuschte Gelegenheiten in den Jahren seines Mandats, weil es den Großmächten an Visionen mangelte, während Afrika immer mehr unter Verelendung, Ausgrenzung und Gewalt zu leiden hatte!

Wir machten uns beide über die Reden, die wir hielten, nichts vor. Die Jahre vergingen, ohne daß die eigentliche Verhandlung, die die Grundlage für eine »neue, weltweite wirtschaftliche Ordnung« hätte bilden können, in Gang kam. Diese Formulierung war 1973 in Algier auf dem Gipfel der Blockfreien Staaten aufgekommen. Die Generalversammlung der Vereinten Nationen hatte sie ihrerseits übernommen, um sie viermal hintereinander als Perspektive für die »Jahrzehnte der Entwicklungspolitik« zu proklamieren. In den Vereinigten Staaten, die die bestehende Ordnung für ausreichend hielten, rief sie Entsetzen hervor. Die Europäer taten so, als würden sie sich ihr anschließen, wagten jedoch aus Mangel an einer mutigen Vision nicht, sich von ihrem großen Verbündeten abzusetzen.

Unsere gemeinsamen Bemühungen, die französischsprachigen Länder in den Dienst einer wirksameren Strategie zwischen Nord und Süd zu stellen, brachten mich Alioune Sene noch näher. Die so gebildete Gruppe begnügte sich nicht damit, gegen die Vorherrschaft der englischen Sprache bei allen Tätigkeiten des Systems – übrigens ohne großen Erfolg – zu protestieren, sie strebte auch die Bejahung gemeinsamer Werte an: das Streben nach einer Welt, die weniger ungerecht, mehr auf die Würde jedes einzelnen bedacht und fähig ist, alle darin vereinigten Staaten mit den für ihre Entwicklung notwendigen Ressourcen zu versorgen, kurz, das Streben nach einer menschenwürdigeren Welt.

So sympathisch diese Begegnungen, so ernsthaft unsere Beratungen auch gewesen sein mögen, die Genfer Erfahrung überzeugte mich, daß Frankreich, selbst wenn es alle Ressourcen in seinem Sprachgebiet mobilisierte, außerstande wäre, Einfluß auf die Geschicke der Welt zu nehmen, es sei denn, es würde seine Kräfte mit denen der anderen in einer Art bundesstaatlicher Union der europäischen Demokratien vereinen. Aber in Genf habe ich auch ermessen können, wie schwierig es sein würde, dieses Ziel zu erreichen.

Schwierig, aber nicht unmöglich. Ich stellte beispielsweise fest, daß es bei vielen der speziellen Probleme, die bei jeder der zahlreichen Sitzungen internationaler Organe auf der Tagesordnung standen, genügte, daß die französische Delegation einen konstruktiven Vorschlag machte, und schon waren die Mitglieder der Europäischen Gemeinschaft bereit, ihn zu unterstützen. Dann gelang es ihnen im allgemeinen, sobald sie sich auf einen Text geeinigt hatten, auch die übrigen westlichen Länder für ihre Sache zu gewinnen. Ihr Gewicht war bereits ausschlaggebend, und eine Einigung wurde unter der Bedingung möglich, daß den Repräsentanten der Vereinigten Staaten nicht durch allzu strikte Instruktionen, wie sie zum Beispiel in den achtziger Jahren vom stellvertretenden Staatssekretär John Bolton, einem Erzfeind der Vereinten Nationen, erlassen wurden, die Hände gebunden waren.

In dieser Hinsicht hatte ich das Glück, während der Carter-Jahre in Genf zu sein. Der Impuls, der von diesem jungen, von den Werten des New Deal, von Werten, die aus den Vereinigten Staaten das Leuchtfeuer der dreißiger und vierziger Jahre gemacht hatten, durchdrungenen Präsidenten ausging, hat es uns ermöglicht, in die Versammlungen der Vereinten Nationen über Entwicklung und Menschenrechte ein wenig Dynamik zu bringen. Doch der Elan wurde durch die Wahl Ronald Reagans zunichte gemacht.

Unter meinen asiatischen Kollegen ist mir einer in Erinnerung geblieben, dessen Freundschaft mich besonders berührt hat, der Botschafter Marker aus Pakistan. Er kam in dem Augenblick nach Genf, als die lange und packende Verhandlung über die Einrichtung eines Gemeinsamen Rohstoff-Fonds schon ihre ersten Etappen hinter sich gebracht hatte. Die Gruppe der 77 vertraute ihm den Vorsitz einer der Komissionen an, die beauftragt waren, für den besonderen Status dieser neuen Institution eine Lösung zu finden. Ich war nach dem Ausscheiden eines sehr kompetenten und sehr klugen britischen Diplomaten der Koordinator der Gruppe der Industrienationen bei dieser Verhandlung geworden. Ich hatte demnach gute Gründe, mich für die Person und die Vorstellungen des Botschafters Marker zu interessieren. Ich entdeckte einen hochkultivierten Mann, der aus einer seit Generationen im Dienste des Staates tätigen parsischen Familie stammte, begleitet von seiner damals bereits schwerkranken Frau, die kurz nach ihrer Ankunft sterben sollte. Mit welcher Würde er diese Tragödie erlebte, mit welcher Selbstverständlichkeit er kurz darauf eine neue Ehe schloß, ist für mich eine Erinnerung, die mich gewiß nachhaltiger geprägt hat, als ich es damals empfunden habe. Marker wurde einige Jahre später Pakistanischer Botschafter in Paris, wo unsere Beziehungen erneut auflebten. Es ist bezeichnend für das Leben eines Diplomaten, daß im Laufe der Jahre flüchtige Freundschaften und ihre unerwartete Fortsetzung einander ablösen. Von Marker habe ich viel über den Islam, über den tiefen Sinn der Traditionen Asiens und deren Widerstand gegen eine westliche Zivilisation gelernt, die ziemlich arrogant wirkt, und manchmal Scheuklappen zu tragen scheint.

Wenn ich die Jahre in Genf in mir wachrufe, schweifen meine Gedanken zwischen Personen und Ideen hin und her. Weit mehr Personen als Ideen. Zumindest wurden die Ideen von Tag zu Tag in den Debatten über Texte gelebt, bei denen der Form häufig mehr Bedeutung beigemessen wurde als dem Sinn: verschlüsselte Resolutionsvorhaben, Verpflichtungen, die so redigiert waren, daß man sich nicht allzu sehr festlegte, Bestätigungen von Prinzipien, die die Handlungsweise der Regierungen bestimmen sollten, ohne sie daran zu hindern, ihre eigenen Interessen zu verfolgen.

Ich hatte an diesem fast absurden Spiel Gefallen gefunden und war zufrieden, wenn nicht gar stolz, als die UNCTAD, die Menschenrechtskommission, das Exekutivkomitee des Hochkomissariats für Flüchtlinge oder die Wirtschaftskommission für Europa einen Beschluß faßten, der einer gelegentlich mühseligen Debatte ein – in meinen Augen dem gesunden Menschenverstand entsprechendes – Ende setzte: weniger gegenseitiger Argwohn, bessere Perspektiven für die Entwicklungshilfe, mehr Wachsamkeit gegenüber der Einhaltung der Menschenrechte.

15 Jahre sind seit der langwierigen Verhandlung über den Gemeinsamen Rohstoff-Fonds vergangen, die, nachdem sie mich drei Jahre lang meine Tage und häufig auch meine Nächte gekostet hatte, 1980 einen Vertrag gebar, der sich als Totgeburt erwies. Die Abhängigkeit der meisten Dritte-Welt-Länder vom Handel mit eben diesen Rohstoffen, der ihre wichtigste, wenn nicht gar einzige Devisenquelle darstellte, war offenkundig. Es galt zu verhindern, daß dieser Handel durch die Konsumenten, die reichen Länder, die alles Interesse daran hatten, die Preise so niedrig wie möglich zu halten, monopolisiert wurde. Ihre Ruhe war durch die Explosion der Ölpreise, ausgelöst durch das energische Vorgehen der Produzenten, die sich in der OPEC, der Organisation der erdölexportierenden Länder, zusammengeschlossen hatten, erschüttert worden. Die von Giscard d'Estaing 1974 in Paris einberufene Konferenz war bei ihrer Suche nach einem neuen Gleichgewicht gescheitert. Zwei Jahre später wurde auf der vierten, in Nairobi abgehaltenen Konferenz der Vereinten Nationen über Handel und Entwicklung das Prinzip eines neuen einfallsreichen Mechanismus zur Stabilisierung der Rohstoffpreise auf einem gewinnbringenden Niveau während einer denkwürdigen nächtlichen Sitzung angenommen, bei der der französische Außenminister, Jean-François Poncet, eine entscheidende Rolle gespielt hat. Dieser Mechanismus hatte die Bezeichnung »Gemeinsamer Rohstoff-Fonds« erhalten, und die UNCTAD wurde damit beauftragt, dessen Modalitäten auszuhandeln. Als ich in Genf eintraf, war das eine der Verhandlungen, die die internationale Gemeinschaft in Atem hielt. Sie verlangte Opfer seitens der uneingeschränkten Anhänger der Marktwirtschaft, da es darum ging, bewußt auf die

bis dato durch Angebot und Nachfrage definierten Preise einzuwirken. Ein schöner Anlaß zur Kontroverse, bei der hinter der Proklamation großer Prinzipien eine solide Skepsis hinsichtlich der Resultate zutage trat. Aber der Westen hatte bindende Zusagen gemacht, er konnte sie nicht widerrufen.

140 Staaten über die Einzelheiten eines künftigen Abkommens verhandeln zu lassen, erfordert eine ganze Maschinerie. Jede Gruppe bestimmt einen Wortführer, der beauftragt ist, die Zustimmung der Wortführer der Untergruppen, aus denen sie sich zusammensetzt, einzuholen. Dem äußerst bemerkenswerten Botschafter Indonesiens, Ali Alatas, der einige Jahre später Außenminister seines Landes werden sollte, fiel die beinahe unmögliche Aufgabe zu, im Namen der 77 zu verhandeln und die oft divergierenden Standpunkte der afrikanischen, lateinamerikanischen und asiatischen Gruppe in Erfahrung zu bringen. Meine Aufgabe war es, mit ihm im Namen der westlichen Länder zu verhandeln, das heißt, die Einigung zwischen den neun Mitgliedsstaaten der Europäischen Gemeinschaft, den übrigen Europäern, darunter die Skandinavier, sowie den Amerikanern, Kanadiern, Australiern, Neuseeländern und Japanern herbeizuführen. Eine a priori leichtere Mission, die meine Achtung für Alatas in dem Maße wachsen ließ, wie ich die Schwierigkeiten meiner eigenen Arbeit erkannte. Es galt auch, die beiden anderen Gruppen, China und die östlichen Länder, zu berücksichtigen. Aber deren Wortführer beschränkten sich darauf, uns beim Debattieren zuzuhören und die Plus- und Minuspunkte zu vermerken. Sie glaubten, das Abkommen gehe sie nichts an – worin sie sich täuschten, denn sein Inkrafttreten ist letzten Endes, eine Ironie der Geschichte, dank der Ratifizierung durch die UdSSR zustande gekommen.

Außerhalb der oft nächtlichen Sitzungen, in denen Alatas und ich uns gegenseitig unsere Unnachgiebigkeit in scharfen Worten vorwarfen, trafen wir uns mit Vitia und June zum Essen, wobei wir für einige Stunden die Rohstoffpreise außer acht ließen und von Pariser Quartiers und New Yorker Wolkenkratzern redeten. Unsere Freundschaft sollte dadurch getragen werden, daß die Verhandlung trotz aller Widersprüche schließlich doch zum Abschluß kam und der Vertrag 1980 unterzeichnet wurde.

Dieses Ergebnis hätte nicht erzielt werden können, wenn die Vereinigten Staaten während der entscheidenden zwei Jahre nicht von William Van den Heuvel vertreten worden wären, einem persönlichen Freund der Kennedys, der aktiv an der Präsidentschaftskampagne Jimmy Carters teilgenommen hatte. Bei seinem Amtsantritt hatte er die größten Vorbehalte der Durchführbarkeit eines gemeinsamen Fonds gegenüber zum Ausdruck gebracht, womit er recht hatte. Damit der Vertrag in Kraft treten konnte, mußte er nicht nur von der Mehrheit der Staaten ratifiziert, sondern es mußte auch das erforderliche Kapital aufgebracht werden, was eine Ratifizierung seitens der wichtigsten Beitragszahler erforderlich machte. Ohne die Ratifizierung durch die Vereinigten Staaten, von der er wußte, wie wenig Aussicht darauf bestand, würde der Vertrag nur dann in Kraft treten, wenn er, was ganz und gar unwahrscheinlich war, von der UdSSR ratifiziert würde. Das war 1984 zum allgemeinen Erstaunen der Fall, aber dem Neugeborenen mangelte es an Substanz.

Zumindest wachte Van den Heuvel, beeindruckt von meinem Eifer bei der Verhandlung, darüber, daß seine Delegation, in der so brillante Diplomaten wie Robert Hormats und Richard Holbrooke, der künftige Unterhändler bei den bosnischen Friedensverhandlungen, saßen, ihre Fortschritte nicht behinderte. Er verstand mein Anliegen, dem Westen nicht zu erlauben, seine Zusagen zurückzuziehen. »Sollte je ein gemeinsamer Fonds ins Leben gerufen werden«, sagte er humorvoll zu mir, »muß Ihre Statue vor dem Portal stehen.«

Die Verhandlung wurde während der im Sommer 1979 in Manila abgehaltenen fünften Konferenz der Vereinten Nationen über Handel und Entwicklung vertagt. Alle Genfer Teams trafen sich daher in der Hauptstadt Präsident Marcos' wieder. Imelda und er empfingen uns mit großem Pomp im Palast von Malacanal. Das sollte der Höhepunkt des Mandats von Gamani Corea sein, der sich für den Beginn der berühmten »globalen Verhandlung« einsetzte. Hierbei würde der ganze, für die Entwicklung der Dritten Welt bestimmte, multilaterale Apparat wieder in Gang gebracht, ein Apparat, der durch seine polymorphe und inkohärente Architektur unfähig zu sein schien, die internationale Gemeinschaft in Richtung einer gerechteren Ordnung zu lenken.

Der Druck von seiten der Ölländer war noch immer stark und hatte zu einer zweiten Ölkrise geführt, die einmal mehr den internationalen Währungsfluß und das Gleichgewicht der Institutionen von Bretton Woods in Frage stellte. Jimmy Carter und sein diplomatischer Berater Zbigniew Brzezinski gaben vor, den Bedürfnissen der südlichen Länder Gehör zu schenken. Die sich erweiternde Europäische Gemeinschaft stand unter dem Vorsitz Frankreichs, das sich in den Verhandlungen, wie schon so oft, vage gab. Einerseits näherten wir uns Ländern an, die den legitimen Forderungen ihrer Partner aus dem Süden entsprechen oder zumindest mit den am wenigsten radikalen unter ihnen einen konstruktiven Dialog führen wollten; andererseits waren wir durch unsere Solidarität an die »kälteempfindlichsten« Mitglieder der Gemeinschaft gebunden, Großbritannien und Deutschland, die alles beunruhigte, was die Amerikaner abschrecken könnte. Selbst innerhalb der französischen Delegation galt es, zwischen Skeptikern und Überzeugten zu vermitteln.

Die Konferenz von Manila bleibt aufgrund ihres Prunks und ihrer großen Hoffnungen wie auch wegen ihrer Blockierungen und Mißerfolge ein denkwürdiger Augenblick meines Engagements in der multilateralen Diplomatie. Dort habe ich mehr denn je das Ausmaß ihrer Zwänge und die Gründe für ihr Scheitern zu spüren bekommen. Dort habe ich auch einen großen

Teil meiner Vorstellungen über die notwendigen neuen Initiativen, um aus der Sackgasse herauszukommen, gewonnen.

Ich hatte beschlossen, Vitia mitzunehmen und uns unterwegs einen rein touristischen Zwischenstopp zu gönnen. Wir verbrachten einige Tage in Nepal. Aber selbst in Katmandu bewahrten uns die funkelnden Gipfel des Himalaja und die Feinheit der sakralen Architektur nicht vor dem Gefühl der Verzweiflung und des Entsetzens über den mörderischen Ansturm westlicher Horden und die Coca-Cola-Invasion. Die Authentizität einer Kultur, die die Händler auf die Rolle von Dienern festlegt, war außen und innen von den korrupten Versuchungen der Konsumgesellschaft befallen.

Wäre ich allein gewesen, hätte ich es vermieden, mich von solchen Feststellungen entmutigen zu lassen. Doch Vitia steckte mich mit ihrem Scharfblick an. Das war auch in Manila der Fall. Der Kontrast zwischen sehr farbenprächtigem Elend und sehr grauem Reichtum, vermessenem Luxus aus Prestigegründen und Gleichgültigkeit den notleidenden Massen gegenüber konnte niemanden unbeeindruckt lassen. Bei einer Exkursion zur amerikanischen Basis von Baguio empfanden wir beide die beklemmende Anwesenheit der amerikanischen Armee, so als sei MacArthur noch immer da.

In den weitläufigen Fluren des Kongreßpalastes begegneten sich meine Kollegen von früher und heute, aus dem Norden und dem Süden, mit denen ich einst so manches Luftschloß gebaut hatte. Die einen standen am Ende ihrer Karriere, die anderen waren im Begriff, glänzende Ämter zu übernehmen. In Manila waren wir eine Clique nicht immer sehr disziplinierter Kollegen, jedoch entschlossen, nicht nur die eigene Karriere, sondern auch die Verhandlung voranzubringen.

Abends im Hotel schilderte ich Vitia bei weit geöffnetem Fenster mit Blick auf die herrlichen Sonnenuntergänge über der Bucht von Manila die mühseligen Fortschritte unserer Debatten, und sie berichtete mir, was ihr in den überfüllten, von bunten Minibussen und Jahrmarktbuden belebten Straßen der Stadt alles begegnet war.

In meiner Eigenschaft als Leiter der französischen Delegation, wobei Frankreich in jenem Halbjahr den Vorsitz bei der Europäischen Gemeinschaft innehatte, verbrachte ich viele Stunden damit, die Neun zu einem Konsens zu bringen, um dann unsere Vorschläge in ihrem Namen den übrigen Mitgliedern der Gruppe der westlichen Länder vorzutragen. Wir bereiteten den Boden für das Eintreffen der Minister vor, das den Höhepunkt der Konferenz und ihren Abschluß darstellen würde. René Monory vertrat Frankreich und Graf Lambsdorff die Bundesrepublik Deutschland. Die Minister hatten nicht viel mehr zu sagen als die Botschafter, aber sie sagten es mit mehr Heuchelei und sparten, wie um sich einzureden, daß sie daran glaubten, nicht mit ihren Komplimenten gegenüber Marcos und Gamani Corea. Mein Minister, dessen Natürlichkeit und Fähigkeit, zuhören zu können, ich schätzte, machte sich keine Illusionen über den Fortschritt, den die Konferenz für den Handel und die Entwicklungspolitik mit sich bringen würde. Zumindest hoffte er auf die Wiederaufnahme der Verhandlung über den Gemeinsamen Fonds, und das war in etwa das einzige in Manila erzielte Ergebnis.

Wir machten uns also gleich nach unserer Ruckkehr in Genf an die Arbeit, und mit Van den Heuvels Hilfe konnte ich die Verhandlung mit Ali Alatas zur Genugtuung der resignierten Partner zu einem guten Ende führen. Die entscheidenden Fortschritte wurden im allgemeinen gegen Mitternacht erzielt, wenn den Mitgliedern der Vorbereitungskommission die Augen zufielen. Ich erinnere mich an eine dieser Nächte, in denen ein Minister aus Bangladesch der Kommission vorsaß und es meisterlich verstand, die Sitzung immer wieder zu unterbrechen, um es den Gruppen und Untergruppen zu ermöglichen, sich miteinander zu verständigen. Da ich annahm, die Einigung sei in jener Nacht erzielt worden, suchte ich ihn um ein Uhr morgens auf, um ihn zu drängen, die Versammlung fortzusetzen. Er sah auf die Uhr und sagte sehr besonnen zu mir, er werde bis drei Uhr morgens warten. Seine Ahnung erwies sich als richtig.

Ich erlebte den Abschluß des Vertrages über den Gemeinsamen Fonds eher wie eine sportliche Prüfung, bei der ich meiner Mannschaft zum Sieg verholfen hatte, denn als wichtige Etappe auf dem Weg zur Entwicklung. Wie so oft im internationalen Leben hatte das Problem, das wir zu lösen uns vorgenommen hatten, bereits einen Großteil seiner Stichhaltigkeit verloren. Selbst wenn unsere Bemühungen nicht durch die unzureichende Anzahl von Ratifizierungen enttäuscht worden wären, selbst wenn der Fonds 1980 in Kraft getreten wäre, hätte er nicht über die erforderlichen Mittel verfügt, um Druck auf die Rohstoffpreise ausüben zu können, und diese Preise hätten, selbst auf einem gewinnbringenden Niveau stabilisiert, die fundamentalen Probleme der produzierenden Länder nicht gelöst.

Doch im Verlauf der Verhandlung waren Verbindungen geknüpft und Sachverhalte deutlich gemacht worden, die der nächsten Etappe der internationalen Zusammenarbeit als Basis dienen würden. Neue Hoffnungen würden den Auftakt zu neuen Enttäuschungen bilden, die wiederum neue Sichtweisen entstehen ließen. Ich lernte diese langsame Bewegung der Konzepte und Realitäten zu akzeptieren, bei der Worte und Fakten, Texte und Protokolle in ihrer mühseligen Abfolge die zwar tiefgreifenden, dennoch unmerklichen Veränderungen der Welt widerspiegeln.

Viele weitere Debatten haben im Verlauf der viereinhalb Jahre, die ich in Genf verbrachte, die ständige Mission, mit der ich beauftragt war, in Anspruch genommen. Unmöglich, hier ins Detail zu gehen. Ich greife aufs Geratewohl ein Beispiel heraus. Eine Verhandlung der Welthandelskonferenz über die Verschuldung, ein bereits 1978 schwerwiegendes und im Laufe der folgenden 15 Jahre immer virulenteres Problem. Ein auch heute noch, trotz der nie an die Wurzel des Übels gehenden Annullierungen und erneuten Ratenzahlungen, unzureichend gelöstes Problem. In jenem Jahr bestanden die 77 darauf, daß die Welthandelskonferenz ein Kontrollrecht über die mit äußerster Diskretion vom *Club de Paris** vorgenommenen Verhandlungen zwischen Gläubigern und Schuldnern erhält. Der stellvertretende Direktor des *Trésor* war nach Genf entsandt worden, um die Verhandlung zu leiten. Auf diese Weise lernte ich Michel Camdessus kennen, der wenige Jahre später Generaldirektor des Internationalen Währungsfonds werden sollte. Ich sah mit großer Freude, wie er in den Genfer Trubel eintauchte, sich mit der Denkweise der Entwicklungsländer vertraut machte und hochgelobt und gestärkt aus dieser kurzen Verhandlung hervorging.

Im Jahr 1979 wurde eine junge Staatsrätin, Nicole Questiaux, die im Unterausschuß für Menschenrechte saß und für Vitia und mich zu einer sehr treuen Freundin werden sollte, mit einer interessanten Mission betraut. Während wir bei der Kommission selbst von einem sehr reaktionären Professor der Rechtswissenschaft repräsentiert wurden, den die Mission mit wenig Sympathie agieren sah, wies Nicole Questiaux' Arbeit sie sogleich als Neuerin aus. In jenen Jahren tasteten die Vereinten Nationen sich noch sehr vorsichtig an den Schutz und die Förderung der Menschenrechte heran. Dem Großteil der Mitgliedsstaaten ging es dabei um Südafrika und Israel. Was sich in Chile unter Pinochet, in Argentinien unter der Militärdiktatur, in den totalitären Staaten im Osten und Süden abspielte, wurde noch nicht ernsthaft untersucht. Es war einzig und allein das Verdienst des Unterausschusses, Verfahrensweisen, Mechanismen, Untersuchungen und Berichte zu erarbeiten, die sich auf die unablässige Tätigkeit der großen, regierungsunabhängigen Organisationen zur Verteidigung der Menschenrechte, allen voran Amnesty In-

* Dort trafen sich die Repräsentanten der Kreditnehmer und der Kreditgeber, um die erforderlichen erneuten Staffelungen auszuhandeln.

ternational, stützten. Sie haben all jene die Menschenrechte mißachtenden Staaten immer strikter einer kritischen Untersuchung von seiten der internationalen Gemeinschaft unterstellt. Nicole Questiaux hat bei diesem Prozeß eine entscheidende Rolle gespielt, und ihre Erfolge erfüllten mich mit Stolz: Manchmal, nicht immer, kann Patriotismus etwas Erfreuliches sein.

Mit Nicole Questiaux ist mir auch ein kleines Komplott gelungen, das darauf abzielte, die Regierung vor die vollendete Tatsache einer Nominierung zu stellen, die sich günstig auf das internationale Ansehen Frankreichs auswirken sollte: die des jungen Magistratsbeamten Louis Joinet, den Nicole seines Mutes und seines Kampfgeistes wegen schätzte, dessen linke Einstellung vom Matignon jedoch nicht gern gesehen war. Indem ich einen günstigen Moment nutzte, um die Zustimmung des Départements vorzutäuschen, ließ ich ihn zu Nicole Questiaux' Stellvertreter ernennen, bevor andere Regierungsinstanzen konsultiert werden konnten. Er sollte im Laufe der folgenden 15 Jahre eine entscheidende Rolle bei der internationalen Wahrung der Menschenrechte spielen. Das sind die kleinen Verwirrspiele, die einen lange Zeit mit Stolz erfüllen.

Ich war seit vier Jahren in Genf, als François Mitterrand, der 1965 gegen de Gaulle und 1974 gegen Valéry Giscard d'Estaing gescheitert war, 1981 zum drittenmal für das Amt des Präsidenten der Republik kandidierte. Er drängte damit Rocard aus dem Rennen, dessen mutige Reaktion nach dem Scheitern der Sozialisten bei den Parlamentswahlen des Jahres 1978 aus ihm erstmals einen ernstzunehmenden Kandidaten gemacht hatte. Von Genf aus verfolgten wir leidenschaftlich die Kampagne. Mein Wunsch, diesen »Wechsel«, der für mich den wahren Beweis einer demokratischen Regierungsform darstellte, stattfinden zu sehen, war so groß, daß ich meinen Kollegen bei den Vereinten Nationen den Sieg der Linken voraussagte. Sie hielten mich für einen Traumtänzer. Bis zum Schluß schien für sie die Wiederwahl von Valéry Giscard d'Estaing festzustehen.

Ich hatte Giscard einige Monate zuvor in Genf empfangen dürfen. Das Hochkommissariat für Flüchtlinge, in dem Poul Hartling, der ehemalige dänische Premierminister, Prinz Sadruddin Aga Khan gefolgt war, hatte dem Präsidenten der französischen Republik einen Preis verliehen und einen weiteren dem Präsidenten von Botswana. Die Verleihungszeremonie führte diese beiden Männer in einem Saal des Palais zusammen, wo die Kameras sich drängten. Ich hatte mich gefragt, wie mich Giscard wohl begrüßen und ob er sich daran erinnern würde, daß ich nach der Claustre-Affäre in Ungnade gefallen war. Er verhielt sich liebenswürdig und diskret und kehrte nach einem kurzen Besuch beim Internationalen Komitee vom Roten Kreuz nach Paris zurück. Er wurde von Jean-David Levitte, einem jungen, zum Élysée versetzten Diplomaten, begleitet, dem ich einige Jahre zuvor in New York begegnet war, wo er bei der ständigen Mission arbeitete. Gleich bei diesem ersten Zusammentreffen hatten mir seine Intelligenz und seine Disponibilität gefallen. Diese zweite Begegnung bestätigte meinen ersten Eindruck. Er sollte acht Jahre später den Posten des Botschafters bei den Vereinten Nationen in Genf übernehmen und in der Route de Malagnou wohnen. Und er sollte meine Nominierung zum Leiter der französischen Delegation bei der Menschenrechtskommission 1993 in Wien erreichen. Seit 1995 ist er diplomatischer Berater von Jacques Chirac.

Noch ein Wort zu dem Haus an der Route de Malagnou. Das Fernsehen der Französischen Schweiz beabsichtigte, einen Beitrag über einen ständigen Repräsentanten bei den Vereinten Nationen in Genf zu drehen. Die Wahl fiel auf den Französischen Botschafter. Da ich in jenem Jahr beim Exekutivausschuß des Hochkommissariats für Flüchtlinge den Vorsitz hatte, konzentrierten sich die Dreharbeiten zunächst auf den großen Saal des neuen Palais, dem Sitz des Organs. Aber man wollte die Zuschauer auch am Privatleben des Betreffenden teilhaben lassen.

Wir organisierten daher in der Route de Malagnou ein Diner und bereiteten unsere Gäste darauf vor, daß Kameras dabeisein würden, was sie sehr amüsierte. Vitia ließ ein rotes Dessert auftragen, das auf dem Bildschirm ins Auge sprang, und der Chauffeur des Italienischen Botschafters mußte dreimal das Abfahrtsmanöver in die Seitenallee der Residenz wiederholen, da die beiden ersten Aufnahmen nicht gelungen waren.

Das war weder das erste noch das letzte Mal, daß ich mich in einem Film sah. Ich glaube, ich war zwölf, als eine mit meiner Mutter befreundete Fotografin, die einen Film über die Seineufer drehte, ihr vorschlug, mich die Rolle eines Jungen spielen zu lassen, der seinen kleinen Bruder verloren hat und ihn die Uferwege entlang sucht. Im Alter von 76 Jahren überredete mich eine Gruppe junger Berliner Filmemacher, die Hauptrolle in einem Dokumentarfilm mit dem Titel *Der Diplomat* zu übernehmen, der von meinen Abenteuern und Begegnungen handeln sollte. Ich habe mich also zu verschiedenen Zeiten meines Lebens auf der Leinwand gesehen, mich bewegend, sprechend, laufend und diskutierend. Das ist eine Erfahrung, die deutlicher als jede andere den Körper vom Ich trennt. Der Körper wird zu diesem ein wenig linkischen Objekt, dessen man sich bedient, um die Lebensfunktionen auszuüben. Man sieht ihm dabei mit einer Mischung aus Scham und Sympathie zu. Als ich ein Kind war, fragte mich meine Mutter eines Tages, um meine Bescheidenheit auf die Probe zu stellen: »Findest du dich schön?« Das war natürlich reine Provokation! Ich erinnere mich jedoch an meine Antwort: »Nein, aber ich finde mich sympathisch.«

Erst kürzlich, möglicherweise anläßlich des deutschen Films, habe ich festgestellt, daß ich meinem Körper gegenüber sehr dankbar bin: Er hat mich nie im Stich gelassen. Dabei habe ich ihn nicht sehr pfleglich behandelt. Keinerlei Sport oder Gymnastik, nie einen Hut, auch nicht bei Regen, eine ganz normale Hygiene. Mein einziger Trumpf vielleicht: Im Gegensatz zu Helen bin ich dem Tabak ganz und gar entronnen.

Kapitel 24

DIE LINKE AN DER MACHT

Der Tod von François Mitterrand sollte für alle, die die Machtübernahme der Linken intensiv miterlebt haben, ein Ansporn sein, darüber nachzudenken, was sie sich davon erhofft haben und was tatsächlich erreicht worden ist. Werde ich mich dieser Aufgabe widmen können, indem ich weniger rechtfertigend oder polemisch Partei ergreife und mir eine angemessenere Sicht zu eigen mache als so viele andere Autoren, die eilig Bilanz ziehen, um ihren Scharfblick unter Beweis zu stellen?

Beginnen wir, zumal es hier um persönliche Erinnerungen geht, mit der Aufzählung sämtlicher Vorteile, die mir aus dieser Veränderung innerhalb der französischen Regierung erwachsen sind. Sie hat aus einem eher einseitig auf multilaterale Entwicklungshilfe spezialisierten, zwei Jahre vor seiner Pensionierung stehenden Diplomaten einen *Ambassadeur de France* gemacht, einen interministeriellen Delegierten, ein Mitglied zweier hochrangiger Verwaltungsressorts – der *Haute Autorité de la communication audiovisuelle* und des *Haut Conseil pour l'intégration* –, den Vertreter Frankreichs bei einem der angesehensten internationalen Gipfel, der Menschenrechtskonferenz der Vereinten Nationen. Sie hat mir den Grad eines *Commandeur de la Légion d'honneur* sowie eines *Grand officier de l'ordre national du Mérite* verliehen. Man sieht, daß ich ihr persönlich viel verdanke.

Ich habe nicht die Absicht, die Art und Weise, wie ich diese Aufgaben erfüllt habe, im Detail zu beschreiben. Ich möchte mich lediglich an die für mich nachhaltigsten Ereignisse dieser zweimal sieben Jahre erinnern, in deren Verlauf ich nacheinander meine Mutter und meine Frau verlor, erneut heiratete und erlebte, wie meine Tochter zur Universitätsdozentin berufen wurde und meine beiden Söhne sich, der eine als Kardiologe, der andere als Psychiater, in Paris niederließen, während sieben Enkel heranwuchsen.

Da ist zunächst der 18. Mai 1981. So wie ich mich noch genau an den 25. August 1944 und General de Gaulles Triumphzug auf den Champs-Élysées erinnern kann, obgleich ich an jenem Tag in Buchenwald war, bin ich fest davon überzeugt, die Zeremonie im Panthéon miterlebt zu haben: Ich sehe die Rue Soufflot und François Mitterrand, drei Rosen in der Hand... Dabei war ich in Genf mit der Vorbereitung der UNO-Vollversammlung über die PMA* befaßt, die von Raymond Barre nach Paris eingeladen worden war.

Die Erinnerung an Freude, an Aufregung; die Geburt einer neuen Hoffnung; die Gewißheit, daß von nun an alles möglich sein würde. Aber auch die Erinnerung an eine Befürchtung: Wie würde dieses von einem Bündnis aus Sozialisten und Kommunisten regierte Frankreich von seinen westlichen Partnern, von Ronald Reagan und Margaret Thatcher, aufgenommen werden? Würden wir eines jener Strohfeuer erleben, bei denen die revolutionäre Linke an die Macht kommt, um im nächsten Augenblick von der tief in der französischen Gesellschaft verankerten Reaktion wieder vertrieben zu werden? Selbst der *Front populaire*, dieses Kleinod der politischen Geschichte meiner Jugend, hatte sich nur zwei Jahre halten können.

Ein drei Monate zuvor geführtes Gespräch mit Philippe de Seynes, dem ich meine Bedenken über das zwischen PS *(Parti socialiste)* und PCF *(Parti communiste français)* vereinbarte *Pro-*

* Die Abkürzung PMA *(Pays les moins avancés)* bezeichnet die ärmsten Länder der Erde, die »am wenigsten fortschrittlichen Länder«, denen die UNO im Jahr 1972 besondere technische und finanzielle Hilfen zugesagt hat. Von den 40 zu dieser Gruppe gehörenden Staaten liegen die meisten in Schwarzafrika, jenem Afrika, das René Dumont als »wenig verheißungsvoll› bezeichnet hat.

gramme commun de gouvernement wissen ließ, konnte mich ein wenig beruhigen: »Aber nein«, hatte er zu mir gesagt, »es ist ein erstaunlich gemäßigter Text. Er hat nichts Revolutionäres. Ich sehe darin den Anschluß der Kommunisten an die Marktwirtschaft.« Was nichts daran änderte, daß die Reaktionen aus Unternehmerkreisen heftig gewesen waren: Man müsse dieses von nun an verfluchte Land verlassen.

Das war vor 15 Jahren. Wir haben uns seither an eine gelassenere Haltung gegenüber den ehemaligen Protagonisten der Diktatur des Proletariats gewöhnt. Wie sehr hat ihre Sprache an Schärfe verloren! Man wartet nicht länger auf *le grand soir**. 1981 ließ die Präsenz von vier – übrigens hervorragenden – kommunistischen Ministern in der Regierung Pierre Mauroy einen noch frösteln. Würde Mitterrand mit der Allianz umzugehen wissen?

Für den Präsidenten hegten Vitia und ich eine Mischung aus Bewunderung und Mißtrauen. Seine Kampagne war effektvoll geführt worden. Seitdem ich ihn als Innenminister unter Pierre Mendès France erlebt hatte, vertraute ich seinen Fähigkeiten, schätzte seine Frau, bewunderte seine Bildung und war überzeugt, daß er sich von der Macht angezogen fühlte. Er besaß mehr noch als jeder andere Politiker der Linken das Format eines Staatsmannes und würde die Klippen zu umschiffen wissen, mit denen sein Weg meiner Meinung nach übersät sein würde.

Ich ahnte auch, daß sich der Regierungswechsel auf meine Karriere auswirken würde. Unter meinen Genfer Journalistenfreunden hatte die tapfere Isabelle Vichniac, Korrespondentin bei *Le Monde*, als erste angedeutet, Claude Cheysson würde bei der Besetzung des angesehensten diplomatischen Postens, dem des Generalsekretärs im Quai d'Orsay, an mich denken. Ich fühlte mich nicht in der Lage, diese Aufgabe zu übernehmen,

* Die »Revolution«, die das Ende des Kapitalismus einläutet. Die Wendung tauchte erstmals Ende des 19. Jahrhunderts unter den Anarchisten und utopischen Sozialisten auf. (Anm. d. Übers.)

auf die mich meine Laufbahn nicht vorbereitet hatte. In jenem Sommer 1981 war die Luft jedoch so voller verrückter Schwingungen, daß mir, als mich der Minister zu einem Gespräch nach Paris einlud, einen Moment schwindelig wurde.

Nein. Cheysson wollte mich nicht als Generalsekretär. Er hatte für diesen Posten Francis Gutmann ausersehen, der eine Zeitlang mein junger Kollege in der Leitung der Vereinten Nationen gewesen war und inzwischen die staatliche Gasgesellschaft leitete. Er war weniger Diplomat als vielmehr ein Administrator, was der Minister dringend brauchte. Für mich hielt Claude Cheysson eine Überraschung bereit: die Verleihung der Würde eines *Ambassadeur de France.* Auf den ersten Blick nichts Besonderes, für einen mit 20 Jahren Franzose gewordenen Berliner jedoch eine Ungeheuerlichkeit. Das höchste Symbol meines Franzose-Seins, das mir bis zu meinem Tod erhalten bleiben würde. Um so unverdienter, aber auch amüsanter, als mein Werdegang im Ministerium nicht sehr orthodox gewesen war: keine große Botschaft, Multilateralismus im Überfluß.

Ich empfand seit unserer Zusammenarbeit im Umkreis von Pierre Mendès France eine tiefe Zuneigung für Claude Cheysson und nahm sein Angebot, mit ihm in Paris zusammenzuarbeiten und bei der Reform der französischen Entwicklungshilfepolitik mitzuwirken, nur allzu gern an. Es war seit 20 Jahren mein Spezialgebiet. Ich hatte zu dem Thema vielerlei Ideen. Möglicherweise zu viele.

Die Reform würde, wie mir schien, tiefgreifend sein müssen. Unsere Beziehungen zu unseren afrikanischen Partnern mußten von Grund auf neu gestaltet werden. Die ministeriellen Strukturen, die dem »Hoheitsgebiet« einen besonderen Platz einräumten und eine suspekte Mischung aus politischer Vetternwirtschaft und dem Bemühen um die Entwicklung begünstigten, bedurften einer Änderung. Es galt, den *Rapport Abelin* aus der Versenkung zu holen und sich von den Thesen der sozialistischen Partei, wie sie Lionel Jospin bereits in den siebziger Jahren in seinem Buch *La France et le Tiers-Monde* dargelegt hatte, inspirieren zu lassen.

Die früheren Versuche waren über die von General de Gaulle eingeführte Vorherrschaft der *domaine reservé*, der »alleinigen Kompetenz«, des Élysée gestrauchelt, die unglücklicherweise dank Jacques Foccarts Netzwerk die Entwicklung Afrikas überlebt hatte und von Mitterrand gewiß abgeschafft werden würde.

Frankreich war 1981 das letzte der einstigen kolonialen Mutterländer, das seinen ehemaligen Kolonien innerhalb seiner auswärtigen Angelegenheiten einen Sonderstatus einräumte, so als würde es deren erlangte Unabhängigkeit nicht voll akzeptieren. Die ihnen zugedachten – übrigens reich, wenn nicht gar überreich bemessenen – Finanzmittel waren nicht allein für die Entwicklung bestimmt. Sie waren vielmehr in einen geschlossenen Kreislauf eingebunden, von dem die Bevölkerung dieser ehemaligen überseeischen Territorien weniger profitierte als das Netz der in Afrika niedergelassenen französischen Unternehmen. Es war höchste Zeit, aus diesem Teufelskreis auszubrechen und es wie England oder die Niederlande zu handhaben: dem Außenminister eine weltweit wirkende Instanz an die Seite zu stellen, keine spezifisch ministerielle Administration, sondern eine Zentrale für Entwicklungshilfe. Ihre deutlich abgesteckte Rolle bestünde nicht in der Aufgabe, hier und dort einen wirkungslosen, privilegierten politischen Einfluß auszuüben, sondern Frankreich zu einem tatkräftigen Partner der Entwicklungsbemühungen sämtlicher Regionen des Planeten werden zu lassen, deren Zugang zu einem höheren Lebensstandard durch eine Aufwertung ihrer natürlichen wie menschlichen Ressourcen die eigentliche Voraussetzung für eine größere Ausgewogenheit der Weltwirtschaft sein müßte.

Ich zweifelte keinen Augenblick daran, diese so einfachen Gedanken einer Regierung plausibel machen zu können, deren Schlüsselpositionen von Freunden besetzt waren: Claude Cheysson im Ministerium für auswärtige Angelegenheiten –

Verhieß diese neue Bezeichnung des Außenministeriums nicht den Beginn einer tiefgreifenden Reform? –, Jacques Delors im Finanzministerium, Michel Rocard im *Plan*. Hinzu kam auf dem für mich wichtigsten Posten der stellvertretende Minister Jean-Pierre Cot, zu dem ich aus Genf geeilt war, um ihn über den Fortschritt in den Vorbereitungen für die PMA-Konferenz zu unterrichten. Gleich bei meinem ersten Kontakt mit ihm und dem so warmherzigen Team, das ihn umgab, fühlte ich mich überwältigt, war ich bezaubert, zuversichtlich.

Jean-Pierre Cot ist Vorsitzender der im Juni 1981 beginnenden Konferenz und beauftragt mich mit der Leitung der französischen Delegation. Ziel ist es, für diese Stiefkinder der Weltwirtschaft feste Zusagen von seiten der internationalen Gemeinschaft in Form eines bindenden Vertrages zu erwirken: Ihre Regierungen sollen sich für Programme entscheiden, die sich eindeutig für die Befriedigung der Grundbedürfnisse der Bevölkerung auf den Gebieten der Gesundheit, Erziehung, Beschäftigung und demokratischen Beteiligung aller Bewohner des Landes, vor allem der Frauen, einsetzen. Die Regierungen der Industrieländer sollen ihnen ihrerseits Hilfe in Form eines fixen Prozentsatzes ihres Bruttosozialprodukts garantieren, der dem eigenen Wachstum entsprechend ansteigt.

Um diese in den langen Sitzungen der Vorbereitungskommission in Genf erarbeiteten Bedingungen wird in den Hallen der UNESCO, wo die Konferenz abgehalten wird, eifrig gefeilscht. Wenige Stunden vor Konferenzende erzielt Jean-Pierre Cot, der sich als entschlossener wie überzeugender Vermittler erweist, die entscheidende Zustimmung der letzten Delegation, die seinen inständigen Bitten nachgibt, der der USA. Die Konferenz sollte gleich bei ihrer Eröffnung François Mitterrand die Gelegenheit bieten, seine Vorstellungen über die Nord-Süd-Beziehungen darzulegen, für die er seine Kollegen einige Monate später, beim Gipfeltreffen in Cancún, vergeblich zu gewinnen suchte. Sie sollte es Wirtschafts- und Finanzminister Jacques

Delors ermöglichen, eine sehr engagierte und mit großem Beifall aufgenommene Rede zu halten. Sie sollte Jean-Pierre Cot als den französischen Politiker bestätigen, auf den die wahren Freunde der Entwicklungsländer gewartet hatten, um mit dem in politischer Propaganda erstarrten Gerede Schluß zu machen und neue Perspektiven zu eröffnen.

Nach Abschluß der Konferenz werde ich zum interministeriellen Delegierten für Zusammenarbeit und Entwicklungshilfe ernannt, und Pierre Mauroy macht für mich ein Büro in einem Nebengebäude des Ministeriums für Kommunikation, in der Rue Saint-Dominique 35, nur zwei Schritte vom Matignon entfernt, ausfindig. Auf mein Ersuchen hin werden mir vier vom Finanzministerium, von der Planungsbehörde, vom Quai d'Orsay sowie vom Ministerium für Bauarbeiten der öffentlichen Hand abgestellte Mitarbeiter zugeteilt, und ich mache mich sogleich an eine ministerielle Umstrukturierung. Dazu benötige ich einen verständnisvollen, zumindest jedoch vernünftigen Generaldirektor für kulturelle Beziehungen. Mitterrand ernennt einen Phantasten, der unsere Projekte scheitern läßt.

Dies war ein erstes Zeichen. Es genügt nicht, Freunde in der Regierung zu haben. Man muß den Élysée bedenken, der unter der V. Republik seine Schützlinge begünstigt.

Ein zweites Beispiel hierfür bot sich mir gleich zu Beginn des Jahres 1983. Cheysson schickte mich nach Mayotte, jener kleinen Insel im Indischen Ozean, die geographisch zum Archipel der Komoren gehört, deren Bevölkerung jedoch, um der Hegemonie der Machthaber in Moroni zu entkommen, beim Referendum gegen die Unabhängigkeit der Republik der Komoren gestimmt hatte. Die Linke setzte sich traditionsgemäß für die Dekolonisierung ein und hätte sich nur zu gern von der Last befreit, eine 25 000 Seelen zählende Bevölkerung, 10 000 Kilometer von Frankreich entfernt, zu verwalten, als gehöre sie zur Republik. Ich reiste also zuerst nach Dzaoudzi, in die Hauptstadt Mayottes, dann nach Moroni, die Hauptstadt der Komoren, und schließlich nach Saint-Denis auf der Île de la Réunion. Ich kehrte mit einem schonungslosen Urteil über die Politiker von Mayotte, insbesondere Jean-François Hory*, zurück, die aus lauter Bequemlichkeit Feindseligkeiten zwischen den Bewohnern Mayottes und denen der übrigen Inseln des Archipels vorgaben, um für einen absurden Status quo zu plädieren, der uns von der internationalen Gemeinschaft vorgeworfen wurde. Statt dessen hatten mir der Empfang des Präfekten der Île de la Réunion, Michel Levallois, und die während der Verhandlungen so offenkundige Gerissenheit des Präsidenten der Komoren, Abdallah, gefallen. In meinem Bericht vertrat ich die These einer Entbindung von alten Verpflichtungen, gepaart mit einem Verteidigungsabkommen, wodurch die Bewohner von Mayotte gegen eine Verschlechterung ihres Lebensstandards sowie gegen eventuelle Schikanen von seiten des komorischen Präsidenten geschützt sein würden.

Meine Vorschläge hatten ebensowenig Erfolg wie meine Reform des Ministeriums, und Mayotte ist französisch geblieben.

Ich hätte Cot gern nach Afrika begleitet, wo jede seiner Reisen Hoffnungen weckte, die schon allzu bald enttäuscht werden sollten. Aber ich hatte keine Zeit, da mich die Vorbereitung des *Conseil restreint* im Juli 1982 in Atem hielt, von dem ich mir erhoffte, daß er die Erneuerungsvorschläge meiner Delegation gutheißen würde.

Bis auf die wenigen Monate während der Regierung von Pierre Mendès France hatte ich noch nie zum Mitarbeiterstab eines Premierministers gehört. Der von Pierre Mauroy war mir natürlich äußerst sympathisch. Die linke Ausrichtung des Kabinetts rechnete ich letzterem als Verdienst an, was nicht immer zutraf. Zumindest herrschte hier ein Wille zur Veränderung und eine brüderliche Kampfbereitschaft.

* Abgeordneter von Mayotte, der 1993 Präsident von Radical wurde.

Angesichts der großen wirtschaftlichen und sozialen Probleme, mit denen sich die linke Regierung in ihrem ersten Jahr konfrontiert sah, wurde der Außenpolitik, sieht man von dem Gedanken an ein Vereintes Europa ab, nur wenig Platz eingeräumt. Ich ergriff während der Kabinettsversammlungen nur selten das Wort, hörte hingegen viel zu. Eine hervorragende Lektion über das Funktionieren der französischen Demokratie in der V. Republik: Die eigentliche Rolle spielt die Exekutive. Was kann man dem Parlament alles »weismachen«? In welchen Abständen und in welcher Reihenfolge? Zwischen dem Premierminister, dem Generalsekretär der Regierung und dem Präsidenten der Republik wird die Tagesordnung der *Assemblée nationale*, der Französischen Nationalversammlung, ausgebrütet. Langwierige Vorbereitungen, um die Legislative zu einem Schritt nach vorn zu bewegen. Und zwar nicht zu irgendeinem. In Fragen der Entwicklungshilfe, die doch so manchen Abgeordneten interessiert, ist die Regierung noch nicht soweit. Brüten wir also weiter unseren Plan aus.

Unser Text schlägt eine kleine Anzahl struktureller Reformen sowie eine für mehrere Jahre budgetierte Verbindlichkeit vor, ein erster Durchbruch vor der dann folgenden Offensive. Er dürfte also nicht allzu sehr abschrecken. Er übersteht die schwierige Klippe eines von Pierre Mauroy geleiteten interministeriellen Ausschusses. Der Premierminister vertraut mir, ermutigt mich. Ich bin ihm dafür dankbar. Pierre Mauroy war mir gleich bei unserem ersten Kontakt sympathisch gewesen. Das war im Jahr 1963, im Verwaltungsrat des Deutsch-Französischen Jugendwerks, dem wir beide angehörten, ebenso wie Joseph Rovan, ein leidenschaftlicher Befürworter der deutsch-französischen Verständigung und naher Freund von Eugen Kogon, meinem Retter in Buchenwald. Mauroy war der »politischste« in unserem Gremium. Ich habe in ihm schon immer den »sozialistischsten« der Sozialisten gesehen, von einfacher Herkunft, bisweilen gerissen, ohne weder seinen Kameraden noch seinen

Idealen gegenüber jemals treulos zu sein. Ich war betrübt, als er einige Jahre später den Matignon an Laurent Fabius abtrat, dessen sozialistische Einstellung mir weniger offenkundig erschien.

Nach Überwindung der Hürde des interministeriellen Gremiums gilt es, sich an den *Conseil restreint* unter der Leitung von François Mitterrand zu wenden, der unsere Vorschläge bekräftigen wird oder auch nicht. Dieses Gremium ist das einzige, an dem ich je teilnehmen sollte, und während dessen Verlauf hatte ich größtes Vertrauen in die Stichhaltigkeit meiner Argumente. Der Saal des Élysée-Palastes ist beeindruckend. Die betreffenden Minister sind persönlich anwesend, während sie im Matignon von ihren Kabinettsdirektoren vertreten werden. Das Wort zu ergreifen ist ein waghalsiges Unterfangen. Ich spreche zu lange. Die Minister fassen sich kürzer, vielleicht sind sie weniger überzeugt. Der Präsident entscheidet: Man werde meinen politischen Kurs in Betracht ziehen, nicht jedoch die Strukturreformen oder das mehrjährige Budget. Eine Niederlage also. Ein freundliches Lächeln, ein Händedruck. Alles ist ganz ruhig vonstatten gegangen.

Ich rufe mein Team zusammen, das empört ist. Was für ein Verrat! Wozu sind wir da? Ich widerspreche. Wir sind ungeschickt gewesen. Beim nächstenmal müssen wir anders vorgehen. Ich war und bin noch heute fest davon überzeugt, daß eine tiefgreifende Reform der französischen Politik hinsichtlich der Entwicklungsländer nötig ist und sich unweigerlich durchsetzen wird. 1982 gab es jedoch kein nächstes Mal. Im Herbst sollte Jean-Pierre Cot sein Amt niederlegen und das Mandat des interministeriellen Abgeordneten zu Ende gehen, der seinen Posten auf eigenen Wunsch gegen einen anderen tauschte.

François Mitterrand hat die französische Afrika-Politik nicht merklich geändert. Statt dessen ist er ein wirklicher Neuerer auf dem Gebiet der Medien – von Rundfunk und Fernsehen – geworden, indem er sie unserer jakobinischen Tradition gemäß aus der regierungskonformen Zwangsjacke befreite, in die die V. Republik sie eingebunden hatte.

Der audiovisuellen Technik eine wirkliche Unabhängigkeit zu garantieren, den privaten Sendern den Hertzschen Raum zu öffnen, indem der nationale Rundfunk sein Monopol verliert – so lauten die Beschlüsse, die von da an die politische Landschaft Frankreichs prägen und von keiner Regierung mehr prinzipiell in Frage gestellt werden sollten.

Diese neue Politik wurde durch die Gründung der *Haute Autorité de la communication audiovisuelle* besiegelt, einem Gremium, dem ich drei Jahre lang angehört habe. Ich verdankte diese überraschende Berufung – mein bisheriger Werdegang hatte mich in keinerlei Hinsicht darauf vorbereitet – einem jungen Diplomaten, Bernard Miyet, der in Genf mit mir zusammengearbeitet hatte und den Georges Fillioud, der Mitterrand nahestehende Minister für Kommunikation, mit der Leitung seines Kabinetts beauftragt hatte. Die neun »Weisen«, aus denen sich die *Haute Autorité* zusammensetzte, wurden folgendermaßen ernannt: drei vom Präsidenten der Republik, drei vom Präsidenten der Nationalversammlung und drei vom Senatspräsidenten. Miyet hatte sich in den Kopf gesetzt, daß mir in diesem Areopag ein Sitz gebühre, und mich bereits im Frühjahr gefragt, ob ich ihn akzeptieren würde. Aber ja, hatte ich geantwortet, weil ich es für einen Scherz hielt.

Fillioud hatte jedoch meinen Namen vorgeschlagen, und Mitterrand hatte Mermaz meine Ernennung nahegelegt. Als der Augenblick gekommen war, den Erlaß des Präsidenten öffentlich bekanntzugeben, stellte man fest, daß ich offiziell nicht gefragt worden war. In aller Eile mußte also meine Zusage eingeholt werden. Ich war an dem betreffenden Tag jedoch nicht in Paris, sondern unterwegs zu unserem Haus im Département Gard. Aus welcher Eingebung heraus ließ Georges Fillioud mich im Sofitel in Lyon anrufen? Durch welchen Zufall hatten wir unsere Reise in diesem viel zu luxuriösen Hotel unterbrochen? Ein Fingerzeig des Schicksals.

Der Minister beschließt, sich frühmorgens mit mir auf dem Flughafen Lyon-Bron zu treffen, wo er in einem Flugzeug des GLAM *(Groupement de liaisons aériennes ministérielles)* landen wird. Da stehe ich also vor Fillioud. Er erläutert mir, daß es sich um die *Haute Autorité* handelt, und nennt die Namen meiner künftigen Kollegen. Ich kenne nur drei davon, von denen zwei mich nicht gerade entzücken. Michèle Cotta, die Mitterrand zur Vorsitzenden auserkoren hat, ist mir noch nie begegnet.

Unvorbereitet wie ich bin, überstürzen sich meine Fragen: Werden unsere Sitzungen periodisch oder permanent abgehalten werden? Kann ich meinen Posten als interministerieller Abgeordneter weiterhin wahrnehmen? Die Antworten auf diese Fragen sind ausweichend. Fillioud äußert sich nur zu einem Punkt unmißverständlich: Die *Haute Autorité* sei zu einem Drittel alle drei Jahre neu zu wählen, ich würde für drei Jahre ernannt, bis 1985, dem Jahr meines achtundsechzigsten Geburtstags. Ich lasse mich überzeugen. Außerdem kann man dem Präsidenten der Republik unmöglich etwas ausschlagen.

Als die *Haute Autorité* zwei Wochen danach feierlich von François Mitterrand eingeweiht wird, versuche ich, mit ihm über meinen Nachfolger in der interministeriellen Delegation zu sprechen. Schwierig. Er geht lächelnd von einem zum anderen. »Wie wäre es mit Paul-Marc Henry?« Er bleibt ausweichend. Ich habe ein schlechtes Gewissen meinem Team gegenüber, das an mich geglaubt hat.

Sechs Wochen später wird Jean-Pierre Cot »entlassen«, und sein Nachfolger Christian Nucci setzt einen Schlußstrich unter das, was ein großes Abenteuer für Frankreich hätte sein können.

Die neue Phase meiner öffentlichen Tätigkeit bedeutet gleichzeitig einen Bruch und eine Herausforderung. Ich begreife sehr rasch, daß es sich um eine Vollzeitmission handelt. Die *Haute Autorité* wird sich an allen Fronten einschalten. Unsere

Präsidentin, Michèle Cotta, die auf keinen Fall Mitterrands Protegé sein will, versäumt keine Gelegenheit, ihre Unabhängigkeit zu demonstrieren, auch wenn sie damit Fillioud verstimmt.

Gleich bei ihrer ersten Entscheidung, der Ernennung der Vorsitzenden für die drei Fernsehkanäle sowie für Radio-France, bewundere ich, mit welchem Einfallsreichtum sie einen Konsens erzielt, ein Gleichgewicht zwischen den von der Linken, von Mitterrand und Mermaz, ernannten und den von Alain Poher nominierten »Weisen« herstellt. Ein schwieriges Unterfangen, so ausgeprägt und unterschiedlich sind die Persönlichkeiten, aus denen sich dieses Gremium zusammensetzt. Da ist der Romanautor Paul Guimard, ein Vertrauter des Präsidenten der Republik. Sein Humor lockert unsere Debatten auf. Aber ist Guimard nicht das Ohr des Élysée? Gabriel de Broglie vertritt die Interessen der rechten Opposition. Er liegt auf der Lauer nach jeglichem »regierungsfreundlichen Abdriften«, wodurch die Präsidentin an Glaubwürdigkeit verlieren würde. Er warnt sie hinterlistig. Er besitzt das Vertrauen von Jean Autin, dem ehemaligen Vorsitzenden der zentralen öffentlichen Einrichtung des Ressorts *Télédiffusion de France*, von der wir in unserer Logistik abhängen. Autin ist auf technischem Gebiet der kompetenteste von uns allen und mißtraut dem Scherz und Gelächter von Guimard. Aber alle beugen sich dem Charme der Präsidentin, und das Klima im Hause ist heiter und ausgelassen.

Ich persönlich begegne mit Freuden Marc Paillet wieder, einem ehemaligen Mitglied des Club Jean-Moulin, der zwar eher redselig als eloquent, aber ein Meister der Feder ist, was unseren besten Texten zugute kommt. Ich entdecke unseren sympathischen Gewerkschafter Marcel Huart, einen unerschöpflichen Kenner der Geschichte des ORTF (*Office de radiodiffusion-télévision française*), dieses so bedeutenden, von Alain Peyrefitte aufgelösten Hauses, der Streiks des Jahres 1968 sowie sämtlicher Auseinandersetzungen, bei denen er aufgetreten ist. Wir haben dieselbe Auffassung von Demokratie und Sozialismus, und durch ihn erfahre ich mehr als von jedem anderen über das Funktionieren der Strukturen und die Rivalitäten unter den einzelnen Körperschaften in dieser Medienwelt, über die ich nichts weiß.

Meine besondere Neugier gilt unserem Kommunisten – die gemeinsame Linke verpflichtet –, dem Regisseur und Schriftsteller Daniel Karlin. Er ist der Schwiegersohn von Pierre Moinot, dessen Bericht der Neuorientierung der siebziger Jahre als Grundlage gedient hat. Ist er Kommunist geblieben? So etwas fragt man nicht. Eines steht fest: Er holt sich seine Weisungen nicht auf der Place du Colonel-Fabien. Er ist ein freier, kühner Geist. Er hat Talent. Er gefällt Michèle Cotta. Auch für mich ist er ein Wegbereiter: Er besitzt konkrete Kenntnisse über die Beziehungen innerhalb der Fernsehanstalten, deren Intrigen und Cliquen. Jede seiner Interventionen basiert auf praktischer Erfahrung.

Der neunte Weise, Bernard Gandrey-Réty, ein Vertrauter von Alain Poher, politisch jedoch absolut unabhängig, hat mir nie seine Hilfe versagt. Sein guter Wille wog in meinen Augen vielfach den Mangel an Talent auf, den ihm seine anderen Kollegen nachsagten.

Die Frage »Was wird aus dem *Ambassadeur?*« hatte die Präsidentin zunächst damit beantwortet, daß sie mich bei den internationalen Beziehungen der *Haute Autorité* einsetzte. Deshalb hatte ich Michèle Cotta nach London begleitet, wo wir unsere Vorstellungen mit denen des Verwaltungsrats der BBC vergleichen wollten. Diese Institution ist für die westlichen Medien in etwa das, was das Parlament von Westminster für die Demokratien darstellt. Der Empfang, den man uns bereitete, berührte mich um so mehr, als ich mich noch sehr wohl an die Rolle erinnerte, die die BBC bei meiner Arbeit im Generalstab des kämpfenden Frankreich gespielt hatte. Die BBC hatte uns ihre Wellen zur Verfügung gestellt, über die wir bald geheimnisvolle, bald poetische »persönliche Mitteilungen«, wie etwa »Melpomene parfümiert sich mit Heliotrop«, gesendet hatten, um den Netzen der Résistance das genaue Datum einer Operation auf dem Luftweg zu nennen.

Den größten Teil der drei in der Avenue Raymond-Poincaré, dem Sitz der *Haute Autorité*, verbrachten Jahre sollte ich jedoch einer anderen Aufgabe widmen: der Verteilung der verschiedenen Frequenzen und Wellen an die privaten Radiostationen, die von da an befugt waren zu senden.

Um die größte Erneuerung, die der Präsident der Republik beschlossen hatte, umzusetzen, galt es, einen begrenzten »Hertzschen Raum« unter einer Anzahl von Anwärtern auf diese neue Meinungsfreiheit aufzuteilen, die je nach Region fünf- bis zehnmal höher war als die verfügbaren Plätze. Da meine Kollegen zweifellos fanden, dies sei Aufgabe eines Diplomaten, hatten sie mich freundlicherweise damit betraut.

Mein Hauptanliegen war es, diese neue Freiheit, sich mitteilen zu können, denen zugute kommen zu lassen, die weder Zugang zum öffentlichen Rundfunk noch zu den anderen Medien hatten, all jenen, die man unter dem Begriff »Minderheiten« zusammenfaßt: die Bewohner der benachteiligten Wohnviertel, Immigranten ganz gleich welcher Herkunft, Gläubige aller Konfessionen, die verschiedensten Gruppen des sozialen Gefüges in den Städten und auf dem Land. Sie brauchten Frequenzen und Unterstützung. Ihnen sollte ein Fonds zur Verfügung stehen. Er würde sich aus den Einnahmen der kommerziellen Radiostationen finanzieren, die eine breite Zuhörerschaft besaßen und – zu unserem großen Bedauern – Werbezeiten verkaufen durften.

Wir erlebten mehr Enttäuschungen als Erfolge, doch am Ende unseres ersten Arbeitsjahres konnten etwa 1000 private Radiostationen – wir weigerten uns, sie »frei« zu nennen, da die öffentlichen es durch uns in gleichem Maße waren – auf Sendung gehen und sich ein sehr breites Pubikum schaffen.

Wenn ich an die Jahre im *Office national pour la promotion culturelle des immigrés* zurückdenke, so war die Unterstützung der über ganz Frankreich verstreuten, von diversen Vertretern der Immigration gestalteten Radiostationen die größte Genugtuung für mich. Solche Versuchsbereiche, in denen Bewohner des Maghreb, der Antillen, Portugiesen, Afrikaner aus Kamerun, Benin, Zaire zusammenzuarbeiten lernten, trugen das ihre zur Entstehung einer neuen Radiolandschaft bei, die nicht ohne Einfluß auf die Entwicklung der zivilen Gesellschaft war.

Trotzdem hätten wir der unaufhaltsamen Ausbreitung der kommerziellen Sender Einhalt gebieten müssen, die ohne jegliches Berufsethos in die den zusammengeschlossenen »freien« Radiostationen zugeteilten Sendeplätze vordrangen. Ich befürchte, es könnte einer wertvollen Freiheit wieder einmal schwerfallen, sich gegen die Gefräßigkeit des Geldes durchzusetzen.

Eine der Hauptaufgaben der *Haute Autorité* bestand darin, für ein Mindestmaß an Gerechtigkeit bei der Verteilung von Sendezeiten zwischen den einzelnen politischen Gruppierungen, vor allem während des Wahlkampfes, zu sorgen. Ich erinnere mich noch an den Wahlkampf zur Europawahl 1984. Ich war nach Korsika gereist, um die der Wahlliste des *Front national* gewidmete Sendung zu kontrollieren, und hatte den verpesteten Atem von Jean-Marie Le Pens Selbstherrlichkeit zu spüren bekommen. Die Wahlliste, die meine ganze Sympathie besaß, war die des großen Mathematikers Henri Cartan, die einzige, die ausdrücklich von einem Föderalen Europa sprach und dessen unabdingbare Notwendigkeit betonte. Cartan kämpfte damals mit Vitia und Laurent Schwartz für die Freilassung Andrej Sacharows. Das Adjektiv »föderal« machte jedoch angst, und Cartans Wahlliste erhielt lediglich 0,2 % der Stimmen.

Mein drittes und letztes Jahr in der *Haute Autorité* war eines der melancholischsten meines Lebens. Nicht nur daß Pierre Mendès France starb, auch Vitias Gesundheitszustand verschlimmerte sich ganz plötzlich. Die Ärzte hatten bei ihr Bauchspeicheldrüsenkrebs diagnostiziert. Wir glaubten sie verloren. Sie wurde von einem bemerkenswerten Kanzerologen gerettet. Es sollte sich jedoch nur um eine Atempause handeln. Ich kann meinem Wesen nach nicht an etwas glauben, was ich nicht zu akzeptieren vermag. Ich redete mir also ein, daß sie geheilt sei, und bereitete mich nicht darauf vor, sie zu verlieren.

Einige Wochen nach Auslaufen meines Mandats erklärte sich der Präsident der Republik bereit, mir die Insignien eines *Grand officier de l'ordre du Mérite* zu verleihen. Vielleicht wollte er mich auf diese Weise die Überraschung vergessen lassen, die er mir gerade bereitet hatte, indem er Gilbert Comte zu meinem Nachfolger in der *Haute Autorité* ernannte. Dieser Journalist ist in der Tat der einzige Mensch, mit dem ich im Laufe meiner Karriere wirklich aneinandergeraten bin. Während einer 1974 im Ministerium für Entwicklungshilfe abgehaltenen Pressekonferenz hatte er mich öffentlich und persönlich beschimpft. Seine Versetzung zur *Haute Autorité* dauerte nur wenige Monate. Bereits im Herbst 1986 machte die Regierung Chirac dieser Institution ein Ende, ohne eine wirkliche Nachfolgerin zu bestimmen. Schade!

Von meiner Aufnahme in den *Ordre du Mérite* habe ich eine Reihe von Fotos behalten, auf denen der Präsident und ich zu sehen sind, wie wir uns die Hand reichen und einander anlächeln. Gewiß, sie erinnern mich an einen Moment persönlicher Rührung, aber auch an jene außergewöhnliche Virtuosität, die François Mitterrand bei jeder Ordensverleihung aufs neue bewies. Ich sehe die Szene noch vor mir, als habe sie sich erst gestern ereignet. Wir sind an jenem Tag sechs Auszuzeichnende, die dem Dienstalter nach in einer Reihe stehen. Vor uns der Präsident der Republik. In seinen Händen keinerlei Notizen. Jeder von uns wird einer nach dem anderen eine hervorragend formulierte Lobrede zu hören bekommen, die von einer unglaublich präzisen Kenntnis der biographischen Daten jedes einzelnen, der dekoriert werden soll, zeugt. Louis Joxe ist soeben das große

Kreuz der *Légion d'honneur* verliehen worden. Jetzt bin ich an der Reihe. Ich höre François Mitterrand Dinge über mich sagen, von denen ich nie geahnt hätte, daß er sie wissen, geschweige denn empfinden konnte. Er unterstreicht seine Sätze mit nahezu zärtlichen Blicken, die mich aufwühlen, mir die Tränen in die Augen steigen lassen. Da ist auch schon alles vorüber, der nächste ist an der Reihe...

Als die Ordensverleihung vorüber war, ging ich auf den Präsidenten zu und versuchte, ihm etwas zu sagen, was mir am Herzen lag. Er stand gerade kurz vor der Ernennung eines neuen Generaldirektors für kulturelle Angelegenheiten im Quai d'Orsay. Ich wollte ihm einen Kandidaten vorschlagen, von dem ich überzeugt war, er könnte diesem so bedeutenden Posten eine besondere Dimension verleihen. François Mitterrand schenkte mir ziemlich kühl Gehör. Ich begriff, daß er seine Wahl bereits getroffen hatte: die falsche. Gewiß hielt er meinen Vorstoß für unangebracht. Seither ist zwischen ihm und mir nie wieder der Funke übergesprungen.

Zu solchen Zeremonien lud jeder seine Nächsten ein. An jenem Tag standen also unter einem zahlreichen Publikum Vitia, unsere drei Kinder, Michèle Cotta, Hélène Ahrweiler und eine kleine Gruppe von Freunden nur wenige Schritte hinter mir. Außerdem mein zwölfjähriger Enkel Simon, dessen eines Bein mit einem beachtlichen Gips versehen war, den er sich bei einem Skiunfall »eingehandelt« hatte. Als er Roger Hanin unter den Anwesenden erkannte, bat er ihn um ein Autogramm auf seinem Gips. In der allgemeinen Aufregung merkte ich nicht, daß es Vitia nicht gutging und sie nach Hause zurückkehren wollte. Plötzlich begriff ich, daß sie nicht mehr stehen konnte. Drei Monate später starb sie.

Hätte ich doch nur nach meinem Ausscheiden aus der *Haute Autorité* im Herbst 1985 jede neue Tätigkeit abgelehnt, mich ausschließlich Vitia gewidmet und ihr bei der Bewältigung dieser äußersten Prüfung zur Seite gestanden! Bis zuletzt hat sie felsenfest an ihre Heilung geglaubt. Ich selbst habe erst drei Wochen vor ihrem Tod erfahren, daß sie nicht mehr zu retten war. Während dieser Wochen sollten die Parlamentswahlen den rechten Parteien zur Mehrheit verhelfen und Jacques Chirac ein zweites Mal ins Hôtel Matignon bringen. Die so intensive Pflege, mit der Vitia bedacht wurde, ließ sie in meinen Augen zu einem Kind werden, einem Kind, mit dem ich spielen und lachen konnte. So ging eine Einheit zu Ende, von der ich annahm, sie sei gegen die Zeit gefeit: Seit langem schon war ich mir dessen, was uns vereinte, allzu sicher gewesen und hatte diese Gewißheit insofern mißbraucht, als daß ich zu vielen anderen Dingen einen Platz in meinem Leben einräumte. Der Übernahme zu vieler Missionen und zu vieler Verpflichtungen und der – verheimlichten – Fortsetzung einer anderen Liebe.

Kapitel 25

MICHEL ROCARD (I)

Im Jahr 1985, drei Monate vor Vitias Tod, forderte Stanley Hoffmann, der Leiter des Center for European Studies an der Harvard University, mich auf, für seine Zeitschrift einen Artikel über Mitterrands Frankreich und die Dritte Welt zu schreiben. Er lud mich ein, den Text bei einem Zusammentreffen, an dem Michel Rocard teilnehmen würde, vorzustellen. Von Rocard sind mir unsere Gespräche im Club Jean-Moulin, seine Freundschaft zu Mendès France, den er überredet hatte, der PSU *(Parti socialiste unifié)* beizutreten, seine kluge Reaktion auf das Scheitern der Linken bei den Parlamentswahlen von 1978, seine Entschlossenheit, mit der er 1981 vor François Mitterrand bei der Präsidentschaftswahl kandidierte, in Erinnerung geblieben. Die Klarheit seiner Stellungnahmen gefiel mir. Ich verband mit ihm seriösere, mehr durchdachte und weniger egozentrische politische Ambitionen als mit den meisten unserer Politiker, ähnlich der politischen Linie, die Pierre Mendès France vertreten hatte. Ich sprach mit ihm wie mit jemandem, für den ich mich gern einsetzen würde.

Einige Wochen darauf erhalte ich von ihm einen sehr freundschaftlichen Brief, in dem er mich bittet, die Leitung eines Netzes von Clubs für den Gedankenaustausch zur Unterstützung seiner Kandidatur für die Präsidentschaft der Republik nach Ablauf von François Mitterrands Mandat zu übernehmen. Da ich mich zu alt und dem politischen Leben allzu fern fühle, lehne ich sein Angebot ab. Er antwortet rasch, beinahe brüsk. In wenigen Sätzen widerlegt er meine Argumente und entscheidet, daß ich nicht ablehnen kann. Sein heftiger Ton überrascht mich und bringt meine Vorbehalte ins Wanken. Ich willige also ein und werde »Rocardist«.

Das bedeutet zunächst, alles, was der zukünftige Kandidat geschrieben hat, zu lesen, die Besonderheiten seiner Vorstellungen innerhalb der sozialistischen Partei herauszuarbeiten und schließlich Männer und Frauen zu versammeln, die für die Gedanken und die Person des Bürgermeisters von Conflans-Sainte-Honorine aufgeschlossen sind und die sich für gewisse, mit der Bezeichnung »zweite Linke« assoziierte Werte und Tendenzen interessieren. Sie dürfen weder zu marxistisch noch zu prinzipienlos oder zu sehr auf Mitterrand fixiert sein. Daher sollen sich zunächst in Paris und dann in etwa 50 Provinzstädten Sozialisten und andere linke Bürger zusammenfinden, die der Partei mißtrauen. Sie zeigen Interesse für die neuen Herausforderungen, die die Arbeitslosigkeit, die Unterstützung der Dritten Welt, der Aufbau eines sozialen Europa, aber auch ganz konkret die Verwaltung ihrer Stadt im Kontext der neuerlichen Dezentralisierung, die Probleme der Einwanderung und Ausgrenzung, die ganz alltäglichen und dringenden Fragen darstellen. Sie glauben, daß in Michel Rocards »unverfälschter Sprache« die Dringlichkeit dieser Probleme zum Ausdruck kommt.

Nach meiner Erfahrung mit dem allzu pariserisch gebliebenen Club Jean-Moulin dränge ich dazu, so weit wie möglich von der Hauptstadt auszuschwärmen, sich aber auch mit anderen ähnlichen Stätten des Gedankenaustauschs zu verständigen, vor allem mit dem 1973 von Jacques Delors ins Leben gerufenen Club *Échange et Projets*, zu dessen Gründungsmitgliedern ich gehörte.

Diese Rolle eines Koordinators und Gesprächsleiters teile ich mit Bernard Poignant, dem künftigen Bürgermeister von Quimper, einem überzeugten Rocardisten. Ihm obliegen der Aufbau von Clubs in der Provinz, die Leitung des Netzes, die Verbreitung von Veröffentlichungen, kurz, die schwierigsten und undankbarsten Aufgaben; mir obliegt es, eine Gruppe von Persönlichkeiten zusammenzustellen, die mit Michel Rocard befreundet und bereit sind, untereinander und mit dem Kandidaten selbst über die Probleme Frankreichs und der Welt zu beraten, aber auch den Bitten der Clubs *Convaincre* von Paris und anderswo nachzukommen, die kompetente Gesprächsleiter für ihre Versammlungen suchen.

Wie haben Michel Rocard und ich die Mitglieder dieses *Comité de réflexion et d'orientation* des Club Convaincre ausgewählt, das seine ersten Sitzungen im Frühjahr 1986 abgehalten hat? Ich sehe Listen mit Namen vor mir, die einen unterstrichen, die anderen durchgestrichen. Die meisten von ihnen sind mir vertraut – ehemalige Kampfgefährten –, andere unbekannt, und ich finde ihre Verdienste heraus. Manche erklären sich zunächst bereit und entziehen sich später, andere weigern sich und ändern dann ihre Meinung. Wie immer gibt es den harten Kern, der an die Sache glaubt, der motiviert ist, kaum mehr als 15, jedoch auf hohem Niveau. Da sind langjährige persönliche Freunde, wie André Mandouze und Étienne Bauer, ehemalige Mitglieder des Club Jean-Moulin, wie Alain Touraine und Jean Saint-Geours, »Denker« wie Edgar Morin und Männer der Tat wie Bertrand Schwartz. Ich sehe sie im Hauptquartier der Clubs Convaincre, Boulevard Saint-Germain, um einen langen Tisch sitzen, ein jeder das Abbild einer Phase aus meiner Vergangenheit. Wenn Michel Rocard bei unseren Versammlungen anwesend ist, bemühen wir uns um den richtigen Ton: um freundschaftliche, zuweilen schonungslose Offenheit. Er macht sich Notizen, rechtfertigt sich, legt seine Pläne für die Wahlkampagne dar. Der Funke springt nicht immer über. Ich spüre, daß er sich im Kreis seiner nächsten Mitarbeiter wohler fühlt, mit denen er mich von Zeit zu Zeit zusammenbringt und wo die alltäglichen Probleme des politischen Lebens erörtert werden. Wenn wir unter uns sind, stellen wir uns die Frage, welche Rolle wir spielen sollen. Die Frauen und Männer, aus denen sich dieses Komitee zusammensetzt, von denen niemand persönliche oder politische Ambitionen hat, sollten mir ans Herz wachsen, ich fühlte mich schuldig, als sie enttäuscht wurden.

Mir scheint, wir erwarteten viel von Michel Rocard, aber mehr noch von einer Weiterentwicklung der politischen Gepflogenheiten und dem, was wir als *société civile*, als zivile Gesellschaft, bezeichneten, ein Begriff, den er in all seinen Wahlkampagnen verwendete. Gleich bei unseren ersten Zusammentreffen machten wir eine gemeinsame Feststellung: Den unter der Präsidentschaft François Mitterrands aufeinanderfolgenden sozialistischen Regierungen war es nicht gelungen, die Gebote der Marktwirtschaft mit den wesentlichen Aufgaben eines demokratischen Staates in Einklang zu bringen, der seine Bürger zu mobilisieren und an den sie selbst betreffenden Entscheidungen zu beteiligen vermag, indem dieser das Land entschlossen steuert und ihm in einer verständlichen, nicht etwa demagogischen Form ökonomische, soziale und politische Ziele unterbreitet, die den Herausforderungen dieses zu Ende gehenden Jahrhunderts entsprechen.

Was waren unserer Meinung nach diese Herausforderungen? Ohne Frage die Zusammenlegung der Ressourcen aller europäischen Demokratien, nicht nur auf dem Gebiet des Handels, der Landwirtschaft, der Industrie und der Finanzen, sondern auch auf dem der Verteidigung und der Außenpolitik. Vor allem die Domäne der Beziehungen zum Süden und Osten mußte einer Überprüfung unterzogen werden, um nicht Gefangene der Entartungen eines Kapitalismus nach amerikanischem Muster zu bleiben, der zwar Reichtümer schafft, jedoch außerstande ist, für deren gerechte Umverteilung zu sorgen. Die Erfahrung des Jahres 1982 hatte uns davon überzeugt, daß Frankreich nicht länger in der Lage war, allein eine ökonomische und finanzwirtschaftliche Solidarität mit unseren Partnern in der Europäischen Gemeinschaft, die sein Überleben garantierte, zu durchbrechen. Es galt diese zu überreden, gemeinsam mit uns die Wege einzuschlagen, nach denen ihre zivilen Gesellschaften ebenso erwarteten wie die unsere, selbst wenn sie dies nicht mit der nötigen Klarheit zum Ausdruck brachten. Wir hofften demnach auf die »Geburtswehen« der geistigen Kräfte innerhalb der europäischen Gesellschaft: Gewerkschaften, Bürgerverbände, Straßburger Parlamentarier, Institutionen der Europäischen Gemeinschaft. Das Ansehen, das Michel Rocard außerhalb Frankreichs erworben hatte, ermutigte uns, eine Tagung an der Sorbonne, die Zukunft eines Vereinten Europa betreffend, zu organisieren, zu der die Clubs Convaincre den ehemaligen deutschen Bundeskanzler Helmut Schmidt, den spanischen Minister Manuel Marin, den holländischen Abgeordneten Pieter Dankert und andere europäische Persönlichkeiten einluden. Michel Rocard entwickelte dort Ideen über ein Europa, die wir rückhaltlos befürworteten. Doch der Ablauf der Zusammenkunft erwies sich eher als gastfreundlich denn professionell, und die Medien nahmen keine Notiz davon.

Im Jahr zuvor hatte eine ähnliche Begegnung stattgefunden, bei der es um Fragen der Innenpolitik, Beschäftigung, Bildung, Umwelt und Bioethik ging. Die Mitglieder unseres Komitees waren dazu eingeladen. Wir versuchten nicht, gegen die Regierung Jacques Chiracs zu polemisieren, sondern vielmehr zu verstehen, was die Franzosen von denen erwarteten, die um ihre Stimmen buhlten. Es galt, ganz neu an das Problem der Arbeitslosigkeit heranzugehen, das sowohl wegen der Zahl als auch der Dauer der durch sie verursachten sozialen Ausgrenzungen unerträglich geworden war. Die vom Club *Échange et Projets* unter dem recht poetischen Titel *Temps choisi* erarbeiteten und von den Analysen – wie von André Gorz in *La Quête du sens* entwickelt – inspirierten Konzepte forderten zu tiefgreifenden Veränderungen im Denken und in dem Verhältnis zwischen Lohnarbeit und sozialer Identität auf. Der Kampf gegen Ungleichheit befaßte sich auch mit einer Neuorientierung der Schule und des Bildungsapparats, nicht nur in der Jugend, sondern während des gesamten Berufslebens. Indem wir uns auf die Ergebnisse der von Bertrand Schwartz durchgeführten Versuche stützten, wollten wir die Fortbildung in den Dienst der

Schaffung von Arbeitsplätzen und der sozialen Eingliederung stellen. Der Umweltschutz, Ausgangspunkt einer dauerhaften Entwicklung (ich hatte das Beiwort »diachronisch« vorgeschlagen, um die Bedürfnisse kommender Generationen mit in Betracht zu ziehen), müßte die Finanzierung und Rentabilität zahlreicher Arbeitsplätze zur Folge haben. In Anlehnung an Edgar Morins und René Passets Überlegungen in ihrer Zeitschrift *Transversales* glaubten wir schließlich, Michel Rocard würde zum Vorkämpfer einer Politik, die der Entfaltung und individuellen Verantwortung den Vorrang gebe und dem Einfluß der allzu leicht von den Inhabern der Schlüsselpositionen der Wirtschaft und Finanz manipulierbaren Technostrukturen und Expertisen widerstehe.

So haben wir am Vorabend der Präsidentschaftskampagne des Jahres 1988 unter dem Sigel der Clubs Convaincre etwa 100 Seiten redigiert und veröffentlicht, worin die Ziele, die Michel Rocard sich setzte, aufgelistet und erläutert wurden. Einige Wochen später gab François Mitterrand seinen Entschluß bekannt, erneut zu kandidieren, und unser Kandidat zog sich aus dem Rennen zurück. Wenn ich heute das Ergebnis unserer Arbeit wieder lese, stelle ich fest, daß diese Sammlung von Überlegungen, die fern jeglicher ideologischer oder doktrinärer Absicht den Entwurf eines Regierungsprogrammes darstellte, nichts von ihrer Stichhaltigkeit eingebüßt hat. Und selbst wenn sie manche technischen Probleme vernachlässigt, bleibt sie in meinen Augen in ihrer Orientierung und Kohärenz ein Programm, dem die französische Linke, meine geistige Heimat, beipflichten kann und muß.

Es gab natürlich während der Kampagne eine Unterbrechung. Ich hatte einen Artikel an *Le Monde* geschickt, worin ich François Mitterrand drängte, seine großen Verdienste um die Demokratie damit zu krönen, daß er vor einem jüngeren Mann zurücktrete, der imstande sei, der Linken neuen Elan zu verleihen. Für diese Geste, argumentierte ich, würden ihm die künftigen Generationen gewiß dankbar sein. Da mein Drängen keinerlei Wirkung zeitigte, beschloß ich, mich wie Michel Rocard der Kampagne des bisherigen Präsidenten anzuschließen, die im übrigen sehr beeindruckend war.

Die zweite siebenjährige Amtszeit begann mit einer Überraschung: der Wahl Michel Rocards zum Premierminister – eine Ernennung, deren Risiken uns auf der Hand zu liegen schienen. Der Präsident, der ihn nicht mochte, wollte ihn wohl auf einen Platz verweisen, der es ihm verbieten würde, ein weiteres Mal seine Nachfolge anzustreben.

Es folgten drei heikle Jahre für die Clubs Convaincre und unser Komitee. Wir verfolgten das Verhalten des Premierministers mit Sympathie, ohne uns über die Hindernisse, die ihm auf seinem Weg begegneten, oder den zumindest fraglichen Rückhalt, den er im Élysée fand, zu wundern. Er würde Zeit brauchen, seine Vorstellungen durchzusetzen. Abgesehen davon, daß er seine Minister nicht alle selbst hatte wählen können, waren ihm die sozialistischen Parlamentarier, auf deren Stimmen er nicht verzichten konnte, nicht einhellig gewogen. Diese »Regierungsküche«, in der Guy Carcassonne brillierte und dank derer sich Michel Rocard drei Jahre lang im Matignon halten konnte, wurde von uns wenig geschätzt und nicht ganz durchschaut. Unsere den Dingen des politischen Alltags weniger verpflichtete Gruppe wandte sich mit ihrer Kritik an den Premierminister, eine Kritik, die sich freundschaftlich und konstruktiv gab, angesichts unseres durchschnittlichen Alters jedoch ein wenig väterlich geklungen und ihn mehr als einmal verärgert haben muß. Von Zeit zu Zeit versammelte er uns zu einem Essen im Matignon. Er sprach sehr offen mit uns über die Schwierigkeiten, denen er begegnete, wobei er uns deutlich zu verstehen gab, daß er sich dessen, was wir ihm vorwarfen, nur allzu bewußt sei, man jedoch Geduld haben müsse. Von diesen Agapen kehrten wir meistens enttäuscht zurück, nicht etwa über unseren stets freundschaftlichen Kontakt, sondern über das in unseren Augen übertriebene Vertrauen, das er in die machbaren Fortschritte setzte.

Wir alle waren schockiert über die Art und Weise, wie Rocard 1991 verabschiedet wurde, und bekundeten es ihm um so aufrichtiger, als wir seine Leistung, trotz gewisser Fehlschläge, die uns betrübt hatten, im ganzen sehr positiv beurteilen.

So erscheint sie mir selbst aus einem Abstand von beinahe sieben Jahren noch immer. Er ist wahrscheinlich der beste Premierminister François Mitterrands gewesen. Manch eine der von ihm geleiteten Verhandlungen, darunter die über Neukaledonien, zahlreiche von ihm durchgesetzte Reformen – ich denke dabei an das RMI *(Revenu minimum d'insertion)* oder die CSG *(Contribution sociale généralisée)* sowie an das Gesetz über die Finanzierung der politischen Parteien – haben wirkliche Fortschritte in der demokratischen Verwaltung des Landes gebracht.

Aber der Kontakt, den die Clubs Convaincre allesamt zwischen einem Politiker und der französischen Gesellschaft aufrechtzuerhalten versucht hatten, erreichte nicht das Ausmaß, das wir uns erhofften. Die Entscheidung des »virtuellen Kandidaten«, eher die sozialistische Partei als das französische Volk für sich zu gewinnen, stand im Gegensatz zu den strategischen Empfehlungen, die wir ständig formuliert hatten. Wenn dies dem Bestehen der Clubs Convaincre auch kein Ende setzte, so hat es doch die Verbindungen zwischen den Mitgliedern des *Comité de réflexion* und dem vorübergehenden ersten Sekretär der *Parti socialiste* abgebrochen.

Kapitel 26

MICHEL ROCARD (2)

Dank Michel Rocard habe ich mich mit zwei Problemen, die mir während der vergangenen 20 Jahre meines beruflichen Lebens vor allem am Herzen lagen, denkbar intensiv auseinandersetzen können: die Immigration und die Nord-Süd-Beziehungen. Die Verbindung zwischen diesen beiden Problemen schien mir schon immer auf der Hand zu liegen.

Von allen Mißerfolgen in der zweiten Hälfte des 20. Jahrhunderts ist es zweifellos am gravierendsten gewesen, daß die Globalisierung der Wirtschaft und ihre soziale Regelung nicht parallel betrieben worden sind. Was zugegebenermaßen keine leichte Aufgabe ist.

Im 19. Jahrhundert hatte sich auf nationaler Ebene den Regierungen der Industriestaaten ein vergleichbares Problem gestellt. Es hatte lange Zeit gedauert, bis sie es in Angriff nahmen, und noch länger, bis sie es lösten. Die Verbreitung von neuen Produktionsverfahren, deren negative soziale Auswirkungen Marx angeprangert hatte, erforderte, um die von Charles Dickens und Émile Zola beschriebenen Folgen der Verelendung und Ausbeutung auszuräumen, eine Sozialpolitik und eine Verteidigung der Interessen der proletarischen Klassen, wie sie Bismarck als einer der ersten vertrat. Erst gegen Mitte des 20. Jahrhunderts wurden durch sozialdemokratische Modelle, die dem Wohlfahrtsstaat mehr oder weniger verpflichtet waren, ein nach wie vor fragiles Gleichgewicht zwischen Freiheit und Steuerung, Marktwirtschaft und sozialer Gesetzgebung geschaffen. Ohne jeden Zweifel hat das sowjetische Modell dazu beigetragen, daß sich sämtliche Industrienationen verpflichtet fühlen, den Bedürfnissen der benachteiligten sozialen Schichten Rechnung zu tragen. Die erzielten Resultate sind weit davon entfernt, vollkommen zu sein. Seit 50 Jahren erleben wir jedoch eine atemberaubende Verbesserung der Lebensbedingungen von 500 Millionen Erdbewohnern.

Seit den siebziger Jahren ist ein neuer Aspekt unberücksichtigt geblieben: Die Entwicklung der Wissenschaft und Technik hat die Erde zu dem gemacht, was allgemein, und zwar fälschlicherweise, »globales Dorf« genannt wird. Global, ja, weshalb die Bestimmungen, die die einzelnen Staaten innerhalb ihrer Grenzen durchzusetzen versuchten, mit einemmal veraltet waren. Dorf, nein, denn ihm fehlt genau das, was die Gastlichkeit und Solidarität, die wir mit diesem Begriff verbinden, ausmacht.

Die Globalisierung geht mit Riesenschritten voran. Die sie begleitenden Identitätskrisen und gesellschaftlichen Ausgrenzungen lassen Gastlichkeit und Solidarität weiter schwinden.

Die beiden zentralen Fragen, auf die das 20. Jahrhundert noch keine Antwort gefunden hat, betreffen demnach die Beziehungen zwischen verschiedenen geographischen, ökologischen und kulturellen Zonen, die aufgrund der Globalisierung wirtschaftlich voneinander abhängig sind, und die aus dieser Diskrepanz entstandenen Völkerwanderungen.

Gleich nach seinem Amtsantritt im Matignon forderte Rocard seinen Minister des *Plan*, Lionel Stoleru, auf, einen Bericht über die Einwanderung auszugraben, mit dem die Planungsbehörde eine von mir geleitete Arbeitsgruppe beauftragt hatte. Diese 1985 unter der Regierung von Fabius begonnene Arbeit war unter der Regierung von Chirac beendet worden, der sie in der Versenkung hatte verschwinden lassen. Lionel Stoleru stellte sie der Presse unter dem ehrgeizigen Titel *Immigrations: le devoir d'insertion* vor. Wir unterschieden darin die diversen Einwanderungsgruppen, von denen jede einzelne für ihre Eingliederung in die französische Gesellschaft einer konzertierten, voluntaristischen Politik bedurfte. Unter dieser Voraussetzung wäre die Teilnahme derjenigen Ausländer, die sich entschieden hatten, in Frankreich zu leben und zu arbeiten, sowohl für sie selbst und ihre Herkunftsländer als auch für die französische Gesellschaft ein großartiger Vorteil. Das war nicht im Sinne der meisten Verantwortlichen der Nation, die, ohne sich die Thesen des *Front national* zu eigen zu machen, im Zustrom von Einwanderern eine Bedrohung für das Gleichgewicht unserer Gesellschaft sahen. Es galt die Einwanderung zu bremsen.

Unser Bericht rief all das wach, was Frankreichs Wirtschaft, Kultur und Größe den Ausländern verdankte, die mit einem die übrigen Einwohner dieses Landes nicht selten übertreffenden Einsatz hier gearbeitet und von denen aufgrund unseres *droit du sol** ganze Generationen von Franzosen geboren wurden. Er unterschied die vorbeugenden Maßnahmen zur Begrenzung der illegalen Einwanderung von den unerläßlichen Schritten, um all jenen, die sich dort legal aufhielten oder auf der Suche nach Asyl in einem freien Land für sich und die Ihren den Flüchtlingsstatus forderten, die Aufnahme, Ausbildung, Beschäftigung, Schulausbildung, Meinungs- und Glaubensfreiheit sowie die Teilnahme am sozialen Leben zu erleichtern.

Als Resultat zahlreicher Befragungen von Soziologen, Ökonomen, Gewerkschaftern, Unternehmern, Führungskräften, Islamisten, Parlamentariern und Lehrkräften war unser – ohne Anhang – etwa hundertfünfzigseitiger Bericht, um es mit den Worten der Planungsbehörde zu sagen, »zwischen 1985 und 1988 herangereift und in den ersten Tagen des zweiten Septenniums zur Entfaltung gelangt«.

Das war noch vor dem Fall der Berliner Mauer und dem so plötzlichen Tauwetter im Osten, vor den algerischen Unruhen, vor dem dramatischen Anstieg der Arbeitslosigkeit, in einem noch relativ stabilen Kontext, mit dem es jedoch kurz darauf bergab gehen sollte.

* »Recht des Bodens«: Nach französischem Recht ist derjenige, der auf französischem Boden geboren wird, automatisch französischer Staatsbürger, ganz gleich, welcher Nationalität seine Eltern sind. (Anm. d. Übers.)

Die Präsidentschaftswahlen des Jahres 1988 waren von einem beängstigenden Stimmenzuwachs des *Front national* gekennzeichnet gewesen. Im Zuge der Probleme von Entlassungen, für die sie nicht im geringsten verantwortlich waren, wurden die »Einwanderer« – ein Begriff, unter den auch die nichtweiße Bevölkerung der armen Vorstädte fiel – Zielscheibe einer Fremdenfeindlichkeit, die sich selbst in die Reden der Anführer der Linken einschlich. Rocard hatte eine in ihrer Kürze gefährliche Bemerkung gemacht: »Wir können nicht das ganze Elend der Welt bei uns aufnehmen.« Selbst François Mitterrand war ein Satz über die »Toleranzgrenze« entschlüpft, jenseits derer die Zahl der Immigranten zu groß sei.

Trotzdem hatte der Präsident der Republik keine Gelegenheit versäumt, jeglichen Rassismus und jegliche Verletzung der Menschenrechte öffentlich anzuprangern. Bei einem Kolloquium im großen Hörsaal der Sorbonne, das im Zusammenhang mit der Zweihundertjahrfeier der Französischen Revolution dem Erbe des Jahres 1789 gewidmet war, hörte ich, wie er die Franzosen als ein Volk charakterisierte, das sich aus Kelten, Latinern, Germanen, Italienern und – schloß er nach einer Pause – Arabern zusammensetze. An jenem Tag hat mir, wie so oft, seine Eloquenz gefallen.

Mir wäre es allerdings lieber gewesen, wenn er wenigstens ein paar der im *Rapport du Plan* erwähnten Vorschläge in die Tat umgesetzt hätte. Es kam jedoch weder zu einer administrativen Reform noch zu irgendeinem legislativen Fortschritt. Was das Wahlrecht der ausländischen Bewohner bei den Gemeindewahlen betraf, das ich seit jeher als einen der Schlüssel für die Lösung der Probleme der Immigration angesehen habe, so hatte Mitterrand sich in seinem *Lettre aux Français* (Brief an die Franzosen), in dem er sein Programm beschreibt, auf die Äußerung beschränkt, daß er zwar damit sympathisiere, von sich aus jedoch nicht die Initiative ergreifen werde, da er den Eindruck habe, seine Landsleute seien für dergleichen noch nicht reif.

Kurz darauf ereiferte sich die Öffentlichkeit über die *Affaire des foulards** und den *Code de la nationalité*, das Nationalitätengesetz. Erstere unterstrich die Probleme einer Koexistenz nach überlieferten Bräuchen lebender islamischer Bevölkerungsgruppen und einer von der Trennung von Kirche und Staat gekennzeichneten öffentlichen Schule. Sie fand eine zweischneidige Lösung und spaltet nach wie vor die brillantesten Denker in zwei Lager. Die zweite stellte eines der wesentlichen von Renan definierten Prinzipien der französischen »Nation«, das *droit du sol*, das die kulturelle Vermischung, den wichtigsten Trumpf der französischen Gesellschaft, begünstigt, in Frage. Man berief eine Kommission unter Leitung Marceau Longs, die einen Konsens herstellte und jegliche Rückkehr zum *droit du sang*** ablehnte.

Michel Rocard hatte daraufhin die Idee, einen *Haut Conseil pour l'intégration* ins Leben zu rufen, und erklärte mich mit seiner mir gegenüber üblichen Dreistigkeit zu deren Mitglied, ohne mich vorher zu fragen. Als ich aus den Zeitungen davon erfuhr, freute ich mich natürlich darüber. Ich war wieder einmal zu einem »Weisen« geworden.

In den Jahren 1990 bis 1993 sollte ich zwei- bis dreimal monatlich die weißen Marmorstufen des Palais Royal erklimmen, um zur Linken von Marceau Long in einem riesigen Saal, der an das Büro des Staatsratsvizepräsidenten grenzte, Platz zu nehmen. Michel Rocard hatte, als er uns im November 1989 in unser Amt einwies, dargelegt, was er von uns erwartete. Die Szene ereignet sich in dem Salon des Hôtel Matignon, wo er im Jahr

* »Kopftuch-Affäre«: Als moslemische Schulmädchen von ihren Lehrern aufgefordert wurden, während des Unterrichts ihre Kopftücher abzunehmen, erregte sich die Öffentlichkeit. (Anm. d. Übers.)

** »Recht des Blutes«: Nach deutschem Recht beispielsweise hat das Kind, ganz gleich, wo es zur Welt kommt, automatisch die Staatsbürgerschaft der Eltern bzw. des deutschen Elternteils. Die Nationalität richtet sich also nach dem »Recht des Blutes«. (Anm. d. Übers.)

zuvor das Treffen zwischen Jean-Marie Tjibaou und Jacques Lafleur, den Unterhändlern des Abkommens über Neukaledonien, geleitet hat, und seine Ansprache steht im Zeichen dieser für den Premierminister so bewegenden Erinnerung. Vor allem fordert er uns auf, die Wahrheit zu sagen, genaue Definitionen und exakte Zahlen über die Anwesenheit von Ausländern in Frankreich zu liefern, um den Phantastereien und Gerüchten ein Ende zu setzen. Was den Kurs der Integrationspolitik betreffe, so zähle er auf unsere Vorschläge.

Dem *Haut Conseil* gelang es aufgrund seiner ausgesuchten Zusammensetzung, eine wirkliche Debatte in Gang zu setzen und zwischen den verschiedenen Denkweisen der französischen Gesellschaft zu einer in der Öffentlichkeit nicht gerade beliebten Thematik einen Konsens herzustellen.

Einmal im Jahr beruft Marceau Long in einem schönen Saal des Staatsrats, den ein Porträt Bonapartes, des ersten Konsuls und Begründers dieser altehrwürdigen Institution, ziert, eine Pressekonferenz ein. Die Fragen der Journalisten, denen er unseren Bericht vorstellt, bringen ihr Mißtrauen, ihre Hoffnung, uns bei einem Fehler zu ertappen, und nicht selten auch ihre mangelnde Reife zum Ausdruck. Long hat sich jedoch tags zuvor mit den kompetentesten Leitartiklern unterhalten, und die besten Zeitungen widmen uns interessante Kolumnen. Aus gegebenem Anlaß verleihen wir unserem Aufruf zur Solidarität den größten Nachdruck.

Was ist von dieser konstruktiven Darstellung einer französischen Einwanderungspolitik nach sechs Jahren der Reflexion und der Rapporte von seiten des *Haut Conseil*, dem ich nach den Parlamentswahlen des Jahres 1993 und der beginnenden neuen Kohabitation nicht länger angehöre, übriggeblieben?

Mit der Regierung Balladur ist die Ausländergesetzgebung nur noch repressiver geworden. Charles Pasqua hat das *droit du sol* indirekt verletzt, indem er den rechtmäßigen Anwärtern auf die französische Staatsbürgerschaft Konditionen auferlegte.

Sein Nachfolger, Jean-Louis Debré, ist bei seiner Jagd auf »Illegale« noch weiter gegangen. Letzten Endes hat seine erbärmliche Unnachgiebigkeit, seine bornierte Weigerung im Jahr 1996, das Angebot, mit dem man ihm aus der Klemme helfen wollte, anzunehmen, einen wachsenden Teil der Bevölkerung gegen ihn aufgebracht. Daß ich an der Kampagne zur Legalisierung der *sans-papiers* teilgenommen habe und im Gremium der Vermittler war, Seite an Seite mit Männern und Frauen, die mir das größte Vertrauen und den größten Respekt einflößen, gehört für mich zu den so seltenen großen Augenblicken staatsbürgerlichen Engagements.

Um ein Haar hätte ich einen weiteren solchen Moment erlebt, als ich am 1. Februar 1990 den Bericht über die Beziehungen Frankreichs zu den Entwicklungsländern, mit dessen Erarbeitung Michel Rocard mich gleich bei seinem Amtsantritt im Matignon beauftragt hatte, der Presse vorstellte. Aber der Tarpejische Fels liegt in der Nähe des Kapitols.

Hier die traurige Geschichte meines letzten Versuchs, mein Land aus den Verstrickungen in Afrika zu lösen und es zu einem wachen und tatkräftigen Partner der südlichen Völker werden zu lassen.

Rocard hatte als Minister des *Plan* der ersten sozialistischen Regierung die Bemühungen miterlebt, die Cheysson, Cot und ich unternommen hatten, um die französische Entwicklungshilfepolitik aus der Sicht der Linken zu erneuern. Er hatte der Idee der »Co-Entwicklung«, einer gewagten Idee, zugestimmt, die wir mit Ländern wie Mexiko, Algerien und Indien erproben wollten. Es handelte sich nicht allein darum, diesen Ländern zu helfen, sondern mit ihnen zusammen über die Art und Weise nachzudenken, wie Frankreich ihre Entwicklung parallel zu seiner eigenen begleiten könnte. Wir gingen von dem Prinzip aus, daß die Beziehungen zwischen Nationen wechselseitig sein sollten: nicht Beistand, sondern Partnerschaft.

Rocard hatte mir seine Enttäuschung über den geringen Erfolg von 1982 nicht verhehlt: Die interministerielle Delegation war in Vergessenheit geraten und Jean-Pierre Cot damals aus der Regierung ausgeschieden.

Sechs Jahre später wurde er von dem Mann, der ihn bei der Kandidatur um die Präsidentschaft der Republik ausgestochen hatte, an die Spitze der Regierung berufen. Verdächtige Ambiguität. Bis wohin würden seine tatsächlichen Befugnisse reichen? Würde er gänzlich darauf verzichten müssen, sich in die Außenpolitik einzumischen, und diesen Bereich Roland Dumas überlassen, der ihn nicht gerade schätzte, aber Mitterrands Vertrauen besaß?

Nein. Michel Rocard blieb konsequent und hielt es für dringend erforderlich, unsere Beziehungen zu sämtlichen Entwicklungsländern zu revidieren, unser bisheriges Tête-à-tête mit dem frankophonen Afrika für andere zu öffnen, über das »Hoheitsgebiet« hinauszusehen. Da er wußte, daß ich seine Überzeugungen teilte, wandte er sich also an mich.

Ich ergriff diesmal ein paar Vorsichtsmaßnahmen. Ich erreichte, daß ein Mitglied aus dem Kabinett des Premierministers zur Arbeitsgruppe gehörte und der *Trésor* mir einen seiner hohen Beamten zur Verfügung stellte. Außerdem sollten vertreten sein: das Kabinett des Entwicklungsministers, die Hauptabteilung für kulturelle Beziehungen, die Planungsbehörde, der mit humanitären Fragen beauftragte Minister sowie die *Caisse centrale de coopération économique*. Es ging zunächst einmal darum, den gesamten Verwaltungsbereich, kompetente Persönlichkeiten und in Frage kommende Organisationen zu Rate zu ziehen und ihre Standpunkte in einem ersten Entwurf von Vorschlägen zusammenzustellen, der einen vorläufigen, sogenannten »Zwischen«-Bericht ergab.

Zu diesem Zweck hatten wir unsere diplomatischen Vertretungen in den Partnerländern des Südens und den konkurrierenden Ländern des Nordens befragt, wie die einen mit unserer

Entwicklungshilfe verfuhren und wie die anderen ihre Ressourcen einsetzten. Wir versuchten, die Schwierigkeiten der europäischen oder multilateralen Institutionen, der Weltbank, des Internationalen Währungsfonds, des UNDP zu verstehen. Welche Positionen hatte Frankreich darin vertreten und warum? Wir sprachen mit Jacques de Larosière, dem Gouverneur der Banque de France und ehemaligem Mitglied des Club Jean-Moulin, der erst kürzlich zum Generaldirektor des Internationalen Währungsfonds ernannt worden war, mit Jean-Claude Trichet, dem Leiter des *Trésor*, sowie mit Philippe Jurgensen, dem Direktor der *Caisse centrale de coopération économique*. Jeder von ihnen empfing uns mit großer Liebenswürdigkeit und einem unterschiedlichen Maß an Skepsis unserem Vorhaben gegenüber.

Für mich hatten, mehr noch als für meine jungen Kollegen, diese Gespräche etwas Monotones an sich. Wie in den Jahren 1974 und 1982 mußte ich mir immer wieder anhören, wie die bedauerliche Untätigkeit, die ärgerliche Zusammenhanglosigkeit, die so ungenügend erforschten neuen Wege heraufbeschworen wurden. Anstatt mich zu entmutigen, ließ diese bis zum Überdruß vorgebrachte Wiederholung in mir die Gewißheit entstehen, daß es wirklich Zeit, höchste Zeit war, unsere Ziele, unseren Apparat und unsere Methoden zu erneuern.

Der Zwischenbericht stand im Zeichen dieser Überzeugung. Er wurde dem Premierminister unterbreitet, der nichts dagegen einzuwenden hatte, worauf wir seine Direktiven zur Vorbereitung des endgültigen Berichts erhielten, von dem er wünschte, daß er ihm Ende 1989 vorläge.

Es wurde vereinbart, daß ich die hohen Beamten, die mir lediglich persönlich, d. h. ohne Hinzuziehung ihres Ministers, zur Verfügung gestanden hatten, ihrer Verantwortung entbinden und unter Beachtung der Unebenheiten des Terrains, über die wir uns nur allzu sehr im klaren waren, allein für die wichtigsten Empfehlungen geradestehen würde.

Aus diesem delikaten Gleichgewicht, mit dem wir es während der 20 Monate unserer Arbeit zu tun hatten, sollte eine scharfe Kritik an der seit 25 Jahren praktizierten Politik sowie ein umfangreicher Katalog der an ihr vorzunehmenden Veränderungen hervorgehen, um einem sich rapide entwickelnden globalen Kontext Rechnung zu tragen. Damit war es aber noch nicht genug. Wir formulierten überdies Reformvorschläge, die nicht nur die generellen Strömungen berücksichtigten, sondern auch – und hier galt es, Vorsicht walten zu lassen – die Strukturen innerhalb der Ministerien, die Arbeitsmethoden, die zu bewältigenden Schritte und in Betracht zu ziehenden Zusammenhänge auf interner, europäischer sowie internationaler Ebene.

Da alle Mitglieder unseres Teams ein Amt innehatten, fanden unsere Zusammenkünfte außerhalb der Arbeitsstunden, am Abend in meiner Wohnung oder mittags im Speisesaal des einen oder anderen Ministeriums, vorzugsweise im Anbau des Hôtel Matignon in der Rue Vaneau, statt, wo das Essen besonders gut war. Jedes der Mitglieder führte bei einem bestimmten Thema Protokoll. Meine Aufgabe bestand darin, eine Synthese herzustellen und für die Lesbarkeit zu sorgen.

Soll ich jeden einzelnen der Teilnehmer dieses vielleicht ehrgeizigsten, gewiß jedoch zeitraubendsten Unternehmens, das ich je der französischen Entwicklungspolitik gewidmet habe, porträtieren? Sie wissen, wie sehr ich sie achte, welchen Stellenwert ich ihren Konzeptionen und ihrer Erfahrung einzuräumen versucht habe, wieviel Respekt mir ihre Kompetenz einflößt. Wesentlich war indessen unsere gemeinsame Überzeugung, daß es so etwas wie eine Gelegenheit war, die es beim Schopf zu packen galt. Es gab die Leidenschaftlichen und die Kleinlichen, die Visionäre und die Pragmatiker, die Waghalsigen und die Vorsichtigen, sie alle stellten jedoch großzügig ihre Zeit und ihr Engagement zur Verfügung. Manche waren mir seit langem vertraut. Ich machte aber auch Entdeckungen, und neue Freundschaften zeichneten sich ab. Wie schade, daß die Lebensweise der Verantwortlichen unserer Administration es so schwierig macht, die während der Arbeit geknüpften Bande und die so flüchtigen Freundschaften zu vertiefen, deren möglichen Gehalt wir nur erahnen, ohne ihnen irgendwelche Dauer verleihen zu können! Aber vielleicht liegt es ja an mir. In meinen Kontakten zu Frauen und Männern, die mir in so großer Zahl und so reich an Erfahrung begegnet sind, bin ich eher begeisterungsfähig als treu.

Am 1. Februar 1990 konnte ich endlich mit einmonatiger Verspätung Michel Rocard »meinen« Bericht überreichen. Dieser hundertfünfzigseitige Text legte dem Premierminister vor allem nahe, einen *Haut Conseil de la coopération au développement* ins Leben zu rufen, der, den jeweiligen Umständen entsprechend, die unseren diversen Partnern zugedachten Methoden und Mittel bewerten und bereitstellen sollte. So lautete der einleuchtendste Vorschlag des Berichts, der sich wohlweislich vor irgendwelchen weiterreichenden Reformen hütete, wie etwa der Abschaffung des Ministeriums für Entwicklungshilfe und der afrikanischen Gruppe im Élysée oder der Umformung der *Caisse centrale de coopération économique* in eine für die ganze Welt bestimmte *Banque française de développement.* Ich hatte weder an der Auflösung der »Franc-Zone« noch – was veraltet hätte klingen können – an der Europäisierung der Entwicklungspolitik der Zwölf festgehalten. Ich war daher überzeugt, die offensichtlichsten Klippen umschifft und dennoch neue Wege, die wahre Fortschritte verhießen, geebnet zu haben.

Der Premierminister forderte mich auf, meinen Bericht der Presse vorzustellen, was in einem der Salons des Hôtel Matignon geschah. Einmal mehr konnte ich das geringe Interesse unserer Medien und Journalisten für die Probleme der armen Länder, solange sie nicht der Schauplatz irgendwelcher Hungersnöte oder Massaker sind, feststellen. Ich sprach vor einem halbleeren Saal, und die wichtigsten Zeitungen widmeten dem Ergebnis unserer langen Beratungen lediglich ein paar Zeilen.

Enttäuschend. Ich erinnere mich nicht mehr daran, aber vielleicht war ja gerade an dem Tag etwas Ungeheuerliches geschehen: ein wichtiges Fußballspiel oder die Aufdeckung irgendeiner anstößigen Affäre durch einen jungen Richter.

Es dauerte nicht lange, und wir erkannten die Tragweite einer Unterlassung in unserer Strategie: Die wichtigsten Minister waren zu Rate gezogen worden, nicht jedoch der Élysée. In meiner Vorstellung wäre dies Sache des Kabinetts des Premierministers gewesen, wobei ich selbstverständlich persönlich solche Vorsichtsmaßnahmen hätte treffen müssen. Dieses Qui pro quo hatte den Präsidenten vor vollendete Tatsachen gestellt. Der Élysée erteilte Order, den Bericht nicht zu verbreiten. Und Michel Rocard beugte sich.

Paradoxerweise sollte der Vorfall den wenig revolutionären Text zum Gegenstand größter Neugier werden lassen. Je schwieriger es war, an ihn heranzukommen, desto hartnäckiger glaubte man, er müsse explosives Material enthalten. Alle, die ihn lasen – denn es gab natürlich zahlreiche Exemplare, die von Hand zu Hand gingen –, entdeckten darin letzten Endes nichts anderes als das, was bereits von vielen Beobachtern der französischen Politik gesagt und nie in die Tat umgesetzt worden war.

Kapitel 27

AFRIKA (2) OUAGADOUGOU

Indessen fand mein Bericht einen Leser, der in meinem Leben wichtig werden sollte: der Präsident von Burkina Faso, Blaise Compaoré.

Der ehemalige Fallschirmjägerhauptmann hatte die politische Arena betreten, indem er die revolutionäre Machtergreifung von Thomas Sankara, dessen rechte Hand er war, unterstützte. Als er dann feststellen mußte, daß Sankara die Grenzen des absoluten Autoritätsanspruchs überschritt, hatte er ihn gestürzt und hinrichten lassen.

Unter diesen – zart ausgedrückt – zwielichtigen Umständen hatte der neue Präsident eine Reihe von Reformen in Angriff genommen, wodurch sich Burkina Faso, wo die Diktatur einer einzigen Partei herrschte, in einen Vielparteienstaat verwandelte, der auf dem Wege war, sich eine die Menschenrechte garantierende, demokratische Verfassung zu geben.

Zu der Zeit begegnete ich Jean Guion, einem seiner französischen Ratgeber. Dieser hatte ihm gerade eine sehr schmeichelhafte Biographie gewidmet, für die er mich um ein Vorwort bat. Auf die Gefahr hin, meine politisch aktivsten Freunde, die Compaoré für den Mörder eines mutigen und progressiven Präsidenten hielten, zu schockieren, erklärte ich mich, nicht ohne einige Vorbehalte zu äußern, dazu bereit.

Daraufhin lud Compaoré Christiane und mich nach Ouagadougou ein und bat mich, dort einen Vortrag über Demokratisierung zu halten. Die Zuhörerschaft sollte aus etwa 50 Mitgliedern der Kommission bestehen, die er damit beauftragt hatte, eine Verfassung aufzusetzen.

Ich kannte Ouagadougou von mehreren Aufenthalten noch

aus der Zeit, als es die Hauptstadt eines Landes namens Obervolta war, bevor Thomas Sankara es in Burkina Faso, »das Land der redlichen Menschen«, umbenannte. Ich war damals Präsident Lamizana, einem verdienten General, begegnet. Ich hatte die hübsche, echt afrikanische Residenz des Französischen Botschafters bewohnt und davon geträumt, auf diesen Posten berufen zu werden.

Doch vor allem hatten André und Anise Postel-Vinay mich mit dem großen Historiker Afrikas, Joseph Ki Zerbo, und seiner Frau Jacqueline bekannt gemacht. Als sie nach der sankaristischen Revolution das Land verlassen mußten, engagierten sich beide auf internationaler Ebene, er in der UNESCO, sie im United Nations Development Programme.

Da Christiane fürchtete, ich könne in eine Falle geraten, hatte sie darauf bestanden, daß ich mit Ki Zerbo oder seiner Frau über unser Vorhaben redete. Sie ermutigten uns, die Einladung anzunehmen, weil sie zu einem sinnvollen Kontakt führen könnte, allerdings nicht ohne uns einige Vorsichtsmaßregeln mit auf den Weg zu geben.

So befrachtet, kamen wir in Ouagadougou an, wo sehr bald der Kontakt mit dem jungen Präsidenten hergestellt wurde. Er lud uns zu einem informellen Essen im engsten Kreis im Garten der bescheidenen Residenz ein, die er auf dem von Fallschirmjägern bewachten Terrain des Stabs bewohnte. Seine Art und seine Herzlichkeit verleiteten uns, ihm sehr persönliche Fragen über seine Ausbildung zu stellen, seine Beziehungen zu Sankara, die Unterstützung, die er dem Chef der liberischen Rebellen, Charles Taylor, zukommen ließ. Seine Antworten waren ebenso direkt wie unsere Fragen. Er ließ großes Selbstvertrauen, eine ausgesprochene Vorliebe für das soldatische Leben, aber auch die Überzeugung erkennen, daß sein Land Frieden und Stabilität brauche, was sich nur durch die Einführung eines Rechtsstaates und die Versöhnung aller Gruppen der Gesellschaft verwirklichen lasse: Alte und Junge, Frauen und Männer, Ethnien des Zentrums (Mossis) und Ethnien der Peripherie (Peuls), die überlieferten Traditionen verhaftete Landbevölkerung wie die auf internationale Zivilisation erpichte Stadtbevölkerung.

Er ließ keinen Zweifel an seiner Freundschaft zu Sankara, indem er die Begeisterung schilderte, mit der er ihn in seiner revolutionären Rhetorik begleitete, die Hoffnung, die die Beseitigung der ehemaligen Profitjäger im Umkreis der Zerbos und Yameogos in ihm wachrief, und schließlich die ersten Sorgen über den Einfluß, den das kubanische und lybische Modell ausübten. So wie sein Handeln seiner Ansicht nach entscheidend gewesen sei, um Sankara zur Macht zu verhelfen, so habe er sich auch gezwungen gesehen, ihm diese wieder zu entreißen, wobei er sich im einen wie im anderen Fall seine Popularität in der Armee, der treibenden Kraft des Landes, zunutze gemacht habe. Er räumte jedoch ein, die Rolle der Armee bestehe nicht darin, das Land zu lenken, und seine Regierung setze sich im übrigen aus Zivilisten zusammen.

Es erübrigt sich zu sagen, daß wir von diesem intelligenten, gewandten Mann, der seine Überzeugungen vorzüglich darzulegen wußte, sehr eingenommen waren. Er stellte uns seinen Präsidentenhubschrauber zur Verfügung, um uns den Staudamm von Bagré und die landwirtschaftlichen Projekte zu zeigen, die von der Wasserregulierung profitierten. Zwei Momente dieses Ausflugs haben sich in mein Gedächtnis eingegraben: der Anblick eines jungen Soldaten, der im Hubschrauber neben uns saß und... *Die Bekenntnisse* von Jean-Jacques Rousseau las, und später, während eines sehr herzlichen Essens, die in fünf verschiedenen Sprachen stattfindende Unterhaltung zwischen den auf ihren Staudamm stolzen, in der ganzen Vielfalt ihrer Herkunft solidarischen Arbeitern und Ingenieuren der Baustelle.

Auf solchen Baustellen, aber auch im bunten Völkergemisch der humanitären Aktion, in der neuen Brüderlichkeit unter den Blauhelmen der Vereinten Nationen bildet sich Schritt für

Schritt, Jahr für Jahr die Generation des Jahres 2000 heran, *incolae mundi novi*, unsere Hoffnung.

Zurück in Ouagadougou hielt ich vor der Kommission, die mit der Ausarbeitung der Verfassung beauftragt war, eine Reihe von Referaten mit anschließender Diskussion. Meine Darlegungen erschienen diesen 50 »Weisen« sicherlich sehr abstrakt und der Nachdruck, den ich auf die Wichtigkeit des Rechtsstaates und den Respekt für die Würde des Menschen legte, sehr idealistisch. Doch von Stunde zu Stunde sprang der Funke immer mehr über, und ich spürte, daß diese Frauen und Männer – Compaoré legte großen Wert darauf, daß beide Geschlechter zahlenmäßig etwa gleich repräsentiert waren – ohne allzu große Vorbehalte die ihnen anvertraute Verantwortung akzeptierten.

Wir machten auch einen langen Spaziergang über eine Zitrusfruchtplantage, 30 km von der Hauptstadt entfernt. Inmitten des Duftes von Orangen-, Ananas-, Pampelmusenbäumen und Bananenstauden beklagte unser Führer, ein alter Aufseher, die unzureichenden Absatzmärkte und die Schwierigkeiten im Unterhalt der Plantage, indem er wehmütig die Zeiten unter den Franzosen wachrief. Wir gingen zu einem anderen Thema über.

Nach dem unvermeidlichen Besuch des großen Marktes im Zentrum von Ouagadougou, wo jeder Fremde von einem Schwarm halb bettelnder, halb feilschender, eher schelmischer als unterwürfiger, vor lauter Eifer und unwiderlegbaren kommerziellen Argumenten übersprudelnder Jungen bestürmt wird, war es Zeit für den Abschied und den peinlichsten Augenblick solcher Kontakte: die Verteilung der Geschenke. Zu große Geschenke, die man nicht abzulehnen wagt, die einen jedoch an den Unterschied zwischen reichen und armen Ländern erinnern: Erstere lassen einen zahlen, letztere überhäufen einen mit Wohltaten.

Mein zweiter Besuch bei Präsident Compaoré fand in einem offizielleren Kontext ein Jahr später anläßlich der ersten in Burkina Faso organisierten Parlamentswahlen statt. Ich hatte eingewilligt, an einer Kommission französischer Beobachter teilzunehmen, die von Pierre Messmer geleitet wurde und sich aus Juristen und gewählten Vertretern zusammensetzte. Unter ihnen traf ich die ehemalige Mitarbeiterin für Jugend und Sport, Michele André, wieder, die dem Komitee der Clubs Convaincre angehört hatte. Die Mitglieder dieser zahlenmäßig großen, in drei Gruppen, die jeweils einer bestimmten Region zugeordnet waren, unterteilten Kommission versäumten nicht, sich über die Hitze und die Insekten zu beklagen und die Geduld der Wähler zu bewundern, die unter sengender Sonne in langen, nahezu unbeweglichen Schlangen vor der Tür der Wahlbüros warteten.

Die Gruppe, der ich angehörte, hatte beschlossen, in den Norden des Landes, in die Provinz Ouahigouya zu reisen, von der man annahm, sie werde überwiegend für die wichtigste Oppositionspartei stimmen. Nach einem Höflichkeitsbesuch beim Gouverneur, einem jungen eleganten und ernsthaften Funktionär, wurden wir von unseren Chauffeuren in eine Anzahl Wahlbüros gefahren, wo wir uns gewissenhaft davon überzeugten, daß alle Elemente einer demokratischen Prozedur vorhanden waren – Stimmzettel der 21 Formationen, die Kandidaten vorstellten, Wahlkabine, eine sichtbar aufgestellte Wahlurne –, während wir den von Beobachtern der politischen Parteien umgebenen Wahlvorstand unablässig dieselben Erklärungen wiederholen hörten.

Für eine Bevölkerung, die seit 25 Jahren an keiner Wahl teilgenommen hatte, muß es eine seltsame Erfahrung gewesen sein. Mit welchen Gefühlen gingen diese Männer und Frauen an die Urnen? Abgesehen von dem Vergnügen, befragt zu werden und sich entlang der Straßen zu begegnen, teilten sie zweifellos eine allgemeine Sympathie für ihren Präsidenten und Burkina Fasos Devise: »Die Freiheit oder der Tod: Wir werden siegen!«, die auf den Wahlplakaten zu lesen war.

Die Auswertung begann am Abend und dauerte den ganzen folgenden Tag. Ein greiser, würdevoller Magistrat war mit dieser mühevollen Arbeit betraut worden. Unsere Kommission war nicht die einzige, die diese ersten Parlamentswahlen in einem Land des Sahel verfolgte. Es waren auch europäische Parlamentarier anwesend, die unsere Unparteilichkeit anzweifelten. Wie sollte man sie in einem Kontext, wo jegliche Kontrolle enggesteckten Grenzen unterlag, unter Beweis stellen? Sowohl unsere Aufrichtigkeit als auch der Wunsch, nicht manipuliert zu werden, stand außer Frage. Zumindest hatten wir nichts bemerkt, was unseren Verdacht erregte. Millionen Einwohner Burkina Fasos hatten sich zu den Urnen begeben und festgestellt, daß der Staat sie aufforderte, sich wie Staatsbürger zu verhalten. Das beweist zwar noch keinen Rechtsstaat, ist aber die einzige Art und Weise, sich ihm anzunähern. Ich hatte Gelegenheit, mich hierüber mit dem Präsidenten zu unterhalten, und ich spürte seinen Wunsch, die ganze Bevölkerung, insbesondere die Frauen und jungen Mädchen, an den bürgerlichen Pflichten teilhaben zu lassen. Wir sollten uns zwei Jahre danach unter gänzlich unvorhergesehenen Umständen wiedersehen.

Da die Berliner Filmemacher, die einen Dokumentarfilm über mein Leben und meine Karriere vorbereiteten, den Wunsch geäußert hatten, einige Sequenzen in Afrika zu drehen, lud uns Präsident Compaoré großzügig ein, eine Woche in Ouagadougou zu verbringen. Es wurde eine zauberhafte Erfahrung. Von dem vierköpfigen deutschen Team – ein für die Regie verantwortliches Paar, ein Tontechniker und ein Beleuchter – kannte keiner Afrika. Manche Aspekte des Landes begeisterten sie, vor allem die Natürlichkeit und die Warmherzigkeit unserer Gastgeber, die Intelligenz und die Disponibilität des Präsidenten. Dagegen schockierte sie das Elend auf dem Lande und der sehr afrikanische Schlendrian in der Hauptstadt. Ich amüsierte mich über ihre Reaktionen und spielte den Cicerone.

Sie flüchteten sich in ihre Professionalität und bereiteten umsichtig jede Szene vor. Ich wußte aus Erfahrung, daß von drei Stunden Dreharbeit drei Minuten für den Film verwendet würden. Aber es machte mir Spaß zu beobachten, wie sie unter der Leitung eines jungen Offiziers der Präsidentengarde, der über ihre sorgfältige Langsamkeit staunte und lächelte, wenn ich wieder und wieder dieselbe Haltung annahm, ihre Kamera über die Städte und Dörfer gleiten ließen.

Die Filmemacher wünschten, daß ich mich in einer typischen Umgebung bewege: Bauern, die vor ihren Hütten im Kreis ihrer Familien saßen, immerzu tätige Frauen, sich ausruhende Männer, spielende Kinder, Savannenlandschaften mit Wasserflächen, auf denen Fischer ihre Netze auswerfen, spärliche Gemüsegärten am Wegesrand. Da war auch ein grimmiger alter Afrikaner, der ihnen zu verstehen gab, man müsse zahlen, um zu filmen. Ich war dazu gern bereit, aber unser Offizier wollte es nicht zulassen. Er verstand es, den Alten mit Ruhe und Diplomatie davon abzubringen, so daß er sich murrend zurückzog.

Was blieb von alldem im Film übrig? Letzten Endes kaum mehr als die wundervolle Expedition, die der Präsident uns in ein im Süden des Landes, nahe der Grenze zu Ghana gelegenes Reservat ausrichten ließ. Wir gelangten dorthin, indem wir in Pô biwakierten, wo die Armee ihren wichtigsten Stützpunkt hat, die Bastion der dem Staatschef treu ergebenen Truppen.

Das Reservat, in dem unsere Gruppe nach einer dreistündigen Fahrt im Landrover in einer hügeligen Savannenlandschaft am späten Vormittag ankam, wurde von einem jungen schlanken Burkiner, einem außerordentlich kompetenten Viehzüchter und gleichzeitig hervorragenden Pädagogen, geleitet. Er empfing uns in der Nähe seiner Hütte unter den Flamboyanten zum Essen und weihte uns in die Lebensgewohnheiten der afrikanischen Tierwelt ein.

Sein »Viehbestand«, den er auf einem großen eingezäunten Stück Land beaufsichtigte, setzte sich aus einer Löwenfamilie, drei Hyänen, Affen, Antilopen und einer großen Vielfalt an Vögeln zusammen. Aber es gab vor allem einen sechs Monate alten Elefanten, den er nach dem Massaker an seinen Eltern durch ghanaische Wilddiebe aufgelesen hatte und mit dem man spielen konnte. Nicht zu sehr allerdings, damit er sich nicht an Menschen gewöhnt. Der Reservatsleiter hoffte, daß ihn, sobald er zwei Jahre alt geworden war, eine Elefantenfamilie adoptieren würde. Der Höhepunkt unserer Expedition war die Begegnung mit einer Gruppe Dickhäuter in freier Wildbahn. Unser Führer, der ihre Anwesenheit lange vor uns bemerkt hatte, ließ die Autos anhalten und brachte uns an das Ufer eines Baches. Kaum war die Kamera installiert, sahen wir die Gruppe, fünf große, ausgewachsene und zwei junge Tiere, eine Lichtung überqueren und etwa hundert Meter von uns entfernt stehenbleiben. Durch das Wasser, das uns von ihnen trennte, beruhigt, hoben sie ihre Rüssel in einer höchst majestätischen Geste, die zweifellos sowohl eine Warnung als auch eine Begrüßung sein sollte. Für mich ein berührendes Schauspiel. Die Berliner fanden all das ganz natürlich und hielten davon nur wenige Sekunden für ihren Film fest.

Eine längere Sequenz filmten sie von dem Besuch, den wir 30 Kilometer von der Hauptstadt entfernt einer Dorfschule abstatteten. Diese Schule profitierte von einem Trinkwasserversorgungsprojekt, finanziert von einem Programm, das ich in Paris leitete. Dieses Programm mit dem hübschen Namen *Solidarité-Eau* mobilisiert ländliche Kollektive Europas, Afrikas, Amerikas und Asiens in Zusammenarbeit mit von der Regierung unabhängigen, auf Wasserversorgung spezialisierten Organisationen. Man nennt dies »dezentralisierte Entwicklungshilfe«: Die Partnerschaftsprojekte werden so nah wie nur möglich an den städtischen oder ländlichen Gemeinden durchgeführt.

In dieser Schule, die von etwa 500, in sieben Klassen aufgeteilten Kindern besucht wird, lernen die Schüler eine Reihe rudimentärer, aber zuverlässiger Techniken, um die Qualität des

Trinkwassers zwischen den Brunnen und den Orten, wo es verwendet wird, zu erhalten, dem einzigen Schutz gegen die tödlichen Krankheiten: Amöbenruhr, Diarrhöe, Onchozerkose.

Immer unter den Augen der Kamera wandte ich mich an die brav in einer Klasse vor einem Gefäß mit Trinkwasser sitzenden Jungen und Mädchen. Ich sprach anfangs Französisch mit ihnen und ging dann zum Deutschen über, eine aus dem Rahmen fallende Übung, die Lehrer und Schüler erheiterte. Der Direktor ließ uns danach im Schatten eines breiten Kapokbaumes Platz nehmen, wo er unseren Durst mit Fruchtsaft stillte und uns die Probleme und Pläne des Dorfes darlegte.

Solch einzigartige Augenblicke schenkt einem nur Afrika. Zumindest sind sie mir nie anderswo begegnet. Momente spontaner Gastlichkeit im Kreis höchst würdevoller Männer und Frauen, deren Freude darüber, Worte und Gesten auszutauschen, in aller Schlichtheit und Freiheit zum Ausdruck kommt.

Kapitel 28

AFRIKA (3) BUJUMBURA

Wie läßt sich erklären, daß die eben noch so heiteren, gastlichen Afrikaner von einem Tag zum anderen wild werden, sich erschreckend leicht zu Mord, Vergewaltigung, Plünderung hinreißen lassen, wobei sie bald eine Kalaschnikow, bald eine Machete verwenden? Weder Ethnologen noch Psychiater wissen auf diese heutzutage vielleicht quälendste Frage eine Antwort. Sie war in den siebziger Jahren an einem anderen Ort der Erde, in Kambodscha, inmitten eines besonders sinnlichen, gelassenen, heiteren Volkes aufgekommen, als Pol Pot plötzlich das schrecklichste Morden ausgelöst hatte. 20 Jahre später tauchte die gleiche Frage in der Region der Großen Seen wieder auf, von der die Anthropologen behaupten, sie sei vor 700 000 Jahren die Wiege des *Homo sapiens* gewesen, weil ihr Klima, ihre Vegetation und Fauna unserer Spezies genau entsprochen hätten.

Nicht die Gewalt oder die Grausamkeit an sich versetzen uns in Erstaunen, uns, die wir gesehen haben, wie die zu Nazis gewordenen Deutschen einen systematischen Völkermord verübten, die Russen den Gulag zu einem Instrument gezielter Ausrottung machten, die Amerikaner in einem vietnamesischen Dorf nach dem anderen deren Bewohner massakrierten. Wir können für die irischen Terroristen, die baskischen Bombenleger, die »ethnischen Säuberer« Ex-Jugoslawiens, auch wenn wir sie verabscheuen, im entferntesten Sinne Verständnis aufbringen.

Aber wir verstehen die Welt nicht mehr, wenn Völker, die seit Jahrhunderten auf denselben Hügeln lebten, ganz plötzlich jede Menschlichkeit verlieren und vor Haß blind werden, einem

Haß, der auflodert, wie eine tosende Welle losbricht, sich wie ein Buschfeuer ausbreitet und nichts als Verheerung zurückläßt.

Wir wissen weder, wie sich dergleichen Feuersbrünste verhindern lassen, noch wie man diesen Völkern, haben sie erst einmal die dunkle Seite der menschlichen Natur gezeigt, dabei helfen kann, sich zu versöhnen. Sollte auf diese Herausforderung, die eine der besorgniserregendsten für das kommende Jahrhundert sein wird, keine Antwort gefunden werden, dann wird das Zusammenleben auf dieser kleinen Erde zu einem Alptraum.

Ich war im Dezember 1993 gerade aus Ouagadougou zurückgekehrt, als mich der Leiter des *Institut des droits de l'homme* in Montpellier, François Roux, anrief. Wir waren mehrmals zusammengetroffen und hatten zahlreiche gemeinsame Freunde, die wie er und ich über die Konsequenzen der im Juli 1993 in Wien abgehaltenen Menschenrechtskonferenz nachdachten.

Er erläuterte mir sein Vorhaben, eine Mission der Anhörung und des Dialogs in Burundi ins Leben zu rufen, über das soeben eine jener Wellen mörderischen Wahns hinweggefegt war. Die im Verlauf eines Putsches erfolgte Ermordung des Präsidenten Melchior Ndadayé, eines drei Monate zuvor auf demokratischem Wege zum Führer des Staates gewählten Hutus, hatte Massaker nach sich gezogen, denen Hunderttausende Angehörige der Tutsi-Minderheit zum Opfer gefallen waren. Daraufhin hatten bewaffnete Tutsi-Banden mit neuen Morden und erneutem Machtmißbrauch geantwortet.

Die Putschisten waren jedoch nicht an die Macht gekommen, und eine schwache Regierung, deren bedrohteste Mitglieder vorübergehend in der Französischen Botschaft Schutz gesucht hatten, bemühte sich, wieder Ruhe einkehren zu lassen. Währenddessen herrschte im benachbarten Ruanda das blutrünstige Regime von Juvénal Habyarimana. Dort waren die Hutus an der Macht. Die Tutsis, gestützt auf ihre Basen in Uganda, rüsteten ihre Streitkräfte. Noch herrschte Ruhe in Kigali.

François Roux pflegte mit burundischen Freunden, die in Montpellier wohnen, in einer Vereinigung zusammenzukommen, die sich *Albizia* nannte, nach einer Pflanze dieser Region, die, wie es heißt, nach Feuersbrünsten wieder blüht. Er knüpfte Kontakte mit den innerhalb der burundischen Gesellschaft vorhandenen Friedens- und Versöhnungsbewegungen. Der Vorsitzende der katholischen Bischofskonferenz in Burundi, Monseigneur Bududira, hatte versucht, diese Kräfte unter dem Sigel GAPS *(Groupement d'action pour la paix et la solidarité)* neu zu gruppieren, und bat um die Hilfe aller wahren Freunde Burundis.

Roux stand in engem Kontakt zu Ahmedou Ould Abdallah, dem Sonderbeauftragten des Generalsekretärs der Vereinten Nationen, einem besonders kultivierten, feinsinnigen mauretanischen Diplomaten, der die legale Regierung nach besten Kräften unterstützte, ihr mit Rat zur Seite stand und zwischen den beiden hauptsächlichen politischen Parteien zur Versöhnung aufrief, der *Union pour le progrès national* und dem *Front démocratique burundais*, unter denen die Posten im neuen, einzuberufenden Kabinett aufgeteilt werden sollten. Es galt auch, dem im Jahr zuvor, zu dem Zeitpunkt, als der Präsident ermordet wurde, gewählten Parlament zu gestatten, dessen Nachfolger zu bestimmen. Im Parlament bestand jedoch eine überwältigende Mehrheit aus Anhängern des FRODEBU *(Front démocratique burundais)*, die zum größten Teil dem Stamm der Hutus angehörten, während der von Ndadayés Vorgänger, Pierre Buyoya, berufene Verfassungsrat sich vor allem aus Tutsis zusammensetzte.

Um einen Ausweg aus dieser verfassungsmäßigen Sackgasse zu finden, hatte sich Ahmedou Ould Abdallah an François Roux gewandt, dessen Kompetenz er schätzte und der ihm eine seinen Vorstellungen entsprechende juristische Beratung hatte zukommen lassen. Er hatte ihn dafür gewinnen können, sobald wie möglich die Leitung einer Mission zu übernehmen, an der teilzunehmen mich Roux damals im Wissen um meine Liebe zu Afrika und mein Interesse für die Wahrung der Menschenrechte einlud. Er verheimlichte mir nicht die damit verbundenen Risiken.

Es ging darum, eine glaubwürdige und motivierte Equipe zusammenzustellen, die finanziellen Mittel aufzutreiben und den geeigneten Zeitpunkt und die Dauer zu bestimmen. Im Dezember 1993 diskutierten wir darüber mit Pierre Calame, dem Präsidenten der *Fondation pour le progrès de l'homme*, dessen Aktivitäten und Gedanken mir bekannt waren. François Roux hatte bereits Marie-Claude Tjibaou, die Witwe des von ihm in seinem Kampf unterstützten, ermordeten Kanakenführers, für die Sache gewinnen können. Wir benötigten noch weitere afrikanische Verfechter der Menschenrechte: eine Senegalesin, die mit dem Menschenrechtszentrum der Vereinten Nationen in Genf zusammenarbeitete, eine für einen Bauernhilfsfond verantwortliche Kamerunesin, zwei Theologen, der eine Mitglied des ökumenischen Kirchenrats, der andere der gesamtafrikanischen Kirchenkonferenz, einen burkinischen Präsidenten der *Union inter-africaine des droits de l'homme.* Wir benötigten noch einen Belgier: den Vorsitzenden der *Commission justice et paix.* François Roux hatte einen weiteren »Ehemaligen« der neukaledonischen Verhandlung gewinnen können, Pastor Jacques Stewart, den Vorsitzenden der *Fédération protestante* in Frankreich, der Christian Blanc 1988 nach Nouméa begleitet hatte. Das *Comité catholique contre la faim et pour le développement*, die *Fondation pour le progrès de l'homme* sowie das *Centre pour les droits de l'homme des Nations unies* würden zur Kostendeckung beitragen. Ein Filmteam sollte die Mission begleiten.

Der Januar verstreicht, ohne daß wir wissen, ob die burundische Regierung wiederaufgestellt wird, noch ob in den mit Ould Abdallahs Hilfe geführten zähen Verhandlungen zwischen den politischen Parteien ein neuer Präsident ernannt werden konnte.

Der Vertreter von Boutros-Ghali drängt uns, unser Kommen nicht weiter aufzuschieben. Am 8. Februar landen wir in Bujumbura. Noch am selben Tag sind Ould Abdallahs Schritte erfolgreich: Die vom FRODEBU beherrschte *Assemblée* wählt eines ihrer Mitglieder, Cyprien Ntaryamira, zum Präsidenten. Dieser beruft einen Tutsi-Premierminister und stellt eine die wichtigsten politischen Gruppierungen zufriedenstellende Regierung zusammen. Wird der dem FRODEBU äußerst feindlich gesonnene Verfassungsrat Einspruch erheben? Wir treffen in dem Augenblick ein, als die Erwartung ihren Höhepunkt erreicht hat. In der vorherigen Woche ist es in Bujumbura zu einer *ville morte* genannten Aktion gekommen: Von den Politikern der Opposition gedungene jugendliche Rowdies haben in manchen Vierteln der Stadt Angst und Schrecken gesät. Bereitet sich eine ähnliche Aktion vor?

Wir ergreifen sogleich das Wort in Radio und Fernsehen, wo wir mit Nachdruck eine Botschaft des Friedens und der Toleranz verlesen, von der Ould Abdallah glaubt, daß sie seine Mittlertätigkeit erleichtern könnte. Wir beschließen, uns unverzüglich auf die Hügel im Landesinneren zu begeben. Bei unserem ersten Halt holt uns die Nachricht ein: Der Verfassungsrat hat die Entscheidung der *Assemblée* angenommen. Uns fällt ein Stein vom Herzen!

Jene Woche vom 8. bis zum 15. Februar 1994 war ein Abenteuer von ungewöhnlicher Dichte. Unser Programm erlaubte uns keine Atempause. Die *Groupe d'action pour la paix et la solidarité* hatte für uns in dem Hotel, wo wir untergebracht waren, eine ununterbrochene Folge von Zusammenkünften organisiert, auf die wir uns durch intensive interne Besprechungen vorbereiteten. Sie führten zu wertvollen menschlichen Begegnungen. Marie-Claude Tjibaou, die diese lange Reise unternommen hatte, um der Witwe Melchior Ndadayés den Aufruf zur Toleranz einer anderen Witwe zu überbringen, bezauberte uns durch ihre Gelassenheit und Schönheit. Wir hörten ihr zu, wenn sie von ihrem sozialen Engagement in Neukaledonien erzählte.

Rose Twinga, unsere von den Kontakten zu ihren Landsleuten, deren Schwächen und Ängste ihr nur allzu vertraut waren, sehr stark in Anspruch genommene Burunderin aus der Mission *Albizia* beobachtete unser Vorgehen mit Besorgnis. Würden wir uns von den Gerissensten und Durchtriebensten ihrer Landsleute hinters Licht führen lassen? Wir setzten voll und ganz auf unsere Naivität. Da wir nichts anderes im Gepäck hatten als unsere Überzeugung, daß eine Einigung notwendig und also möglich sei, versuchten wir, uns weder in die Intrigen der einen noch der anderen hineinziehen zu lassen. Wir stellten allen dieselben Fragen: Wozu sollte Gewalt gut sein? Warum arbeiten wir nicht alle Hand in Hand?

Wir hatten uns in drei Dreiergruppen aufgeteilt, die ins Landesinnere reisten, um sich ein Bild vom Ausmaß der Verwüstungen, von den bereits ergriffenen Maßnahmen für ein erneutes Funktionieren der Gesellschaft, von der Stimmung in den ländlichen Gemeinden und bei den in den Lagern unter Kontrolle der Armee zusammenpferchten Flüchtlingen zu verschaffen. Ich hatte das Glück, zu derselben Gruppe wie Halidou Ouedraogo aus Burkina Faso und Élisabeth Atangana aus Kamerun zu gehören. Ich kannte ersteren und schätzte seine Bildung und Überzeugungskraft. Letztere lernte ich erst kennen: Sie war mehr als jeder von uns mit dem Landleben vertraut und fand gleich bei den ersten Kontakten mit den Landwirten die richtigen Worte, um sie zu motivieren, sich zusammenzutun, sich zu organisieren und ihr Projekt in die Hand zu nehmen. Den Ordensschwestern, bei denen wir übernachteten, erläuterte sie die einfache Technik, wie sich aus Mais ein nahrhafter Brei herstellen läßt. Ich sah ihr zu, entzückt von ihrer großen Gestalt und der Grazie ihrer Gesten.

Die Gesprächspartner, die mich am meisten begeisterten, waren allerdings drei junge Studenten, zwei Hutus und ein

Tutsi, die uns als Dolmetscher und Begleiter dienten. Bei den Mahlzeiten, die wir mit ihnen in dieser oder jener Präfektur oder Schule einnahmen, wo die Dorfbewohner, um uns zuzuhören, zusammenkamen, ging es feuchtfröhlich zu. Die Zungen lösten sich. Was erwarteten sie vom Leben? Sie hofften, die Welt jenseits der Grenzen Burundis kennenzulernen, zu begreifen, wie die Netze um sie herum funktionierten, einen Weg zu einer größeren Verantwortung zu finden. Ich sah in ihnen die künftigen Bürger eines ehrgeizigen Afrika, die dessen Sackgassen ablehnten. Und das begeisterte mich in einem solchen Maße, daß ich das, was an Hindernissen vor ihnen liegen würde, vergaß oder ihnen gegenüber verschwieg.

Da ich innerhalb der Mission den höchsten »Rang« innehatte, oblag es mir, sie dem neuen Staatspräsidenten vorzustellen und an seiner Seite im Fernsehen aufzutreten. Er teilte sich mit mir den Vorsitz bei der abschließenden Zusammenkunft. Er erwies sich dabei als äußerst liebenswürdig, bekundete uns seine Dankbarkeit und brachte den Wunsch zum Ausdruck, daß »all diese Überlegungen, all diese eingeholten Zeugnisse und gemeinsamen Erfahrungen über das Drama, das Burundi soeben durchlitten hat, all diesen jungen Menschen, diesen Frauen und Männern dabei helfen mögen, ein Land mit einem neuen Gesicht aus Toleranz, gegenseitiger Achtung, Solidarität, gegenseitigem Verständnis, Gleichheit, Liebe und Brüderlichkeit, kurz, ein geeintes Land des Friedens und der Hoffnung zu errichten«.

Dieser Abschlußsitzung war ein Fußballspiel zwischen den beiden Finalgegnern eines Turniers vorausgegangen, an dem zehn Mannschaften der verschiedensten Ethnien teilgenommen hatten. Die einen trugen rote, die anderen blau-weiß gestreifte Trikots. Die gesamte Mission war im Stadion anwesend, und ich mußte den Anstoß ausführen. Die Roten waren in meinen Augen die Mutigeren, aber das einzige Tor bei der Begegnung wurde von den Gestreiften geschossen, und ich überreichte ihrem Kapitän den Pokal. Für die Verlierer war ein

Ehrenball vorgesehen. Der Botschaft der Toleranz, die ich durch einen Lautsprecher schrie, folgte der unvermeidlich tosende Applaus. Das Spiel wurde auf einem Foto verewigt, auf dem ein alter Herr mit eher unbeholfenem Hüftschwung einen Ball »kickt«. Dieses Spiel sollte die einzige fußballerische Glanzleistung meiner Karriere sein. Die Fotografie, die ich mit nach Hause nahm, löste bei meiner Familie unbändiges Gelächter aus.

Am Abend vor unserer Abreise gaben uns burundische Tänzer und Musiker in den Gärten unseres Hotels eine ebenso akrobatische wie fröhliche Vorstellung. Wir ahnten damals nicht, daß kaum zwei Monate später ruandische Extremisten, die, über das von ihrem und dem burundischen Präsidenten bei deren Zusammentreffen in Arusha am 6. April 1994 unterzeichnete Abkommen unzufrieden, das Flugzeug, mit dem diese beiden Hutus aus Nairobi zurückkehrten, in die Luft jagen und damit Massaker auslösen würden, wie sie Afrika noch nie erlebt hatte, die ruandische Städte in Massengräber verwandeln und für die Flüchtlinge in den Lagern Zaires den Tod bedeuten sollten.

Die Schrecken in Ruanda, der Argwohn, der Frankreich wegen seiner Rolle bei der politischen Entwicklung, die jene ausgelöst hatte, entgegengebracht wurde – all das lenkte das internationale Interesse vom benachbarten Burundi ab. Würde es seinerseits in die unerbittliche Konfrontation der Ethnien hineingezogen werden? Kündigte sich das Ende der Versöhnungsaktion an, der wir uns so überzeugt verschrieben hatten? Würde das fragile Gleichgewicht, das durch das Verschwinden des Präsidenten Cyprien Ntaryamira in Frage gestellt worden war und das der Botschafter Ould Abdallah mit aller Behutsamkeit aufrechtzuerhalten versuchte, unsere burundischen Freunde vor einem erneuten Aufflammen der Gewalt bewahren?

Das ganze Jahr 1994 über blieb die Frage offen. Der neue Präsident Burundis hat nicht verhindern können, daß sowohl in der Hauptstadt als auch in manchen Flüchtlingslagern blutige Wellen der Gewalt losbrachen, die möglicherweise von den immer sofort von Massakern sprechenden Medien hochgespielt worden sind. Und gleich daneben liegt das sich zwischen den Klippen der Rache und der Straffreiheit hindurchlavierende Ruanda. Aber auf den Hügeln gibt es noch immer die alten Weisen, die mit geheimnisvollem Nachdruck für Verständigung eintreten.

Ich für mein Teil möchte diese Sache nicht aufgeben. Ich will die jungen Menschen nicht vergessen, die uns bei unseren Begegnungen mit den Dorfbewohnern und »Umgruppierten« begleitet und die wir, ob Tutsis oder Hutus, beim Abschied die Hoffnungsträger für den Frieden ihres Landes genannt haben. Ich fahre also nach London, zum Sitz von *International Alert* – der zwölften Vereinigung, der ich angehöre! –, die mit Hilfe Gleichgesinnter jene von Bernard Kouchner als die nächste Etappe der internationalen Beziehungen beschriebene präventive Diplomatie praktiziert. Ihr feuriger, aus Sri Lanka stammender Generalsekretär hat einen Orientierungsausschuß berufen, zu dem die »Freunde Burundis« gehören, die, sobald man sie darum bittet, bereit sind, ins Flugzeug nach Bujumbura zu steigen. Ich erkläre mich, ohne zu zögern, bereit, daran teilzunehmen.

Ich sollte erneut die Gelegenheit haben festzustellen, wieviel den Völkern am Frieden lag, selbst wenn er durch Gewalt brutal aufs Spiel gesetzt worden ist. François Roux ist mit jenem Land in Kontakt geblieben, das zwischen Massakern und Versöhnungsversuchen der verschiedenen Ethnien und Fraktionen hin und her schwankt. Auf die Bitte des Sonderbeauftragten des Generalsekretärs der Vereinten Nationen hin bereitet Roux eine an *Albizia* anknüpfende Mission vor. Letztere hatte sich *Écoute et Dialogue* genannt. Die neue wird den Titel *Dialogue et Partage* tragen.

November 1995. Ein paar Tage nach meinem achtundsiebzigsten Geburtstag brechen wir zu dritt nach Bujumbura auf, um die Mission *Dialogue et Partage* vorzubereiten, an Ort und Stelle festzustellen, welchen Empfang man ihr bereiten wird, mit den religiösen oder weltlichen Vereinigungen, die 18 Monate zuvor unsere unvergeßlichen Gesprächspartner gewesen sind, erneut Kontakt aufzunehmen. Das Treffen ist derart herzlich und der Wunsch aller, die im Jahre 1994 geknüpften Bande nicht abbrechen zu lassen, derart offenkundig, daß es uns ein leichtes ist, unsere »Sponsoren« davon zu überzeugen, wie im Februar 1994 auch im Dezember 1995 unseren Einsatz zu ermöglichen. Diesmal sollte meine Frau uns zur Verstärkung des Sekretariats der Mission begleiten.

Innerhalb der vergangenen 20 Monaten hat sich die Lage in Burundi nicht verbessert. Der Wirtschaft ergeht es zwar schlecht, aber dank der Großzügigkeit der Natur und des verbissenen Einsatzes der Landbevölkerung kommt es zu keiner Hungersnot. Der von der internationalen Gemeinschaft mit Mißtrauen beobachteten Koalitionsregierung gelingt es weder, der bewaffneten Hutu-Banden, die die Rebellion in den Hügeln schüren, Herr zu werden, noch der freien Tutsi-Gruppen, die Attentate gegen die Parlamentarier verüben. Die noch immer allzu monoethnisch ausgerichtete Armee trifft innerhalb der Hutu-Landbevölkerung auf Ablehnung, und ihre Interventionen gegen die Rebellen verschonen nicht die in die Enge getriebenen Bevölkerungsgruppen.

Einige Tage vor unserem Eintreffen haben die Rebellen die Masten, die die Hauptstadt mit Elektrizität versorgen, in die Luft gesprengt. Allein das mit einem Notstromaggregat ausgerüstete Novotel vermag uns aufzunehmen, der Rest der Stadt ist in Dunkel getaucht, was die ab neun Uhr abends verordnete Ausgangssperre im wahrsten Sinne des Wortes zum *couvre-feu** werden läßt. Diese ziemlich beklemmenden Umstände halten

* »Ausgangssperre«, zusammengesetzt aus *couvrir*, zudecken, verhängen, und *feu*, Feuer, Licht. Wortspiel ins Deutsche nicht übertragbar. (Anm. d. Übers.)

die Equipe nicht davon ab, immer neue Kontakte zu knüpfen – mit Fernsehjournalisten, Jugendverbänden, Juristen und Geschäftsleuten, der katholischen wie protestantischen Kirche, aber auch mit dem Präsidenten der Hutu-Republik, ihrem Tutsi-Premierminister und den wichtigsten Regierungsmitgliedern.

Mir sind zwei große afrikanische Gestalten in Erinnerung geblieben: unser Tuareg-Kollege, der, als er von dem Unfall hörte, der seinem Freund und Rivalen Mano Dayak das Leben gekostet hat, plötzlich von einer heftigen Emotion übermannt wird; und der ebenfalls großgewachsene ägyptischen Oberst, der den Generalsekretär der Vereinten Nationen vertritt. Während unserer Sitzungen bei Kerzenschein ist zwischen uns ein tiefes Vertrauen zu spüren, das uns allen Kraft gibt. Der Ägypter stellt die Verbindung zwischen unserer Mission und der noch jungen, produktiven Aktion einer Gruppe burundischer Persönlichkeiten her, die sich, obgleich sie konfessionell vollkommen ungebunden sind, unter dem Namen *Compagnie des apôtres de la paix* zusammengeschlossen haben. Meine Londoner Vereinigung, *International Alert*, ist der Initiator dieser interessanten Unternehmung. Sie hat etwa 50 Burundis, Zivilpersonen und Militärs, Parlamentariern und hohen Funktionären, Männern wie Frauen aus beiden Ethnien und verschiedensten politischen Gruppierungen, eine Reise nach Südafrika finanziert.

Nachdem sie von Nelson Mandela, den Vertretern des ANC und der Inkhata empfangen worden waren, zeigten sich die Burundis beeindruckt von den Erfolgen, die die südafrikanischen Verfechter einer ethnischen Versöhnung erzielt hatten. Sie luden ihrerseits zwei Wortführer dieser Ethnien, die sich seit langem gegenseitig umgebracht hatten, nach Bujumbura ein. Ihre wortgewandten Interventionen sind nicht ohne Wirkung geblieben: »Predigt jetzt den Frieden, sonst werden eure Kinder es euch nicht verzeihen!« Etwa 30 Burundis haben sich in einer wirklich landesweiten Kampagne engagiert. Unsere Mission soll bei der Abschlußfeier eines Seminars assistieren, die von den »Friedensaposteln« in der 1500 Meter über dem Meer gelegenen, die herrliche hügelige Landschaft überblickenden, ehemaligen Hauptstadt Burundis, Gitega, abgehalten wird.

Bei dem Volksfest am Schluß des Seminars treten im großen Stadion von Gitega beeindruckende Gruppen von Trommlern, Tänzerinnen und Akrobaten auf. Manche von ihnen mimen Angriffe der Rebellen auf friedliche Dorfbewohner und den siegreichen Gegenschlag, der die Eintracht wiederherstellt.

Welche Verbindung ließe sich zwischen diesen zu Tausenden auf den Rängen des Stadions versammelten Zuschauern, die begeistert den Sketchen applaudieren, und der Realität menschlicher Beziehungen herstellen? Wie von dem aus Jahren der Gewalt herrührenden Mißtrauen und Schrecken zu einem gemeinsamen Aufbau einer offenen Gesellschaft gelangen, die auf gegenseitigem Respekt und der Anwendung der rechtlichen Ordnung beruht? Das waren die Fragen, die wir bei vier in der Hauptstadt abgehaltenen Workshops auf die Tagesordnung gesetzt hatten. Jeder wurde von einem Burundi geleitet, während unsere Rolle sich darauf beschränkte, uns mit den Teilnehmern über andere Erfahrungen der Versöhnung auszutauschen.

Eine Zusammenfassung dieser Aktivitäten wurde unseren Gesprächspartnern bei einer abschließenden Sitzung der Mission, die Staatspräsident Sylvestre Ntibantunganya mit seiner Anwesenheit beehrte, präsentiert. Sein Porträt hatte man in aller Eile zwischen zwei Flaggen an der Wand des großen Saals im Novotel aufgehängt.

Als ich ein paar Tage vor Weihnachten Bujumbura in Richtung Paris verließ, wo heftige Streiks eben erst zu Ende gegangen waren, stellte ich mir die ewige Frage nach dem Engagement und dessen Wirksamkeit: Was hatten wir in diesen äquatorialen Gefilden zu suchen? Vielleicht wollten wir nur einfach unsere

Überzeugung, daß die Gesellschaften sich zu mehr Gerechtigkeit, mehr Freiheit und weniger Gewalt hinentwickeln können, ja, müssen, nicht für uns behalten, sondern mit denen teilen, die nicht daran zu glauben wagten. Würde sich unser in der festlichen Atmosphäre von Gitega entfalteter Optimismus als ansteckend erweisen? Jedenfalls hatten wir zu Beginn des Jahres 1996, das für Burundi neue Prüfungen bereithalten sollte, Hoffnung gesät.

Weder das Fortdauern vereinzelter, aber immer wiederkehrender Massaker noch der Wechsel an der Spitze des Staates, wohin die Armee, nachdem sie den Hutu-Präsidenten, von dem wir empfangen worden waren, vertrieben hatte, Pierre Buyoya berief, kündigen das Ende jenes Friedenswillens an, mit dessen Akteuren wir zusammentrafen.

Einer von ihnen, der hellsichtigste und tatkräftigste, Eugène Nindorera, hat sich der Regierung Buyoya angeschlossen, um unaufhörlich für die Versöhnung zwischen sämtlichen Gruppen der burundischen Gesellschaft einzutreten und die afrikanischen Partner von der Vertrauenswürdigkeit der Befriedungsstrategie des neuen Präsidenten zu überzeugen.

François Roux hatte ihn und mich im Juni 1996, einen Monat vor dem Putsch, eingeladen, eine *Transhumance* in den Cévennen zu begleiten. An einem magischen Ort, dem Col de Bonperrier, wo die Schafsherden, bevor sie die Sommerweiden erreichen, zu einem nächtlichen Halt in einem wollenen Meer zusammenströmen, beantwortete Eugène Nindorera meine Fragen:

»Wie die Gewalt überwinden, wie ein freies und blühendes Afrika schaffen?«

»Alle Voraussetzungen, die Wette zu gewinnen, sind erfüllt. Die Rohstoffe sind zwar ungleich verteilt, aber im Überfluß vorhanden. Das Anwachsen der Bevölkerung erzeugt zwar ein Vielfaches an hungrigen Mäulern, die es zu ernähren gilt, aber auch findige Köpfe. Die Aufhebung der Entfernungen belebt die Organisationen, die für Solidarität und Verantwortung eintreten. Nichts wird schnell geschehen. Es braucht seine Zeit, Angst, Mißtrauen und Verachtung in Respekt und Vertrauen umzuwandeln. Das besondere Schicksal und den einzigartigen Weg Afrikas zu bejahen erfordert Mut. Aber seien Sie sich dessen sicher. Das kommende Jahrhundert wird für diesen Kontinent das Zeitalter seiner Wiederauferstehung sein.«

Kapitel 29

ABENDDÄMMERUNG ODER MORGENRÖTE?

Sie erinnern sich: Ich habe diese Memoiren eines vom Schicksal Begünstigten im Herbst 1994 zu schreiben begonnen. Ich beende sie im Herbst 1996. Ich bin älter geworden. Was die Welt betrifft, so hat sie ein paar weitere Monster geboren: Tschetschenien, Srebrenica, Monrovia. Die Aum-Sekte in Japan und die bewaffneten islamischen Gruppen in Algerien. Und dann, sehr viel prosaischer, die mehr als drei Millionen Arbeitslosen in Frankreich.

Bevor er den Élysée einem Wankelmütigen überließ, hat François Mitterrand so viele Kiesel in die Wasser seiner beiden siebenjährigen Amtszeiten geworfen, daß ihre Oberfläche ganz getrübt ist. Wir haben ihn zweimal gewählt. Hätten wir das getan, wenn wir Bescheid gewußt hätten? Die Wegstrecke, die er uns hat zurücklegen lassen, ist beträchtlich. Die es noch zu gehen gilt, ist es nicht weniger. Aber darin liegt nicht das Wesentliche. Pierre Thuillier* sagt der gesamten westlichen Zivilisation eine »große Implosion« voraus, weil sie der Poesie nicht mehr den ihr gebührenden Platz einräumt.

Ich habe daher meinem Schutzengel die Frage gestellt: »Du hast mich aus so vielen Gefahren gerettet, so vielfach beglückt, so oft durch Poesie berauscht. War es, um mich daran zu hindern, das um sich greifende Übel, das an meinesgleichen nagt, die Entzauberung der Welt und ihr verhängnisvolles, unaufhaltsames Verdorren mitanzusehen?« Er hat nicht geantwortet, sondern gelächelt, wie er es seit meiner Kindheit immer tut, wenn ich mich an ihn wende.

* Pierre Thuillier, *La Grande Implosion*. Paris: Fayard 1995

Ich habe den ersten Absatz des *Berichts über die Zukunft der Vereinten Nationen* noch einmal gelesen, der, neben zehn anderen, meine Unterschrift trägt: »In dem Augenblick, wo sich die Menschheit dem 21. Jahrhundert nähert, sind die sich eröffnenden Perspektiven gleichermaßen bedrohlich wie vielversprechend.« Über die Bedrohungen sind wir nur allzu gut unterrichtet. Sie rühren nicht vom Zorn der Götter her, auch wenn die Medien uns tagtäglich mit tödlichen Unwettern, der Richter-Skala und ihren Erdbeben, verheerenden Hochwassern und zerstörerischen Wirbelstürmen überhäufen. Nichts Außergewöhnliches, sagen die Klimaforscher.

Sie sind auf menschliche Aktivitäten zurückzuführen. So zahlreich geworden – wir haben es innerhalb zweier Jahrhunderte von einer Milliarde bis hin zu sechs Milliarden Menschen auf derselben kleinen Erdkugel gebracht –, zeichnen wir für sehr viele Verschlechterungen verantwortlich, unter denen das geheimnisvollste und beunruhigendste jenes Ozonloch ist, das wir nicht wieder zu stopfen vermögen. Ich sehe darin ein Zeichen unserer Hybris, wie sie uns in einem Vers aus dem *Bâteau ivre* förmlich ins Auge springt: »*Moi qui trouais le ciel rougeoyant*«, sagt Rimbaud, der den Himmel beschreibt »*comme un mur qui porte, confiture exquise aux bons poètes, des lichens de soleil et des morves d'azur*«.* Der Fall dieser Mauer wäre fataler als der Fall der Berliner Mauer. Sollten wir in unserer Maßlosigkeit die Grenzen des Erträglichen erreicht haben? Sollten wir, die neuen Dinosaurier, die zerstörerischer sind als unsere massigen Vorfahren, anderen Spezies auf diesem Planeten, dem vielleicht einzigen im Kosmos, auf dem Leben möglich ist, keine Chance lassen?

Ich habe solchen chiliastischen Schlußfolgerungen von jeher

* »Der ich den Himmel, rot wie eine Wand, durchfuhr / Drauf, wie ein köstlich Mus für gute Dichter, liegen / Moosige Sonnenflechten und Schleim des Azur.« Zit. aus: Arthur Rimbaud, *Trunkenes Schiff*. In: *Sämtliche Dichtungen*, a. a. O.

mißtraut. Die Natur ist in ihrer Fülle so freigebig, wahrzunehmen im kleinsten Quentchen Gras, Erde oder Wasser, derart »polytrop«, »erfindungsreich«, wie Homer Odysseus nennt. Ich traue ihr zu, alle Schliche ihrer Geschöpfe zu vereiteln. Ich empfinde sie so, wie Goethe sie in seinem Text *Natur* darstellt, den ich viele Male wiedergelesen habe.

Sie hat den Menschen mit einem reichen Arsenal an Neuronen und Synapsen versehen, dessen Ressourcen noch längst nicht erschöpft sind. Er hat sich ihrer bedient, um Kathedralen und Aerosolbomben, Wall Streets und ballistische Raketen, Vernichtungslager und gut funktionierende, blühende Städte zu bauen. Es geht also um den richtigen Gebrauch des Arsenals, nicht um seine Kapazität.

Im letzten Viertel dieses Jahrhunderts haben wir eine exponentielle und kumulative Beschleunigung in sämtlichen technischen Bereichen erlebt. Daher die Globalisierung der Probleme, die die beängstigende Diskrepanz zwischen Bedrohung und Verheißung nur noch verstärkt hat. Es gibt plötzlich in diesem reißenden Strom keinen toten Arm mehr. Wo sollte man, um der Angst zu trotzen, in dem Wirbel, den sie hervorruft, Botschaften der Hoffnung finden?

Im Kontakt mit denen, die deren Boten sind. Während meines ganzen Lebens bin ich in erster Linie solchen Menschen begegnet, von starken Überzeugungen erfüllten Frauen und Männern, die entschlossen sind, im Lauf der Zeit einen Sinn zu suchen und zu finden. Möglicherweise hat mich mein moralischer Strabismus daran gehindert, ihre dunkle Seite zu erkennen. Von denen, die betrübt sind oder resignieren, wende ich den Blick ab. Was sie mir zeigen, interessiert mich nicht. Das ist vielleicht meine Schwäche.

All jene, die ihre Lebensfreude bekunden, erkenne ich sofort und bin ihnen dankbar dafür. Sie sind ebenso ängstlich wie ich, doch die Angst veranlaßt sie, das Eintreffen dessen, was sie von dieser befreit, zu beschleunigen. Ich hätte gern all jene porträtiert, die mir auf diese Weise ihre ganze Wärme haben zuteil werden lassen. Sie sind zu zahlreich. Eine solche Begegnung habe ich erst kürzlich erlebt.

Sie wohnt drei Kilometer von meinem Haus auf dem Land entfernt. Sie heißt Yvette Pierpaoli. Sie wurde mit 14 Jahren von ihrer Familie verstoßen. Sie hat im größten Elend gelebt, den Beschluß gefaßt, sich um andere zu kümmern, und ist die Mutter aller Straßenkinder dieser Welt geworden. Womit auch immer sie in Berührung kommt, es wird zur Mission, die es zu erfüllen gilt, zur Quelle des Glücks für die anderen, zur Quelle der Freude für sie selbst.

Ich habe ihr die Frage gestellt: »Wo findet man die Botschaften der Hoffnung?« Sie hat mir geantwortet: »Gerade in den Ängsten. Unser Jahrhundert geht mit einem erstaunlichen Bewußtsein jener Ängste zu Ende. Die überwältigende Mehrheit der Bewohner des Planeten verbindet das Verlangen, sich von ihnen zu befreien. Auf dieser Einsicht beruht mein Optimismus.«

Yvette hat mich gelehrt, daß man sich über die erstaunlichen Fortschritte in der Kommunikation und Information freuen müsse. Ich war eher dagegen. Ich sah diese Fortschritte als Ergebnis einer unkontrollierten Marktwirtschaft. Ich fürchtete, persönliche Gedanken könnten durch den Computer banalisiert, die individuelle Phantasie durch die Kommerzialisierung der Botschaften versklavt werden. »Nein«, sagte sie zu mir, »das sind Instrumente, und der Mensch, der sich ihrer bedient, macht mit ihnen, was er will. Der Mensch hat das letzte Wort.«

Ich will diese Behauptung durch einen Blick zurück überprüfen, ein Versuch, den Verlauf unseres Jahrhunderts zu beurteilen.

Während seiner ersten Jahre hätten die bedrückende Ruhe und die mit ihr einhergehenden Neurasthenien aus der Bourgeoisie das Leichentuch eines allzu wohlgenährten Abendlandes werden lassen können. Nun ist aber aus dem Kern dieser

Bourgeoisie die Revolte hervorgegangen, die die radikale Erneuerung des europäischen Denkens bewirkt hat: Nietzsche, Freud, Dada, der Surrealismus, Lenin.

Die Zerstörung Europas durch zwei im Abstand von 30 Jahren aufeinanderfolgende Kriege hätte das Ende der so besonderen Werte dieses kleinen asiatischen Vorgebirges sein können. Nun ist es aber den europäischen Nationen, so gedemütigt sie auch waren, in den folgenden 30 Jahre gelungen, ihre Position weltweit zu erneuern. Sie haben sich ihrer Kolonialreiche entledigt und gemeinsam die bislang einfallsreichste Konstruktion realisiert, eine kühne Kombination aus ökonomischem Zement, der ihre alten militärischen Rivalitäten überholt erscheinen läßt, und einer gegenseitigen kulturellen Durchdringung, die ihren gemeinsamen fundamentalen Werten, der Demokratie und den Menschenrechten, die breiteste Grundlage schafft.

Zwei totalitäre ideologische Mächte haben diese Evolution bedroht.

Die eine, die faschistische, war durch ihre verheerende Unmenschlichkeit zum Scheitern verurteilt, doch ihr, wenn auch nur kurzer, Auftritt in diesem Jahrhundert hatte katastrophale Folgen. Es hätte genügt, daß die entscheidende Waffe in den Händen der Achsenmächte und nicht in denen der Alliierten gewesen wäre, und wir wären für lange Zeit Sklaven dieser Ideologie gewesen. Wir sind also noch einmal davongekommen.

Die andere, die marxistisch-leninistische Ideologie hatte viel mehr Chancen, sich in allen Teilen der Welt durchzusetzen, so gut hat sie es verstanden, an das Edelste im Menschen zu appellieren, so sehr hat sie diejenigen begeistert, die an ihren Erfolg glaubten. Um dieses Joch, mit dem sie die Staaten, denen sie sich aufgedrängt hatte, in Schach hielt, abzuwerfen, bedurfte es des schwierigen Zusammenwirkens interner und externer Druckmittel, von denen niemand noch vor 15 Jahren geglaubt hätte, daß sie diese Festung zu Fall bringen könnten.

Bei dieser Gelegenheit konnten wir die gesteigerte Wirkung

ermessen, die die erstaunlichen Fortschritte der Kommunikation den Ideen, diesen Vermittlern der Freiheit, verliehen, wie sie es schon 30 Jahre zuvor getan hatten, um den letzten kolonialen oder imperialen Kriegen ein Ende zu setzen, und wie sie es einige Jahre später taten, um die Apartheid abzuschaffen.

Der Zusammenbruch der kommunistischen Ideologie ist gerade, weil er so rasch erfolgte, eine Quelle neuer Ängste. Aber er hat etliche Gespenster aus unserem Blickfeld verschwinden lassen.

Die organisierte internationale Zusammenarbeit, deren Sachdienlichkeit nach dem Scheitern des Völkerbundes hätte in Frage gestellt werden können, hat mit dem »System« der Vereinten Nationen in der Geschichte der menschlichen Zivilisation bisher ungeahnte Dimensionen eröffnet. Wie oft wurde nicht in 50 Jahren seine Unzulänglichkeit angeprangert und sein Ende vorausgesagt! Aber es hat seine Existenzberechtigung voll und ganz bewahrt, und diejenigen, die am heftigsten berechtigte Kritik an ihm üben, geben bereitwillig zu, daß wir darauf nicht verzichten könnten.

Die Vereinten Nationen haben der internationalen Gemeinschaft unbestreitbare Ziele auferlegt: friedliche Schlichtung von Streitigkeiten, Förderung und Bewahrung der Menschenrechte, Gleichstellung von Frauen und Männern, angemessene und schonende Entwicklung der Umwelt, Kampf gegen schmutziges Geld aus Drogenhandel und Verbrechen. Diese Ziele sind noch längst nicht erreicht. Tatsache ist indessen: Sie sind von allen Staaten wieder und wieder bestätigt worden, wobei nicht nur die Regierungen ihnen mehr oder weniger aufrichtig beipflichten, sondern die Gesamtheit der Akteure der zivilen Gesellschaft für sie die Verantwortung übernimmt. Jede der Heimsuchungen, die bekämpft werden müssen, ist Gegenstand weltweit mehr und mehr miteinander verknüpfter internationaler Beobachterposten, Bürgerinitiativen, Stiftungen und politisch aktiver Bewegungen.

So offenbart sich ein neuer Horizont, an dem die Verantwortung jedes einzelnen klarer, die Solidarität zwischen den Zivilisationen bei aller Achtung vor ihrer Unterschiedlichkeit weniger abstrakt, das gemeinsame Engagement, die Anziehungskraft der Wirtschaft und den Kult des Geldes zu überwinden, weiter verbreitet ist. So zeichnet sich, fern aller Identitätskrisen und jeglichen religiösen Sektierertums, im Herzen der menschlichen Natur eine neue Transzendenz ab, die in der persönlichen Forderung nach Mitmenschlichkeit und Großzügigkeit Gestalt annimmt.

POSTSKRIPTUM

Schreiben nach dem Schreiben. Um dem Geschriebenen die noch verbleibende Frage zu stellen. Es über das zu befragen, was es verbirgt. Eine seltsame Ambition.

Sein Leben leben heißt, auf die Augenblicke, aus denen es besteht, zuzugehen, um den Bausteinen seines Mosaiks zu begegnen, von denen jeder präsent sein will.

Sein Leben erzählen heißt, sich diese Augenblicke, diese verschiedenen Bausteine des Mosaiks zu vergegenwärtigen, wenn sie bereits fern sind und sich in der Erinnerung gegenseitig verfärben. Was sie miteinander vereint, ist, daß sich in ihnen ein und dieselbe Präsenz wiederfindet. So jedenfalls lautet die Hypothese.

Im Verlauf dieses Berichts wird diese Hypothese nicht angefochten. Dabei stellt man bei genauerer Prüfung fest, daß sie durchaus anfechtbar ist.

Hugo von Hofmannsthal, einer meiner Lieblingsdichter, schreibt in einer seiner *Terzinen über die Vergänglichkeit*: »Dies ist ein Ding, das keiner voll aussinnt, / Und viel zu grauenvoll, als daß man klage: / Daß alles gleitet und vorüberrinnt. / Und daß mein eignes Ich, durch nichts gehemmt, / Herüberglitt aus einem kleinen Kind / Mir wie ein Hund unheimlich stumm und fremd.«

Je länger das Leben, desto vielfältigere Erinnerungen an die eigene Person läßt es zu. Indem es sich hinzieht, hat es jedoch noch einen weiteren Effekt: Die Existenz geht nicht nur, wie Jean-Paul Sartre es uns gelehrt hat, der Essenz voraus, sondern sie formt sie in ihrer Dauer, meißelt, ziseliert, vereinfacht sie. Am Ende ihres gewundenen Pfades läßt sie schließlich ihre Achse hervortreten.

Man kann dann einen Blick zurückwerfen, in der langen Perspektive nach einem vorherrschenden Farbton dessen suchen, was man gesehen, einer dominierenden Note dessen, was man gehört hat. Sie reifen in jedem einzelnen durch das unvorhersehbare Aufeinandertreffen von Erlebtem und Gewolltem heran. Für mich ist die Figur, die sich abzeichnet, die eines Mittlers.

Dieser Begriff taucht nicht von ungefähr auf. Ein seltsames Abenteuer berechtigt mich zu diesem Titel.

Alles beginnt Ostern 1996. 300 afrikanische *sans-papiers* haben die Kirche Saint-Ambroise besetzt und fordern ihre Legalisierung. Sie glauben, ein Recht darauf zu haben: »Wir sind weder Illegale noch SDF*, sondern Opfer einer den Einwanderern auferlegten kafkaesken Gesetzgebung, wie sie der ›Heimat der Menschenrechte‹ unwürdig ist.«

Ja, aber eine Kirche besetzen? Noch dazu unter hygienisch fragwürdigen Bedingungen! Die kirchlichen Instanzen sind beunruhigt. Lieber sollte man diese Kultstätte räumen. Die Afrikaner okkupieren ein Gymnasium. Dasselbe Spiel. Da schaltet sich Ariane Mnouchkine ein, diese mutige, großzügige, in humanitären Angelegenheiten stets präsente Frau und Leiterin des Théâtre du Soleil in der Cartoucherie von Vincennes. Nicht nur daß sie ihnen zehn Tage lang diesen künstlerischen Raum im Grünen zur Verfügung stellt, sie mobilisiert ihretwegen ein ganzes Gefolge von Männern und Frauen, die für ihr staatsbürgerliches Engagement bekannt sind. Als hätte sie geahnt, welche Rolle diese 25 Freunde einst spielen würden, gibt sie ihnen einen Namen: das *Collège des médiateurs*.

Ganz unmerklich, ohne den Wunsch geäußert zu haben, werde ich aufgrund meines Alters und meines Titels eines *Ambassadeur de France* zu dessen Wortführer.

* *Sans domicile fixe*, Obdachlose. (Anm. d. Übers.)

Vor dem nüchternen, eleganten Bühnenbild des *Tartuffe*, den Zuschauerrängen gegenüber, sind Germaine Tillion, Laurent Schwartz, Lucie und Raymond Aubrac, Paul Ricœur, Edgar Morin, Paul Bouchet, Jacqueline Costa-Lascoux, Admiral Sanguinetti, Jean-Pierre Vernant, Monique Chemillier-Gendreau, die Padres Berjonneau, Costes und Madelin, Pastor Louis Schweitzer und ich zu einer Pressekonferenz unter der Leitung von Noël Copin versammelt.

Auf den Rängen die afrikanischen Familien, ihre schreienden Babies, ihre würdevollen, angespannten Vertreter, die Repräsentanten der Hilfsorganisationen, MRAP *(Mouvement contre le rassisme et pour l'amitié des peuples)*, GISTI *(Groupement interassociatif de soutien aux travailleurs immigrés)*, Droit devant!, CIMADE, Monseigneur Gaillot, Léon Schwartzenberg. In einem Winkel des großen Saals sitzt Ariane Mnouchkine und teilt an alle ihre menschliche Wärme und Getränke aus.

Wir geben folgende Erklärung ab: Eine globale Legalisierung komme nicht in Frage, es gelte, durch eine Überprüfung der Situation jedes einzelnen Falles das beste Ergebnis zu erreichen. Das Problem müsse aber auch in einem größeren Zusammenhang gesehen werden: die unmenschlichen und absurden, die Immigration betreffenden, legislativen, administrativen und richterlichen Praktiken in Frankreich wie in ganz Europa.

Was für Vermittler würden diese Frauen und Männer wohl sein, von denen die meisten mir so nahestehen und manch einer mir wiederholte Male in meinem Leben ein Vorbild oder Symbol für etwas gewesen ist? Was für ein Gewicht würden wir zusammen haben?

Und so beginnt eine ermüdende und ziemlich aufwühlende Jagd nach einem Mindestmaß an Glaubwürdigkeit. Zunächst einmal in den Augen der Afrikaner und der sie unterstützenden Verbände, die für sie und mit ihnen eine pauschale Regelung fordern. Und dann bei den Behörden, die nichts von Vermittlern wissen und sich an die geltenden Verordnungen halten wollen, um Aufenthaltsgenehmigungen nur denen zu erteilen, die unter die gesetzlich festgelegte Kategorie »ausländische Eltern französischer Kinder« fallen. Alles, was darüber hinausgehe, sei geradezu eine »Aufforderung«, die die »Invasion« Frankreichs durch die »Horden« aus dem Süden nach sich ziehen würde.

Wir nehmen eine Zwischenposition ein, so offen wie möglich, aber nicht unvereinbar mit dem Gesetz: die Legalisierung von Fall zu Fall, allerdings in einem Rhythmus und nach Kriterien, die all jenen eine dauerhafte Aufnahme in die französische Gesellschaft ermöglichen, die sich als integrationswillig und -fähig erweisen.

Aus Mangel an einer anderen Perspektive akzeptieren die Vertreter der Afrikaner zwar widerwillig, doch in erster Linie darum bemüht, solidarisch zu bleiben, unsere Hilfe bei der Durchsetzung dieser Lösung. Inzwischen haben sie, nachdem sie das grüne schattige Vincennes verlassen mußten, in einer Güterhalle der SNCF *(Société nationale des chemins de fer)* nicht weit von der Gare de l'Est Unterschlupf gefunden, deren Tore ihnen von den Eisenbahngewerkschaftern der CFDT *(Confédération française démocratique du travail)* unbefugterweise geöffnet worden sind.

Jetzt müssen wir nur noch die öffentlichen Stellen dazu bringen, uns als Vermittler zu akzeptieren. Nichts zwingt sie dazu. Durch diverse, von den besten Journalisten unternommene Schritte und Mitteilungen seitens der Presse glauben wir an dem Tag, als die nächsten Mitarbeiter des Premierministers uns zu empfangen beschließen, am Ziel angelangt zu sein. Sie einigen sich mit uns auf einen Rechtsweg, der, wie es scheint, unseren Kriterien und unserer Ungeduld, eine Lösung zu finden, entspricht: Er würde nur einen verschwindend geringen Teil der *sans-papiers* unberücksichtigt lassen. Diese müßten in ihr Land zurückkehren, wobei sie jedoch finanzielle Hilfe für ihren Neuanfang bekämen.

Auf diese Weise *de facto*, wenn nicht gar *de jure* zu Vermittlern geworden, beobachten wir die intensive, überstürzte Arbeit der Mitarbeiter der *Direction générale de la police*, die die Aktion insgesamt zentralisieren soll: Sie haben den Auftrag, an die 300 Akten einer »wohlwollenden« Prüfung zu unterziehen. Der Generaldirektor überreicht uns über 200 Vorladungen, die wir am Abend des 24. Mai an die Afrikaner und Afrikanerinnen verteilen, deren Hände sich in der Hoffnung, es handle sich um ebenso viele Legalisierungen, danach ausstrecken. An jenem Abend herrscht in der nur dürftig erleuchteten Güterhalle der Rue Pajol große Aufregung. Acht Tage zuvor ist ein Hungerstreik begonnen worden, der uns besondere Sorgen bereitet: Frauen und Kinder laufen Gefahr, daß die Vereinigung *Médecins du monde* in einer angespannten Stimmung Hilfe zu leisten versucht; militante Vereinigungen stellen unsere Vorgehensweise in Frage, die ihnen naiv und unergiebig zu sein scheint. Manche der Afrikaner, die niemandem trauen, drohen, auf die Straße zu gehen. Werden sich die Gemäßigten durchsetzen?

Tags darauf erfahren wir, daß der Hungerstreik zu Ende ist und die Gespräche wiederaufgenommen werden. Hat unsere Mittlerschaft ihre wichtigste Hürde genommen?

Es wird vereinbart, daß die Berater des Premierministers, die uns zu unserem Beitrag zur Schlichtung des Konflikts beglückwünschen, uns über die Vorschäge zur Legalisierung, die ihnen die Präfektur unterbreiten muß, auf dem laufenden halten. Die Tage vergehen. Die Afrikaner werden ungeduldig. Sie alle haben mitgespielt, den Behörden nichts verheimlicht, auch nicht die Details, die es jenen möglich machen würden, sie zu verhaften und, falls sie keine Aufenthaltsgenehmigung erhalten, per »Charterflug« nach Hause zu schicken. Alles wird vom Umfang der Legalisierungen abhängen. Dreiviertel der geprüften Akten? Vierfünftel?

Ich telefoniere ständig und verlange für uns unverzüglich eine entscheidende Unterredung im Matignon: um die Angebote der Präfektur zu erfahren und den Premierminister zu einer deutlich großzügigeren politischen Geste zu bewegen. Kurz, um unsere Mittlertätigkeit zu einem Ergebnis zu führen.

Die Niederlage ist schmerzlich. Am 26. Juni um 11 Uhr wird mir per Telefon ein Zusammentreffen mit den Mitarbeitern des Premierministers noch am selben Mittag vorgeschlagen. Sieben der Mittler können sich freimachen, und wir treffen uns im Matignon, um das so sehnlich erwartete Gespräch einzuleiten.

Als man uns eröffnet, daß in weniger als 15 % der überprüften Fälle eine Aufenthaltsgenehmigung gewährt werden könne, reagieren wir heftig: Eine solche Entscheidung sei inakzeptabel, mache jegliche Beruhigung der Lage unmöglich, entspreche in keiner Weise den geforderten Kriterien. Es gelte, den Beschluß unter unserer Mitwirkung neu zu überdenken. Als wir um halb zwei Uhr den Matignon verlassen, sind wir fest entschlossen, uns hiermit nicht zufriedenzugeben.

Nun hat aber AFP um Viertel nach zwölf, während wir uns mit den Mitarbeitern des Premierministers unterhielten, ein Kommuniqué des Innenminsteriums verbreitet, das 48 Legalisierungen ankündigt, von denen nur 22 »unseren« Afrikanern in der Rue Pajol gelten, mit dem Zusatz, daß von den übrigen *sans-papiers* keiner in Frankreich bleiben dürfe. Wir sind schamlos hinters Licht geführt worden. Jetzt können wir uns nur noch an den Staatspräsidenten wenden. Oder uns, zur Wiederaufnahme unserer Bemühungen, nach einer weiteren offiziell mit einer Mittleraufgabe betrauten Instanz umsehen.

Erneut berufen wir in der Cartoucherie von Vincennes, vor demselben Bühnenbild des Théâtre du Soleil, eine Pressekonferenz ein, um unser Scheitern und unsere Empörung publik zu machen und die Regierung an ihre Verantwortung zu erinnern. Meine Frau hat mich bei jeder einzelnen Etappe dieser seltsamen Mittlertätigkeit stets begleitet. Als die anderen zu Ende gesprochen haben, meldet sie sich zu Wort und verliest den folgenden Text:

»Ich bin weder Mittlerin noch Mitglied irgendeiner Vereinigung, sondern lediglich eine Staatsbürgerin. Als Ehefrau eines Mittlers war ich während der vergangenen zwei Monate eine stumme Zeugin: Auf sicherem Posten in ihren behaglichen Büros treffen Verantwortliche, denen es in erster Linie um ihre Karriere, vielleicht auch um die nächsten Wahlen geht, seelenruhig kaltblütige Entscheidungen über Unterlagen, die sie nicht kennen: Sie werden von subalternen Ressorts bearbeitet, deren Vertreter ob ihres Einsatzes unser aller Respekt verdienen.

Wir sehen hinter jeder Akte, jedem Namen ein Gesicht, ein menschliches Wesen in den Fängen einer komplexen Rechtssprechung, die es hilflos, ja, verzweifelt werden läßt.

Während die maßgeblichen Funktionäre kein einziges Mal Interesse gezeigt haben, in die Güterhalle der Rue Pajol zu gehen und die aufzusuchen, mit denen sie sich zu befassen glauben, haben wir zwei Monate lang die Ängste und enttäuschten Hoffnungen dieser 300 Afrikaner geteilt; wir haben sie ein wenig kennengelernt, sie in ihrer menschlichen Realität, Solidarität, ihrer Würde und in ihrem Widerstand gegen so manche Repression, so manche demagogischen und aufwiegelnden Worte erlebt. Wir sind Frauen begegnet, die sich unter den schwierigsten Bedingungen, und ohne sich gehenzulassen, um ihre kleinen Kinder kümmern. Wir haben Schwangere gesehen, die mit Angst und Tränen ihr Kind trugen. Als Frau teile ich ihre Sorgen und bewundere ihren Mut.

Ich habe aber auch Mittler gesehen, die durch ihr Engagement nichts zu gewinnen hatten und nicht mehr zu beweisen brauchen, wer sie sind. Sie haben sich einzig und allein von ihrer Großmut leiten lassen, aber auch im Namen ihrer Ethik und der Prinzipien, die sie von jeher vertraten, gehandelt. Ich habe gehört, wie sie von manchen kritisiert, und gesehen, wie sie von Leuten, die ihnen nicht das Wasser reichen können, in deren Händen aber die Entscheidungsgewalt liegt, verspottet wurden.

Sie lassen sich von solchen Verletzungen nicht erschüttern, mich erfüllen sie jedoch mit unendlicher Bitterkeit.

Ich habe unter den Gleichgesinnten einzigartig hingebungsvolle und hartnäckige Menschen kennengelernt. Ich habe aber auch andere gesehen, deren Rolle undurchsichtiger, demagogischer, vielleicht auch politischer war. Ihnen sage ich, daß sie ein verhängnisvolles Spiel betreiben, für das allein die Afrikaner werden zahlen müssen.

Schließlich möchte ich den Afrikanern sagen, daß sie die Wogen der Sympathie und Solidarität, die ihnen unermüdlich entgegengebrachte Hilfe nicht bestreiten können. Ein Mißerfolg bedeutet nicht das Ende der Welt. Jeder von uns hat Augenblicke der Verzweiflung erlebt. Manchmal sogar noch schlimmere. Jedem fallen noch tragischere Situationen in Afrika, in Liberia, Somalia, Ruanda, Burundi ein... Man begegnet aber auf seinem Weg immer wieder Solidarität, Großzügigkeit, die einen an den Menschen glauben lassen. So etwas erlebt zu haben verpflichtet einen auch anderen gegenüber. Die Afrikaner können ihrem Heimatkontinent gegenüber ihre Solidarität beweisen. Sie können ihm dienen.

Neulich abend wurde General Oufkirs Tochter im Fernsehen bei ihrer Ankunft in Frankreich interviewt: Man fragte sie, warum sie gerade in diesem Land Asyl suche. Sie antwortete ganz einfach, daß sie in ihrer Zelle von Frankreich als dem Symbol für Gastfreundschaft und Menschenrechte geträumt habe. ›*I have a dream*‹: Möge mein Land seine Werte wiederentdecken.«

Diese Worte von Christiane geben meiner Ansicht nach sehr treffend wieder, welche Bedeutung unserem Engagement beigemessen werden sollte. Sein Wert liegt in seinem Fortbestehen.

Nach der ersten Niederlage haben die Afrikaner nicht aufgegeben. Da sie zum Verlassen der Cartoucherie gezwungen waren, besetzten sie mit der vom Evangelium abgesegneten Erlaubnis Pater Coindés, dem Pastor der Gemeinde, die Kirche Saint-Bernard im Herzen des ärmsten Pariser Viertels, La Goutte-d'Or. Zehn von ihnen, die weder auf die Ratschläge ihrer Vertreter noch auf die Beschwörungen der »Vermittler« hören wollten, begannen dort einen Hungerstreik. Ihr mit einem ausgeprägten Sinn für Verantwortung und einem unerschütterlichen Solidaritätswillen geführter Kampf dauerte 50 Tage. Am 23. August räumten 1100 Bereitschaftspolizisten brutal die Kirche, ohne daß die immer unentwirrbarer gewordene Situation dadurch beendet worden wäre. Die Regierung, die zunächst noch zurückgeschreckt war und die Zahl der Aufenthaltsgenehmigungen verdoppelt hatte, ohne dabei ihre Willkürherrschaft aufzugeben, hat sich mit ihren zur Erniedrigung der Afrikaner angewandten Methoden – denen diese allerdings standzuhalten vermochten – mit Schande bedeckt.

Unser Kampf, unsere Pseudo-Vermittlung, die im Juni jammervoll gescheitert zu sein schien, profitierte in dem Maße, wie die Zahl der *sans-papiers*-Kollektive in Frankreich und im übrigen Europa anstieg, zunehmend von der Unterstützung der Zeitungen, Medien, Gewerkschaften sowie einer wachsenden Fraktion von Politikern.

So bestätigt meine Erfahrung mit den *sans-papiers* von Saint-Bernard, die in meiner Erinnerung noch so lebendig ist, weil sie sich nach Beendigung meines Manuskripts ereignete, den Zusammenhang, den ich zeit meines Lebens zwischen der Vermittlung, ihrem Scheitern und Wiederaufleben gesehen habe. Irgendwo in mir gibt der Vermittler nie auf. Die Hoffnung, die er in sich hat entstehen lassen, mag zwischendurch Eklipsen unterliegen. Manche können zehn Tage, zehn Jahre, ein Jahrhundert dauern. Aber während einer solchen Finsternis können neue Hoffnungen entstehen, die weiter reichen als die vorübergehend verblaßte. Und meine existentiellste Entscheidung besteht darin, der Vorbote dieses immer wieder neuen Ausgleichs zu bleiben.

Mir fällt noch ein, daß ich im Zeichen der Waage geboren wurde – auf Lateinisch *libra*, eine starke Wurzel, der das Buch *(livre)* und die Freiheit *(liberté)* entstammen, das Sternzeichen auch dessen, der nicht aufhört, das Für und das Wider gegeneinander abzuwägen.

Mir fällt ein, daß ich, als ich mit drei Jahren so entschieden auf dem Namen Kadi bestand, dem moslemischen Richter, jenem Schlichter in Streitfragen, huldigte.

Mir fällt ein, daß ich als in Deutschland geborener Franzose zu keinem Zeitpunkt, nicht einmal in meiner Angst bei den Verhören, aufgehört habe, nach der Begegnung dieser beiden Kulturen, dieser beiden Völker zu trachten, die gemeinsam die potentiellen Mittler zwischen den Gewalttaten der Vergangenheit und dem die Zukunft prägenden Gleichgewicht sein würden.

Mir fällt ein, daß ich bei der Lektüre des ersten großen Romans, der mich als Jüngling begeisterte, die *Wahlverwandtschaften*, auf eine eher bescheidene, jedoch entscheidende Figur stieß, die Goethe Mittler nannte. Ein Name, der eben diese vermittelnde Funktion beschreibt, die sich die vier Romanhelden nicht zunutze machen konnten. Da seine Vermittlung scheitert, da die Leidenschaft den Sieg über die Weisheit davonträgt, symbolisiert der Mittler – über den Roman hinaus – die Forderung nach einer freieren, harmonischeren Gesellschaft.

Von allen langen Rilke-Gedichten besingt gerade das eine, das auswendig zu können mich am meisten mit Stolz erfüllt, Hermes' gescheiterte Vermittlung zwischen Orpheus und Eurydike. Seine letzten Verse zeugen von der Melancholie des Gottes, der der schon zur Wurzel gewordenen jungen Frau nachsieht, ihr, die, nachdem der Geliebte nicht umhin konnte, sich nach ihr umzuwenden, »unsicher, sanft und ohne Ungeduld« in die Unterwelt zurückkehrt.

Es gibt keine gelungene Vermittlung. Eine jede öffnet jedoch, gerade ob ihres Scheiterns, den Weg zu einer nächsten, weiter gesteckten, die ihrerseits scheitern wird. Aus dieser nicht enden wollenden Verkettung ist die unerschrockene Geschichte unserer Gattung geschrieben.

KLEINES BREVIER VON A–Z

Abkürzungen (vgl. auch S. 384ff.)

ADRI *Association de documentation et de recherche sur l'immigration*
AFP *Agence France-Presse*
ALN *Armée de libération nationale*
BCRA *Bureau central de renseignement et d'action.* 1941 umbenannt in *Bureau de contre-espionnage, de renseignement et d'action*
CFDT *Confédération française démocratique du travail*
CFLN *Comité français de libération nationale*
CSG *Contribution sociale généralisée*
DGER *Direction générale des études et de la recherche*
ENA *École nationale d'administration*
EVG Europäische Verteidigungsgemeinschaft
FFL *Forces françaises libres*
FLN *Front de libération nationale*
FAO *Food and Agriculture Organization*
FRODEBU *Front démocratique burundais*
GAPS *Groupement d'action pour la paix et la solidarité*
GATT *General Agreement on Tariffs and Trade*
GISTI *Groupement interassociatif de soutien aux travailleurs immigrés*
GLAM *Groupement de liaisons aériennes ministérielles*
GPRA *Gouvernement provisoire de la république algérienne*
IAA Internationales Arbeitsamt
ICAO *International Civil Aviation Organization*
IFU Internationale Fernmeldeunion
IKRK Internationales Komitee vom Roten Kreuz
IMC *International Maritime Committee*
MRAP *Mouvement contre le rassisme et pour l'amitié des peuples*
MRP *Mouvement républicain populaire*
OAS *Organisation de l'armée secrète*
OCI *Office de coopération industrielle*
OPEC *Organization of the Petroleum Exporting Countries*
ORTF *Office de radiodiffusion-télévision française*
PCF *Parti communiste français*
PMA *Pays les moins avancés*
PS *Parti socialiste*
PSU *Parti socialiste unifié*
RAF *Royal Air Force*
RPF *Rassemblement du peuple français*
RMI *Revenu miminum d'insertion*
SDECE: *Service de documentation extérieure et de contre-espionnage*
SDF *Sans domicile fixe*
SFIO *Section française de l'Internationale ouvrière*
SNCF *Société nationale des chemins de fer français*
Sonacotra *Société nationale de construction pour les travailleurs immigrés*
STO *Service du travail obligatoire*
UNCTAD *United Nations Conference on Trade and Development* (Welthandelskonferenz)
UNESCO *United Nations Educational, Scientific and Cultural Organization*
UNDP *United Nations Development Programme*
WAAF *Woman Auxiliary Air Force*
WHO *World Health Organization*
WMO *World Meteorological Organization*

Die Vereinten Nationen

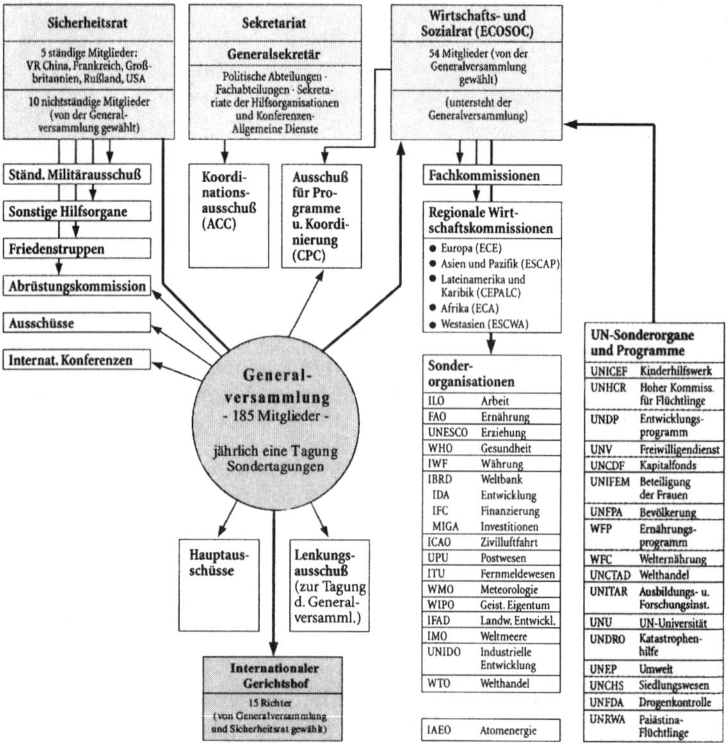

Entnommen mit freundlicher Genehmigung aus:
Der Fischer Weltalmanach 1998. Hg. v. Mario von Baratta
© Fischer Taschenbuch Verlag GmbH, Frankfurt a. M. 1997

UN-Generalsekretäre (vgl. auch S. 384ff.)

1946-53 Trygve Halvdan Lie (Norwegen)
1953-61 Dag Hammarskjöld (Schweden)
1961-71 Sithu U Thant (Birma)
1971-81 Kurt Waldheim (Österreich)
1982-91 Javier Perez de Cuellar (Peru)
1992-97 Boutros Boutros-Ghali (Ägypten)
Seit 1997 Kofi Annan (Ghana)

Französische Staatspräsidenten und Ministerpräsidenten/Premierminister 1932–1998

III. Republik (Ende)
Staatspräsident:
Albert Lebrun (1932-40)
Ministerpräsident:
Léon Blum (1936)
Camille Chautemps (1937-38)
Léon Blum (1938)
Edouard Daladier (1939)
Paul Reynaud (1940)
Henri Philippe Pétain (1940)

Vichy-Regierung
Marshal Henri Philippe Pétain/
Pierre Laval (1940)
Marshal Henri Philippe Pétain/
Pierre-Etienne Flandin (1940)
Marshal Henri Philippe Pétain/
François Darlan (1941)
Pierre Laval (1942)

Die Provisorische Regierung
Charles de Gaulle (1944-46)
Felix Gouin (1946)
Georges Bidault (1946)
Léon Blum (1946)

IV. Republik
Staatspräsident:
Vincent Auriol (1947-53)
Ministerpräsident:
Paul Ramadier (1947)
Robert Schumann (1947-48)
André Marie (1948)
Robert Schumann (1948)
Henri Queuille (1948-49)
Georges Bidault (1949-50)
Henri Queuille (1950)
René Pleven (1950-51)
Henri Queuille (1951)
René Pleven (1951-52)
Edgar Faure (1952)
Antoine Pinay (1952-53)
René Mayer (1953)
Staatspräsident:
René Coty (1953-59)
Ministerpräsident:
Joseph Laniel (1953-54)
Pierre Mendès France (1954-55)
Edgar Faure (1955-56)
Guy Mollet (1956-57)
Maurice Bourgès-Maunoury (1957)
Felix Gaillard (1957-58)
Pierre Pflimlin (1958)
Charles de Gaulle (1958)

V. Republik
Staatspräsident:
Charles de Gaulle (1959-69)
Premierminister:
Michel Debré (1959-62)
Georges Pompidou (1962-68)
Maurice C. de Murville (1968-69)
Staatspräsident:
Georges Pompidou (1969-74)
Premierminister:
Jacques Chaban-Delmas (1969-72)
Pierre Messmer (1972-74)
Staatspräsident:
Valéry Giscard d'Estaing (1974-81)
Premierminister:
Jacques Chirac (1974-76)
Raymond Barre (1976-81)
Staatspräsident:
François Mitterrand (1981-95)
Premierminister:
Pierre Mauroy (1981-84)
Laurent Fabius (1984-86)
Jacques Chirac (1986-88)
Michel Rocard (1988-92)
Edith Cresson (1992)
Pierre Bérégovoy (1992-93)
Edouard Balladur (1993-95)
Staatspräsident:
Jacques Chirac (seit 1995)
Premierminister:
Alain Juppé (1995-97)
Lionel Jospin (seit 1997)

Action française Rechtsradikale frz. Bewegung, Ende 1898 gegründet. Verfechter einer autoritär-antiparlamentarischen Politik mit dem Ziel der Errichtung einer Erbmonarchie. 1936 von der Volksfrontregierung verboten. Unterstützte ab 1940 das Vichy-Regime.

Algerien Seit 1891 Teil des frz. Mutterlandes. Zum Algerienkrieg s. **Front de libération nationale.**

baccalauréat Abschlußexamen an einem *lycée*, gleichzeitig erstes Hochschuldiplom.

Bandung-Konferenz Erste afroasiatische Konferenz im April 1955, auf der 23 asiatische und sechs afrikanische Staaten vertreten waren und die fünf von Nehru formulierten »Prinzipien der friedlichen Koexistenz« verabschiedet wurden.

Belkassem Krim (1922-1970) Algerischer Politiker. Mitglied des Revolutionsrates der FLN. 1956-62 stellvertretender Ministerpräsident. 1960-62 zugleich Außenminister der Exilregierung. 1970 in Frankfurt/M. ermordet.

Ben Bella, Mohammed Ahmed (*1916) Algerischer Politiker. 1952 Flucht nach Kairo und Anschluß an die FLN. 1952-62 in frz. Haft. 1962 Ministerpräsident, dann Staatspräsident mit ausgedehnten Vollmachten und Generalsekretär der FLN. 1965 Sturz durch Militärputsch. 1990 Rückkehr aus dem Exil.

Biafra 1967 scheiterte der Versuch des in Südostnigeria ansässigen Volkes der Ibo, einen eigenen Staat, Biafra, zu gründen, mit ihrer Niederlage im Bürgerkrieg. 1970 Reintegration in den nigerianischen Staat.

Bidault, Georges (1899-1983) Frz. Politiker. Seit 1943 Präsident des *Conseil national de la résistance.* Leitete in dieser Funktion den Pariser Aufstand von August 1944. 1944-46, 1947/48 und 1953/54 Außenminister. 1946 sowie 1949/50 Ministerpräsident. Entschiedener Gegner der Algerienpolitik de Gaulles. Seit 1959 Präsident des *Rassemblement pour l'Algérie française.* Mitglied der OAS. 1962-68 im Exil in Brasilien und Belgien.

Blum, Léon (1872-1950) Frz. Politiker. Gründete 1902 zusammen mit Jean Jaurès die *Parti socialiste français* (seit 1905 SFIO). 1936/37 Ministerpräsident. Setzte weitreichende soziale Reformen durch. Verbot der faschistischen Wehrverbände. 1940 Verhaftung. 1943-45 in verschiedenen KZs. 1946/47 erneut Ministerpräsident.

Boumedienne, Houari (1927-1978) Algerischer Offizier und Politiker. 1954 Anschluß an die FLN. Seit 1960 Generalstabschef der Befreiungsarmee und Kommandeur der algerischen Truppen in Tunesien und Marokko. Seit 1962 Verteidigungsminister. Seit 1965 an der Spitze eines Revolutionsrates, der Ben Bella absetzte und bis zur Annahme einer neuen Verfassung die exekutive Gewalt ausübte. 1976 Staatspräsident.

Bourguiba, Habib (*1903) Tunesischer Politiker. Zwischen 1934 und 1954 mehrfach in frz. Haft. Seit 1956 Ministerpräsident. 1957-1987 Staatspräsident.

Bretton Woods Ort in New Hampshire/USA. Die in Bretton Woods am 23. Juli 1944 geschlossenen Verträge über die Gründung des Internationalen Währungsfonds und der

Weltbank werden nach diesem Tagungsort *Bretton-Woods-Abkommen* genannt.
Bunche, Ralph Johnson (1904-1971) amerikanischer Diplomat. Seit 1949 im Dienst der UN. 1949 Vermittlung eines Waffenstillstands im ersten Israelisch-Arabischen Krieg. 1950 Friedensnobelpreis.
Carter, James Earl (»Jimmy«) (*1924) 39. Präsident der USA (1977-81). Demokrat. 1979 Vermittlung des Israelisch-Ägyptischen Friedensvertrags.
Cassin, René (1887-1976) Frz. Jurist und Politiker. 1924-39 Mitglied der frz. Delegation beim Völkerbund. Maßgeblich an der Abfassung der Menschenrechtserklärung der UN (1948) beteiligt. 1965-68 Präsident des Europäischen Gerichtshofs der Menschenrechte.
Chemin-des-Dames 30 km langer Weg im Département Aisne, zwischen den Flüssen Aisne und Ailette, südlich von Laon. Im Ersten Weltkrieg Schauplatz schwerer Kämpfe.
Cheysson, Claude (*1920) Frz. Diplomat und Politiker. Sozialist. 1966-69 Botschafter in Indonesien. 1973-81 EG-Kommissar für Entwicklungshilfe. Maßgeblich beteiligt am Abkommen von Lomé (1975) mit den AKP-Staaten (69 Entwicklungsländer in Afrika, der Karibik und im Pazifik, die durch dieses Abkommen der EWG assoziiert sind). 1981-85 Außenminister. 1985-89 EG-Kommissar für den Mittelmeerraum und die Nord-Süd-Beziehungen. Seit 1989 Mitglied des Europäischen Parlaments.
Chirac, Jacques (*1932) Frz. Politiker. 1972-74 Landwirtschaftsminister. 1974 Innenminister. 1974-76 und 1986-88 Premierminister. 1974/75 Generalsekretär der gaullistischen UDR (*Union des démocrates pour la république;* seit 1958 ständig an der Regierung beteiligte stärkste Partei; 1976 von Chirac zum *Rassemblement pour la république*, RPR, umgewandelt). Seit 1977 Bürgermeister von Paris. Seit 1995 Staatspräsident.
Clubs Politische Zirkel für den Meinungsaustausch, operieren nicht als politische Partei.
Combat 1940 gegründete Gruppe der Résistance im Süden Frankreichs.
Comité français de libération nationale (CFLN) Frz. Komitee der nationalen Befreiung (Résistance). 1943 in Algier gegründet. Ausschuß aus führenden Mitgliedern des *Comité national français* und der sich vom Vichy-Regime abwendenden politisch-militärischen Kräfte in Nordafrika. Von den frz. überseeischen Gebieten als Regierung anerkannt. 1944 Umwandlung in die Provisorische Regierung der Französischen Republik unter de Gaulle.
Commandeur de la Légion d'honneur Erster Grad in der Ehrenlegion, der höchsten frz. Auszeichnung für hervorragende Leistungen im Dienste der Nation.
Confédération française démocratique du travail (CFDT) Sozialistisch orientierte Gewerkschaft.
Conseil national de la Résistance (CNR) Zusammenschluß der Widerstandsorganisationen im besetzten Frankreich, im Mai 1943 von Jean Moulin gegründet.
Compagnie des apôtres de la paix Orden der Friedensapostel.
Croix de feu 1927 gegründete frz. Frontkämpferorganisation. Halbfaschistische Organisation mit nationalistischer, autoritär-antiparlamentarischer Zielsetzung. 1936 von der Volksfrontregierung verboten.

Darlan, François (1881-1942) Frz. Admiral. Seit 1939 Oberbefehlshaber der frz. Marine. Seit 1940 Handels- und Marineminister der Vichy-Regierung. Seit 1941/42 zusätzlich Vizepräsident des Ministerrates, Außen- und Informationsminister, kurzzeitig auch Innenminister und anschließend Verteidigungsminister. Seit 1942 Oberkommandierender der frz. Streitkräfte. Schloß bei der Landung der Alliierten in Nordafrika im geheimen Einverständnis mit Pétain, der offiziell bereits seiner Ämter enthoben war, einen Waffenstillstand. Von einem Anhänger de Gaulles ermordet.
Deferre, Gaston (1910-1986) Frz. Politiker. Sozialist. 1944/45 und 1953-86 Bürgermeister von Marseille. 1964/65 und 1969 Präsidentschaftskandidat. 1981-84 Innenminister.
Delors, Jacques (*1925) Frz. Politiker. 1974 Anschluß an die PS. 1981-84 Wirtschafts- und Finanzminister. Seit 1985 Präsident der EG-Kommission.
Dien Bien Phu Ort in Vietnam. 1954 wurden hier frz. Truppen von den Vietminh eingeschlossen und kapitulierten. Dies gilt als entscheidende Niederlage Frankreichs in der ersten Phase des Vietnamkrieges.
Diouf, Abdou (*1935) Senegalesischer Politiker. 1970-80 Ministerpräsident. Seit 1981 Staatspräsident.
Drôle de guerre Dt. Sitzkrieg. Die erste Phase des Zweiten Weltkriegs (4.9.1939-Mai 1940), in der es kaum zu frz.-dt. Kampfhandlungen kam.
Dulles, John Foster (1888-1959) Amerikanischer Politiker. Republikaner. 1945-50 Delegierter der USA bei den UN. Als Außenminister unter Eisenhower (1953-59) Versuch, durch ein globales Netz von Sicherheitspakten (u.a. NATO) dem Kommunismus zu begegnen. Seine Politik des *Containment*, ergänzt durch den Gedanken der Vergeltung und des *Roll back*, stieß seit Ende der fünfziger Jahre auf zunehmende Kritik im Westen.
École nationale d'administration (ENA) Elitehochschule zur Ausbildung des Nachwuchses für hohe Staatsämter. 1945 gegründet.
École normale supérieure Eliteschule für angehende Gymnasiallehrer und Universitätsprofessoren, seit 1794.
Élysée, Palais de l'Élysée Sitz des frz. Staatspräsidenten in Paris, für dessen Amt auch symbolisch gebraucht.
Europäische Verteidigungsgemeinschaft (EVP) Versuch, zur Zeit des Kalten Krieges eine effektive Verteidigungsmacht der späteren EWG-Staaten (Frankreich, BRD, Niederlande, Belgien, Italien, Luxemburg) zu schaffen, die Wiederbewaffnung der BRD in dieser Organisation aufzufangen und die europäische Einigung zu fördern. Der am 27. Mai 1952 abgeschlossene Vertrag scheiterte am 30. August 1954 in der Frz. Nationalversammlung an den Bedenken Frankreichs gegenüber einem Souveränitätsverzicht.
Évian-les-Bains Heilbad am Genfer See. Am 18. März 1962 wurde hier das Abkommen zwischen Frankreich und der algerischen Befreiungsfront (FLN) unterzeichnet, das Algerien Frieden und Unabhängigkeit zusicherte.
Faure, Edgar (1908-1988) Frz. Jurist und Politiker. 1943/44 Mitglied des Nationalen Befreiungskomitees in Algier. 1945/46 einer der frz. Anklagevertreter im ersten Nürnberger Kriegsverbrecherprozeß. Seit 1950 mehrfach Minister. 1952 sowie 1955/56 Ministerpräsident. 1979-81 Mitglied des Europäischen Parlaments.
Forces françaises libres (FFL) Von de Gaulle in London gegründete Truppen der *France libre*.

Fouchet, Christian (1911-1974) Frz. Diplomat und Politiker. 1954/55 Minister für Tunesien und Marokko. 1962 letzter frz. Hochkommissar in Algerien. 1962-67 Erziehungsminister. 1967/68 Innenminister. Setzte sich für eine europäische Einigung ein.

France libre Freies Frankreich. Franzosen, die nach der Niederlage Frankreichs 1940 das Vichy-Regime nicht anerkannten und sich General de Gaulle nach dessen legendärem Aufruf *(appel du 18 juin)* zur Fortsetzung des Kampfes anschlossen. Politisches Führungsorgan war das 1941 von de Gaulle in London gegründete *Comité national français*.

Franc-Zone Währungsgebiet des frz. Franc.

Front de libération nationale (FLN) Nationale Befreiungsfront (Algeriens). 1954 in Kairo gegründet als Sammlungsbewegung aller Gruppen, die für die Unabhängigkeit Algeriens von Frankreich kämpften. Unter ihrer Führung brach 1954 in Algerien offener Widerstand gegen Frankreich aus. Nach der Gewährung der Unabhängigkeit für Marokko und Tunesien durch Frankreich (1956) und den infolgedessen vermehrten Unruhen in Algerien Verabschiedung eines Autonomiegesetzes auch für Algerien im Jahre 1958. Daraufhin Erhebung frz. Offiziere und Siedler gegen die Pariser Regierung (13. Mai 1958) und Bildung von »Wohlfahrtsausschüssen«, die ein frz. Algerien fordern und General de Gaulle zur Machtübernahme in Frankreich auffordern. Im September 1958 Bildung einer provisorischen Regierung der algerischen Republik zunächst in Tunis, dann in Kairo. Nach Erlangung der Unabhängigkeit Algeriens (1962) Umformung der FLN zur Einheitspartei mit sozialistischem und arabisch-nationalistischem Programm. 1989 Aufgabe des Führungsanspruchs und Zulassung der Neugründung anderer Parteien.

Front national (FN)
1. Frz. Widerstandsorganisation im Zweiten Weltkrieg. Von der PCF ins Leben gerufen, doch auch Mitglieder anderer politischer Parteien beteiligten sich daran. Mit Hilfe ihrer bewaffneten Kräfte *(Francs-tireurs et partisans français)* war die FN eine der wirkungsvollsten Kräfte der Résistance.
2. Rechtsextreme frz. Partei, 1972 gegründet. Vorsitzender: Jean-Marie Le Pen. Vertritt eine autoritäre Staatsidee und ein nationalistisches Programm mit fremdenfeindlichen Vorstellungen.

Front populaire (FP) 1934 gebildete Parteienkoalition in Frankreich aus Kommunisten, Sozialisten und Radikalsozialisten. Bereits 1934 hatten Kommunisten und Sozialisten einen »Aktionspakt gegen den Faschismus« geschlossen. Mai 1936 hoher Wahlsieg der FP. Bildung einer Regierung aus Sozialisten und Radikalsozialisten unter Léon Blum mit parlamentarischer Unterstützung durch die Kommunisten. Durchführung weitreichender Reformen, doch Scheitern an inneren Spannungen, an wirtschaftlichen Schwierigkeiten und am Mißtrauen der Unternehmer. 1937 Rücktritt Blums.

Gaulle, Charles de (1890-1970) Frz. General und Politiker. Am 6. Juni 1940 zum Unterstaatssekretär für Nationale Verteidigung ernannt. Am 18. Juni, nach der frz. Kapitulation, Aufruf zur Fortführung des Krieges in seiner Londoner Rundfunkrede. Erklärte sich zum legitimen Repräsentanten Frankreichs. Galt an der Spitze des Französischen Komitees der Nationalen Befreiung als Chef der frz. Exilregierung, die er im Mai 1944 zur Provisorischen Regierung Frankreichs erklärte. 1945/46 als Ministerpräsident bestätigt, zum Provisorischen Staatsoberhaupt gewählt. 1947-53 Versuch, mit dem *Rassemblement du peuple français* eine politische Machtbasis zu gewinnen, scheitert. Danach Rückzug aus dem öffentlichen Leben. Nach dem Militärputsch in Algerien (13. Mai 1958) ausweglose innenpolitische Situation, in der de Gaulle mit der Bildung einer neuen Regierung beauftragt wird, um sowohl die Unabhängigkeit Algeriens (Juli 1962) anzuerkennen wie auch die Staatskrise zu überwinden. Im Dezember zum ersten Präsidenten der V. Republik gewählt. 1963 Unterzeichnung des Deutsch-Französischen Vertrags. Rücktritt am 28. April 1969.

Giscard d'Estaing, Valéry (*1926) Frz. Politiker. 1962-66 und 1969-74 Wirtschafts- und Finanzminister. 1974-81 Staatspräsident.

Hammarskjöld, Dag (1905-1961) Schwedischer Politiker. 1952/53 Leiter der schwedischen UN-Delegation. Seit 1953 Generalsekretär der UN. Versuch, die UN auf die Rolle einer friedensstiftenden Macht in der Welt festzulegen und zu einer treibenden Kraft im Entkolonisierungsprozeß zu machen. September 1961 Absturz mit dem Flugzeug von Léopoldsville (Kinshasa).

Indochina 1887 Zusammenschluß von Vietnam, Laos und Kambodscha in der frz.-indochin. Union. 1945 Rücktritt des vietnam. Kaisers Bao Dai und Proklamation der Demokratischen Republik Vietnam durch Ho Chi Minh.

1. Indochinakrieg 1946-54: Versuch Frankreichs, Vietnam zu rekolonialisieren. 1954 schwere militärische Niederlage und Kapitulation der Franzosen bei Dien Bien Phu. 1954 Genfer Außenministerkonferenz (Garantie der Souveränität von Laos, Kambodscha und Vietnam; provisorische Demarkationslinie am 17. Breitengrad). Danach Unterstützung Nord-Vietnams (Vietminh) durch die UdSSR und China. In Süd-Vietnam Ablösung Frankreichs durch die USA als bestimmender Machtfaktor. Weiterer Krisenherd.

Keynes, John Maynard (1883-1946) Britischer Nationalökonom. Professor in Cambridge. Stellte die Grundlagen der bisherigen ökonomischen Theorie in Frage und löste damit eine lang anhaltende, heftige Diskussion aus. Wurde zum Begründer einer eigenen Richtung der Nationalökonomie, des Keynesianismus. Seit 1941 Beteiligung an den Planungen einer internationalen wirtschaftlichen Neuordnung, konnte seine Vorstellungen auf den Konferenzen von Bretton Woods u.a. jedoch nicht durchsetzen.

Kogon, Eugen (1903-1987) Dt. Publizist und Politikwissenschaftler. 1938 Inhaftierung. 1939-45 KZ Buchenwald. Veröffentlichte 1947 *Der SS-Staat*. Ab 1946 Mitherausgeber der *Frankfurter Hefte*. 1951-68 Professor in Darmstadt.

Kominform 1947-1956 Informationsbüro der kommunistischen und Arbeiterparteien. 1947 auf Initiative Stalins gegründet. Mitglieder waren die kommunistischen Parteien Jugoslawiens (bis 1948), Bulgariens, Rumäniens, Ungarns, Polens, Frankreichs, Italiens und der ČSR. Nach außen hin zwar Demonstration der formellen Gleichheit aller Parteien, doch von Stalin vor allem als Kontrollinstrument benutzt und im Zuge der Entstalinisierung 1956 aufgelöst.

Kuomintang Nationale Volkspartei Chinas. Ging 1912 aus der 1907 von Sun Yat-sen gegründeten politischen Geheimgesellschaft Tongmenghui (»Verschworene Liga«) hervor, die maßgeblich an der Revolution von 1911 beteiligt war. 1927 Bruch Tschiang Kai-scheks mit den Kommunisten und der UdSSR. Seit 1928 Regierungspartei. Nach dem Bürgerkrieg (1945-49) Vertreibung der Kuomintang vom chinesischen Festland und Rückzug nach Taiwan, wo sie seit 1949 staatstragende Partei ist.
Lie, Trygve Halvdan (1896-1968) Norwegischer Politiker. 1935-39 Justizminister. 1939/40 Versorgungsminister. 1941-46 Außenminister der norwegischen Exilregierung. 1946-52 erster Generalsekretär der UN. 1963/64 Industrieminister. 1964/65 Handelsminister.
Maghreb Bezeichnung für die fünf Staaten Algerien, Libyen, Marokko, Mauretanien und Tunesien, die sich 1989 in Marrakesch zu dem Staatenbund der Arabischen Maghreb-Union (AMU) zusammengeschlossen haben.
Mäeutik Sokratische Methode, durch geschickte Fragen die im Gesprächspartner schlummernden, ihm aber nicht bewußten richtigen Antworten hervorzulocken.
Maginotlinie 1929-32 gebautes Befestigungssystem an der Nordostgrenze Frankreichs. Bestand vor allem aus betonierten Stellungen, Panzerhindernissen und Festungswerken. Konnte ihre Verteidigungsfunktion 1940 jedoch nicht erfüllen.
Malraux, André (1901-1976) Frz. Politiker und Schriftsteller. 1945/46 und 1958 Informationsminister de Gaulles. 1947-53 Generalsekretär und Leiter der gaullistischen *Rassemblement du peuple français*. 1959-69 Kultusminister.
Maquis Frz. Partisanengruppen, die sich nach dem militärischen Zusammenbruch Frankreichs 1940 sowohl in der besetzten Nordzone als auch in der noch bis November 1942 unbesetzten Südzone Frankreichs bildeten und vor allem in Savoyen, den Pyrenäen und Burgund gegen die deutsche Besatzungsmacht kämpften.
Marshall-Plan (*European Recovery Program*, ERP) Amerikanisches Hilfsprogramm für Europa. Am 3. April 1948 vom Kongreß verabschiedet. Aufgrund der Ablehnung durch die Ostblockländer auf die politischen Partner der USA beschränkt. Die Hilfe umfaßte Sachlieferungen (Waren, technische Hilfe, Dienstleistungen), Lebensmittel, Rohstoffe und Kredite. Durch den Marshall-Plan wurde die wirtschaftliche Entwicklung und Integration in Europa stark gefördert, so daß die USA leistungsfähige Handelspartner gewannen, die freie multilaterale Handelsbeziehungen ohne Devisenkontrollen oder Importbeschränkungen zulassen konnten.
Matignon, Hôtel Matignon Amtssitz des Premierministers in der Rue de Varenne, symbolisch für dessen Amt gebraucht.
Mendès France, Pierre (1907-1982) Frz. Politiker. 1932-40 und 1946-58 radikalsozialistischer Abgeordneter. Seit 1941 bei de Gaulle. 1944/45 Wirtschaftsminister der Provisorischen Regierung. 1947-58 Gouverneur des Internationalen Währungsfonds. 1954/55 Ministerpräsident. Beendet den frz. Indochinakrieg. Bis 1957 Staatsminister im Kabinett Mollet. 1958 Mitbegründer der *Union des forces démocratiques*. 1960 Mitbegründer der PSU. 1968 Austritt.
Mitterrand, François (1916-1997) Frz. Politiker. Zwischen 1950 und

1957 mehrfach Minister. Sammlung der Linkskräfte in Frankreich in Opposition zur Verfassungs- und Innenpolitik de Gaulles. Wesentlicher Anteil an der Bildung der *Fédération de la gauche démocratique et socialiste.* 1971-80 Generalsekretär der PS. Maßgeblich beteiligt am Zusammenschluß der Sozialisten, Kommunisten und Linksradikalen zur *Union de la gauche.* Mai 1981 Sieg bei den Präsidentschaftswahlen. Mai 1988 erneut zum Staatspräsidenten gewählt. Rücktritt 1995.

Mollet, Guy (1905-1975) Frz. Politiker. 1946-69 Generalsekretär der SFIO. Zeitweilig Vizepräsident der von ihm mitbegründeten Sozialistischen Internationale. 1950/51 Minister für Angelegenheiten des Europarates. 1954-56 Präsident der Beratenden Versammlung des Europarates. 1956/57 Ministerpräsident.

Montgomery, Bernard Law (1887-1976) Britischer Feldmarschall (seit 1944). 1945/46 Oberbefehlshaber der britischen Besatzungstruppen in Deutschland sowie Mitglied des Alliierten Kontrollrates in Berlin. 1951-58 Stellvertretender Oberbefehlshaber der NATO-Streitkräfte.

Mossadegh, Mohammad (um 1880-1967) Iranischer Politiker. 1920-22 nacheinander Justiz-, Finanz- und Außenminister. Seit 1939 Führer der Parlamentsfraktion des *Front National.* 1951 zum Ministerpräsidenten gewählt. 1953 nach Machtkämpfen mit Schah Mohammad Resa Pahlawi durch die Armee gestürzt und zu drei Jahren Haft verurteilt.

Moulin, Jean (1899-1943) Frz. Politiker. Nach der frz. Niederlage im Zweiten Weltkrieg Anschluß an de Gaulle. Seit Januar 1942 Koordination der militärischen Aktivitäten der Résistance im noch unbesetzten Süden Frankreichs. Mai 1943 Zusammenschluß der Widerstandsorganisationen im besetzten Frankreich zum *Conseil national de la résistance* (CNR) durch Moulin. Juni 1943 Gefangennahme durch den Gestapo-Chef von Lyon, Klaus Barbie, stirbt während der Deportation nach Deutschland an den Folgen der Verhöre.

Mouvement Républicain Populaire (MRP) 1944 gegründete Partei der linken Mitte mit christdemokratischer Tendenz.

Myrdal, Gunnar (1898-1987) Schwedischer Nationalökonom und Politiker. 1933-50 sowie 1960-67 Professor in Stockholm. 1945-47 Handelsminister. 1947-57 Leiter der Europäischen Wirtschaftskommission. Seit 1966 Präsident des Stockholmer Internationalen Instituts für Friedensforschung.

Nagib, Ali Muhammad (1901-1984) Ägyptischer Offizier. Juli 1952 Führung des Staatsstreichs gegen König Faruk I. 1952-54 Ministerpräsident. Ab Juni 1953 auch Staatspräsident. 1954 Sturz durch Nasser. 10 Jahre unter Hausarrest. 1971 Rehabilitierung durch Präsident Sadat.

Nasser, Gamal Abd el (1918-1970) Ägyptischer Offizier und Politiker. Mitbegründer des Komitees der freien Offiziere, das König Faruk I. im Juli 1952 stürzte. Danach führende Position im »Rat der Revolution«. Oberbefehlshaber der Streitkräfte und stellvertretender Ministerpräsident. Seit 1954 Staatsoberhaupt. Führungsposition innerhalb der arabischen Welt, vor allem im Kampf gegen Israel. Neben Nehru und Tito bedeutender Wortführer der Blockfreien Staaten.

Nehru, Jawaharlal, gen. Pandit Nehru (1889-1964) Ind. Politiker. Anschluß an die Bewegung Gandhis und Kampf für die Unabhängigkeit

Indiens. 1946 von den Briten mit der Bildung einer Interimsregierung beauftragt. Seit 1947 Premierminister. Engster Vertrauter Gandhis. Einer der Wortführer der Dritten Welt.

Ngo Dinh Diem (1901-1963) Vietnamesischer Politiker. Seit 1954 Ministerpräsident von Südvietnam, das er nach der Absetzung des Kaisers Bao Dai (1955) zur Republik ausrief. 1963 bei einem Militärputsch ermordet.

Nkrumah, Kwame (1909-1972) Ghanaischer Politiker. 1951 erster Ministerpräsident der Goldküste, ab 1957 des unabhängigen Ghana. Seit 1960 Staatspräsident der Republik Ghana. Geistiger Führer des Panafrikanismus und des afrikanischen Sozialismus. 1966 Sturz durch Militärputsch.

Office de radiodiffusion-télévision française (ORTF) Frz. Rundfunk- und Fernsehamt (bis 1974)

L'Ordre national du Mérite Nationaler Verdienstorden, verliehen für Verdienste im zivilen oder militärischen Dienst.

Organisation de l'armée secrète (OAS) 1961 von nationalistischen Algerienfranzosen und von in Algerien stationierten Mitgliedern der frz. Armee gegründete Geheimorganisation. Die OAS widersetzte sich der Dekolonisation Algeriens und versuchte, durch Terrorakte in Frankreich und mehrfache Attentate auf de Gaulle das Abkommen von Évian-les-Bains (1962) zu verhindern.

Parti communiste français (PCF) Kommunistische Partei Frankreichs. Gegründet 1920. Zunächst Widerstand gegen Einfluß der Komintern (Kommunistische Internationale), nach mehreren Säuberungen jedoch stalinistische Partei. Seit 1935 Volksfrontpolitik. 1939 Verbot der Partei aufgrund ihrer Antikriegshaltung. Nach dem Überfall Deutschlands auf die UdSSR in der Résistance aktiv. 1944-47 an der Regierung beteiligt, danach isoliert. Seit 1967 Wahlbündnis zwischen der PCF und der Linken Mitterrands. Seit 1974 wieder Distanzierung.

Parti radical *(Parti républicain radical et radical-socialiste)* Frz. linksliberale Partei. Gegründet 1901. Wiederholte Spaltungen und Absplitterungen in der V. Republik. 1965 Beitritt der Mehrheit zur *Fédération de la gauche démocratique et socialiste*, die später wieder zerfiel. 1971 Zusammenschluß der Radikaldemokraten mit dem *Centre démocrate* zum *Mouvement des reformateurs*. 1972 teilweise Anschluß an die *Union de la gauche* (Kommunisten und Sozialisten). 1973 Konstituierung als *Mouvement des radicaux de gauche*.

Parti socialiste (PS) Sozialistische Partei Frankreichs. Bis 1969 *Section française de l'Internationale ouvrière*. Seit 1971 Vorsitz bei Mitterrand, wiedergewählt 1973 und 1975. 1972 gemeinsames Regierungsprogramm mit den Kommunisten für die Parlamentswahlen 1973, das die Grundlage der *Union de la gauche* bildete. 1972 Wahlbündnis mit den Radikalsozialisten, die die *Union de la gauche* unterstützen, unter dem Namen *Union de la gauche socialiste et démocrate* (UGSD). 1974 mit 49,2 % knappe Niederlage Mitterrands bei den Präsidentschaftswahlen. Danach wieder eine gewisse Distanzierung der PS von den Kommunisten.

Parti socialiste unifié (PSU) Vereinigte Sozialistische Partei. 1960 gebildet aus Splittergruppen der Radikalsozialisten, Sozialisten und Kommunisten, mit Mendès France als bekanntestem Politiker. Größte Gruppierung im Lager der neuen Linken, revolutionäres Programm. Kein Beitritt zur *Union de la gauche* (Kommunisten,

Sozialisten, Radikaldemokraten), aber Unterstützung Mitterrands bei den Präsidentschaftswahlen 1974.

Perez de Cuellar, Javier (*1920) Peruanischer Jurist und Diplomat. 1982-91 Generalsekretär der UN.

Perrin, Francis (*1901) Frz. Physiker. 1951-70 Hochkommissar der frz. Atomenergiekommission.

Pétain, Philippe (1856-1951) Frz. Marschall (seit 1918) und Politiker. Seit Mai 1917 Oberbefehlshaber des frz. Heeres. 1920-31 Vizepräsident des Obersten Kriegsrates. Seit 1934 Kriegsminister. Seit Juni 1940 Ministerpräsident. Schloß am 22./24. Juni 1940 den Waffenstillstand mit Deutschland und Italien. Erhielt am 10. Juli 1940 in Vichy alle verfassungsgebenden und exekutiven Vollmachten vom frz. Parlament. Suchte außenpolitisch die Zusammenarbeit mit dem Deutschen Reich, um in einem von Deutschland neuorganisierten Europa die Rolle eines Partners einzunehmen. Nach dem deutschen Einmarsch in den bisher unbesetzten Teil Frankreichs im November 1942 Zustimmung zum Eintritt von Faschisten in das Kabinett und zur endgültigen Umwandlung Frankreichs zum Polizeistaat. Am 8. September 1944 Überführung nach Sigmaringen und Internierung. Stellte sich im April 1945 den frz. Behörden. Am 15. August 1945 zum Tode verurteilt, von de Gaulle begnadigt.

Pierre, Abbé (*1912) Frz. katholischer Theologe. Seit 1938 als Weltpriester Vikar in Grenoble. 1945-51 unabhängiger Abgeordneter der Nationalversammlung. 1949 Gründung der Bruderschaft Emmaus-Bewegung als Sozialwerk für Arme und Obdachlose.

Plan (planification) Bezeichnung für eine – 1946 zunächst in Frankreich – im Hinblick auf die Erfordernisse des Wiederaufbaus eingeführte Rahmenplanung für die gesamte Wirtschaft, mit der die zukünftige Wirtschaftsentwicklung mit Hilfe von Zielsetzungen für die einzelnen Wirtschaftsbereiche erfaßt wird. Dabei werden, im Gegensatz zur Planwirtschaft, die Prinzipien der Marktwirtschaft, der Unternehmerinitiative und des Privateigentums nicht angetastet. Intention ist es, die Ziele und Tätigkeiten einer – meist fünf Jahre umfassenden – Planungsperiode offenzulegen, um den Privatunternehmen Orientierungshilfen für Entscheidungen zu liefern.

Pleven, René (1901-1993) Frz. Politiker. Seit 1943 Mitglied des CFLN. Mitbegründer und 1946-53 Vorsitzender der *Union démocratique et socialiste de la résistance.* 1949/50 und 1952-54 Verteidigungsminister. Juli 1950 bis Februar 1951 und August 1951 bis Januar 1952 Ministerpräsident. 1950 Vorlegung des Pleven-Plans über die Aufstellung einer gemeinsamen europäischen Armee, unter Einschluß der BRD. 1958 letzter Außenminister der IV. Republik. 1969-73 Justizminister.

Pompidou, Georges (1911-1974) Frz. Politiker. 1944 von de Gaulle in seinen persönlichen Stab berufen. Zwischen 1946 und 1954 in verschiedenen Staatsämtern tätig. 1959-62 Mitglied des Verfassungsrates. Maßgeblich am Zustandekommen des Abkommens von Évian-les-Bains beteiligt. Seit 1962 Premierminister. Nach den Maiunruhen 1968 abgelöst. 1969-74 Staatspräsident.

Quai d'Orsay Am Quai d'Orsay in Paris befindet sich das frz. Außenministerium, für das dieser Name auch symbolisch gebraucht wird.

Rassemblement du peuple français (RPF) Von de Gaulle 1947 gegründete Sammelbewegung mit dem Ziel, alle politischen Kräfte – bis auf die Kommunisten – auf ein Mindestprogramm zu einigen. Nach den Parlamentswahlen von 1951 stärkste Fraktion. Nach der Abspaltung von 32 Abgeordneten 1952 im Jahr darauf als Parlamentsfraktion aufgelöst.

Reynaud, Paul (1878-1966) Frz. Politiker. Ab 1940 Ministerpräsident und Außenminister. Ab Mai zugleich Verteidigungsminister. Rückzug nach Bordeaux aufgrund des Einmarschs der deutschen Truppen. Juni 1940 Rücktritt. Verhaftung durch die Vichy-Regierung. 1942 Auslieferung nach Deutschland (Inhaftierung u.a. in den KZs Buchenwald und Sachsenhausen). 1948 Finanzminister. 1953/54 Stellvertretender Premierminister. Maßgebliche Beteiligung an der Ausarbeitung der Verfassung der V. Republik.

Rocard, Michel (*1930) Frz. Politiker (PS). 1969-1973 und 1978-1981 Mitglied der Nationalversammlung. 1983-85 Landwirtschaftsminister. 1988-92 Premierminister.

Roll back Ein von John Foster Dulles 1950 entworfenes außenpolitisches Konzept der USA, das über die Politik des *Containment* (»Eindämmung« des sowjetischen Machtstrebens) hinausging und die kommunistische Machtübernahme in verschiedenen mittel- und osteuropäischen Staaten teilweise wieder rückgängig machen wollte.

Roosevelt, Franklin Delano (1882-1945) 32. Präsident der USA (1933-45). Demokrat. Besaß großen Anteil an der Gründung der UN.

Rundstedt, Gerd von (1875-1953) Deutscher Generalfeldmarschall seit 1940. Mit Unterbrechungen bis März 1945 Oberbefehlshaber West.

Senghor, Léopold Sédar (*1906) 1946-58 Abgeordneter für den Senegal in der frz. Nationalversammlung. 1948-59 Professor an der École nationale de la france d'outre mer. 1960-80 Staatspräsident, 1962-70 auch Ministerpräsident der Republik Senegal.

Section française de l'Internationale ouvrière (SFIO) Frz. Sektion der Arbeiterinternationale. 1905 durch den Zusammenschluß der Hauptgruppen des frz. Sozialismus gebildete Partei. 1920 nach Mehrheitsbeschluß Beitritt zur Komintern (Kommunistische Internationale), bildete damit die KPF. 1936/37 Führung einer Regierung der Volksfront mit Léon Blum an der Spitze. 1946-51 Regierungspartei, stellte mehrfach den Ministerpräsidenten, zuletzt 1956/57. 1958 Unterstützung der Berufung de Gaulles und Beteiligung an der Gründung der V. Republik. Seit 1959 Oppositionspartei. 1965 Zusammenschluß mit anderen Linksgruppierungen zur *Fédération de la gauche démocrate et socialiste.* 1969 nach Anschluß weiterer sozialistischer Parteien Umbenennung in *Parti socialiste* (PS).

Service national actif Nationale Dienstpflicht, zu der alle Männer mit frz. Staatsangehörigkeit im Alter von 18-50 Jahren verpflichtet sind. Mehrere Möglichkeiten, diese abzuleisten, u.a. im *Service de la coopération technique*, in der Entwicklungshilfe (16 Monate). Das Recht auf Wehrdienstverweigerung aus Gewissensgründen besteht auch in Frankreich.

Sihanouk (Norodom Sihanouk), Prinz Samdech Preah (*1922) Kambodschanischer Politiker, kambodschanischer König (1941-55). Seit 1955 Ministerpräsident, 1970 gestürzt. 1975/76 erneut Staatschef. 1979 Exil nach dem Einmarsch der vietnamesischen Truppen. Seit 1982 Präsident der Exilregierung, die sich aus einer Widerstandskoalition gegen die provietnamesische Regierung in Kambodscha gebildet hatte. Nach dem Verzicht auf seine Ämter in der Widerstandskoalition seit Juli 1991 Präsident des Obersten Nationalrates von Kambodscha. Im November 1991 Rückkehr nach Kambodscha.

Société nationale des chemins de fer français (SNCF) Frz. Staatseisenbahnen.

Soustelle, Jacques (1912-199) Frz. Ethnologe und Politiker. 1940 Anschluß an de Gaulle in London. 1945 Informationsminister. 1945/46 Kolonialminister. 1947-51 Generalsekretär der gaullistischen RPF. 1955/56 Generalgouverneur von Algerien. 1958 erneut Informationsminister de Gaulles. 1959/60 Sonderminister für Sahara-Fragen, Überseegebiete und Atomenergie. Aufgrund seines Widerstands gegen de Gaulles Algerienpolitik entlassen. 1961-68 als Mitglied der OAS im Exil.

Les Temps modernes Literarisch-politische Monatsschrift des frz. Existentialismus. 1945 u.a. von Sartre, de Beauvoir und Merleau-Ponty gegründet.

Tombalbaye, François T. (N'garta) (1918-1975) Politiker im Tschad. Seit 1959 Präsident der provisorischen Regierung des Tschad. Seit dessen Unabhängigkeit 1960 Staatschef und Verteidigungsminister. Wurde 1975 beim Militärputsch erschossen.

Transhumance Weidewechsel in Südfrankreich, vor allem bei den Schafherden.

Touré, Sékou (1922-1984) Guineischer Gewerkschaftsführer und Politiker. Seit 1958 Präsident des unabhängigen Guinea. Durchsetzung des Einparteiensystems.

Trésor Abteilung Staatshaushalt, besonders Schuldwesen im Finanzministerium.

Truman, Harry Spencer (1884-1972) 33. Präsident der USA (1945-53). Demokrat. 1945 Vizepräsident unter Roosevelt, nach dessen Tod Nachfolger im Präsidentenamt. 1948 Wiederwahl. Nach dem Zweiten Weltkrieg nachhaltige Förderung des wirtschaftlichen Wiederaufbaus Westeuropas durch die Marshall-Plan-Hilfe.

Tschiang Kai-schek (1887-1975) Chinesischer Politiker und Marschall. Nach der Revolution 1911 Anschluß an die Reformbewegung Sun Yat-sens. 1925 nach dessen Tod führender General und Politiker der Kuomintang-Regierung in Kanton. 1927 Bruch mit den Kommunisten und der UdSSR. Seit 1928 Präsident der Chinesischen Republik. 1949 Flucht mit dem Rest seiner Armee nach Taiwan. Dort seit 1950 Staatspräsident.

Tschou En-lai (1898-1976) Chinesischer Politiker. Seit 1928 Mitglied des Politbüros der Kommunistischen Partei Chinas. 1949-76 Ministerpräsident und 1949-58 zugleich Außenminister der Volksrepublik China. In den siebziger Jahren maßgebliche Beteiligung an der Öffnung Chinas gegenüber dem Westen.

U Thant, Sithu (1909-1974) Birmanischer Politiker. Seit 1957 ständiger Vertreter bei den UN. 1961-71 Generalsekretär der UN. Einsatz für die Schlichtung internationaler Krisen, u.a. Kubakrise 1962, Kongokrise 1960-64, Bangladesch 1971.

Veil, Simone (*1927) Frz. Politikerin. Während des Dritten Reiches zeitweise Inhaftierung in Auschwitz und Bergen-Belsen. Seit 1993 Ministerin für Soziales, Gesundheit und Stadtpolitik.

Vichy-Regime Bezeichnet die Regierungsphase vom 10. Juli 1940 bis zum 25. August 1944 unter Marschall Pétain. Das autoritär-faschistische Regime endete mit der Befreiung 1944.

Vietminh (Abk. für Viêt Nam Dôc Lâp Dông Minh Hôi) Liga für die Unabhängigkeit Vietnams. Unter kommunistischer Führung stehende vietnamesische Unabhängigkeitsbewegung. 1941 in Südchina gegründet von Ho Chi Minh (1890-1969, seit 1945 Präsident der Demokratischen Republik Vietnams, nach der Teilung Vietnams Staatspräsident von Nord-Vietnam und treibende Kraft der Wiedervereinigung Vietnams unter kommunistischer Herrschaft). 1941-45 Guerillakrieg gegen die japanische Besatzung und 1946-54 gegen die frz. Kolonialmacht.

REGISTER

SERIE PIPER

Elisabeth Gille

Erträumte Erinnerungen

Roman. Aus dem Französischen von Roseli und Saskia Bontjes van Beek. 278 Seiten. SP 1911

Elisabeth Gille war fünf Jahre alt, als ihre Mutter, Irène Némirovsky, nach Auschwitz depotiert wurde. Sie begibt sich mit dem autobiographischen Roman auf die Spuren ihrer Mutter, der in den dreißiger Jahren erfolgreichen Schriftstellerin jüdisch-russischer Herkunft, indem sie in ihre Haut schlüpft. Mit der Geschichte dieses ergreifenden Frauenschicksals wird das vorrevolutionäre Rußland wieder lebendig: das wohlhabende jüdische Großbürgertum von Kiew, die elegante, gebildete Gesellschaft von Moskau und St. Petersburg. Dem zunehmend antisemitischen Klima in Rußland entflieht die Familie nach Paris, wo Irène ihrer Berufung zur Schriftstellerin folgt. Doch den anrückenden Nazis kann die Familie nicht entrinnen.

»Was für ein Roman! Elisabeth Gille ist eine großartige ›geträumte‹ Hommage an ihre Mutter, Irène Némirovsky, gelungen.«

Le Nouvel Observateur

Nina Simone

Meine schwarze Seele

Erinnerungen. Aus dem Amerikanischen von Brigitte Jakobeit. 271 Seiten. SP 2006

Gefühlvoll und offen erzählt eine der großen Ladies des Blues und Jazz aus ihrem wechselvollen Leben: von ihrer Kindheit in einer streng religiösen Familie, von ihrer Ausbildung zur Konzertpianistin, ihrer künstlerischen Karriere, von ihrem Engagement für die schwarze Bürgerrechtsbewegung, von ihren Ehen und zahlreichen Liebesbeziehungen, von Alkoholismus und nicht zuletzt ihren Comebacks.

»Das ist die Vita einer Frau, Mutter, Geliebten…, deren große künstlerische Leistungen stets aus dem Leiden erwuchsen, und sie enthält die… Lebensbeichte einer Jazzsängerin, deren Anliegen so häufig ›Botschaften‹ waren, erst politische und schließlich die ihres ureigenen Selbst.«

Welt am Sonntag

»Nina Simone hat ein oft poetisches, ehrliches, wütendes, depressives, tränengetränktes Protokoll einer Höllenfahrt geschrieben.«

Die Zeit

Ingeborg Prior

Der Clown und die Zirkusreiterin

Eine Liebe in finsterer Zeit. 239 Seiten mit 29 Schwarzweißfotos. SP 2832

Was wie eine schöne, aber nicht ungewöhnliche Liebesgeschichte beginnt, entwickelt sich zu einem gefährlichen Spiel: Die achtzehnjährige Irene verliebt sich in den Clown Peter Bento. Um bei ihm sein zu können, reist sie mit dem Zirkus Althoff als Kunstreiterin, Clownesse, Akrobatin. Aber man schreibt das Jahr 1941 – Irene ist Jüdin. Und dann geschieht das Wunder: Die Zirkusfamilie nimmt Irene auf und versteckt sie. Es beginnt eine dramatische Geschichte vom Leben und von der Liebe im Untergrund. Ständig bedroht von Denunziation und Verhaftung bleibt das junge Paar zusammen und bekommt zwei Kinder, von denen niemand wissen darf. Allabendlich tritt Irene mit strahlendem Lächeln vor das Publikum und weiß doch, daß jede Vorstellung ihre letzte sein kann…

Júlia Nery

Der Konsul

Roman. Aus dem Portugiesischen von Verena Grubenmann Schmid. Vorwort von Patrik von zur Mühlen. Nachwort von Ilse Pollack. 205 Seiten. SP 2782

Bordeaux 1940: Tausende von jüdischen Flüchtlingen aus ganz Europa sammeln sich an der Atlantikküste. Sie wollen nach Portugal, Etappenziel beim Exodus aus Europa, doch die notwendigen Papiere sind kaum zu beschaffen. Der portugiesische Konsul in Bordeaux, Aristides de Sousa Mendes, steht vor der Wahl, entgegen der Weisung seiner Regierung die Juden mit Einreisevisa zu versorgen oder sie ihrem Schicksal zu überlassen. Er entscheidet sich für das Leben dieser Menschen – in einem Wettlauf mit der Zeit unterschreibt er Visum um Visum und rettet über zehntausend Menschen das Leben. Er wurde von seiner Regierung geächtet, verlor seine Stellung, seine gesellschaftliche Existenz und seine Familie. Verarmt und vereinsamt starb er 1954. Erst ein halbes Jahrhundert später wurde er rehabilitiert.

Elisabeth Endres

Edith Stein

Christliche Philosophin und jüdische Märtyrerin. 309 Seiten mit 12 Abbildungen. SP 2704

»Elisabeth Endres ist eine exzellente Biographie gelungen, sehr anschaulich geschrieben, mit bemerkenswert breiter Sachkompetenz. Mit intellektueller Brillanz und Anmut erreichte sie hier das Einfache, das (deshalb) so hochkompliziert in der Bewältigung ist.«
Münchner Merkur

»Die Geschichte einer Frau aus einer preußisch-jüdischen Familie, die, hochbegabt, sich der Philosophie zuwendet, zum Christentum konvertiert, in ein Kloster eintritt, nach Holland ausweicht, aber von den Schergen des Dritten Reiches erreicht und in Auschwitz ermordet wird. Es ist auch die Geschichte einer besonderen philosophischen Begabung, der aber Habilitation und akademische Karriere verwehrt bleiben: die Geschichte einer doppelten Diskriminierung, als Jüdin und als Frau.«
Neue Zürcher Zeitung

Ruth Elias

Die Hoffnung erhielt mich am Leben

Mein Weg von Theresienstadt und Auschwitz nach Israel.
Mit einem Nachwort zur Taschenbuchausgabe.
342 Seiten mit acht Abbildugnen.
SP 1286

Ruth Elias hat in diesem Buch nach Jahrzehnten des Schweigens die Geschichte ihres Überlebens in Theresienstadt und Auschwitz erzählt, aufgeschrieben für ihre Enkel. Nach dem deutschen Einmarsch in ihrer mährischen Heimat als Jüdin verfolgt, wird sie zunächst nach Theresienstadt deportiert, 1943 nach Auschwitz, wo es nur noch um das nackte Überleben geht. Sie sieht, wie Tausende ihrer Mitgefangenen verhungern, zu Tode gequält, vergast werden. Hier bringt sie ein Kind zur Welt – und tötet es, als der KZ-Arzt Dr. Mengele Experimente an ihm durchführen will. Viele haben versucht, Auschwitz – »das Unverständliche, das niemand verstehen kann« (Elias) – zu schildern, es »anderen« nahezubringen. Soweit dies überhaupt möglich ist, ist es in diesem Bericht gelungen.

Jeremy Josephs mit Susi Bechhöfer

Rosas Tochter

Bericht über eine wiedergefundene Kindheit. Aus dem Englischen von Michael Hofmann. 191 Seiten mit 17 Fotos. SP 2944

Als es Nacht über Deutschland und die Judenverfolgung unübersehbar geworden war, beschloß 1939 die englische Regierung eine besondere Hilfsaktion: Über 10000 jüdische Kinder durften ohne Visum aus Deutschland einreisen – mit Namensschild, Notgepäck und Kuscheltier kamen sie in London an. Susi Bechhöfer und ihre Zwillingsschwester Lotte, drei Jahre alt, waren unter ihnen. Jahrzehnte später erst fand Susi den Mut, die Spuren ihrer Herkunft zu suchen.

Im Mai 1939 kamen die dreijährige Susi und ihre Zwillingsschwester Lotte mit einem Kindertransport, der 10000 jüdischen Kindern das Leben rettete, aus Deutschland nach London. Die beiden Mädchen wurden von einem kinderlosen Baptisten-Ehepaar aufgenommen, das die jüdische und deutsche Herkunft der Kinder verheimlichte und sie als eigene Töchter ausgab. Fünfzig Jahre später: Lotte ist inzwischen gestorben, und Susi glaubt, die einzige Überlebende zu sein. Da erfährt sie plötzlich von ihrer jüdischen Herkunft. Über Suchanzeigen kommt sie in Kontakt zu einem ganzen Zweig der Familie, der mittlerweile in New York lebt. Und in Leipzig taucht unverhofft eine Halbschwester auf. Nach dieser glücklichen Familienzusammenführung muß sich Susi aber noch einer schmerzhaften Aufgabe stellen: der Suche nach dem Schicksal ihrer Mutter, die damals in Deutschland zurückbleiben mußte.

»Ein erschütterndes, nichts beschönigendes Zeitdokument, das der Leser, einmal begonnen, nicht mehr aus der Hand gibt.«
Münchner Merkur

SERIE PIPER

Tadeusz Borowski

Bei uns in Auschwitz

Erzählungen. Nachwort von Andrzej Wirth. Aus dem Polnischen von Vera Cerny. 280 Seiten. SP 258

Diese Erzählungen Borowskis – 1963 unter dem Titel »Die steinerne Welt« erstmals erschienen – gehören zu den beklemmendsten Zeugnissen des zwanzigsten Jahrhunderts. Einer, der das Inferno der Konzentrationslager erlebt hat, berichtet über Bedrohung und Versuchung, Angst und Hoffnung. Die Einmaligkeit von Borowskis Werk besteht nicht nur darin, daß er die Greuel der Vernichtungslager mit literarischen Mitteln zu beschreiben versucht – ganz und gar eigenständig ist auch die Konzeption der Tragik, die einen Unterton von scheinbarem Zynismus, scheinbarer moralischer Indifferenz bedingt.

Lawrence Sutin

Eine Liebe im Schatten des Krieges

Aus dem Amerikanischen von Barbara Heller. 320 Seiten. SP 2650

Die berührende, authentische Liebesgeschichte der beiden jüdischen Partisanen Jack und Rochelle ist zugleich ein Bericht über den alltäglichen Überlebenskampf im polnischen Untergrund. Beide kamen aus angesehenen jüdischen Familien einer Kleinstadt in Ostpolen, lernten sich auf einem Tanzfest in den dreißiger Jahren kennen und trafen sich im Winter 1942 unter völlig veränderten Umständen wieder: Unabhängig voneinander war es ihnen gelungen, dem Hunger und dem Terror des Ghettos zu entfliehen und sich in den nahen Wäldern zu verstecken. Sie überlebten, drei Jahre kämpften sie gegen die ständige Todesgefahr – und ihre Liebe half ihnen dabei.

»Seine große Aufrichtigkeit macht dieses schonungslose, berührende Buch zu einer wirklichen Bereicherung der Holocaust-Literatur.«
The New York Times Book Review

Klaus von Bismark

Aufbruch aus Pommern

Erinnerungen und Perspektiven. 336 Seiten mit 27 Abbildungen und 10 Vignetten. SP 2272

Klaus von Bismarck gehört zu den Männern, die die Bundesrepublik geprägt haben. In mancher Hinsicht steht sein Lebenslauf beispielhaft für eine ganze Generation: aufgewachsen in der Weimarer Republik, das Dritte Reich bewußt miterlebt, im Zweiten Weltkrieg Soldat und dann der Neuanfang in und mit der Bundesrepublik. Das Neu-Beginnen, das Lernen, die Herausforderung – das alles zieht sich wie ein Leitmotiv des Aufbruchs durch die Beschreibung dieses Lebens. Und Klaus von Bismarcks eigene Biographie: ein pommerscher Landedelmann mit einem berühmten Namen, hochdekorierter Offizier im Zweiten Weltkrieg, engagierter Sozialarbeiter der Evangelischen Kirche, Intendant des Westdeutschen Rundfunks, Präsident des Goethe-Instituts – ein besonderes und zugleich sehr deutsches Leben, das Klaus von Bismarck in diesem Buch farbig und eindrucksvoll schildert.

»Ein Leben lang ist er aufgebrochen zu neuen Ufern. Das macht die ›Erinnerungen und Perspektiven‹ so interessant und lesenswert. Es ist der Erfahrungs- und Lebensbericht eines Deutschen, der in Irrtümern und Erkenntnissen exemplarisch ist für unser Jahrhundert.«
Berliner Zeitung

»Ein Lebensbericht, der ein Geschichtsbuch wurde.«
Der Tagesspiegel

Politik und Zeitgeschichte

Brigitte Hamann

Hitlers Wien

Lehrjahre eines Diktators.
652 Seiten. SP 2653

Brigitte Hamann auf Spurensuche in Hitlers Wien. Niemand hat bisher eine derartige Fülle von zeitgenössischen Quellen ausgewertet. Die Autorin ist damit zu *der* Expertin für Hitlers frühe Jahre in Wien geworden. Ihr Buch ist die umfassendste Biographie des jungen Hitler und zugleich das Porträt einer Stadt, die ihm verhaßt war und in die er 1938 als Triumphator zurückkehren sollte.

»Die Lektüre des Buches ist ein erstaunliches Erlebnis. Unbewußt ertappt sich der Leser zunächst dabei, Verständnis für das schmächtige Bürschchen aufzubringen, das sich mittellos in einer Großstadt wie Wien durchs Leben schlagen muß, einer Stadt, die der Einwanderung aus dem Osten kaum Herr wird – die Ernüchterung bleibt aber nicht aus. Brigitte Hamann entfaltet das Soziogramm der Habsburg-Metropole, beschreibt die Bevölkerungsschichten (Österreicher, Deutsche, Slawen, Ungarn, Ruthenen, Böhmen u. a.), eruierte die Mietpreise und Lebenshaltungskosten, sogar Hitlers Monatseinkommen, führt uns das Leben in dieser Stadt plastisch vor Augen. Als deprimierendes Fazit bleibt der Gedanke, daß nicht, aber auch gar nichts von Hitlers politischen Wahnvorstellungen ein Eigenprodukt war. Nicht nur in diesem Sinne war Hitler der größte Betrüger dieses Jahrhunderts.«

Süddeutsche Zeitung

»Dieses Buch wird unentbehrlich sein für die künftige Hitlerforschung, die nun überhaupt erst richtig einsetzen kann – eine Herausforderung nicht nur für Zeithistoriker, sondern ebenso für Soziologen, Politologen und Psychologen.«

Karl-Heinz Janßen. Die Zeit

Politik und Zeitgeschichte

Enzyklopädie des Holocaust

Die Verfolgung und Ermordung der europäischen Juden. Hauptherausgeber: Israel Gutman. Herausgeber der deutschen Ausgabe: Eberhard Jäckel, Peter Longerich, Julius H. Schoeps. Vier Bände in Kassette. Zusammen 1912 Seiten. SP 2700

In über 1000 Stichworten wird der Versuch unternommen, die Hintergründe, Abläufe und Auswirkungen des Holocaust zu untersuchen. Neben der gesetzlich verankerten Rassenideologie des NS-Staates und den Maßnahmen der Ghettoisierung, Deportation und Ermordung der Juden wird den Verfolgten im nationalsozialistisch beherrschten Europa breiter Raum gewidmet. Die Haltungen der Menschen sowohl in den besetzten Ländern als auch in den freien Demokratien zu den Juden werden ebenso untersucht wie die Auswirkungen des Holocaust.

»Wer immer sich ins Studium dieser Schreckensgeschichte vertiefen will, findet hier eine unerschöpfliche Quelle für biographische Details, wissenschaftliche Skizzen oder lexikalische Informationen.«

Frankfurter Rundschau

»Eine Fundgrube für jeden zeitgeschichtlich Interessierten.«

Frankfurter Allgemeine

Hans-Günter Richardi

Schule der Gewalt

Das Konzentrationslager Dachau. 331 Seiten. SP 2057

Hans-Günter Richardi gibt einen dokumentarischen Bericht der beiden ersten Jahre des Konzentrationslagers Dachau. Sein Buch ist nicht nur ein Standardwerk zur Geschichte dieses Lagers. Es leistet auch einen entscheidenden Beitrag zur historischen Erforschung des Dritten Reiches, denn in Dachau wurden die Weichen gestellt für die Entwicklung des Systems der nationalsozialistischen Konzentrationslager. Dachau war das Vorbild aller Konzentrationslager.

SERIE PIPER

Politik und Zeitgeschichte

Führerbilder
Hitler, Mussolini, Roosevelt. Stalin in Fotografie und Film. Herausgegeben von Martin Loiperdinger, Rudolf Herz und Ulrich Pohlmann. 235 Seiten. SP 2162

Das Dritte Reich im Überblick
Chronik, Ereignisse, Zusammenhänge. Herausgegeben von Martin Broszat und Norbert Frei in Verbindung mit Wolfgang Benz, Manfred Funke, Hermann Graml, Lothar Gruchmann, Ludolf Herbst, Hartmut Mehringer, Günter Plum, Werner Röder, Albrecht Tyrell. 335 Seiten. SP 1091

Detlef Graf von Schwerin
»Dann sind's die besten Köpfe, die man henkt«
Die junge Generation im deutschen Widerstand. 571 Seiten mit 20 Abbildungen. SP 1953

Zwei Wege nach Moskau
Vom Hitler-Stalin-Pakt zum Unternehmen »Barbarossa«. Herausgegeben von Bernd Wegner. 664 Seiten. SP 1346

Der Band gibt einen Überblick über Vorgeschichte, Verlauf und die weltpolitischen Folgen.

Ende des Dritten Reiches – Ende des Zweiten Weltkriegs
Eine perspektivistische Rückschau. Herausgegeben von Hans-Erich Volkmann. 914 Seiten. SP 2056

Die Adenauer-Ära Die Bundesrepublik Deutschland 1949–1963
Herausgegeben von Werner Bührer. 363 Seiten. SP 1744

Peter Longerich/Ernst Piper/Otto Schily/Thomas Schmid/Julius H. Schoeps/Bassam Tibi
Der neue alte Rechtsradikalismus
Herausgegeben von Ulrich Wank. 168 Seiten. SP 1857

Jörg Friedrich
Die kalte Amnestie
NS-Täter in der Bundesrepublik. 543 Seiten. SP 1553

»Was ist des Deutschen Vaterland?«
Dokumente zur Frage der deutschen Einheit 1800 bis 1990. Herausgegeben von Peter Longerich. 303 Seiten. SP 1269